D1753526

Respekt!

100 Menschen – 100 Geschichten

Herausgegeben von
Peter Lohmeyer und Lothar Rudolf

Impressum

Bibliografische Information der Deutschen Nationalbibliothek
Die Deutsche Nationalbibliothek verzeichnet diese Publikation in der Deutschen Nationalbibliografie;
detaillierte bibliografische Daten sind im Internet über http://dnb.d-nb.de abrufbar.
2. Auflage 2014.
© 2010 by Bund-Verlag GmbH, Frankfurt am Main.
Idee / Konzeption / Realisation / Umschlaggestaltung / Satz: Querformat Lothar Rudolf Medienkonzept, Frankfurt am Main
Redaktion und Layout: Mia Beck, Selina Grebe
Beratung: Rainer Jöde
Herstellung: Birgit Fieber
Druck und Bindung: Media-Print, Paderborn

Printed in Germany 2014 ISBN 978-3-7663-6270-4 |
Alle Rechte vorbehalten, insbesondere die des öffentlichen Vortrags, der Rundfunksendung
und der Fernsehausstrahlung, der fotomechanischen Wiedergabe, auch einzelner Teile.
www.bund-verlag.de

Inhalt

004 Die Vorworte
| 004 | Vorwort von Lothar Rudolf und Peter Lohmeyer
| 006 | Kritisches Vorwort von Wilhelm Heitmeyer

009 Die Interviews

| 010 | Otto Addo
| 012 | Klaus Allofs
| 014 | Irene Alt
| 016 | Azzis mit Herz
| 018 | Bodo Bach
| 020 | Liz Baffoe
| 022 | Thomas Berthold
| 024 | Uwe Bindewald
| 026 | Heribert Bruchhagen
| 028 | Stefanie Bub
| 030 | Bülent Ceylan
| 032 | Gilberto da Silva Melo
| 034 | Bakary Diakité
| 036 | Waris Dirie
| 038 | Horst Eckel
| 042 | Dagmar Fabian
| 044 | Doris Fitschen
| 046 | Lisa Fitz
| 048 | Ariane Friedrich
| 050 | Sonja Fuss
| 052 | Jane Goodall
| 054 | Inka Grings
| 056 | Michael Groß
| 058 | Nikola Hahn
| 060 | Dunja Hayali
| 062 | Sebastian Hellmann
| 064 | Pascal Hens
| 066 | Angelica Höppner
| 068 | Uwe Hück
| 070 | Mats Hummels & Patrick Owomoyela
| 072 | Karl-Martin im Brahm
| 074 | Olivia Jones
| 076 | Steffi Jones
| 078 | Karin Kalbantner-Wernicke
| 080 | Kaye-Ree
| 082 | Carolin Kebekus
| 084 | Gül Keskinler
| 086 | Patric Klandt
| 088 | Sanem Kleff
| 090 | Jutta Kleinschmidt
| 092 | Jürgen Klopp
| 094 | Karl-Heinz Körbel
| 096 | Hannelore Kraft
| 098 | Luan Krasniqi
| 100 | Stefan Kretzschmar
| 102 | Sebastian Krumbiegel
| 104 | Nia Künzer
| 106 | Stefan Kuntz
| 108 | Bruno Labbadia
| 110 | Claudia Langanki
| 112 | Alexander Leipold
| 114 | Miranda Leonhardt
| 116 | Victor Lewitzki
| 118 | Grafite Edinaldo Batista Libânio
| 120 | Peter Lohmeyer
| 122 | Annabelle Mandeng
| 124 | Schahrzad Mansouri
| 126 | Edith Maurer
| 128 | Andreas Möller
| 130 | Katrin Müller-Hohenstein
| 132 | Henni Nachtsheim
| 134 | Silvia Neid
| 136 | Oka Nikolov
| 138 | Ulrike Obermayr
| 140 | Bilkay Öney
| 142 | Aysel Özdemir
| 144 | Bernd Osterloh
| 146 | Karin Plötz
| 148 | Shary Reeves
| 150 | Petra Roth
| 152 | Rebecca Roth
| 154 | Silke Rottenberg
| 156 | Barbara Rütting
| 158 | Nuri Sahin & Neven Subotic
| 160 | Hans Adu Sarpei
| 162 | Manuela Schmermund
| 164 | Stephanie Schmoliner
| 166 | Nora Schratz
| 168 | Steffi Siepmann
| 170 | Monika Staab
| 172 | Michael Steinbrecher
| 174 | Jutta Steinruck
| 176 | Harald Strutz
| 178 | Lilian Thuram
| 182 | Thomas Tuchel
| 184 | Marcus Urban
| 186 | Lina van de Mars
| 188 | Hubert von Goisern
| 190 | Günter Wallraff
| 192 | Thomas Wark & Béla Réthy
| 196 | Ulrich Weber
| 198 | Oliver Welke
| 200 | Götz W. Werner
| 202 | Sarah Wiener
| 204 | Janina Wissler
| 206 | Petra Wlecklik
| 208 | Thomas Zampach
| 210 | Zeda
| 212 | Ela zum Winkel
| 214 | Theo Zwanziger

217 »Respekt!« – Schule, Verein und Arbeitsplatz

| 218 | Die Zukunft gestalten
| 220 | Wahlunterricht Respekt
| 224 | Das Schulkonzept
| 226 | Nuri sagt Danke
| 230 | 70 Jahre später
| 234 | Wovor denn Respekt?
| 236 | Rhythmus, Worte, Kante
| 238 | Macht Kinder stark
| 240 | So heulen Wölfe
| 244 | Tiroler Fairness
| 246 | Charmanter Export
| 248 | Ein Aufruf zum Handeln
| 250 | Die Initiative dreht auf
| 252 | Glanz für den Stern
| 254 | Die sportlichen Banker
| 256 | Migrantengeschichten
| 258 | Kein Randthema

261 »Respekt!« – die Geschichte

| 262 | Gepudert und gebürstet
| 264 | Angepöbelt
| 266 | Frankfurter Farbe
| 268 | Verbot, dann Botschaft
| 270 | Die fünf Leitlinien
| 272 | Hymne und Songtext
| 274 | Bundesweit geschraubt
| 276 | In drei Schritten

279 »Respekt!« – Team und Shop

| 280 | Die stolzen vier Räder
| 282 | Das Wundermittel
| 284 | Der Shop

287 Partner und Sponsoren

| 288 | Die Macherinnen und Macher
| 289 | Partner und Sponsoren

Vorwort der Herausgeber Lothar Rudolf und Peter Lohmeyer

Respekt ist immer ein Wir

Liebe Freunde der »Respekt!« Initiative, mit großer Freude präsentieren wir euch die Neuauflage unseres beliebten Bildbandes »Respekt! 100 Menschen – 100 Geschichten«. Seit wir vor fünf Jahren mit unserer Arbeit starteten, ist sehr viel passiert. Unsere Idee, Kommunikation für gegenseitigen Respekt und Toleranz zu machen, wurde hervorragend angenommen. Gut und gerne 100 Veranstaltungen sind es in jedem Jahr, die unter dem Motto »Respekt! Kein Platz für Rassismus« stehen. In zahlreichen Unternehmen, Vereinen und Schulen nahmen wir an Podiumsdiskussionen teil, organisierten Filmvorführungen und Konzerte unter dem Motto »Respekt!« oder führten Fußballturniere mit prominenter Besetzung durch, unsere »Promi-Kicks«. Inzwischen hat auch die Politik die Wichtigkeit unseres Themas erkannt und will nun gemeinsam mit uns Projekte umsetzen – wir scheinen also den Nerv der Zeit getroffen zu haben.

Großen Anteil an unserem Erfolg haben unsere »Respekt!« Botschafter, die uns teilweise von Anfang an auf unserem Weg begleiten und als Multiplikatoren tatkräftig mithelfen, die »Respekt!« Botschaft zu verbreiten. Nicht nur in Deutschland, sondern auf der ganzen Welt haben wir mittlerweile Menschen getroffen, die unsere Arbeit unterstützen – wir danken allen sehr dafür!

Für unserer Buch haben wir sowohl Botschafter der ersten Stunde zum Thema Respekt befragt als auch eine Reihe von neu hinzugekommenen Unterstützern, die wir von der Wichtigkeit unseres Themas überzeugen konnten. Viele der Interviewten kommen nach wie vor aus dem Fußball oder dem Sport im Allgemeinen, andere sind in sozialen Organisationen oder Verbänden aktiv, wieder andere arbeiten in führenden Positionen großer Unternehmen. Auch zahlreiche Künstler kommen in unserem Bildband zu Wort – welch eine Vielfalt der Stellungnahmen! Vielen Dank an alle, die mitgemacht und dieses Buch ermöglicht haben. Euer Engagement war und ist fantastisch!

Fest steht: Mit wechselseitiger Wertschätzung und Achtsamkeit ließe sich viel Leid in unserer Welt vermeiden. Gegenseitiger Respekt sollte in allen Lebensbereichen den Ton angeben. Nutzt die Interviews und die vielen Praxisbeispiele im hinteren Teil des Buches, um mit euren Kindern, Kollegen, Freunden, Schülern oder Eltern über Respekt zu diskutieren, zu streiten oder laut zu träumen. Es gibt noch viel zu tun – denn Respekt kann und will immer nur ein Wir sein!

| Zu den Personen |

»Respekt!« Initiator Lothar Rudolf (* 24. Oktober 1954) ist Creative und Art Director und Inhaber der Agentur »Querformat – Lothar Rudolf Medienkonzept«.

Der Schauspieler Peter Lohmeyer (* 22. Januar 1962) ist erklärter Fan des FC Schalke 04 und »Respekt!« Botschafter der ersten Stunde.

Drei, die sich für eine respektvolle Gesellschaft einsetzen (v.l.n.r.): Botschafter Peter Lohmeyer, Schirmfrau Sandra Minnert und Initiator Lothar Rudolf.

Kritisches zweites Vorwort von Wilhelm Heitmeyer

Respekt – Vorsicht Schieflage!

| 1 | Es ist kein Geheimnis und doch wird es vielfältig beschwiegen. Weder die angeblichen oder selbsternannten Eliten noch wir hier »unten« haben Ideen dazu, wie wir die Zukunft dieser Gesellschaft gestalten wollen. Es gibt keine Initiativen zur Beantwortung der Frage: »In welcher Gesellschaft wollen wir leben?«

Es dominiert ein konzeptionsloses »Weiter so«, verbunden mit gelähmter Unzufriedenheit und Wut über die gesellschaftlichen Zustände. Dies können wir über empirische Analysen nachweisen. Dieses wäre nun nicht sonderlich beunruhigend, wenn es nicht Opfer dieser Zustände gäbe und wenn nicht Verschiebungen von Normalitäten sichtbar würden.

| 2 | Opfer sind vielfältig. Deshalb sprechen wir in unseren Bielefelder repräsentativen Untersuchungen in der sogenannten Mehrheitsgesellschaft auch von Gruppenbezogener Menschenfeindlichkeit, das heißt gegenüber Menschen, denen allein aufgrund ihrer Zugehörigkeit zu ethnischen oder religiösen Gruppen oder spezifischen Lebensstilen der Respekt entzogen wird. Dies sind in der Regel schwache Gruppen oder Minderheiten. Wir zählen dazu Migranten, Juden, Muslime, Obdachlose, Langzeitarbeitslose, Homosexuelle, Behinderte – und auch Frauen, die mit sexistischen Abwertungsattributen belegt werden.

Den Hintergrund bildet eine Ideologie der Ungleichwertigkeit, die von erheblichen Teilen in der Bevölkerung geteilt wird, wie unsere Langzeituntersuchung zeigt. Den genannten Gruppen wird damit Achtung, Achtsamkeit, Respekt und Anerkennung entzogen. Sie werden »freigegeben« für Abwertungen, Diskriminierungen und Gewalt.

Zu den ganz schwierigen Konstellationen gehört etwa die Balance der Einforderung von Respekt gegenüber der eigenen Person und Gruppe und dem Respekt gegenüber anderen. So zeigt sich beispielsweise eine ganz brisante Situation bei jungen männlichen Migranten, die für sich selbst aufgrund tradierter Ehrkonzepte den Respekt zum höchsten Wert stilisieren und gleichzeitig das Recht für sich reklamieren, wen sie verachten, diskriminieren und mit Gewalt begegnen dürfen. Dies gilt auch für so manche Gruppe deutschstämmiger Fußballfans.

Diese gefährliche Schieflage zeigt sich auch in Sportarenen des Fußballs zwischen Fangruppen. Nicht universalistische Prinzipien, die also für alle gelten, sondern partikularistische Prinzipien etwa der Ungleichwertigkeit, die nur für bestimmte Gruppen gelten, werden beansprucht – und nicht selten mit Gewalt dann Nachdruck verliehen. Diese Attitüden finden sich zum Beispiel in politischen Gruppierungen des rechtsextremistischen Spektrums.

| 3 | Respekt ist wichtig. Aber Vorsicht, denn in diese Reklamation kann sich leicht auch ein autoritärer Grundton einschleichen, wenn nicht wechselseitiger Respekt gemeint ist und öffentlich gesichert wird. Deshalb plädiere ich für eine Ergänzung um das Konzept der Anerkennung, denn es ist explizit auf Wechselseitigkeit der Verhältnisse zwischen Menschen und Gruppen angelegt. Also: Respekt gegenüber wem? Gegenüber machtbesessenen Au-

| Zur Person |

Dr. Wilhelm Heitmeyer (* 28. Juni 1945) ist Professor für Pädagogik mit Schwerpunkt Sozialisation an der Universität Bielefeld. Seit 1982 beschäftigt er sich mit den Themen Rechtsextremismus, Gewalt, Fremdenfeindlichkeit, ethnisch-kulturelle Konflikte und soziale Desintegration.

toritäten? Die historische Liste ist lang und die Zahl der Opfer unermesslich. Dieser Respekt basiert auf Angst, Ohnmacht und Unterwerfung. Auf der politischen Bühne wird dies offen zelebriert, weil es einen Machtapparat gibt, der den Respekt als Unterwerfung erzwingen kann. Dies kann auch im Alltag von uns hier unten zelebriert werden, – in der direkten Verachtung im Supermarkt, im Bus, auf der Straße.

Deshalb muss man die machtbesessene Respekteinforderung bekämpfen. Sie basiert auf verkündeten Hierarchien – und auf Erniedrigung. Dagegen hilft nur der anerkennende Respekt, der nur auf universalistischen Prinzipien basieren kann, also auf Gleichwertigkeit der Menschen und psychischer wie physischer Unversehrtheit. Und eben auf Wechselseitigkeit.

Erst aufgrund eigener Anerkennung als Person werden auch die gewaltschützenden Normen für Andere anerkannt. Dieses Verhältnis ist allerdings störanfällig. Ungerechtigkeitserfahrungen gehören zu den tiefgreifendsten Eingriffen in solche gewaltschützenden Verhältnisse zwischen Menschen und Gruppen.

| 4 | Respekt im Profifußball ist schwierig, weil es sich bekanntlich um ein kapitalistisches Spielfeld handelt, auf dem es um Sieg oder Niederlage, das heißt entweder-oder geht, um Maximierung in Tabellenpunkten, finanziellem Mehrwert oder gar Börsenzugewinne.

Der kapitalistische Kern des Profifußballs kennt nur den Respekt des Stärkeren. Ausnahmen sind knapp. Die Schwächeren werden systematisch der Verhöhnung und Verachtung ausgeliefert. Das trifft Vereine, Fans und vor allem die von den jeweiligen Fans ausgewählten Hass-Objekte: eben die Schwachen.

Das dramatische Zeugnis besteht darin, dass die Abwertungen und Diskriminierungen von schwachen Gruppen in der Gesellschaft weitverbreitet sind, aber ausgerechnet durch die Fangruppen in den Stadien lautstark öffentlich gemacht werden aufgrund der Parolen, Gesänge etc., die dann auch noch massenmedial verbreitet werden. Gewissermaßen eine Choreographie der Abwertung, Diskriminierung und Gewalt.

| 5 | Es wird spannend sein, wie in diesem Buch die interviewten Frauen und Männer dann Respekt aufgrund ihrer Erfahrungen und tatkräftigen Initiativen ausbuchstabieren, wie sie sich und andere in die Pflicht nehmen. Diese Zeiten brauchen das – wahrscheinlich mehr denn je. Aber wie lässt sich das in den Effekten nachspüren? Die Antworten werden wohl ausbleiben, wenn dieser Initiative keine weiteren Klärungen folgen. Darum müssen weitere Initiativen folgen.

Respekt!
Die Interviews

www.respekt.tv

Otto Addo

Ich lebe in zwei Welten

Otto Addo hat die deutsche und die ghanaische Staatsbürgerschaft

Wie definierst du Respekt?

Wenn ich jemandem mit Respekt gegenübertrete, Achtung vor ihm habe, seine Person schätze, dann will ich, dass er mich genauso behandelt. Und mich nicht aufgrund meiner Größe, meiner Hautfarbe oder wegen anderer Dinge anders behandelt. Ich will, dass er mich als Mensch sieht und auch so behandelt!

Fühlst du dich als Deutscher?

Ich habe einen deutschen Pass, habe aber nie für Deutschland gespielt, immer nur für Ghana. Das wurde auch so von der FIFA akzeptiert. Das Deutsche ist in mir natürlich sehr verankert: Ich bin hier geboren und aufgewachsen. Deswegen ist Deutsch auch die Sprache, die ich am besten beherrsche. Die deutsche Gesellschaft hat mich natürlich geprägt, das ist ganz klar. Heutzutage ist es bestimmt viel, viel besser und zum Glück haben sich einige Sachen geändert – gerade durch Aktionen wie »Respekt!«. Früher war es sehr schlimm: Da wurdest du als Schwarzer im Stadion generell rassistisch beleidigt. Das war ganz normal, darüber hat sich keiner aufgeregt. Heute sind diese Stimmen leiser geworden: Nur in den unteren Ligen gibt es leider immer noch rassistische Äußerungen gegenüber dunkelhäutigen Spielern. Deshalb hatte ich mich dafür entschieden, für Ghana zu spielen – denn obwohl ich hier geboren und aufgewachsen bin, habe ich mich nicht als Deutscher gesehen. Ich habe mich so gesehen, wie viele andere Menschen mich gesehen haben: nämlich als Nicht-Deutschen. Ich wurde auf Englisch angesprochen, ich wurde in meiner Jugend von Nazi-Skinheads gejagt, und Freunde von mir wurden verprügelt. Diese Dinge haben mich dazu gebracht zu sagen, dass ich für Ghana spiele, wenn ich die Chance bekomme.

Hat sich die Situation für Migranten verbessert?

Es hat sich was bewegt und auch geändert: In Hamburg kann man auch nachts unbeschwert herumgehen, ohne dass man sich vor rassistischen Angriffen fürchten muss. Insofern glaub ich, dass sich heute Kinder mit Migrationshintergrund besser mit Deutschland identifizieren können. Dazu hat auch beigetragen, dass Gerald Asamoah für Deutschland gespielt hat – da haben die Leute gesehen, dass er als Dunkelhäutiger trotzdem Deutscher ist. Solche Aktionen führen dazu, dass die Menschen viel mehr verstehen. Und deswegen freut es mich, dass es Leute wie Gerald geschafft haben, für Deutschland zu spielen – obwohl ich mich damals anders entschieden habe.

| Zur Person |

Otto Addo (* 9. Juni 1975) ist ehemaliger Profifußballer mit ghanaischen Wurzeln, der in Deutschland geboren und aufgewachsen ist. Zur Zeit trainiert Addo die A-Junioren des Hamburger SV.

Otto Addo ist schon lange »Respekt!« Botschafter.

Respekt!
Kein Platz für Rassismus

www.respekt.tv

Klaus Allofs

Ohne Respekt geht es nicht

Klaus Allofs wird 1979 und 1985 Torschützenkönig der Bundesliga

Was bedeutet Respekt für Sie?

Respekt bedeutet für mich in erster Linie Toleranz im Umgang mit Menschen. Dass man seinen Mitmenschen so nimmt, wie er ist. Im Sport ist es dabei nicht anders als in der Gesellschaft: Ohne Respekt geht es nicht!

Wie setzen Sie diese Maxime in Ihrer täglichen Arbeit um?

Mir ist es besonders wichtig, dass wir beim VfL Wolfsburg respektvoll miteinander umgehen, so wie wir es auch bei Werder Bremen getan haben. Dazu gehört, dass wir jeden Einzelnen nicht nur in seiner Funktion als Spieler oder Angestellten, sondern in erster Linie auch als Menschen sehen. Ein Mensch hat Stärken und Schwächen. Auf den Sport bezogen, heißt dies: Wenn ein Spieler mal schlechte Leistungen zeigt, dann ändert dies nichts an seinem Wert als Mensch.

Welche Rolle spielt Respekt speziell im Fußball?

Wie wichtig ein respektvoller Umgang im Fußball, aber auch im Sport allgemein ist, weiß jeder Trainer und Sportler. Erfolg stellt sich nur ein, wenn der Teamgedanke gelebt wird. Einer allein kann nichts ausrichten, nur gemeinsam kommt man vorwärts. Gerade auch in einer Fußballmannschaft kommen Menschen unterschiedlichster Nationen zusammen, und es sollte jeder so respektiert werden, wie er aufgrund seiner Herkunft, Hautfarbe und Charaktereigenschaft ist.

Wie unterstützen Sie die Initiative »Respekt! Kein Platz für Rassismus«?

Wir haben zum Beispiel im Februar 2012 gemeinsam mit Volkswagen einen großangelegten »Respekt!« Spieltag beim VfL Wolfsburg durchgeführt. Unser Ziel war es, dass sich an diesem Tag alle Stadionbesucher mit dem Thema auseinandersetzen. Wir wollen aber unabhängig von so einem Spieltag immer und jederzeit deutlich machen, dass wir für einen respektvollen Umgang in unserer Gesellschaft eintreten und damit nicht zuletzt auch unserer Vorbildfunktion nachkommen. Unsere Botschaft ist unmissverständlich: Rassismus hat bei uns keine Chance!

| Zur Person |

Klaus Allofs (* 5. Dezember 1956) ist ein ehemaliger deutscher Profifußballer. 1979 und 1980 wird er DFB-Pokalsieger mit Fortuna Düsseldorf, 1983 mit dem 1. FC Köln und 1991 mit Werder Bremen. Er wird 1980 Europameister und 1986 Vize-Weltmeister, 1992 Europapokalsieger mit Werder Bremen, 1993 Deutscher Meister mit Werder Bremen und 1979 sowie 1985 Bundesliga-Torschützenkönig. Von 1999 bis 2012 ist Allofs Geschäftsführer von Werder Bremen. Seit November 2012 ist er Geschäftsführer Sport beim VfL Wolfsburg.

In seiner aktiven Zeit schießt Klaus Allofs 177 Tore in 424 Bundesligaspielen.

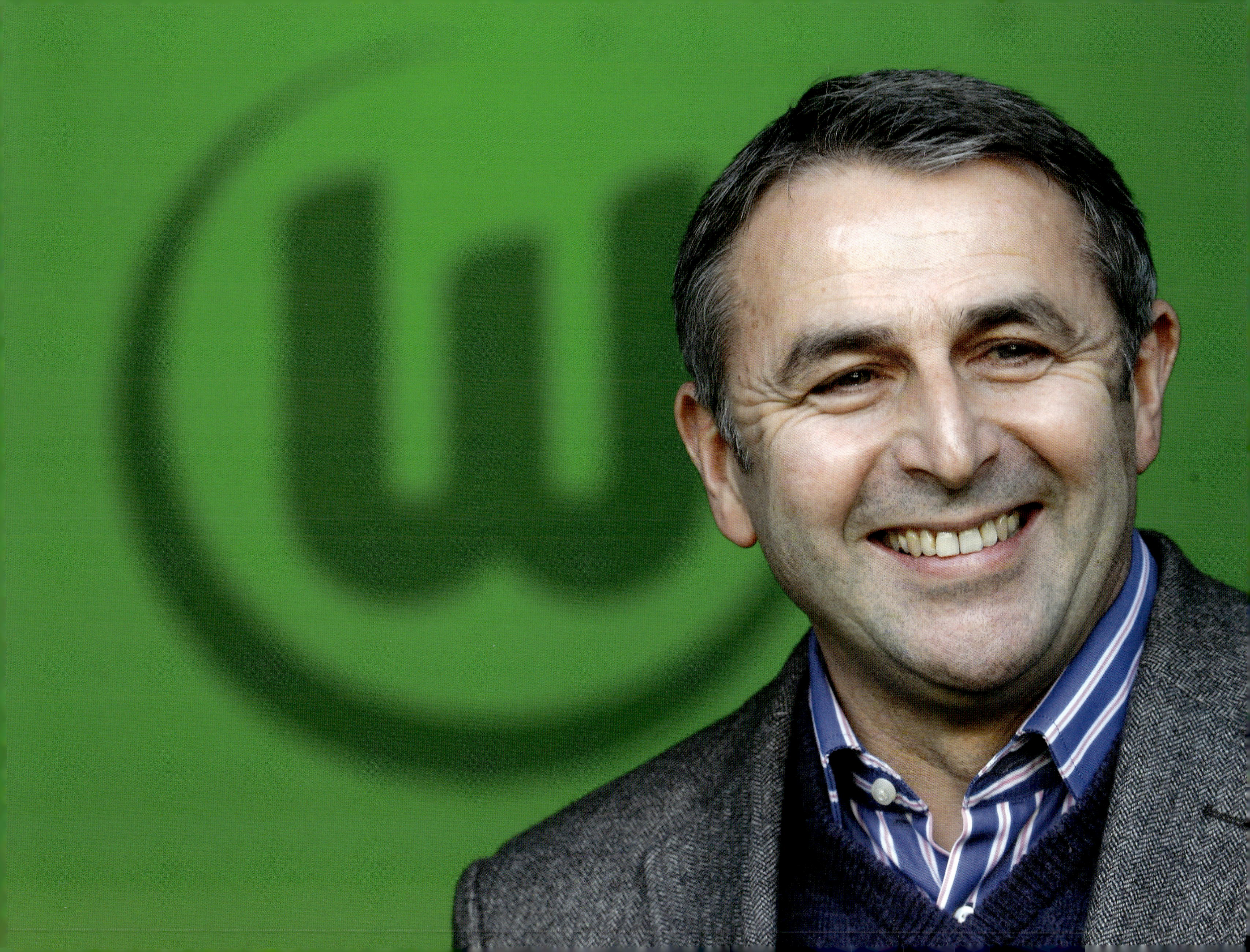

Irene Alt

Jeder Mensch hat Vorurteile

Die rheinland-pfälzische Integrationsministerin kümmert sich um die Belange von Migranten

Was bedeutet Respekt für Sie?

Respekt bedeutet für mich, Menschen in ihrer Andersartigkeit anzunehmen und ihnen mit Toleranz und Wertschätzung zu begegnen. Nur so ist ein friedliches Zusammenleben unserer immer bunter werdenden Gesellschaft möglich. Meiner Meinung nach verdient jeder Mensch Respekt, ganz gleich woher er kommt.

Hatten oder haben Sie im täglichen Leben mit Rassismus oder Diskriminierung zu tun? Welche persönlichen Erfahrungen haben Sie gemacht?

Diskriminierung ist leider nach wie vor ein allgegenwärtiges Phänomen. Dafür lassen sich zahlreiche Beispiele finden: Ob bei der Wohnungssuche oder bei Schulempfehlungen – Migrantinnen und Migranten werden hier benachteiligt. Bei Bewerbungen reduziert bereits ein türkisch klingender Name im Lebenslauf die Chance auf ein Vorstellungsgespräch um 14 Prozent, in kleinen Unternehmen sogar um 24 Prozent. Das ergab eine Studie der Uni Konstanz, die die Vergabe von Praktikumsstellen untersuchte.

Wie entstehen Ihrer Meinung nach Vorurteile?

Vorurteile sind sehr oft ein Zeichen von Unwissenheit. In Unkenntnis eines Themas oder eines Menschen verlässt man sich bequemerweise auf die vorgefertigten, nicht selten stereotypen Meinungen anderer, anstatt sich selbst mit der Materie auseinanderzusetzen. Vorurteile verschwinden dagegen sehr schnell, wenn man den anderen kennenlernt, wenn man versteht, warum er tut, was er tut und handelt, wie er handelt.

Ist Respekt eine Frage der Bildung? Des Elternhauses? Wie kommt Respekt in die Köpfe?

Respekt muss vorgelebt werden. Das fängt bereits im Elternhaus an. Nur wenn die Eltern respektvoll miteinander, aber auch mit ihren Kindern umgehen, kann ein Kind wissen, wie Respekt »funktioniert«. Das hat weniger mit Bildung, als vielmehr mit Werten zu tun.

Was kann jeder Einzelne für ein besseres Miteinander tun?

Jeder Mensch hat Vorurteile. Es liegt in der Natur des Menschen, aus Selbstschutz auf alles Fremde zu reagieren, indem er blitzschnell Erfahrungswerte abruft – und fertig ist ein erstes Urteil, ein Vorurteil. Umso wichtiger ist es, dass man sich immer wieder kritisch selbst hinterfragt und sich klar macht, wo man unter Umständen Vorurteilen aufsitzt. Nur dann kann man sie abbauen. Wer neugierig ist aufs Leben und sich für seine Umwelt interessiert, ist hier klar im Vorteil. Wer ohne Berührungsängste auf andere zugeht und sich mit ihnen befasst, tut viel für ein besseres Miteinander.

| Zur Person |

Irene Alt (* 5. Oktober 1957) ist seit Mai 2011 als Ministerin für Integration, Familie, Kinder, Jugend und Frauen in Rheinland-Pfalz auch um die Belange von Migranten zuständig. Die gelernte Erzieherin war über 20 Jahre kommunalpolitisch für die Grünen engagiert. Darüber hinaus war sie jahrelang Vorsitzende der Vereins »Freundeskreis Alte Schule«, der Flüchtlinge und Asylsuchende betreut. Über ihren Beruf kam sie zur Jugend- und Sozialpolitik.

»Wer ohne Berührungsängste auf andere zugeht und sich mit ihnen befasst, tut viel für ein besseres Miteinander.«

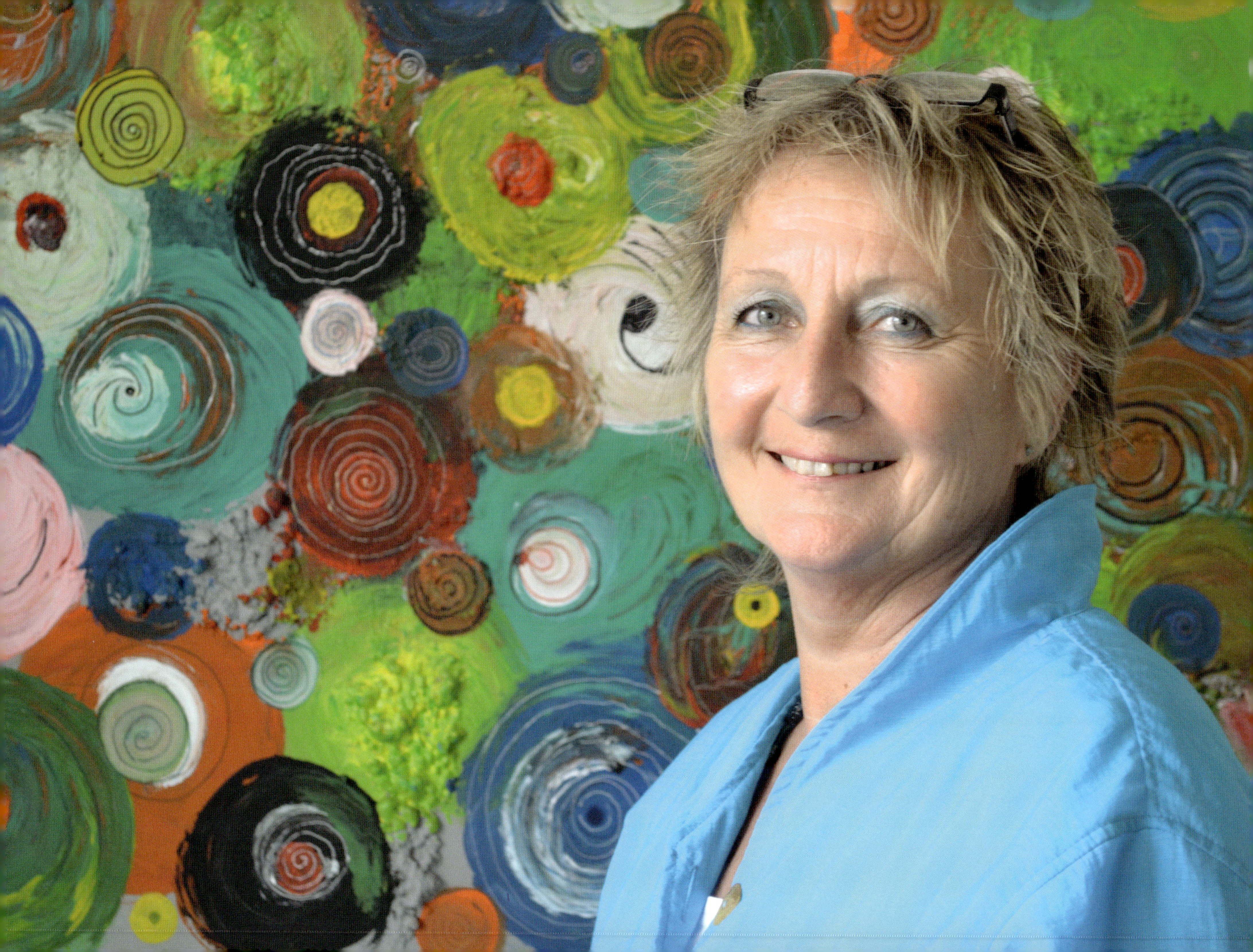

Sich selbst hinterfragen

Wenn sich nur jeder selbst der Nächste ist, geht alles den Bach runter

Was bedeutet Respekt für euch?

Daniel: Ich habe großen Respekt vor Menschen, die einfach geben, ohne was dafür zurückzuwollen. Solche wie meine Mama.

Bene: Respekt ist eine Wertschätzung gegenüber dem Anderen. Tue keinem an, was dir nicht selbst angetan werden soll.

Hattet oder habt ihr im täglichen Leben mit Rassismus oder Diskriminierung zu tun?

Daniel: Als kleiner Junge bin ich oft als »Zigeunerkind« bezeichnet und entsprechend behandelt worden. Außerdem gibt es nach wie vor dieses typische Türsteher-Problem. Gerade in Frankfurt hinterlässt dieses Abweisen über Jahre hinweg seine Spuren. Ich bin deshalb oft nach außerhalb gefahren, um zu feiern. Ich bin raus aus Clubs, ohne jemanden zu schlagen und habe dort auch Geld gelassen.

Bene: In der Jugend ist Diskriminierung ja leider an der Tagesordnung. Einiges lässt sich leider nicht verhindern, es gehört wohl zum Erwachsenwerden dazu. Allerdings sind »Neckereien«, die nur aufgrund der Herkunft oder religiöser Ansichten passieren, nicht zu dulden!

Wie entsteht eurer Meinung nach vorurteilsbehaftetes Denken?

Bene: Meiner Meinung nach fängt es früh zu Hause an, ganz klar durch falsche Erziehung. Wenn die Eltern den Kleinen keinen Respekt vor anderen Menschen – einschließlich deren Besitzes – beibringen, so tut man keinem einen Gefallen. Der falsche Freundeskreis kann durchaus den Rest dazu beitragen.

Ist Respekt eine Frage des Elternhauses? Wie kommt Respekt in die Köpfe?

Daniel: Man eifert in den ersten Jahren seinen Eltern nach. Danach muss der Bildungsapparat greifen. Leider lässt dieser mehr und mehr zu wünschen übrig. So hart es klingt, aber in den meisten Fällen ist es so: Umso ärmer man ist, umso leichter gestrickt ist man, und muss teilweise respektlos auftreten, um überhaupt noch eine gewisse Aufmerksamkeit in der Gesellschaft zu bekommen. Das sieht man gerade im Rap.

Was kann jeder Einzelne für ein besseres Miteinander tun?

Bene: Sich in erster Linie erstmal selbst an die Nase greifen. Hinterfragt euch mal selbst – ihr werdet sehen, keiner ist perfekt! Man kann nicht immer nur Wasser predigen und Wein trinken, was ja leider mehr als salonfähig geworden ist; beinahe allgegenwärtig. Von dieser Einstellung, dass sich scheinbar nur jeder selbst der Nächste ist, müssen wir weg, sonst geht hier alles den Bach runter.

Daniel: Ich bin jetzt mal ganz ehrlich. Ich bin in letzten zwei Jahren erst zu dem Menschen geworden, mit dem ich mich identifizieren kann, weil ich mich selbst jeden Tag aufs Neue mit mir auseinandergesetzt habe. Also kann ich Bene nur 100 Prozent zustimmen. Immer selbst hinterfragen und nichts auf andere Gründe schieben. Danke an »Respekt!«, dass AMH ein Teil von diesem Wir sein darf.

| Zu den Personen |

Die Azzis mit Herz kommen aus Frankfurt am Main. In den Stadtteilen Ginnheim und Bonames, zwei sozialen Brennpunkten, sind Daniel, Sohn eines indischen Vaters und einer Deutsch-Französin, und Bene, dessen Vater indianischer Abstammung ist, aufgewachsen. Daniel hat eine Ausbildung als Eventkaufmann und Bene ist gelernter Kfz-Mechatroniker. Beide begeisterten sich schon sehr früh für Hip-Hop. Sie wollen allerdings kein Gangster-Image propagieren, sondern der Jugend mit ihren Texten Perspektive, Disziplin und Ehrlichkeit vermitteln.

Die Azzis mit Herz treten als »Respekt!« Botschafter bei zahlreichen Veranstaltungen auf.

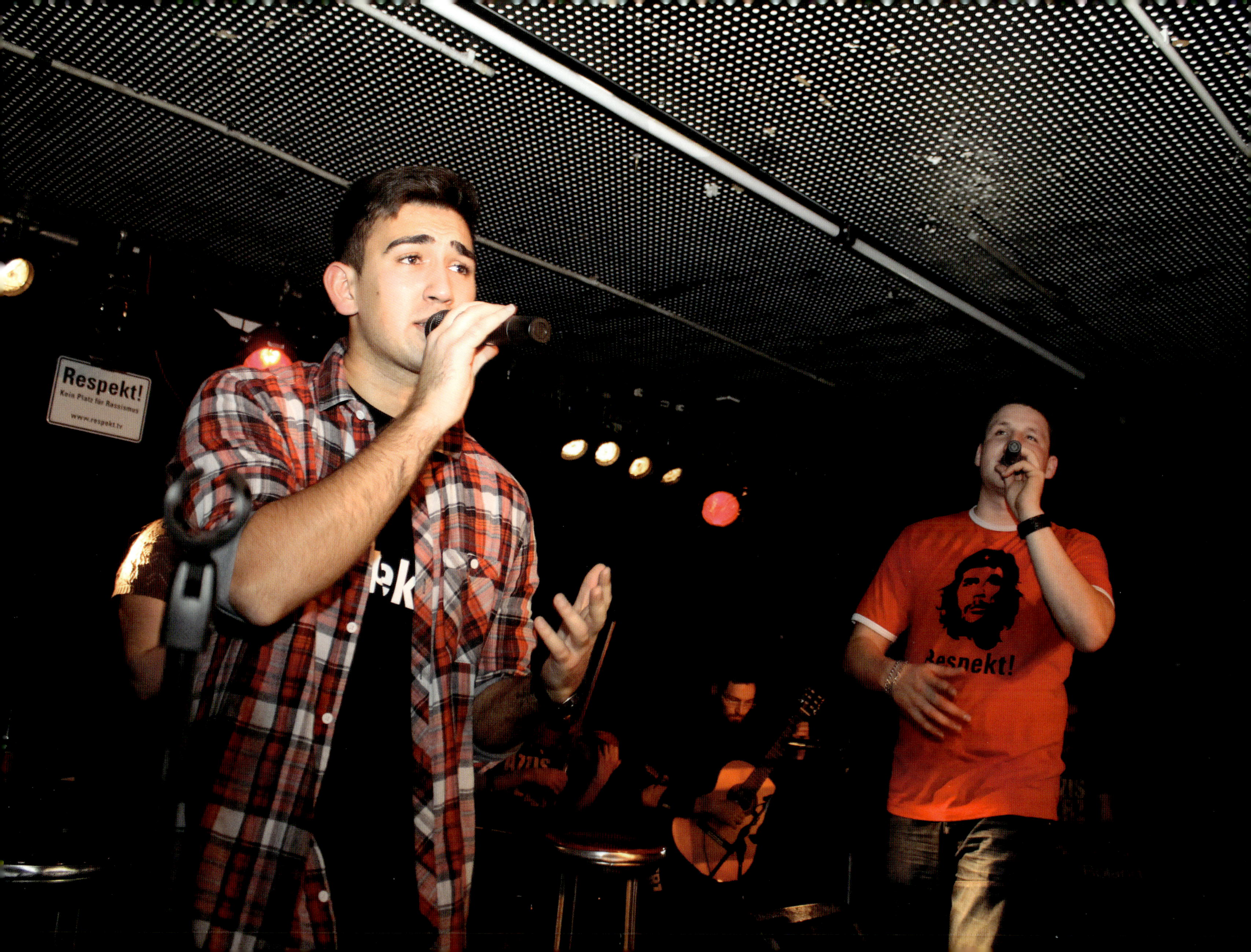
Respekt!
Kein Platz für Rassismus
www.respekt.tv
Respekt!

Bodo Bach

Respekt heißt, keine Angst haben

Bodo Bach spricht immer hessisch und trägt eine Batschkapp

Wie definierst du Respekt?

Im Grunde geht es bei Respekt doch nur darum, dass man Achtung hat. Und dass man jemanden so nimmt, wie er ist und nicht irgendwie versucht, ihn geradezubiegen. Dass man Rücksicht nimmt auf seine Schwächen und von seinen Stärken lernt. Respekt heißt: dem Anderen ins Gesicht zu schauen und keine Angst zu haben.

Comedy und Respekt – geht das zusammen?

Natürlich hat man als Comedian den Auftrag, lustig zu sein. Aber die wirklichen Comedians sind oft todernste Menschen. Sie machen sich wahnsinnig viele Gedanken, weil wir ja aus dem Leben schöpfen. Das heißt, du musst erst den wirklichen Blick für das Leben haben, um dann zu überzeichnen und lustig zu sein. Und da wird man auch mal respektlos, man verletzt Tabus und muss auch jemandem mal wehtun. Der Klassiker ist die Torte im Gesicht: Das hat mit Respekt nichts mehr zu tun. Aber es ist Comedy.

Wie begegnen dir die Menschen im Alltag?

Die meisten Menschen, die auf mich zukommen, sind sehr freundlich. Manchmal gehen sie dir auf den Sack – wenn sie nicht mehr ganz nüchtern sind oder sich vor anderen darstellen wollen. Ganz blöd ist immer, wenn einer sagt: »Hau doch mal einen Witz raus. Du bist doch Komiker, sei doch mal lustig!«

Was denkst du über Toleranz?

Da habe ich in meinem privaten Umfeld was erlebt, was mir zu denken gibt. Ich behaupte mal, meine Freunde sind sehr tolerant und gebildet in dem Sinne, dass sie die verschiedenen Spielarten des Lebens kennen. Ich wohne am Stadtrand und in unserer Nachbarschaft sollte auf einem freien Gelände ein Asylbewerberheim gebaut und eingerichtet werden. Und plötzlich habe ich gemerkt, dass viele, die vorher so tolerant taten, plötzlich ganz anders dachten, als es um das Asylbewerberheim vor der eigenen Haustür ging.

Da sollte sich jeder selbst fragen, ob er wirklich tolerant ist: Irgendwo am Kneipentisch zu erzählen, dass man gut mit Ausländern klarkommt, ist eine Sache. Aber mal zu fragen, ob ich wirklich neugierig auf fremde Menschen bin, ob ich auf sie zugehe – und was wäre, wenn sie meine Nachbarn wären – da fängt es an!

Wie gehst du auf Menschen zu?

Neugierde ist ganz wichtig. Keine Angst haben – viele Leute haben viel zu viel Angst. Vor was? Kennenlernen, sprechen und dann kann ich auch sagen »Du bist ein Arsch«, auch wenn er ein Farbiger ist. Aber dann ist er nicht ein Arsch, weil er schwarz ist, sondern weil er mir vom Denken her nicht passt. Das mache ich mit allen Leuten, die mir blöd kommen. Aber Hautfarbe, Sprache oder Herkunft haben damit überhaupt nichts zu tun.

| Zur Person |

Robert Treutel alias »Bodo Bach« (* 25. Oktober 1957) ist ein Comedian. Mittlerweile hat er als Bodo Bach und mit seinem »Isch hätt da gerne mal e Problem« mehr als 1.500 Scherzanrufe getätigt, die seine Gesprächspartner in die Verzweiflung trieben.

»Auch Bäume verdienen Respekt!«

Respekt!
Kein Platz für Rassismus
www.respekt.tv

Die Menschen verallgemeinern sehr schnell

Liz Baffoe wird durch die Lindenstraße bekannt, in der sie in fast 600 Folgen die Nigerianerin Mary spielt

Was bedeutet Respekt für dich?

Egal welche Herkunft man hat, egal welchen Stand im Leben – es geht immer um Respekt und darum, dass man jemanden achtet. Man kann jemanden wegen seiner Persönlichkeit nicht mögen, aber man darf nie jemanden ablehnen, weil er eine andere Herkunft hat, anders aussieht oder sozial benachteiligt ist!

Sind die Rollen für eine schwarze Schauspielerin limitiert?

Ja, sehr limitiert. In der Lindenstraße habe ich eine Nigerianerin gespielt, die illegal in Deutschland lebt. Das war natürlich sehr klischeehaft, aber es war gut, dass die Rolle positiv besetzt war. Dadurch kamen die Leute in Berührung mit dem Thema – denn Mary war einfach eine sehr nette Person. Wenn sie irgendein Biest gewesen wäre, hätten die Leute gesagt: »Ja, die sind alle so«. Menschen verallgemeinern sehr schnell. Ich habe sehr positive Erfahrungen gemacht: Ich habe viele Briefe bekommen von Leuten, die gar nicht wussten, dass Menschen, die in Deutschland Asyl beantragen, so viele Schwierigkeiten haben. Da hat die Serie wirklich aufgeklärt. Natürlich würde ich ganz gerne mal eine Ärztin oder eine Rechtsanwältin spielen. Aber dann höre ich leider sehr oft von den Produzenten: »Ja, Liz, das gibt's doch in Deutschland gar nicht.« Und dann sage ich: »Hä? Natürlich gibt's das, viele meiner Onkel sind Ärzte und Rechtsanwälte!« Aber das ist leider noch nicht in den Köpfen angekommen.

Bist du stolz auf deinen großen Fußballer-Bruder?

Ich war immer stolz auf Tony und darauf, dass er mit den großen Spielern mitspielen durfte. Wenn meine drei Schwestern gerade in Deutschland waren, sind wir immer zum Spiel gegangen. Eins werde ich nie vergessen: Ich glaube, Köln hat gegen Nürnberg gespielt, und da hat ein kleiner Junge Affengeräusche gemacht, als wir drei Schwestern ins Stadion kamen. Meine ältere Schwester hat den Jungen gefragt: »Hast du einen Sprachfehler?« Da haben alle Leute gelacht und das Eis war gebrochen! Der Tony musste auch viel mitmachen während seiner aktiven Zeit: Er ist zum Beispiel mit Bananen beworfen worden. Aber er hat ja sehr viel Humor und hat das lustig kommentiert: »Bananen sind gesund und geben mir Energie. Vielen Dank dafür!«

| Zur Person |

Liz Baffoe (* 6. Juli 1969) ist eine deutsche Schauspielerin mit ghanaischen Wurzeln. Ihr Bruder ist der ehemalige Profifußballer Anthony Baffoe, er spielte bei Fortuna Düsseldorf und dem 1. FC Köln. Die gelernte Werbegrafikerin engagiert sich unter anderem als Schirmherrin für »Chosen in Concert – Frauen für Frauen«.

»Das ist ja fast wie in der Lindenstraße...«

* Scharfe Gulasch-Suppe vom Rind
Vorspeisen
* Antipasto Misto [Caprese, Gemüse, Scampi, Sardellen, Melone, Proscuito] 9.80
* Carpaccio vom Rinderfilet m. Rucola u. gehobeltem Parmesan 11.40
* Gebratene Jakobsmuscheln auf lauwarmem Salat von Beluga-Linsen 12.80
* Scampi Gigante m. Kräutern u. Knoblauch gebraten, dazu Aioli 14.80
Salate
* Feldsalat mit gebratenen
Pasta

Erziehung und Bildung kann man nicht kaufen

Thomas Berthold hat an drei Weltmeisterschaften und einer Europameisterschaft teilgenommen

Was bedeutet Respekt für dich?

Wenn du Kinder hast wie ich, musst du ihnen Werte vermitteln. Ich sage zu meinen Kindern: »Es gibt zwei wichtige Themen im Leben: Erziehung und Bildung. Denn das kannst du dir nicht kaufen, das hast du oder das hast du nicht!« Deshalb spielt Respekt eine große Rolle und so habe ich auch meine Kinder groß gezogen. Sie wissen immer, wie sie sich Leuten gegenüber im privaten oder schulischen Umfeld zu verhalten haben. Denn Benehmen und Respekt sind Grundtugenden, die man verinnerlichen und auch vorleben muss. Wir erleben ja leider den Werteverfall in unserer Gesellschaft, auch ist alles viel schnelllebiger geworden. Ich glaube schon, dass viele Leute mittlerweile das Rad ein bisschen zurückdrehen möchten – damit junge Leute mit ein paar Grundtugenden aufwachsen, die sie dann verinnerlichen.

Du bist 1990 Weltmeister geworden – wie war das damals?

Jede WM spielt sich in einer anderen Epoche ab: 1990 – so kurz nach dem Mauerfall – war das ein besonderes Ereignis, Weltmeister zu werden. Beide Teile Deutschlands waren vereint und haben gemeinsam gefeiert. Das Thema Respekt begleitet unsere Gesellschaft über viele Epochen – und durch das ganze Multi-Kulti leben wir mittlerweile in einer globalen Community. Nicht nur in Deutschland, sondern überall auf der Welt treffen Menschen aus unterschiedlichen Gegenden aufeinander, die verschiedene Mentalitäten mitbringen. Da muss man aufeinander zugehen, um fried- und respektvoll miteinander leben zu können. Das ist das große Ziel, das wir auf unserem Globus haben: dass der Krieg, den es noch in vielen Gebieten der Welt gibt, irgendwann mal eingedämmt wird. Die Menschen wollen eigentlich miteinander in Frieden leben – denn es kommt ja keiner auf die Welt und will Krieg machen!

Was könnte bei uns noch verbessert werden?

Es gibt Länder wie England und Frankreich, die schon seit Generationen verinnerlicht haben, dass es Menschen anderer Hautfarbe gibt, die in dem Land geboren sind und den Pass haben – da wird gar kein Thema draus gemacht. Ich finde es immer sehr überraschend, dass es bei uns immer thematisiert wird, wenn Spieler, bei denen ein Elternteil oder beide aus einem anderen Land kommen, mit dem deutschen Pass in der Nationalmannschaft spielen. Teilweise kommt mir das ein bisschen so vor, als ob wir bei dem Thema Multi-Kulti in Deutschland doch einen ganz großen Nachholbedarf haben.

Warum ist das so?

Deutschland hat fast 90 Millionen Einwohner, an der Population gemessen sind wir das größte Land in Europa. Und deshalb sollte man auch mal aufhören, immer ein Fass aufzumachen, wenn ein Spieler ausländische Verwandte hat. Wenn er gut ist, hier geboren ist oder den deutschen Pass hat, freuen sich alle! Das ist doch schön.

| Zur Person |

Thomas Berthold (* 12. November 1964) ist ein ehemaliger Profifußballer. 1990 wurde er mit der Deutschen Nationalmannschaft Weltmeister. Seine Stationen waren Eintracht Frankfurt, Hellas Verona, AS Rom, FC Bayern München und der VfB Stuttgart.

»Der Gewinn der Weltmeisterschaft 1990, kurz nach dem Mauerfall, war das Größte für mich.«

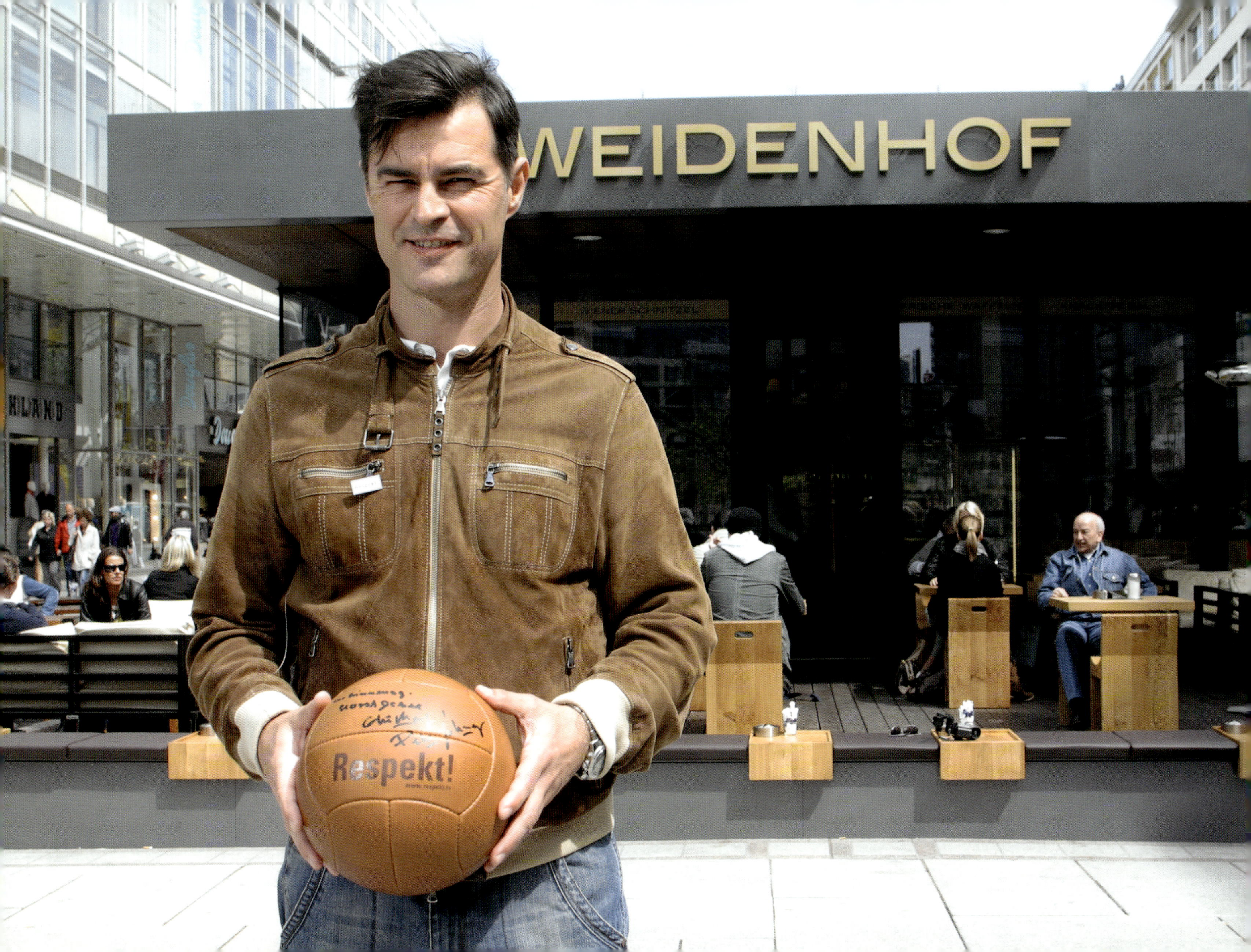
WEIDENHOF
Respekt!

Uwe Bindewald

Konkurrenzkampf gibt's nur auf dem Platz

»Zico« ist heute Trainer der B-Junioren von Eintracht Frankfurt

Wie definierst du Respekt?

Ich denke, dass Respekt in unserer Zeit wieder sehr, sehr viel Bedeutung bekommen sollte – denn Respekt ist meiner Meinung nach ein bisschen untergegangen. Wir sollten wieder untereinander und miteinander Respekt haben. Wenn man eine Jugendmannschaft trainiert, gehört einfach auch Respekt dazu: Die Kinder und die Eltern haben Respekt vor uns, wir verhalten uns respektvoll gegenüber den Kindern und den Eltern.

Fußball wird immer internationaler…

Ich habe viele Fußballer unterschiedlicher Hautfarbe kennengelernt – man sollte da einfach den Respekt untereinander wahren. Natürlich gibt es verschiedene Kulturen, die die Fußballer mitbringen: Sie kommen aus China, Asien, sie kommen aus Afrika. Doch man sollte immer diesen Respekt wahren denen gegenüber, die zu uns kommen. Aber ich denke auch, dass es umgekehrt genauso sein sollte. Auch unsere Kultur und unsere Lebensweise sollten respektiert werden.

Hast du dich schon mal respektlos verhalten?

Ich hatte mal eine Situation mit Jay-Jay Okocha im Training, in der wir uns ein bisschen gekabbelt haben. Das war natürlich Konkurrenzkampf, da ist immer auch ein bisschen Stress dabei – und daraus ist eine Bilderszene in der Zeitung entstanden, die dann ein bisschen hochgespielt worden ist. Aber für uns war das nach dem Training vorbei und vergessen. Wir haben uns die Hand gegeben und sind wieder respektvoll miteinander umgegangen – so, wie sich das gehört. Es war der Konkurrenzkampf auf dem Platz, aber nach dem Training war eben alles wieder vorbei.

Wie erziehst du deine Kinder?

Ich versuche natürlich schon, meine Kinder respektvoll zu erziehen. Dass sie Respekt vor mir haben, aber dass sie sich auch gegenüber den Nachbarn oder gegenüber Onkeln und Tanten respektvoll und vernünftig verhalten. Sie sollen nicht etwas sagen wie: »Ey, Cooler, komm mal her!«. Ich finde, das gehört sich einfach nicht! Wir respektieren unsere Kinder und erziehen sie ohne Rohrstock oder solche Dinge. Also ganz normal und höflich.

Wie respektvoll verhalten sich Trainer untereinander?

Wir Trainer gehen respektvoll miteinander um, denn das ist ganz wichtig. Als Kollegen gehen wir respektvoll miteinander um, denn man muss sich akzeptieren – man arbeitet ja zusammen. Und dann ist es sehr, sehr wichtig, dass man vernünftig miteinander umgeht.

| Zur Person |

Uwe »Zico« Bindewald (* 13. August 1968) ist ein ehemaliger Profifußballer. Zico spielte 17 Jahre lang für Eintracht Frankfurt und wird bis heute von den Frankfurter Fans verehrt. Er bestritt 263 Spiele in der 1. Bundesliga und 28 Spiele im DFB-Pokal.

Uwe Bindewald trainiert die D2 des JFC Frankfurt mit viel Spaß.

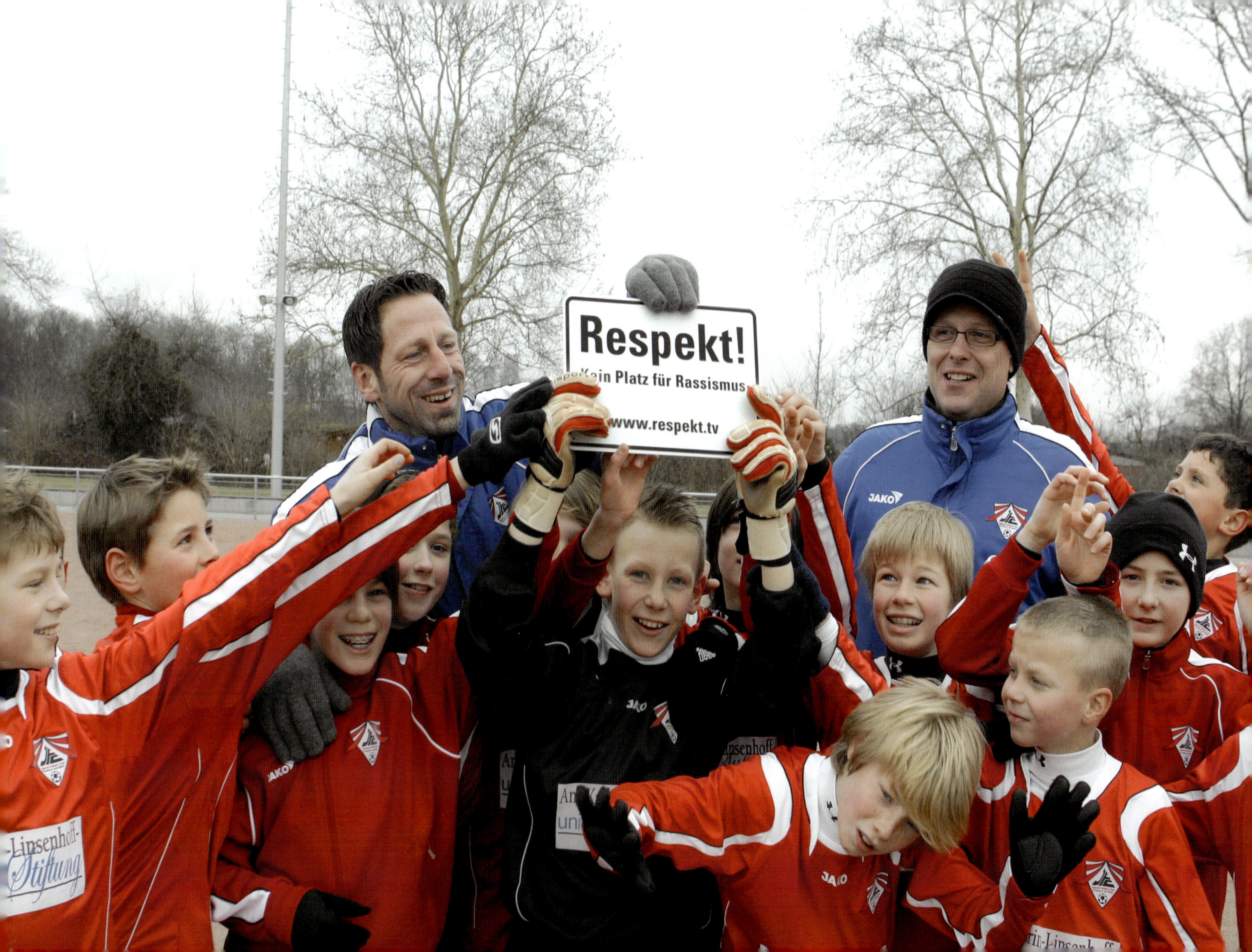
Respekt!
Kein Platz für Rassismus
www.respekt.tv

Heribert Bruchhagen

Ich habe Respekt vor Lebensleistungen

Heribert Bruchhagen unterrichtete früher als Lehrer am Gymnasium

Welche Rolle spielt Respekt in Ihrem Leben?

Ich bin auf dem Land aufgewachsen und habe früh gelernt, Respekt zu haben. Oft wird der Begriff Respekt in Zusammenhang mit Rassismus gebracht – dass man andere ethnische Gruppen zu respektieren hat. Das ist eine Selbstverständlichkeit. Ich sehe Respekt in erster Linie darin, dass ich vor der individuellen Lebensleistung eines Menschen Respekt habe: vor einem Bäcker, vor einem Kfz-Schlosser, vor einem Familienvater, vor jemandem, der Verantwortung im Leben übernimmt! Und ich bemühe mich, im Umgang mit allen Menschen diese respektvolle Grundeinstellung zu praktizieren.

Gibt es Probleme mit rechtsextremen Fans bei der Eintracht?

Wir haben verschiedene Probleme mit unseren Fans, auch im Hinblick auf Respektlosigkeit. Aber rassistische Äußerungen habe ich in den über zehn Jahren, die ich bei der Eintracht bin, noch nie erlebt. Unsere Fans sind weit davon entfernt, rechtsextremistisch zu sein – zum Glück habe ich dieses Phänomen hier im Stadion noch nicht erlebt.

Ich will es nicht grundsätzlich ausschließen, aber die Frankfurter Fanszene zeichnet aus, dass sie ein hohes Maß an Liberalität hat. Das bedeutet noch lange nicht, dass wir keine Konflikte haben. Aber ich bin stolz darauf, dass unsere Fanszene mit Rechtsradikalismus und Rassismus sehr wenig zu tun hat.

Welche Personen reagieren respektlos auf Schiedsrichter, Trainer etc.?

Personen, die äußerst aggressiv auf den Schiedsrichter oder auf den Trainer zugehen, haben auch im Privatleben große Probleme. Der normale Fußballspieler, Fußballfan und Bürger sagt: »Er ist heute aber schlecht!« oder »Der ist gut!«. Aber er würde nie einen Schiedsrichter beleidigen oder aggressiv auf andere Personen einwirken.

Kind sein heute und früher – gibt es Unterschiede?

Ich hatte das Glück, in den 50er Jahren aufgewachsen zu sein – ohne Fernsehen, ohne Auto der Eltern und auch ohne Zentralheizung. Das hat uns eine Kreativität gegeben im Umgang mit der Natur, die heute Kindern nicht mehr ermöglicht wird. Das tut mir ausgesprochen leid.

Auf der anderen Seite ermöglicht die moderne Technik den jungen Menschen heute Informations- und Bildungszugänge, die uns damals vollständig verschlossen waren. Es haben sich viele Dinge zum Positiven gewandelt – aber trotzdem haben die 50er Jahre mit all ihrer Bescheidenheit etwas Faszinierendes.

| Zur Person |

Heribert Bruchhagen (* 4. September 1948) ist seit 2003 Vorstandsvorsitzender von Eintracht Frankfurt. Der Lehrer für Sport und Geografie war schon für Schalke 04, den Hamburger SV und Arminia Bielefeld tätig.

Der Lieblingsplatz von Heribert Bruchhagen ist die Commerzbank-Arena.

Respekt!
Kein Platz für Rassismus

Stefanie Bub

Heute ist es normal, Pilotin zu sein

Respekt ist das Gegenteil von egoistischem Verhalten

Was bedeutet Respekt für Sie?

Respekt heißt für mich Toleranz und Offenheit gegenüber anderen Kulturen und Traditionen und das Interesse daran. Dass ich mein Gegenüber achte und wertschätze so wie er ist, auch wenn mir sein Aussehen oder sein Auftreten vielleicht fremd sind oder ich seine Ansichten nicht teile. Dass ich so handele und Dinge tue, die ich selbst gern so erfahren möchte. Letztendlich ist es das Gegenteil von egoistischem Verhalten.

Gibt es für Sie einen Unterschied zwischen den Begriffen Respekt und Autorität?

Prinzipiell entsteht durch Autorität ein Machtgefälle, durch Respekt nicht.

Haben Sie im Berufsleben einmal diskriminierendes Verhalten erlebt?

Aufgrund meines Berufes habe ich permanent mit Menschen der verschiedensten Kulturen auf der ganzen Welt zu tun. So wie es Diskriminierung hier gegenüber Menschen anderer Hautfarbe gibt, ist in anderen Ländern manchmal auch Rassismus gegenüber der weißen Hautfarbe zu spüren.

Man sollte sich auch mit heller Hautfarbe im Ausland entsprechend verhalten und anpassen, beispielsweise manchmal gewisse Stadtteile meiden. In meinem privaten Umfeld habe ich viele Freunde aus anderen Kulturkreisen und mit anderer Hautfarbe; zum Glück sind mir in diesem Zusammenhang nie Diskriminierung und Intoleranz begegnet.

Haben es Frauen schwerer als Männer?

Ich glaube schon, dass es heute leider immer noch für Frauen schwieriger ist, in manchen Bereichen des täglichen Lebens Fuß zu fassen und sie auch manchmal benachteiligt werden, wenn sie sich etwa eine Top-Position in einer Firma erarbeiten wollen. Zum Glück arbeite ich in einer Branche und in einem Unternehmen, in der und in dem Frauen völlig gleichwertig behandelt und gefördert werden.

Hat sich die gesellschaftliche Anerkennung von Frauen in Ihrer Branche in den letzten Jahren verbessert?

Absolut! Erst 1988 schaffte es die erste Frau als Co-Pilotin in ein Cockpit. Vorher wurden Frauen für den Beruf der Pilotin bei den Airlines gar nicht eingestellt. Heute ist es normal, dass Frauen im Cockpit fliegen, wenn auch noch lange nicht in so großer Zahl wie die Männer – maximal ein Zehntel der Piloten sind Frauen.

Ist Respekt eine Frage der Bildung? Des Elternhauses?

Definitiv. Nur wer in frühester Kindheit in der Schule und dem Elternhaus mit auf den Weg bekommt, dass man Menschen, egal welcher Herkunft und Hautfarbe, akzeptieren und respektieren sollte, wird als toleranter und offener Mensch in unsere Gesellschaft hineinwachsen.

| Zur Person |

Stefanie Bub (* 15. Juni 1978) fliegt seit 2001 als Copilotin, seit Februar 2011 auf dem Airbus A380. Schon im Kindergarten spielte sie am liebsten mit einem roten Flugzeug. Bereits mit 18 Jahren machte sie die Privat-Piloten-Lizenz in den USA.

»Ich hatte in meinem Beruf schon immer das Gefühl, als gleichwertiger ›Kollege‹ gesehen zu werden.«

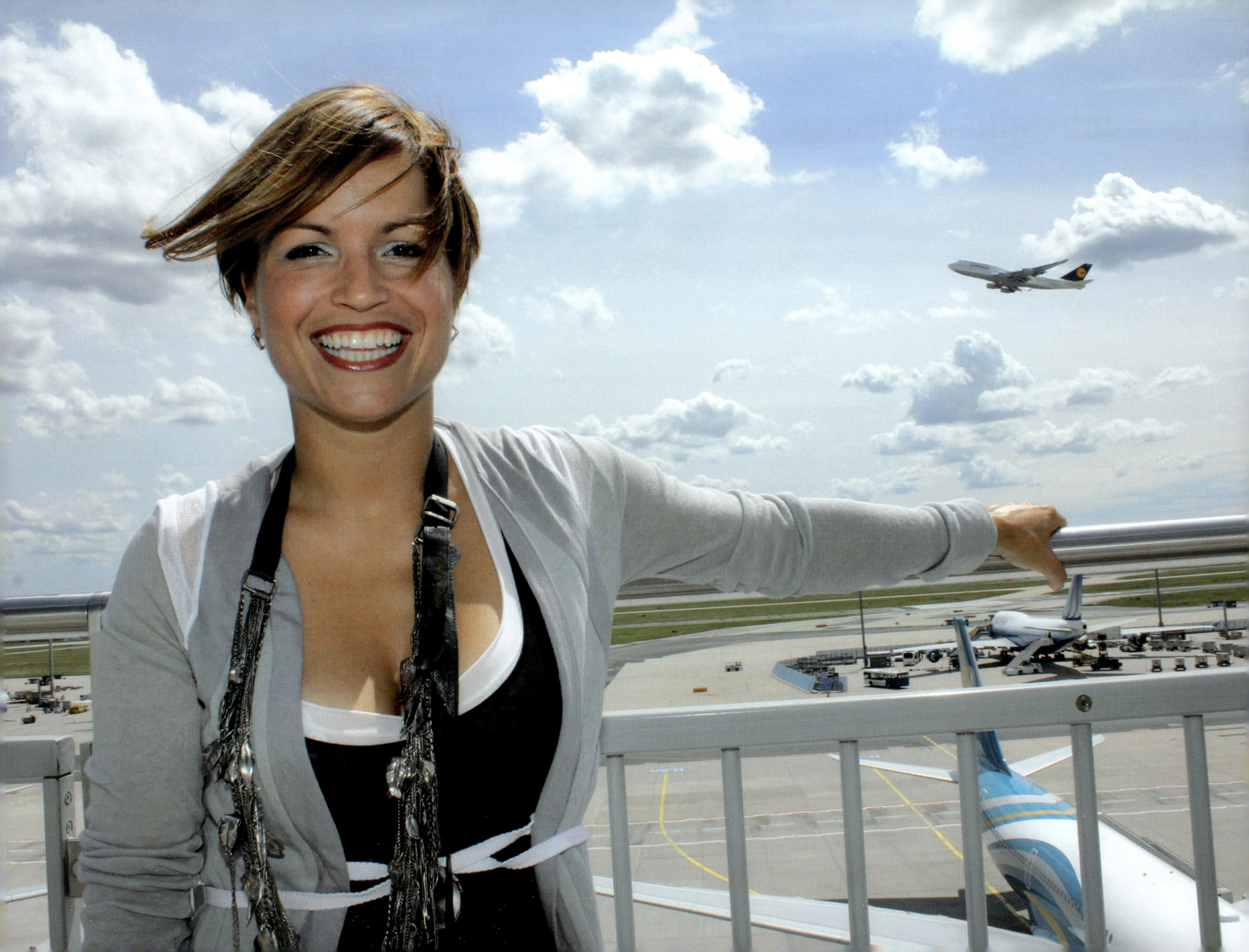

Ich nehme alles auf die Schippe

Bülent Ceylan erhält 2012 den Verdienstorden des Landes Baden-Württemberg

Was bedeutet Respekt für dich?

Ich habe ja mal Philosophie studiert – es gibt den Philosophen Immanuel Kant und den kategorischen Imperativ. Und der heißt: Handle so, dass die Maxime deines Willens jederzeit als allgemeine Gesetzgebung gelten könnte. Das heißt auf gut Deutsch: Was ich selbst nicht haben möchte, tue ich auch keinem anderen an. Einmal hatten die Techniker einen 15-jährigen Praktikanten dabei. Die haben mit dem geredet wie mit einem kleinen Jungen. Aber ich habe zu ihm gesagt: »Pass auf, ich rede mit dir wie mit jedem anderen – egal, ob der jetzt 15 oder 30 ist!« Der Teenager ist richtig aufgeblüht. Ich weiß selbst, wie es war mit 14, und wie Erwachsene einen behandelt haben: »Na du Kleiner, warte mal ab. In ein paar Jahren bist du anders.« Nein, bin ich nicht! Das war respektlos! Oder wenn man die erste Freundin hatte – das ist doch schön, lass ihn doch und sage nicht: »Warte mal ab, da kommen noch mehrere!« Das sind Sprüche, die ich hasse.

Deutsche und Türken – wie gehst du bei deinen Auftritten auf der Bühne damit um?

Ich nehme das alles auf die Schippe. Ich frage am Anfang: »Sind Türken im Publikum?« Dann melden sich ein paar und winken. Dann sage ich: »Das ist ja schon sehr integriert!« Früher hast du gefragt, sind Türken da und da hieß es – hey, was is Alta, auf die Fresse! Jetzt winken sie. Gottseidank machen sie keinen Hitlergruß, denn das wäre schon zu integriert. So nehme ich ein bisschen Spannung weg! Auf einer Veranstaltung war mal eine Frau mit Kopftuch. Alle haben drauf geachtet, ob diese Frau lacht. Denn jeder meinte, sie ist bestimmt sehr konservativ, religiös und lacht über gewisse Gags nicht – weil sie ein Kopftuch trägt. Sie hat aber aus der Seele gelacht und alle haben gestaunt. Am Ende der Show hab ich gesagt: »Jetzt könnt ihr dieser Frau einen Riesenapplaus geben beziehungsweise euch selbst an den Kopf fassen – denn ich bin mir ziemlich sicher, dass ihr das nicht erwartet habt.« Und das hat so viel gelöst!

Hast du selbst schon Erfahrungen mit Rassismus gemacht?

In der Grundschule hat mal einer zu mir gesagt: »Du Türk!« Ja, mein Vater ist Türke, meine Mutter ist Deutsche. Aber er hat es als Schimpfwort benutzt – so wie »Nigger«. Ich finde es auch nicht gut, wenn Schwarze sich Nigger nennen, wie die Hip-Hopper. Brother oder Bruder ist was anderes, das sagen wir auch im Türkischen. Hier kommen wir wieder zu Respekt. Wenn ich zum Beispiel über meinen polnischen Techniker sage: »Das ist ein guter Pole – er fährt mit meinem Auto und kommt zurück!« dann ist das was anderes – das sehen die Leute auch so. Im Grunde kriegt jeder sein Fett ab: Ich mache mich selbst fertig, mache meine Herkunft fertig, mach alles fertig – und mache in verschiedenen Rollen auch andere fertig. Und so halte ich den Leuten den Spiegel vor.

| Zur Person |

Bülent Ceylan (* 4. Januar 1976) ist Comedian mit deutschen und türkischen Wurzeln. Seit vielen Jahren ist er mit seinen verschiedenen Programmen auf deutschen Kabarettbühnen und im Fernsehen zu sehen.

»Ich mag es nicht, wenn Schwarze sich Nigger nennen.«

PRODUZIER MICH NET!
Respekt!
Kein Platz für Rassismus
www.respekt.tv

Gilberto da Silva Melo – Weltbotschafter

Ich wurde unheimlich gut empfangen

Gilberto hat seine Zeit in Deutschland in angenehmer Erinnerung

Was bedeutet für dich Respekt?

Für mich bedeutet Respekt, das Gefühl für die menschlichen und inneren Werte zu haben. Dass wir die Prinzipien und die Werte, die wir schon als Kind übermittelt bekommen, verstehen, uns einprägen und uns immer daran halten. Dass diese Werte immer in uns bleiben und uns das ganze Leben lang begleiten.

Wurdest du schon respektlos behandelt?

Ich muss sagen, dass ich mit etwas Angst nach Deutschland gegangen bin und dachte, man würde mich beschimpfen. Aber ich wurde unglaublich gut empfangen. Weder habe ich persönlich Rassismus erlebt, noch wurde ich respektlos behandelt. Im Gegenteil, die Spieler und Fans waren alle ganz toll. Auch die gegnerischen Mannschaften waren immer sehr fair. Das hat mich wirklich beeindruckt. Nur ein einziges Mal habe ich mitbekommen, wie Fans Asamoah beschimpften. Das konnte ich überhaupt nicht verstehen, schließlich hat er sogar für Deutschland in der Nationalmannschaft gespielt.

Wie war für dich die Zeit in Deutschland?

Ich habe mich nie unwohl gefühlt, im Gegenteil, die Zeit in Berlin bei Hertha war super! Ich kann mich über das Leben in Berlin wirklich nicht beschweren, es hat mir sehr gut gefallen. Ich habe oft etwas mit den Spielern gemacht, wir haben uns alle sehr gut verstanden. Im Winter war ich dann immer in Brasilien. Hier ist es natürlich anders. Meine ganze Familie ist in der Nähe, alles ist gemeinschaftlicher, die Brasilianer sind sehr offen, und es sind einfach viel mehr Menschen unterwegs. In Deutschland ist alles sehr ruhig. Der Mannschafts-Physio von Hertha hat mich sogar schon mit seiner Familie in Brasilien besucht, das fand ich super. Ich versuche natürlich, die Kontakte nach Deutschland zu halten und darf mein Deutsch auf keinen Fall vergessen. Eines Tages würde ich gerne nach Berlin zurück. Ich bin jetzt um die Vierzig, als Spieler ist es jetzt schwer, da ist der Zug abgefahren, aber als etwas anderes, vielleicht als Trainer, könnte ich zurückkommen. Die deutschen Städte haben mir alle sehr gut gefallen.

Was hat sich in Deutschland verändert?

Ich bin vor der Weltmeisterschaft nach Berlin gegangen, war dann bei der WM dabei, und bin nach der WM über London zurück nach Brasilien. Da hat sich meiner Meinung nach sehr viel verändert. Das Volk ist viel lockerer geworden. Die Leute haben sich getraut, aus sich herauszukommen und zu zeigen, aus welchem Land sie kommen. Das hat mir sehr gut gefallen. Die WM hat Deutschland wirklich sehr positiv gezeigt.

Sind die Deutschen nach der WM toleranter geworden?

Ja, genau das meine ich. Ich habe oft erlebt, wie sich Leute zum Beispiel über Lärm beschwert haben. Sogar einmal, als eine türkische Familie nach einer Hochzeit mit Autos hupend und mit Dosen am Auto durch die Straße gefahren ist. Alle haben gemeckert. In der WM-Zeit waren dann aber alle so glücklich und haben lebendig zusammen gefeiert, dass eine neue Toleranz gegenüber fremden Kulturen entstanden ist, denke ich.

| Zur Person |

Gilberto da Silva Melo (* 25. April 1976) ist ein brasilianischer Nationalspieler, der von 2004 bis 2007 mit Hertha BSC Berlin in der Bundesliga spielte. 2009 bis 2009 spielte er bei den Tottenham Hotspurs. Seit 2009 ist er wieder in Brasilien und spielt beim Cruzeiro Esporte Clube in Belo Horizonte.

Paula Widmer (links) führte das Gespräch mit Gilberto.

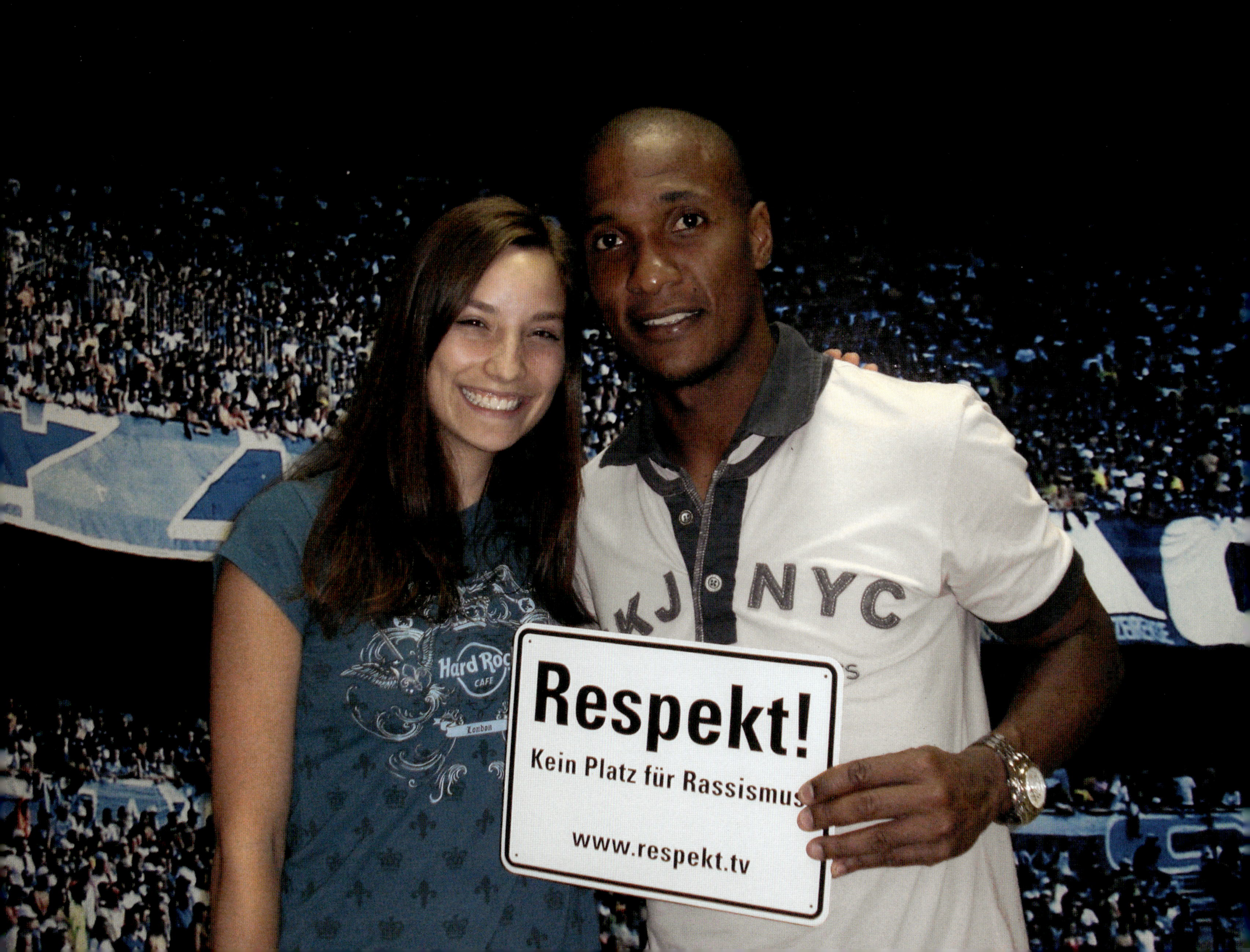
Respekt!
Kein Platz für Rassismus
www.respekt.tv

Bakary Diakité – Weltbotschafter

Es gibt so viele Gemeinsamkeiten

Bakary Diakité spielte 2008 für die malische Nationalmannschaft

Was bedeutet Respekt für dich?

Respekt ist ziemlich schwer zu definieren, weil Respekt sich aus verschiedenen Dingen zusammensetzt, wie zum Beispiel Höflichkeit, Anerkennung, Verantwortung, Toleranz und Beachtung. Respekt ist für mich ein Zusammenspiel aus diesen verschiedenen Dingen.

Hattest du schon Erlebnisse mit Fremdenfeindlichkeit?

Auf dem Platz ist es jetzt schon länger her, dass ich dumm angemacht wurde wegen meiner Hautfarbe. Viele Deutsche denken, dass anders aussehende Menschen nur in Deutschland schlecht behandelt oder beschimpft werden. Aber das Problem gibt es auch in Frankreich und in Holland, wo ich ebenfalls gespielt habe.

Was bedeutet Respekt in verschiedenen Kulturen?

Die Kulturen, die ich kenne, haben viele Dinge gemeinsam – zum Beispiel den respektvollen Umgang. In Mali hat man sehr großen Respekt vor den Älteren. Das hat vielleicht was mit der Lebenserfahrung zu tun: Ältere Leute sind reifer, sie sind die besseren Ansprechpartner in gewissen Situationen und bei Problemen, die sich einem stellen.

Lebst du in zwei Welten?

Wenn man interkulturell erzogen ist, bekommt man von verschiedenen Kulturen etwas mit. Man lernt, dass es nicht nur diese eine Art auf der Welt gibt und muss die Unterschiede überwinden. Es gibt so viele Gemeinsamkeiten auf der Welt – alle Leute können miteinander leben, egal, wie groß die Unterschiede auch sein mögen. Große Unterschiede gab es bei meinen Eltern zum Beispiel nicht: Sie sind immer noch glücklich verheiratet und ich hoffe, dass das so weitergeht. Eine Vermischung von verschiedenen Kulturen bringt auch ein gewisses Verständnis, eine gewisse Toleranz – eine Anerkennung und Verantwortung anderen gegenüber.

Du bist Moslem und Profifußballer ...

In den Vereinen, in denen ich gespielt habe, habe ich wenig schlechte Erfahrungen gemacht. Ich denke, dass das auch eine Art Respekt ist, mit anderen Leuten umzugehen. Wenn man eine Mannschaft sieht: Da spielen nur elf, aber insgesamt kommt man auf 40-50 Leute, mit denen man täglich zu tun hat. Die kommen aus allen möglichen Ländern der Welt, und alle verstehen sich gut. Da sieht man, dass Herkunft, Religion oder Überzeugung in den Hintergrund treten und man als Team oder als Mannschaft gut funktionieren kann!

| Zur Person |

Bakary Diakité (* 9. November 1980) ist Profifußballer und Offensiv-Allrounder. Er hat eine deutsche Mutter und einen malischen Vater. Seine Stationen in Deutschland: Eintracht Frankfurt, VfL Bochum, SV Wehen, 1. FSV Mainz 05, TuS Koblenz und FSV Frankfurt. Derzeit spielt er in Thailand beim FC Royal Thai Army.

Bakary ist schon lange Botschafter der Initiative »Respekt! Kein Platz für Rassismus!«

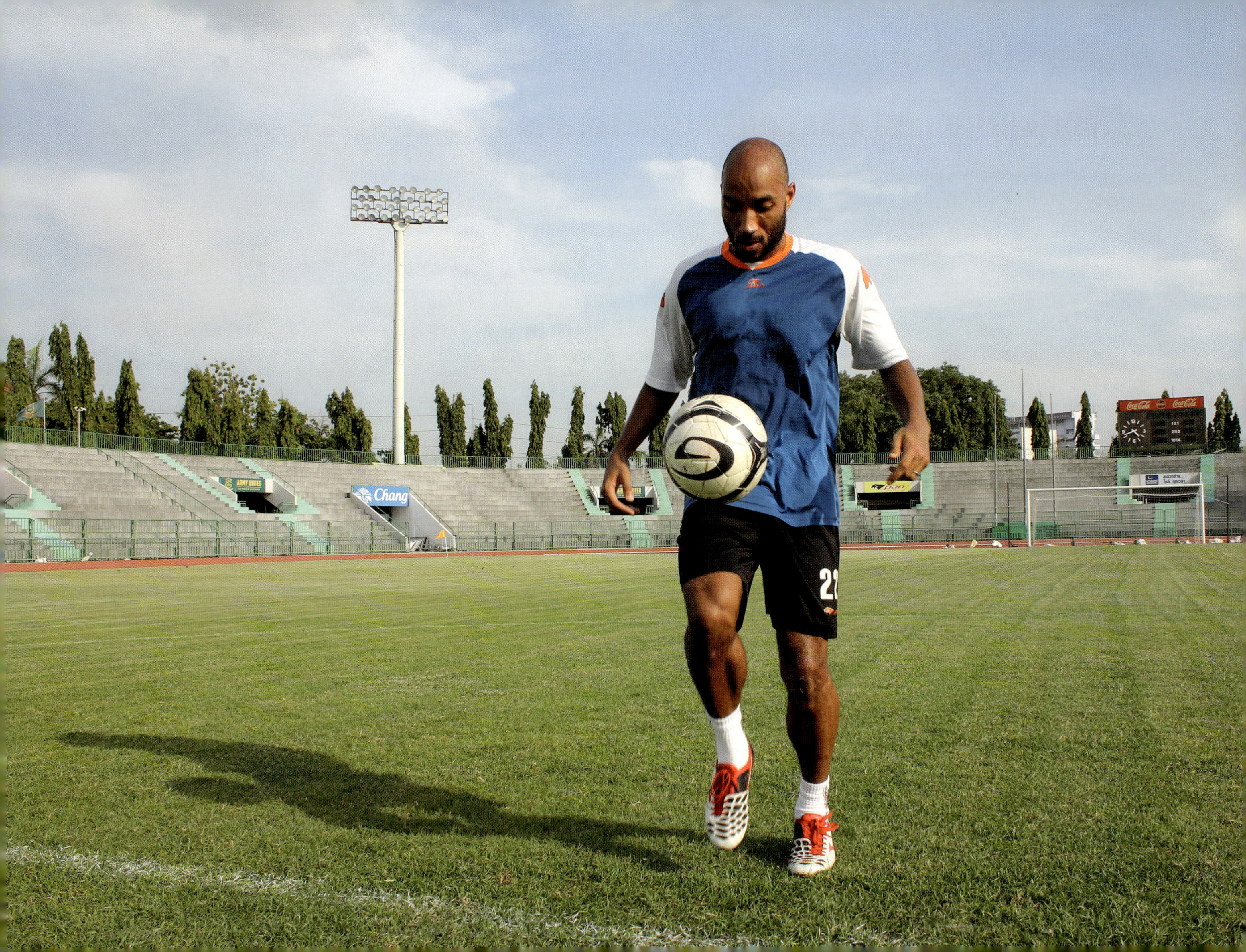
Chang

Waris Dirie – Weltbotschafterin

Nur Liebe und Respekt sichern uns Frieden

Die Menschenrechtsaktivistin kämpft gegen das Ritual der weiblichen Genitalverstümmelung

Waris Dirie wurde irgendwann zwischen der Regen- und der Trockenzeit im Jahre 1965 als Tochter einer Nomadenfamilie in der somalischen Wüste geboren. Im Alter von fünf Jahren durchlitt sie die unmenschliche Prozedur einer genitalen Verstümmelung. Dieses schlimme Verbrechen an Frauen wird immer noch weltweit von Muslimen und Christen praktiziert. Täglich werden nach Schätzungen der UNO 8.000 Mädchen Opfer dieser unvorstellbaren Grausamkeit. Im Alter von 13 Jahren flüchtete Waris vor der Zwangsverheiratung mit einem Mann, der ihr Großvater hätte sein können. Nach einer abenteuerlichen Flucht landete sie in London. Mit 18 Jahren wurde sie dort vom englischen Star-Fotografen Terrence Donovan als Model entdeckt und gelangte zu internationaler Berühmtheit. 1997 sprach Waris Dirie erstmals in einem Interview das grausame Ritual der weiblichen Genitalverstümmelung an und berichtete von ihrem eigenen Schicksal. Sie löste damit weltweit eine Welle von Mitgefühl und Protest aus. Im gleichen Jahr erschien ihre Biographie »Wüstenblume« (Desert Flower), die ein internationaler Bestseller wurde.

Frau Dirie, was bedeutet Respekt für Sie?

Nur Liebe und gegenseitiger Respekt sichern uns Frieden und ein gutes Leben.

Hatten oder haben Sie im täglichen Leben mit Rassismus oder Diskriminierung zu tun? Welche persönlichen Erfahrungen haben Sie gemacht?

Natürlich habe ich Rassismus und Diskriminierungen erlebt. Das gibt es leider auch in der Model-Branche.

Ist Respekt eine Frage der Bildung? Des Elternhauses? Wie kommt Respekt in die Köpfe?

Respekt lernst du von deinen Eltern, oder das Leben lehrt dich, Menschen, Tiere, die Natur und das Universum zu respektieren.

Was kann jeder Einzelne für ein besseres Miteinander tun?

Liebe und respektiere deine Mitmenschen und behandle sie so, wie du auch selbst behandelt werden möchtest.

| Zur Person |

Waris Dirie (* 1965) ist ein ehemaliges Supermodel. Als UN-Sonderbotschafterin und Menschenrechtsaktivistin kämpft sie heute gegen die Genitalverstümmelung von Frauen und Mädchen (FGM). 2002 gründete die Autorin zahlreicher Bestseller ihre eigene Organisation, die Desert Flower Foundation mit Sitz in Wien.

»Liebe und respektiere deine Mitmenschen und behandle sie so, wie du auch selbst behandelt werden möchtest.«

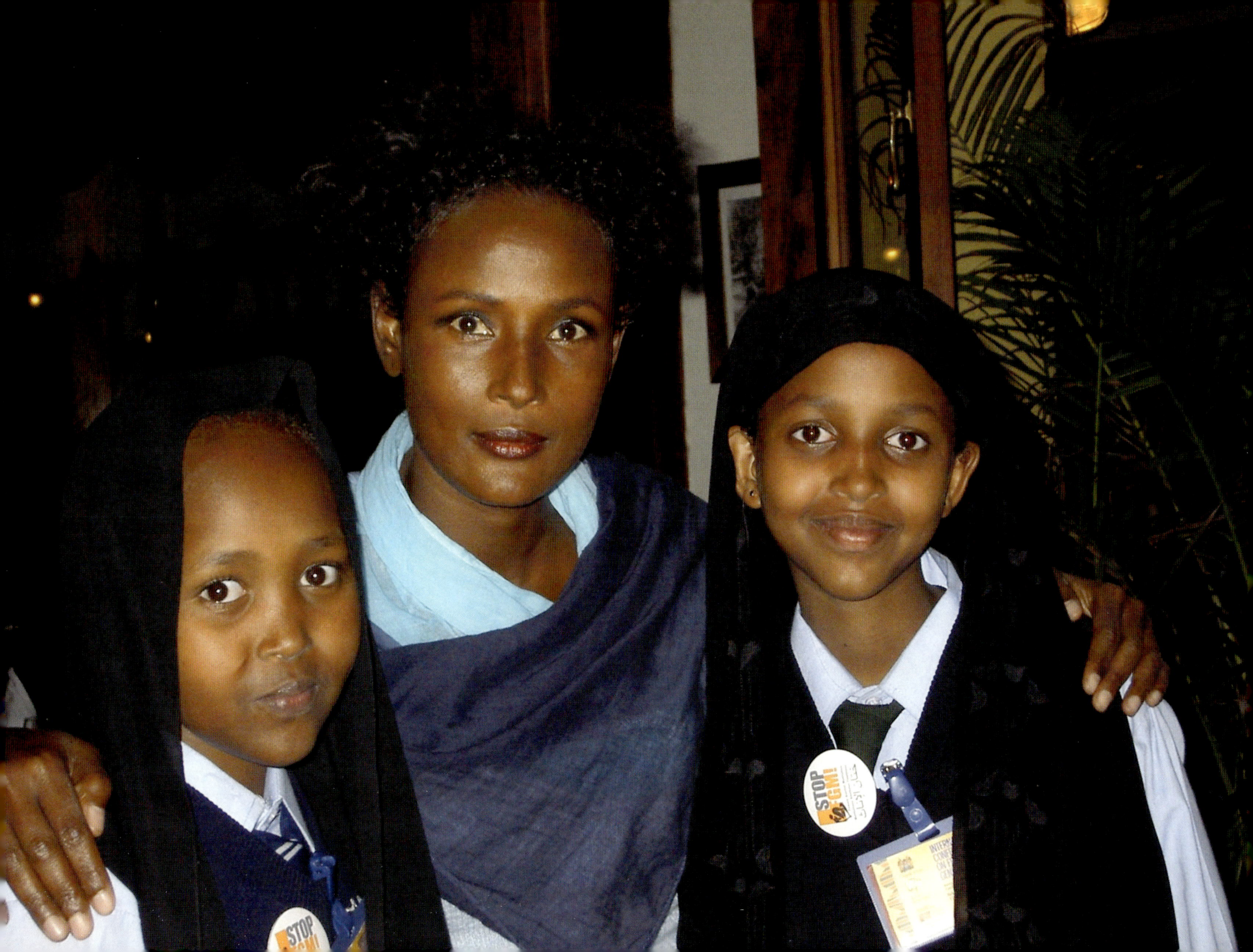
STOP GM!

Horst Eckel

1954 gewannen wir die WM und Respekt

Herausgeber Peter Lohmeyer interviewt Horst Eckel, den Fußball-Weltmeister von 1954

Lohmeyer Horst, ich hab dir gerade unseren Ansteckbutton »Respekt« an deine Jacke geheftet. Was verbindest du mit Respekt?

Eckel Respekt hab ich schon sehr früh gelernt, als ich anfing, Fußball zu spielen. Damals bin ich aus einem kleinen Pfälzer Dorf nach Kaiserslautern gegangen. Und dort hatte Fritz Walter das Sagen. Von ihm habe ich sehr viel gelernt. Ich bin dann auch sehr früh in die Nationalmannschaft gekommen. Da war wieder einer, der noch mehr auf Respekt geachtet hat.

Lohmeyer Sepp Herberger?

Eckel Richtig, Sepp Herberger. Von ihm hab ich sehr früh gelernt, was Respekt heißt.

Lohmeyer 1954 seid ihr dann Weltmeister geworden, was keiner erwartet hatte. Damals war Deutschland ja durch den Nationalsozialismus so ziemlich am Boden, kann man sagen. Aber dieser Titel hat die Nation dann wieder aufstehen lassen.

Es war aber noch mehr: Dieser Erfolg hat auch den Menschen in der Welt gezeigt, dass nicht alle Deutschen Kriegsverbrecher gewesen sind. Sie haben fast zehn Jahre nach Kriegsende etwas geschafft, was der Nation Deutschland auch wieder ein wenig Respekt in der Welt verschafft hat. Habt ihr als Mannschaft davon etwas gespürt, oder wie war das für euch Spieler, als »Verlierer-Nation« so plötzlich und so unerwartet zu gewinnen?

Eckel Ja, das war für uns eine ganz, ganz tolle Sache. Wir sind als krasser Außenseiter in die Schweiz gefahren. Mit uns hat niemand gerechnet, auch wir haben am Anfang nicht damit gerechnet, dass wir das schaffen. Erst als wir ins Endspiel kamen, da haben wir gesagt: »Jetzt wollen wir Weltmeister werden!« Was diese Weltmeisterschaft für unsere Nation und auch für uns bedeutete, das haben wir erst realisiert, als wir zurück in Deutschland waren.

Lohmeyer Hat sich euer Leben nach eurer Rückkehr verändert? Du bist ja vor der Weltmeisterschaft zum Bäcker einkaufen gegangen und danach auch. Sind dir die Leute beim Einkauf oder wo auch immer mit größerem Respekt begegnet oder hatte sich nichts verändert?

Eckel Ja, das stimmt, das Verhalten der Menschen hat sich verändert. Das habe ich auch bemerkt. Sie sind mir mit größerem Respekt begegnet, weil sie sich vielleicht gesagt haben, der Junge hat was gemacht, was sehr wichtig war. Vielleicht haben sie auch gedacht, was die Mannschaft gemacht hat, war sehr wichtig. Deutschland war ja auf der ganzen Welt politisch, wirtschaftlich und auch sportlich überhaupt nicht anerkannt. Und erst nach dieser Weltmeisterschaft, da haben die Leute ja gesagt »Nicht nur die Elf und Herberger sind Weltmeister geworden, sondern alle Deutschen sind Weltmeister geworden!« Das Wir-Gefühl war da. Und das hat uns auch sehr stolz gemacht.

Lohmeyer Ich finde es toll, dass dieser Respekt bis heute trägt. Ich merke aber auch, dass es verschiedene Formen von Respekt gibt. Als ich dir zum ersten Mal begegnet bin, als wir uns ken-

| Zur Person |

Horst Eckel (* 8. Februar 1932) war deutscher Profifußballer und Mitglied der deutschen Nationalmannschaft, die 1954 in Bern Weltmeister wurde. Er war der jüngste Spieler der Mannschaft und wurde wegen seiner Laufstärke und schlanken Statur »Windhund« gerufen. Mit dem 1.FC Kaiserslautern wurde der Mittelfeldspieler Eckel von 1949 bis 1960 zweimal Deutscher Meister.

Zwei, die sich verstehen:
Horst Eckel und Peter Lohmeyer
auf der Trainerbank
des 1. FC Kaiserslautern.

Deutsche
Vermögensberatung
Deutsche
Vermögensberatung
Deutsche
Vermögensbe

nenlernten, da hatte ich mächtig Respekt vor dir, weil ich gewusst habe, dass du Weltmeister warst. Deshalb habe ich dich auch gesiezt. Das gebietet die Höflichkeit, die ja auch eine Form von Respekt ist: Personen, die man nicht kennt, redet man nicht einfach mit »Du« an. Zu wissen, wie man sich begrüßt, ist auch eine Art, Respekt zu zeigen. Höflich mit einem berühmten Menschen umgehen, heißt aber nicht, dass man vor ihm auf den Knien rutschen muss. Du hast das dann aber toll aufgelöst. Weißt du noch, wie wir zum »Du« kamen?

Eckel Nee, das weiß ich nicht mehr.

Lohmeyer Ich weiß es aber noch. Wir saßen im Restaurant und du sagtest »Hör mal, unter Fußballern, da siezt man sich doch nicht!« So war das! Und dann hast du mir das »Du« angeboten. Auch wenn wir uns heute duzen, so habe ich aber diesen Respekt vor dir, vor dem, was du geleistet hast, den hab ich nicht verloren.

Es gibt allerdings auch einen »falschen Respekt«, den man auch unterwürfig oder ängstlich nennen könnte. Niemand sollte sich anderen Menschen gegenüber unterwürfig verhalten oder Angst vor jemandem haben. Egal wie berühmt oder wichtig die Person auch immer ist. Wer sich respektvoll verhält, ist höflich, aber nicht ängstlich.

Im Theater gibt es vergleichbare Situationen. Wenn ich mit einem Kollegen arbeite, der schon Don Carlos oder Hamlet gespielt hat, das erkenne ich an. Aber deshalb brauche ich keine Angst vor ihm zu haben. Er ist für mich ein Vorbild.

Junge Menschen sollten nicht aus lauter Ehrfurcht vor ihren Vorbildern versinken, sondern ihnen nacheifern und sagen: »Wir wollen auch Weltmeister werden«.

Eckel Ja, so haben sich die Jungs damals auch benommen. Das war auch ganz toll. Sie haben zugehört. Ich hab noch nie zu jemandem gesagt: »Sie müssen großen Respekt vor mir haben«.

Ich hab immer gesagt: »Ich bin Mensch, wir ihr auch.« Das bin ich auch geblieben und das möchte ich auch bleiben. Ich habe immer Respekt vor Fritz Walter und Sepp Herberger gehabt. Fritz Walter hat zu mir gesagt: »Wir sind doch Sportkameraden.« Bei Herberger war das wieder was ganz anderes. Vor ihm hab ich bis zum Schluss sehr großen Respekt gehabt. Aber nicht, weil ich Angst vor ihm gehabt hätte, das war nicht der Fall. Beide waren Menschen wie du und ich, wie jeder andere, wie meine Mitspieler.

Ich hab auch vor Ottmar Walter und Liebrich und allen anderen großen Respekt gehabt. Denn die hatten schon in der Nationalmannschaft gespielt, als ich dazu kam. Deshalb bin ich aber nicht in die Knie gegangen vor ihnen, das hab ich nicht gemacht. Aber gewissen Respekt muss man immer haben. Das ist wichtig.

Lohmeyer Und meinst du, einer von den Roten Teufeln hier hat die Chance, mal das zu erreichen, was du erreicht hast? Du hast sie ja heute auf dem Platz da gesehen.

Eckel Das kann man nie wissen. Als ich damals hierher gekommen bin, hat auch niemand dran geglaubt, dass ich mal Nationalspieler werde. Es hat auch niemand geglaubt, dass ich Weltmeister werde. Niemand, auch ich persönlich nicht. Aber ich bin es geworden. Und deshalb ist es sehr schwierig zu sagen, wer von diesen Jungs vielleicht ganz nach oben kommt.

Lohmeyer Horst, ich danke dir für das Gespräch. Ich habe Respekt vor dir!

Eckel Danke.

Respekt!
KARLSBERG
WESTTRIBÜNE

Respekt!

TechniSat
DAS ORIGIN

Dagmar Fabian

Respekt ist bei Jüngeren nicht so angesagt

Elternhaus und Umgang prägen Rücksicht und Achtsamkeit

Was bedeutet Respekt für dich?

Respekt ist für mich das Wichtigste im Umgang miteinander. Nur wenn ich jemandem Respekt entgegenbringe, kann ich diesen auch selbst erwarten.

Hast du im Berufsleben einmal diskriminierendes Verhalten erlebt?

Seit 2008 bin ich ehrenamtliche Helferin beim THW im Ortsverband Wuppertal in der Fachgruppe Ortung und arbeite mit Rettungshunden. Nicht nur untereinander, sondern auch mit unseren Hunden gehen wir respektvoll um, denn wir müssen uns jederzeit aufeinander verlassen können.

Beschäftigt bin ich bei einem textilen Dienstleister mit einem hohen Anteil an weiblichen Mitarbeitern im gewerblichen Bereich. Wir sind multikulturell und haben alle gelernt, respektvoll miteinander umzugehen – egal welche Nationalität, welche Religion oder welcher Bildungsstand.

Ich persönlich habe Respekt vor der Arbeitsleistung jedes Mitarbeiters, denn diese Arbeit ist körperlich sehr anstrengend und unter schlechten Bedingungen wie Lärm, Staub und Feuchtigkeit abzuleisten.

Was kann man deiner Meinung nach gegen Diskriminierung und Sexismus im Betrieb tun?

Man sollte über solche Missstände offen sprechen und sie publik machen.

Ist Respekt eine Frage der Bildung? Des Elternhauses?

Ich glaube, dass Respekt weniger eine Frage der Bildung ist, sondern eher des Elternhauses oder des Umganges miteinander. Ein Kind kann doch nur Respekt erlernen, wenn mit ihm respektvoll umgegangen wird. Sollte es sonst im Umkehrschluss heißen, dass alle weniger gebildeten Menschen respektlos miteinander umgehen?

Wie gehen Jugendliche in deinem Betrieb mit dem Thema Respekt um?

Es ist auffällig, dass Respekt gerade bei Jüngeren nicht mehr einen so hohen Stellenwert hat wie bei älteren Arbeitnehmern. Wenn ich alleine an den – oft mangelnden – Respekt gegenüber Vorgesetzten denke…

Hattest du ein Vorbild für deinen beruflichen Werdegang?

Mein Personalchef – er hat mich übrigens als Azubi eingestellt – lebt Respekt, egal in welcher Situation, egal wem gegenüber. Mein Vorgesetzter geht immer fair mit seinen Mitarbeitern und Kollegen um.

Ich kenne beide seit vielen, vielen Jahren und ziehe vor ihnen den Hut, denn es ist bestimmt nicht immer leicht, respektvoll, integer und souverän zu sein, gerade in der heutigen Zeit, in der es immer mehr um Gewinnmaximierung geht. Die Anforderungen an den Einzelnen werden immer wieder verändert und der Leistungsdruck erhöht. Diese beiden sind Vorbilder für mich.

| Zur Person |

Dagmar Fabian (* 15. November 1962), kaufmännische Angestellte in der Kundenbetreuung bei der CWS-boco Deutschland GmbH in Bochum, ist seit 1994 im Betriebsrat und seit 1996 stellvertretende Betriebsratsvorsitzende. Sie engagiert sich zudem als ehrenamtliche Helferin beim THW Ortsverband Wuppertal in der Fachgruppe Ortung (Arbeit mit Rettungshunden).

»Beim THW gehen wir mit Mensch und Tier respektvoll um – wir müssen uns aufeinander verlassen können.«

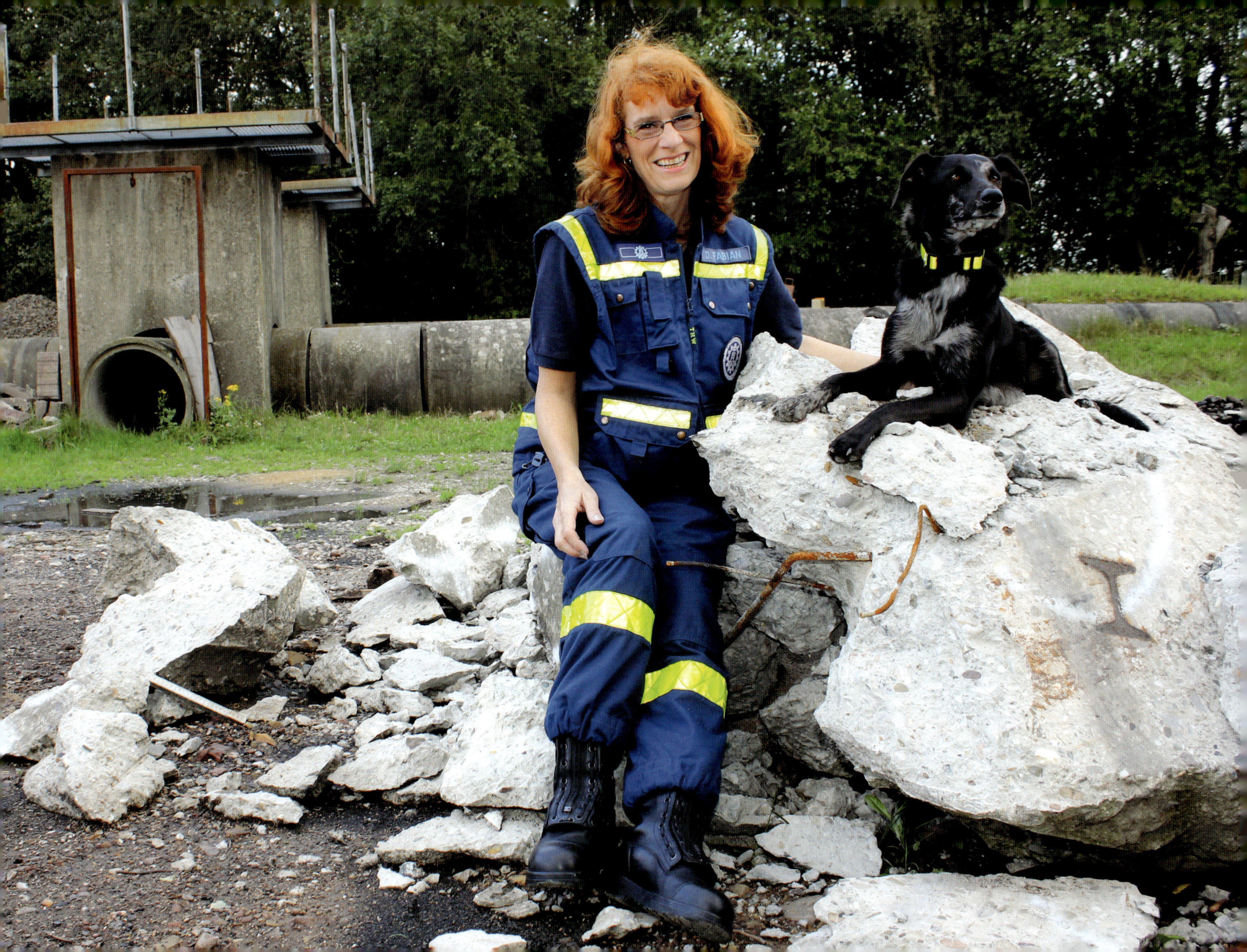
D.FABIAN

Doris Fitschen

Wer in der Öffentlichkeit steht, geht voran

Ich möchte jungen Mädchen zeigen, dass sie ihre Träume verwirklichen können

Was bedeutet Respekt für dich?

Respekt bedeutet für mich Akzeptanz und Toleranz. Gegenseitiger Respekt ist für mich sehr wichtig!

Gibt es Rassismus und Diskriminierung im Fußball?

Ich glaube, Rassismus und Diskriminierung gibt es in fast allen gesellschaftlichen Bereichen. Auch im Fußball. Allerdings weniger innerhalb der Teams als vielmehr bei den sogenannten »Fans«. Es gibt Gruppierungen, die die populäre Plattform »Fußballstadien« nutzen, um ihre aus unterschiedlichsten Gründen aufgestauten Aggressionen abzubauen und Parolen loszuwerden.

Trifft das Frauen besonders?

Ich persönlich habe keine negativen Erfahrungen gemacht. In anderen Ländern haben es Frauen natürlich immer noch erheblich schwerer als hier in Deutschland. Dort haben Frauen zum Beispiel wenige bis keine Rechte.

Hat sich die gesellschaftliche Anerkennung von Frauen im Fußball in den letzten Jahren geändert, gar verbessert?

Bis 1970 war es für Frauen quasi noch verboten, im Verein Fußball zu spielen. Frauen, die Fußball gespielt haben, waren »Exoten«. Als ich Ende der 70-er Jahre anfing, musste ich auch diverse Widerstände überwinden. Heute spielt die Frauen-Nationalmannschaft vor Tausenden von Fans und Millionen Fernsehzuschauern. Das zeigt, dass Frauenfußball inzwischen in der Bevölkerung voll akzeptiert wird.

Ist Respekt eine Frage der Bildung? Des Elternhauses?

Ich glaube, man wird schon früh vom Elternhaus geprägt. Und dann natürlich auch von den Lehrern. Es ist wichtig, dass Kindern schon früh Respekt gegenüber anderen Menschen, egal welcher Herkunft, Religion oder aus welchen sozialen Bereichen, beigebracht wird.

Siehst du dich selbst als Vorbild für Mädchen und junge Frauen?

Wenn man in der Öffentlichkeit steht, hat man immer eine Vorbildfunktion. Ich möchte diese natürlich positiv prägen! Gerade jungen Mädchen möchte ich zeigen, dass sie ihre Träume verwirklichen können, wenn sie daran glauben und alles dafür geben. Die Fußballkarrieren der Nationalspielerinnen und auch meine sind gute Beispiele dafür.

| Zur Person |

Doris Fitschen (* 25. Oktober 1968) ist seit 2009 Managerin der deutschen Frauenfußball-Nationalmannschaft. Zuvor war die Systemanalytikerin und Betriebswirtschaftlerin acht Jahre im Marketing des Deutschen Fußball-Bundes (DFB) tätig. Die 144-fache Nationalspielerin gewann vier Mal die Europameisterschaft, holte drei Mal den DFB-Pokal und errang mit ihrem Team die Bronzemedaille bei den Olympischen Spielen in Sydney im Jahr 2000.

»Als ich Ende der 70er Jahre anfing, Fußball zu spielen, musste ich Widerstände überwinden.«

Respekt!
Kein Platz für Rassismus
www.respekt.tv

Vorbild sein durch gelebte Frauen-Freiheit

Vorurteile entstehen durch ungenügendes Nachdenken und mangelndes Beobachten

Was bedeutet Respekt für Sie?

Zu achten, was mein Mitmensch fühlt und denkt, seine Ängste, seine Träume und seine Kultur verstehen zu wollen, seine Wurzeln zu achten. Und die Königsklasse: sich Zeit zu nehmen und ihm zuzuhören. Was nicht heißt, dass ich das alles kann – aber ich übe!

Gibt es Rassismus oder Diskriminierung im Kulturbereich und in den Medien?

In den Medien bemüht man sich sehr, nicht rassistisch zu sein oder zu wirken. Oft könnte das aber auch eine Pose sein. Manchmal wäre es besser, die Probleme, die man mit Menschen ausländischer Herkunft hat, offen und streitbar zu diskutieren, statt Lichterketten anzuzünden und den Rest unter den Tisch kehren zu wollen. Konkret die Probleme ansprechen – das ist wichtig!

Wie schwer haben es heutzutage Frauen im politischen Kabarett?

Die gesellschaftliche Anerkennung von Frauen auch in meiner Branche hat sich in den letzten Jahren geändert – sie hat sich sehr verbessert. Andererseits muss ich feststellen, dass sich die Männerriege im Kabarett bei TV-Redaktionen eher wieder schließt. Und: Warum gibt es zwar viele weibliche Comedians, aber kaum politische Kabarettistinnen? Traut sich keine, will keine – oder lässt man sie nicht?

Wie entsteht Ihrer Meinung nach vorurteilsbehaftetes Denken?

Durch Erziehung und durch übernommene, unreflektierte Elternmeinung, durch kleinbürgerliche Engstirnigkeit, die Tradiertes nicht hinterfragt. Wenn man älter ist, entstehen Vorurteile vor allem durch ungenügendes Nachdenken und mangelnde Beobachtung – man schaut zu wenig hin!

Ist Respekt eine Frage der Bildung? Des Elternhauses?

Respekt ist nicht unbedingt ein Frage von Bildung. Es gibt hochgebildete Neonaziführer und Rassisten. Eine Frage des Elternhauses schon eher.

Sehen Sie sich selbst als Vorbild für Mädchen und junge Frauen?

Nicht in jeder Beziehung – aber hinsichtlich Profession, Mut und gelebter Frauen-Freiheit auf jeden Fall. Mein Leitsatz lautet: »Ich möchte am Ende meines Lebens nicht sagen müssen: Mein Leben hat allen gefallen, nur mir selbst nicht.«

| Zur Person |

Lisa Fitz (* 15. September 1951) ist eine der wenigen politischen Kabarettistinnen in Deutschland. Aufgewachsen in der bayerischen Künstlerfamilie Fitz, studierte die Sängerin, Kabarettistin und Autorin Musik, Ballett, Schauspiel und Klassische Gitarre. Ab 1972 moderierte sie die »Bayerische Hitparade«, bevor sie mit ihren ersten Soloprogrammen reüssierte.

Lisa Fitz – Freigeist mit Biss und Humor und Ikone der deutschen Frauenbewegung.

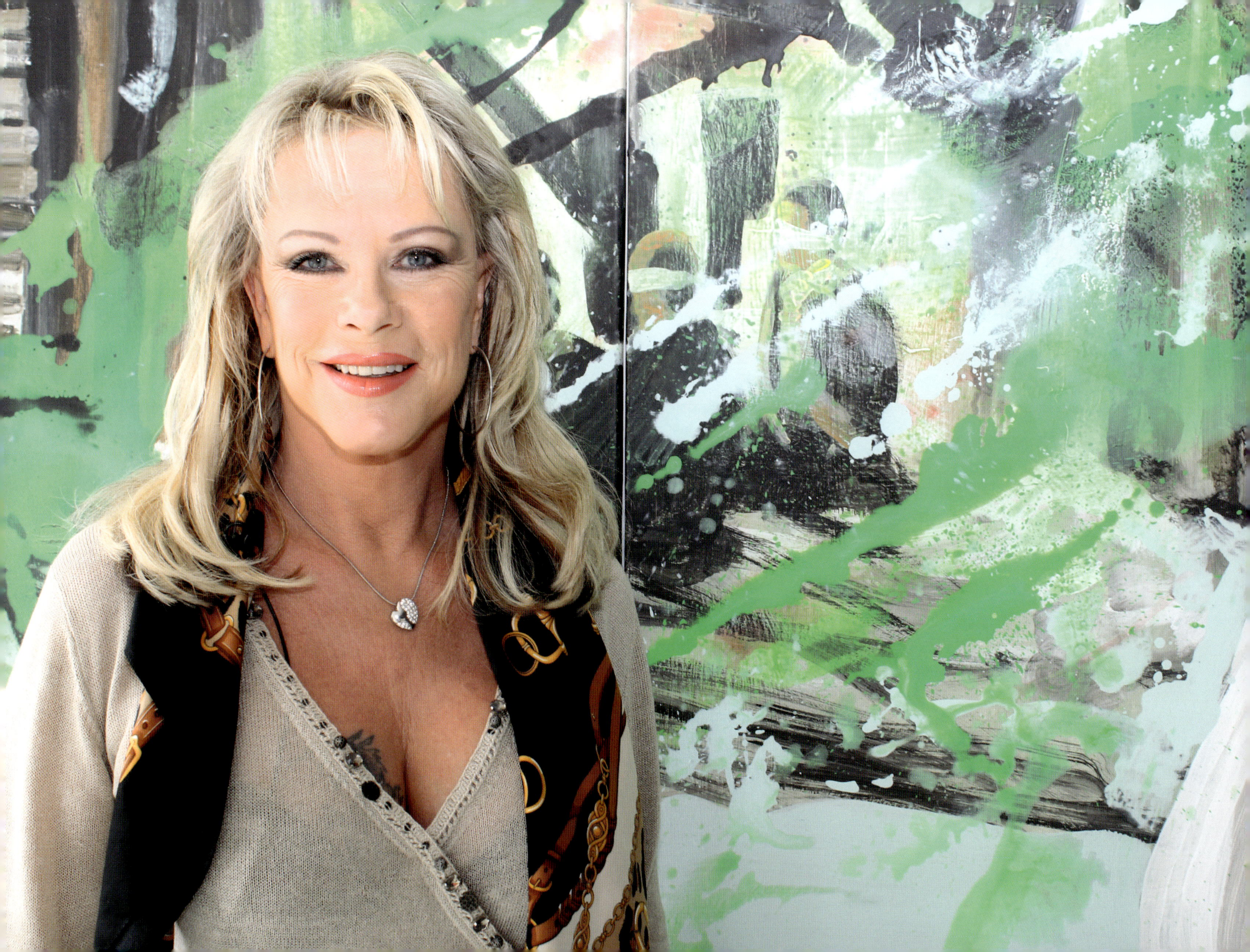

Ariane Friedrich

Unsere Stärken sollten uns bewusst sein

Starke Frauen kämpften und kämpfen für Gleichstellung und soziale Anerkennung

Was bedeutet Respekt für Sie?

Respekt bedeutet für mich, jeden Menschen so zu akzeptieren, wie er nun einmal ist.

Erleben Sie Rassismus und Diskriminierung im Sport?

Das Schöne am Sport ist, dass sich Menschen unterschiedlicher ethnischer Herkunft, ganz gleich welchen Aussehens und welcher Sprache auf eine sehr faire Art begegnen. Der sportliche Vergleich steht im Vordergrund. Dennoch gibt es auch im Sport Diskriminierung und rassistische Äußerungen, glücklicherweise aber sehr selten.

Sind Frauen von Diskriminierung besonders betroffen?

Mich persönlich trifft es überhaupt nicht, ich liebe meine Sportart und bin sehr stolz, den Hochsprung erfolgreich ausüben zu können. Eine Frau zu sein, heißt nicht automatisch, schwächer zu sein. Ich finde, wir Frauen sollten uns unserer Stärken durchaus bewusst sein und diese fördern.

Hat sich die gesellschaftliche Anerkennung von Frauen in den letzten Jahren im Sport verbessert?

Die Anerkennung von Frauen hat sich in den letzten Jahrzehnten in der Gesellschaft und auch im Sport enorm verbessert. Starke Frauen kämpften und kämpfen für die Gleichstellung und soziale Anerkennung und haben unglaublich viel erreicht. Dafür bin ich diesen Frauen sehr dankbar.

Ist Respekt eine Frage der Bildung? Des Elternhauses?

Der Respekt vor anderen Menschen wird einem quasi schon in die Wiege gelegt. Das familiäre Umfeld legt die ersten Grundsteine im Bewusstsein eines jungen Menschen. Von den Eltern, den Geschwistern und der Familie lernen wir die ersten Verhaltensregeln. Werte wie Respekt, Fairness, Ehrlichkeit und der liebevolle Umgang mit anderen Menschen sollten gerade durch die Familie vorgelebt und vermittelt werden. Aber auch das spätere soziale Umfeld kann einen Menschen sehr stark beeinflussen und prägen.

Sehen Sie sich als Vorbild für Mädchen und junge Frauen?

Vorbild zu sein, war am Anfang meiner Karriere sehr schwierig für mich. Ich habe ja nicht nur Stärken, sondern auch einige Schwächen. Das habe ich erst einmal akzeptieren müssen. Mittlerweile nehme ich die Vorbildfunktion gerne an und versuche gerade, jüngeren Menschen Werte wie Fairness, Ehrlichkeit und vor allem den Mut, zu sich selbst zu stehen, zu vermitteln.

Und hatten oder haben Sie selbst ein Vorbild?

Meine sportlichen Vorbilder sind die drei Hochspringerinnen Heike Henkel, Kajsa Bergquist und Alina Astafei. Diese drei Frauen haben unglaublich viel für meine Disziplin getan. Jede hat den Hochsprung auf ihre Art vorbildlich ausgeübt, innig geliebt und somit nicht nur mich, sondern unglaublich viele Menschen inspiriert.

| Zur Person |

Ariane Friedrich (* 10. Januar 1984), Hochspringerin und Polizeikommissarin in Hessen, zählt zu den besten Hochspringerinnen der Welt – mit übersprungenen 2,06 Metern Vierte auf der »ewigen« Weltbestenliste, WM-Dritte 2009, Gewinn der Hallen-Europameisterschaft 2009 und mehrfache deutsche Meistertitel- und Hallenmeistertitel-Gewinnerin.

»Der Respekt vor anderen wird einem in die Wiege gelegt.«

Respekt!
Kein Platz für Rassismus
www.respekt.tv

Aus Unwissen, Desinteresse oder Angst

Es liegt immer an einem selbst, sich zu integrieren und eigene Vorurteile zu beseitigen

Was bedeutet Respekt für Sie?

Respekt ist eine Haltung, die Würde anderer Menschen zu achten, egal woher man kommt, wie man aussieht oder an was man glaubt. Man sollte jedem so gegenübertreten, wie man es für sich selber auch wünschen würde.

Hatten oder haben Sie im täglichen Leben mit Rassismus oder Diskriminierung zu tun? Welche persönlichen Erfahrungen haben Sie gemacht?

Ich habe beide Seiten schon erlebt und bin der Meinung, dass es nicht immer nur an einer Seite, sondern oft auch an beiden Seiten liegt. Ich selber habe bei einem Auslandsaufenthalt anfangs zu spüren bekommen, in einem Land bei manchen Mitbürgern unerwünscht zu sein. Es liegt aber immer auch an einem selbst, sich zu integrieren und vorhandene Vorurteile zu beseitigen. Da ich durch meine Fußballerkarriere schon viele Länder bereist habe, kann ich sagen, dass Deutschland ein extrem tolerantes und gastfreundliches Land ist. Im Mannschaftssport Fußball lernt man schnell, dass es egal ist, wo du herkommst und wie du aussiehst, sondern dass zählt, was jeder Einzelne mit einbringt.

Wie entsteht Ihrer Meinung nach vorurteilbehaftetes Denken?

Meistens entstehen Vorurteile durch Unwissenheit, Desinteresse oder Angst. Mit einer guten Aufklärung kann man da schon viel erreichen.

Ist Respekt eine Frage der Bildung? Des Elternhauses? Wie kommt Respekt in die Köpfe?

Ich denke schon, dass Respekt auch eine Frage der Bildung und der Erziehung ist. Schon früh können die Weichen in eine bestimmte Richtung gestellt werden. Trotzdem ist jeder irgendwann selbst für seine Einstellung verantwortlich und sollte sich ein eigenes Bild von seiner Vorstellung des Zusammenlebens machen. Respekt bekommt man in die Köpfe anderer, indem man ihnen den Spiegel vor Augen hält. Wie möchte ich behandelt werden? Das ist eine Frage, die sich jeder beantworten sollte. Dann weiß man schnell, wie man sich respektvoll anderen gegenüber verhält.

Was kann jeder Einzelne für ein besseres Miteinander tun?

Jeder Einzelne kann mit seinem Verhalten ein Vorbild für ein besseres Miteinander sein. Im Kleinen beginnt man, die Welt zu verändern. Den Anfang zu machen, fällt nicht jedem leicht. Es braucht halt Leute, die den ersten Schritt wagen. Warum nutzen wir etwa die vielen auch öffentlichen Angebote so selten, um andere Kulturen und Menschen kennenzulernen? Einfach mal hingehen und sich überraschen lassen, das wäre doch ein guter Anfang, oder?

| Zur Person |

Sonja Fuss (* 5. November 1978) studierte Architektur und Entwurfsgestaltung und ist eine bekannte Profifußballerin. Als Abwehrspielerin ist sie von 1992 bis 2011 in der Frauen-Bundesliga und von 1996 bis 2011 in der Nationalmannschaft aktiv. 1997, 2005 und 2009 wird sie Europameisterin, 2003 und 2007 Weltmeisterin. Bei den Olympischen Spielen in Athen 2004 erringt sie die Bronzemedaille. Nach zwei Spielzeiten beim Schweizer Meister und Pokalsieger FC Zürich spielt Sonja Fuss nun bei den Chicago Red Stars.

»Im Kleinen beginnt man die Welt zu verändern.«

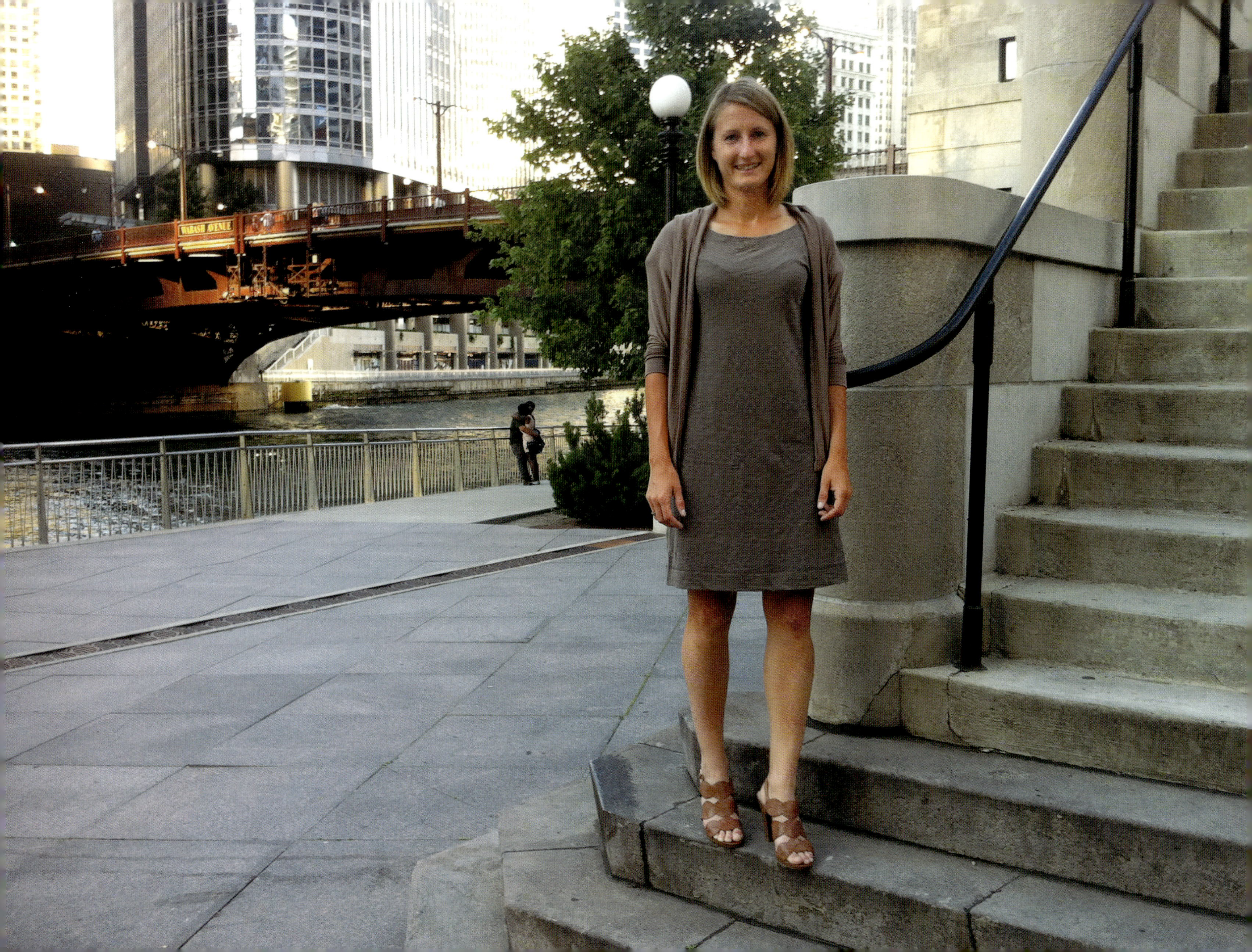

Jane Goodall – Weltbotschafterin

Ich bin mit der Liebe zu Tieren geboren

Die weltbekannte Primatenforscherin respektiert alle Lebewesen

Jane Goodall ist für uns eine ganz besondere Respektperson und die erste Weltbotschafterin unserer Initiative. Mit dem von ihr gegründeten Jane-Goodall-Institut (www.janegoodall.de) setzt sie sich seit vielen Jahren für den Erhalt der Habitate der Primaten und damit für den Schutz ihrer Arten ein. Zentrales Motiv der Arbeit des Instituts ist die Förderung des respektvollen Umgangs mit Menschen, Tieren und der Natur.

Für Kinder und Jugendliche aller Altersgruppen, die den gemeinsamen Wunsch haben, eine bessere Welt zu schaffen, wurde das globale Programm »Roots & Shoots« (Wurzeln & Sprösslinge) entwickelt. Im Programm arbeiten Kinder und Jugendliche aus unterschiedlichen Ländern zusammen und lernen, eigene Projekte zu initiieren und durchzuführen. Derzeit ist Roots & Shoots bereits in 130 Ländern vertreten und hat viele Tausend Mitglieder.

Jane, wann haben Ihre Begeisterung und Ihr Einsatz für Tiere den Anfang genommen?

Ich bin mit der Liebe zu Tieren geboren worden. Ich verbrachte meine ganze Kindheit, so wie es mir möglich war, draußen in der Natur und habe Insekten und Vögel beobachtet. Ich träumte immer davon, nach Afrika zu gehen. Als ich zehn Jahre alt war, habe ich begeistert »Tarzan« gelesen. Ich hatte eine wunderbare Mutter, die sich um ihre zwei Kinder hervorragend gekümmert hat, und sie hat meinen Wunsch unterstützt, nach Afrika gehen zu wollen. Sie sagte immer, wenn du etwas erreichen willst, musst du dafür hart arbeiten und nie aufgeben, dann findest du auch einen Weg.

Welche Lebewesen liegen Ihnen besonders am Herzen?

Ich respektiere jegliche Art von Lebensform. Die Vielfalt auf diesem Planeten ist wirklich erstaunlich: Insekten, Fische, Vögel – sie alle sind so unterschiedlich! Es ist schon sehr faszinierend, wie alles aufgebaut ist. Man muss die Natur respektieren, ebenso wie die unterschiedlichen Kulturen, Religionen und Nationalitäten. Das ist der Grund, weshalb das Leben auf diesem Planeten so reich ist. Wir sollten die Welt auch einmal mit den Augen der anderen betrachten! Ich will die Welt durch die Augen eines Schimpansen sehen, damit ich sie besser verstehen kann.

| Zur Person |

Jane Goodall (* 3. April 1934) ist Verhaltensforscherin und Umweltaktivistin. Im Jahre 1960 begann sie im Rahmen einer Langzeitstudie das Verhalten von Schimpansen im Gombe Stream National Park in Tansania zu untersuchen. 1990 erhielt Goodall den renommierten Kyoto-Preis, zahlreiche Ehrendoktorwürden und Auszeichnungen folgten (etwa Konrad-Lorenz-Preis, Bambi). Seit 2002 ist sie auch Friedensbotschafterin der UNO.

»Man muss die Natur respektieren, ebenso wie die unterschiedlichen Kulturen, Religionen und Nationalitäten.«

Respekt!
Kein Platz für Rassismus
www.respekt.tv

Inka Grings

Mannschaftssport beugt vor

Unwissenheit ist oft der Grund für Respektlosigkeit

Was bedeutet Respekt für Sie?

Respekt bedeutet vor allem für mich, jeden Menschen so zu akzeptieren, wie er ist und ihn mit Achtung und Anstand zu behandeln. Wie ich selbst ebenfalls behandelt werden möchte.

Hatten oder haben Sie im täglichen Leben mit Rassismus oder Diskriminierung zu tun? Welche persönlichen Erfahrungen haben Sie gemacht?

Meine Tante kommt aus Kenia. Ich bin somit damit aufgewachsen, dass offensichtlich nicht jeder Mensch die gleiche Hautfarbe hat. Im Fussball habe ich ebenfalls schon mit ganz vielen Menschen zusammengespielt, die eine andere Herkunft haben. Und ich habe bisher von diesen Menschen nur Positives lernen können.

Was ist der Ursprung respektvollen Verhaltens?

Ich glaube, es hat vor allem viel mit Erfahrung und Reife zu tun und – ganz wichtig – mit Erziehung!

Ist Respekt eine Frage der Bildung? Des Elternhauses? Wie kommt Respekt in die Köpfe?

Es ist eine Mischung aus allem, behaupte ich. Die Eltern leben natürlich alles vor. Ihre Einstellung zur Bildung und ihr soziales Verhalten wird oft an die Kinder weitergegeben. Deshalb kann ich nur allen Eltern empfehlen, sich selbst, aber vor allem ihre Kinder in einer Mannschaftssportart anzumelden, denn dort lernen sie am besten den Umgang mit anderen Menschen und somit auch, was Respekt bedeutet.

Was kann jeder Einzelne für ein besseres Miteinander tun?

Ganz wichtig: Wenn man eine Situation beobachtet, in der jemand einen anderen respektlos behandelt, sollte man diesen Menschen ansprechen. Leider ist oft Unwissenheit der Grund für respektloses Verhalten. Aufklärung, immer wieder – auch im kleinen Rahmen – kann da schon helfen.

| Zur Person |

Inka Grings (* 31. Oktober 1978) hat insgesamt 96 Länderspiele für die Deutsche Fußballnationalmannschaft absolviert und ist die erfolgreichste Torjägerin im deutschen Vereinsfußball. 1996 debütiert sie als Nationalspielerin. Von 2003 bis 2006 ist sie Zeitsoldatin bei der Sportfördergruppe der Bundeswehr in Köln. Nach zwei Spielzeiten beim Schweizer Meister und Pokalsieger FC Zürich spielt Inka Grings inzwischen bei den Chicago Red Stars in den USA.

»Respekt bedeutet für mich, jeden Menschen so zu akzeptieren, wie er ist und ihn mit Achtung und Anstand zu behandeln.«

CHICAGO REMEMBERS

Respekt!

Kein Platz für Rassismus

www.respekt.tv

Michael Groß

Das eigene Verhalten setzt Zeichen

Michael Groß wird wegen seiner Armspannweite »Albatros« genannt

Welche Rolle spielt Respekt in deinem Leben?

Ohne Respekt wäre ein Miteinander kaum möglich. Respekt bedeutet für mich eigentlich drei Dinge: erstens die Anerkennung der anderen Meinung oder Leistung. Zweitens das Verständnis, damit man sich auf andere Dinge einlässt. Und drittens die Offenheit, denn, wenn man nicht eine Grundoffenheit hat, wird das andere auch nicht gelingen.

Wurdest du schon respektlos behandelt?

Ja natürlich, zum Beispiel in den Medien. Da habe ich schon einige Respektlosigkeiten erlebt, die man aber wegstecken muss. Zum Beispiel ist eine Schlagzeile wie bei den Olympischen Spielen »Albatros' Flügel gestutzt« respektlos – andererseits gehört das zu unserem Geschäft.

Wie vermittelst du deinen Kindern Respekt und Toleranz?

Um Kindern das zu vermitteln, muss man es vorleben. Man kann nicht von den Kindern Respekt und Toleranz fordern, wenn man ihnen selbst nicht zuhört! Es ist ein langwieriger Prozess, denn Kinder beschließen nicht von jetzt auf gleich etwas vernünftig, sondern es entwickelt sich. Mir war es immer wichtig, den Kindern einen Rahmen abzustecken, in dem sie sich bewegen können und aufzuzeigen, wann eine Grenze überschritten wird.

Wie weit geht dein Respekt?

Man sollte sich so verhalten, dass das eigene Verhalten der Maßstab für das Verhalten aller anderen sein kann. Man versucht, dieses Prinzip in seinem Leben durchzuhalten. Man versucht beispielsweise, religiösen Fanatismus nachzuvollziehen, aber es gibt eine Grenze: Ich respektiere die religiöse Einstellung, ich kann aber nicht tolerieren, welches Verhalten daraus entspringt und muss dementsprechend die Freiheit verteidigen. Denn wenn die Freiheit eines anderen genommen wird, zum Beispiel durch den Terrorismus, dann muss man dagegen vorgehen. Es ist eine Gratwanderung, denn die Grenzen sind oft fließend. Wichtig ist, dass man selbst und die Gesellschaft einen klaren Rahmen hat, in dem man sich bewegen kann. Diesen Rahmen nennt man Werte.

Hat sich Respekt verändert?

Wir waren auch nicht immer respektvoll gegenüber unseren Eltern: Das ist ein wenig das »Recht der Jugend« – auch meiner Kinder – bestimmte Dinge infrage zu stellen. Ansonsten würden sich manche Dinge gar nicht weiterentwickeln. Aber es kommt auf die Art und Weise an, wie man das macht.

Warum ist Integration so schwierig?

Das große Problem ist die Integration von verschiedenen Kulturen, die zum Beispiel geprägt werden durch Religion oder die Rolle von Mann und Frau in der Gesellschaft. Das führt in vielen Schulen zu massiven Konflikten zwischen Schülern und zum Beispiel Lehrerinnen. Doch diese Probleme sollte man nicht einfach auf die Schule oder die Eltern abwälzen, sondern damit sollte sich die Gesellschaft befassen.

| Zur Person |

Dr. Michael Groß (* 17. Juni 1964) ist einer der erfolgreichsten deutschen Schwimmsportler: Er hat insgesamt 21 Titel bei Olympischen Spielen, Welt- und Europameisterschaften gewonnen. Heute ist er Inhaber einer PR-Agentur.

»Es ist es das Recht der Jugend, Dinge infrage zu stellen.«

Respekt!
Kein Platz für Rassismus
www.respekt.tv

Nikola Hahn

Respekt ist keine Einbahnstraße

Ohne »Vor-Urteile« sind wir nicht in der Lage, den Alltag zu meistern

Was bedeutet Respekt für Sie?

Respekt beinhaltet für mich: Ehrerbietung, Achtung, Rücksicht, Scheu. Ehrerbietung im Sinne von Anerkennung einer besonderen Leistung, eines Talents, einer mutigen Tat; Achtung haben vor dem So-Sein und dem Anders-Sein, aber auch vor den Regeln, ohne die eine Gesellschaft weder existieren noch sich entfalten kann. Und Scheu? Es mag altmodisch klingen, aber scheu, also zurückhaltend zu sein, hat durchaus etwas mit Respekt zu tun. Zum Beispiel, eine andere Weltsicht als die eigene zuzulassen. Respekt bedeutet Rücksicht nehmen, aber auch Rücksicht fordern, denn Respekt ist keine Einbahnstraße.

Erleben Sie Rassismus oder Diskriminierung in Ihrem beruflichen wie privaten Leben?

In meinem privaten Leben spielt das Thema keine Rolle. Bezogen auf meinen Beruf möchte ich als positives Beispiel die Entscheidung nennen, in Hessen Migrationsbeauftragte (und seit einiger Zeit auch Kollegen und Kolleginnen mit Migrationshintergrund) bei der Polizei einzustellen. Diese Kollegen helfen beispielsweise, Konflikte zu entschärfen oder zu vermeiden, die auf Unkenntnis kultureller/religiöser Besonderheiten beruhen.

Hat sich die Anerkennung von Frauen im Polizeidienst in den letzten Jahren geändert?

Auf jeden Fall geändert und verbessert. Als ich 1984 bei der hessischen Polizei anfing, gab es nur wenige Frauen in der Schutzpolizei, und in der Bereitschaftspolizei waren wir überhaupt die ersten. Damit begann ein Prozess der Anerkennung, den ich über die Jahre persönlich miterleben durfte. Indem Frauen den gleichen Ausbildungsweg durchliefen (das war vorher nicht so) wie Männer, fiel das Argument einer »Besserbehandlung« und mit der Zunahme der Einstellungszahlen auch der »Exotenfaktor« weg. Während in den Medien (teilweise bis heute) immer noch die »Besonderheit der Kommissarin« hervorgehoben wird, sind wir Frauen in der Realität im Berufsalltag längst angekommen.

Wie entstehen Vorurteile?

Ohne »Vor-Urteile« wären wir nicht in der Lage, den Alltag zu bewältigen. Sie sind per se weder »gut« noch »schlecht«, sondern einfach ein Hilfsmittel des menschlichen Gehirns. Die Erfahrung sagt mir: Das ist ein Tisch, darauf kann ich ein Glas stellen. Dieses Verfahren wenden wir auch auf Personen an. So werden schlechte Erfahrungen auf eine ganze Gruppe übertragen. Wir sind also trotz aller Anstrengung niemals ganz frei von Vorurteilen anderen gegenüber. Dessen sollten wir uns bewusst sein und unsere Annahmen kritisch überprüfen. Denn auf Menschen bezogen, treffen Vorurteile oft nicht zu.

Sehen Sie sich selbst als Vorbild für Frauen?

Durch meinen Beruf als Kriminalbeamtin habe ich sicherlich eine gewisse Vorbildfunktion, die ich auch sehr ernst nehme und die das Eintreten vor allem für die Werte umfasst, die im Grundgesetz niedergelegt sind. Ob ich für Frauen ein Vorbild sein könnte oder sogar bin, können nur die Betroffenen selbst beantworten.

| Zur Person |

Nikola Hahn (* 8. November 1963) trat 1984 in die hessische Polizei ein. Sie arbeitete unter anderem als Ermittlerin in den Bereichen Geldfälschung, Tötungsdelikte, Raub und Erpressung. Heute konzipiert und leitet die Kriminalhauptkommissarin Fortbildungsseminare an der Polizeiakademie Hessen. Als Schriftstellerin hat sich Nikola Hahn vor allem mit ihren historischen Kriminalromanen einen Namen gemacht.

»Von einem mündigen Menschen muss verlangt werden, dass er seine Meinung über einen anderen Menschen überprüft.«

Respekt!
Kein Platz für Rassismus
www.respekt.tv

Dunja Hayali

Werte sollten überall gleich sein

Sprache und Bildung – das sind die zwei wertvollsten Dinge, die Eltern uns mitgeben können

Was bedeutet Respekt für dich?

»Respekt« ist ein machtvolles Wort mit sieben Buchstaben. Wenn alle respektvoll miteinander umgehen würden, wäre die Welt ein ganzes Stück besser! Respekt hat mit Anerkennung zu tun, mit gegenseitigem Schätzen. Man kann das Wort nicht beschreiben – entweder man versteht es oder man versteht es nicht.

In manchen Ländern gibt es das ungeschriebene Gesetz vom Respekt gegenüber Älteren …

Das ist in Deutschland auch ein ungeschriebenes Gesetz. Nur halten sich wenige dran – das ist das Problem! Die Menschen in Deutschland verlieren immer mehr den Respekt und die Werte, weil sie diese von zuhause nicht mehr mitbekommen. Es gibt aber auch kulturelle Unterschiede: Meine Eltern sind Christen – da ist es natürlich wichtig, mit anderen religiösen Gruppierungen wie Sunniten oder Schiiten respektvoll umzugehen. Und das kannst du auf jede andere Religion übertragen. Es gibt unterschiedliche Definitionen von Herangehensweisen an Respekt, aber insgesamt geht es um Werte, und die sollten eigentlich überall gleich sein.

Spielt die Sprache eine große Rolle?

Es gibt zwei Dinge, die entscheidend sind, wenn man als Kind mit Migrationshintergrund groß wird: zum einen die Sprache, zum anderen die Bildung. Das sind die zwei wertvollsten Dinge, die Eltern einem mitgeben können. Ich hatte das große Glück, dass meine Eltern sehr viel Wert darauf gelegt haben. Deswegen war meine Kindheit relativ entspannt.

Ich hatte eine lustige Erfahrung, als ich noch Sportreporterin war und eine Moderatorin interviewt habe – es ging um die UNICEF und Kinder. Wir haben über die Kinder im Irak und die Situation dort gesprochen. Es war ein total angenehmes und nettes Gespräch, doch dann sagte sie zu mir: »Für eine Ausländerin sprechen Sie ganz gut Deutsch!« Da habe ich mir gedacht: »Krass, wo lebe ich? Welches Jahr haben wir?« Ich spreche doch ganz normal Deutsch – sonst hätte ich nicht den Job, den ich habe. Da war ich wirklich entsetzt.

Spielt die Hautfarbe eine große Rolle?

Die Hautfarbe entscheidet, wie Menschen auf einen zugehen. Aber auch das, was sie denken, über einen zu wissen. Über mich denken viele, ich sei eine Muslima, weil meine Eltern aus dem Irak kommen. Ich hätte damit auch kein Problem, wenn ich eine wäre. Ich bin es aber nicht! Es muss ja nicht jeder wissen, dass es im Irak auch Christen oder Orthodoxe gibt, aber daran siehst du diese vorgefertigten Strukturen im Kopf. Du wirst sofort in eine Schublade gesteckt, wenn du sagst, woher du kommst.

| Zur Person |

Dunja Hayali (* 6. Juni 1974) ist Journalistin und Fernsehmoderatorin mit irakischen Wurzeln. Die Medien- und Kommunikationswissenschaftlerin moderiert unter anderem das ZDF-Morgenmagazin. Sie ist Patin des Vereins »Gesicht zeigen! Für ein weltoffenes Deutschland e.V.« und lebt mit ihrer Freundin in Berlin.

Dunja Hayali zollt natürlich auch ihrer Hündin Emma größten Respekt.

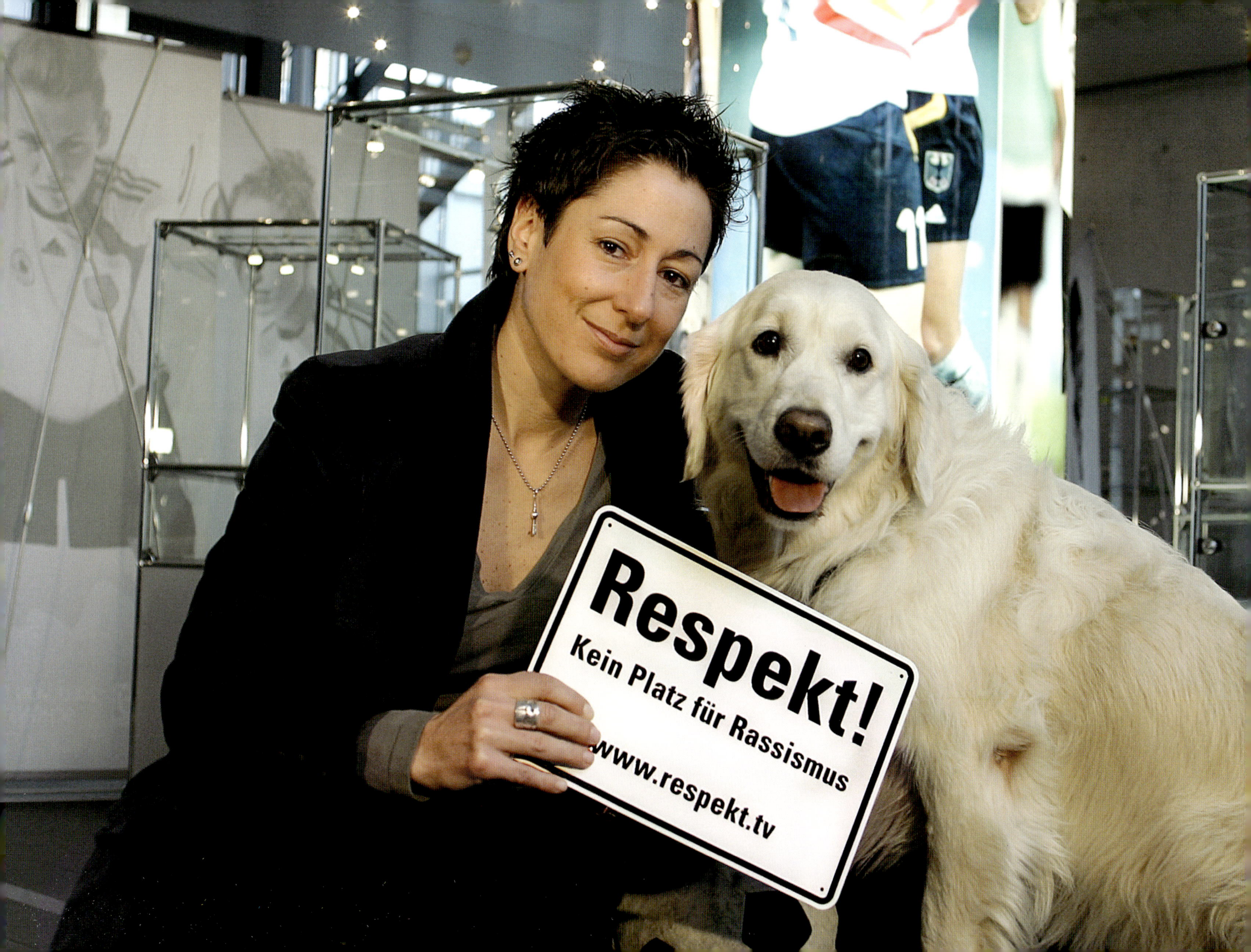
Respekt!
Kein Platz für Rassismus
www.respekt.tv

Sebastian Hellmann

Unsere U21 ist multikulti – das ist wunderbar

Für seine Arbeit wird Sebastian Hellmann 2003 und 2005 mit dem Deutschen Fernsehpreis ausgezeichnet

Was bedeutet Respekt für dich?

Respekt ist ein Grundsatz, den man von klein an aufsaugen muss. Respekt ist eigentlich ein sehr großes und allumfassendes Thema, und deshalb sehr schwer zu beschreiben. Egal, ob beim Thema Rassismus oder bei solchen Lebensfragen »Wie gehe ich mit Menschen um?« oder »Wie gehe ich selbst durchs Leben?«. Es steckt also viel mehr hinter diesem Grundbegriff, wenn man sich damit beschäftigt!

Gibt es Momente in deinem Job, vor denen du großen Respekt hast?

Absolut: Man sieht ja manchmal schon an der Körperhaltung oder an der Gestik, dass jemand, der ins Studio kommt, fertig ist. Er hat jetzt fünf oder sechs Spiele in Folge verloren – das letzte gerade in den letzten 90 Minuten. Du weißt schon, dass er sportlich gesehen durch ist. Er weiß selbst, dass es das war, und du musst eigentlich nichts mehr sagen. Eine lichte Aufnahme in sein Gesicht würde reichen und der Zuschauer weiß Bescheid! Aber als Journalist hast du natürlich die Pflicht zu fragen, wie es denn nun weiter geht. Dabei ist hier die Grenze erreicht, das Limit vielleicht schon überschritten. Und inzwischen glaube ich auch, dass die Zuschauer das schon viel eher erkennen!

Hattest du schon mal Angst in deinem Job?

Das passiert manchmal, wenn wir internationale Spiele begleiten wie Inter Mailand – in Italien besteht ja ein großes Rassismusproblem. Und das wird leider auch mehr oder weniger in den Stadien geduldet. Wenn man da in diese hassverzerrten Fratzen guckt, die die farbigen Spieler anpöbeln – das macht einem schon Angst. Da merkt man, wozu Menschen fähig sind, wenn sie sich zusammenrotten. Der eine stachelt den anderen an, und man merkt, dass hier was ganz falsch läuft. Aber das Schlimmste ist, dass man dem absolut machtlos gegenübersteht.

Warum ist dieses Problem gerade in Italien so groß?

Das ist wohl durch die Vergangenheit bedingt – ich glaube, die geschichtliche Aufarbeitung nach dem 2. Weltkrieg war nicht so umfassend wie bei uns. Der Rassismus wurde von Generation zu Generation weitergetragen. Das ist es, was ich spüre – auch wenn ich nicht in Italien lebe. Du wirst dort nicht so geächtet, wenn du dich zum Rassismus bekennst. Du schwimmst einfach in einer Masse mit. Das sagen ja auch die Verbände: Da hat es schon Stadionsperren gegeben, aber sie kriegen das Problem nicht in den Griff.

Wie gefällt dir die deutsche U21?

Es gibt ja diesen Fernsehspot, wo die Mütter, Väter, Onkel und Tanten aus aller Herren Länder zusammenkommen und dann gemeinsam ein Länderspiel gucken – das sind die Eltern unserer Nationalspieler! Ich muss sagen, das hat mich echt fasziniert. Weil mal da sieht, wie multikulti das ist! Das ist jetzt so und wird nicht weniger werden. Ich finde das wunderbar.

| Zur Person |

Sebastian Hellmann (* 13. Oktober 1967) kommentiert seit 1999 die Geschehnisse in der Fußball-Bundesliga beim Fernsehsender Sky (vormals Premiere).

Sebastian Hellmann vor seinem Lieblingsrestaurant in Köln.

Boluga-linsen...
* Scampi Gigante m. Kräutern u. ...

Salate
* Feldsalat mit gebratenen Austernpilzen 9.40
* Lauwarmer Kartoffel-Pulpo-Salat 11.60
* Tatar von Räucherlachs auf jungen Spinatblättern, dazu Meerrettich-Dip 12.70
* In Thymianhonig gebratene u. mit Ziegenkäse gefüllte Maispoularde an winterlichem Salat 12.90

Pasta
* Spaghetti mit scharfem Lammsugo, Schafskäse u. Minze 10.60
* Penne m. Hähnchen und grünem Spargel 11.40
* Hausgemachte Ricotta-Spinat-Ravioli m. Austernpilzen und gehobeltem Parmesan 12.40
* Linguine m. Jakobsmuscheln, Flusskrebsschwänzen u. Avocado 14.60

Hauptgerichte
* Lammcurry m. Chili, Kochbananen u. Cashewkernen, dazu Basmatireis 14.60
* Rinderroulade m. Rotkraut und Kartoffelpüree ...
* Hotter Dreier von Zander, Wolfsbarsch u. S... Blattspinat und Oliven-Kartoffelpüree

Pascal Hens

Eine große Klappe rächt sich

Pascal »Pommes« Hens beginnt im Alter von sechs Jahren Handball zu spielen

Was bedeutet Respekt für dich?

Respekt ist für mich eigentlich ein Wort wie Achtung. Es bedeutet, dass man seine Mitmenschen achtet. Gerade wir im Sport sollten vor jedem Gegner – vor jedem Menschen – größten Respekt haben, weil wir wissen, was man im Sport leistet und was wir auf dem Handballfeld leisten. Und ich bin auch der Meinung, dass, wenn man jemandem nicht den nötigen Respekt entgegenbringt, es irgendwann wieder zurückkommt und man selbst etwas abkriegt. Da habe ich auch schon schlechte Erfahrungen gemacht: Im Sport geht das immer relativ schnell, dass man nach einem Sieg schon mal die Klappe aufreißt. Aber irgendwann kriegt man das dann wieder zurück, und dann ist man selbst betroffen.

Natürlich hat das viel mit der Erziehung zu tun, und ich glaube, es ist die Pflicht der Eltern, den Kindern rechtzeitig Respekt und Achtung vor anderen Menschen beizubringen. Das ist in den letzten Jahren ein bisschen vernachlässigt worden, was natürlich sehr traurig ist. Ich selbst lebe in meinem Umfeld nur mit Menschen, die sehr viel Respekt zeigen und das auch zu schätzen wissen.

Ist der Umgang miteinander lockerer geworden?

Also, ich glaube nicht, dass meine Frisur früher möglich gewesen wäre – ob es früher überhaupt schon Friseure gab, die solche Frisuren geschnitten hätten? Früher standen die Leute wohl eher auf Bärte, eben auf den klassischen Heiner-Brand-Bart. Denn so sind sie ja früher alle herumgelaufen. Ich glaube schon, dass heute alles ein bisschen offener geworden ist und nicht mehr so eng gesehen wird. Deswegen gibt es heute auch extravagante Sachen wie zum Beispiel diese Frisur oder die ganzen Tattoos. Das war ja früher nicht denkbar. Die Gesellschaft wurde nicht nur ein bisschen lockerer, sondern auch aufgelockerter.

Ist dir schon mal Respektlosigkeit begegnet?

Respektlosigkeit habe ich am eigenen Leib eigentlich nur einmal erfahren – eigentlich ist das nur eine kurze Geschichte. In der B-Jugend habe ich Kreisauswahl Wiesbaden gespielt und da war ein Sichtungstermin zur Hessenauswahl. Es kamen einige Jungs, die ich gar nicht kannte, schon mit einem Hessenauswahl-T-Shirt zur Sichtung – die waren wohl schon mal eingeladen worden. Während der Sichtung wurde gar nicht darauf geachtet, wie gut jeder einzelne Handball spielt. Die Leistungen wurden gar nicht beachtet, sondern es wurden einfach die ausgewählt, die die Hessenauswahl-T-Shirts anhatten – die Jungs wurden wieder eingeladen.

Das war, glaube ich, schon respektlos. Denn dass sich gerade Vorbilder wie diese Coaches so respektlos den anderen Leuten und gerade den Jugendlichen gegenüber verhalten haben, ist eine bodenlose Unverschämtheit.

| Zur Person |

Pascal Hens (* 26. März 1980) ist deutscher Profihandballer. Er spielt für den HSV Hamburg in der 1. Deutschen Handball-Bundesliga.

Pascal Hens – was macht ein »Pommes« in der Kochschule?

Respekt!
Kein Platz für Rassismus
www.respekt.tv

www.KOCHSCHULE-HAMBURG.DE

Angelica Höppner

Über 10 Jahre »Respekt – Aktion gewaltfreie Schulen«

Nachhaltig wirken: Respekt wächst mit unseren Kindern

Was bedeutet Respekt für Sie?

Respekt bedeutet für mich, allen Menschen mit Toleranz und Offenheit zu begegnen und ihr Anderssein zu achten, solange es keinen anderen Menschen verletzt. Ganz gleich, welche Herkunft, Religion oder Geschlecht jemand hat. Anderssein nicht als Gefahr, sondern als Bereicherung sehen. Respekt bedeutet für mich, dass Gewalt oder Diskriminierung keine Lösung für ein Problem sind, sondern nur der Dialog und die Liebe und Achtung voreinander.

Hatten oder haben Sie im täglichen Leben mit Rassismus oder Diskriminierung zu tun?

Wir wohnen direkt neben dem größten Schulkomplex der Stadt mit Grund-, Haupt-, Realschule und Gymnasium und gemeinsamen Sportplätzen und Stadien. Da wir unser Atelier im Haus hatten, waren wir oft die »Rettung« für sämtliche Freunde unserer drei Söhne, die nach Schlägereien, Rempeleien und Mobbing zu uns kamen. Diskriminiert werden Menschen schon als Kinder, nicht nur aus rassistischen Gründen, sondern auch aus vielen anderen Gründen. Wer etwa der Mehrheit nicht entspricht, hat es schwer: Streber, uncool, zu dick, zu dünn, zu langweilig, falscher Dresscode, falsches Handy, falscher Style.

Ist Respekt eine Frage der Bildung? Des Elternhauses? Wie kommt Respekt in die Köpfe?

Respekt ist für mich nicht eine Frage der intellektuellen Bildung, sondern der »Herzensbildung«. Unabhängig vom Elternhaus und Bildung findet man überall Menschen, die mit Herzlichkeit, Toleranz, ohne rassistische Vorurteile und mit neugieriger Offenheit anderen begegnen. Ich denke, dass Respekt ein Schulfach sein müsste, genau wie jedes andere. Man muss Respekt lernen, üben und positive Erfahrungen sammeln. Wir haben zum Beispiel im Rahmen von »Respekt – Aktion gewaltfreie Schulen« einen Ordner entwickelt, mit dem Lehrer und Schüler Respekt ein Jahr lang umgesetzt und »in die Köpfe« von Schülern und Lehrern gebracht haben.

Was kann jeder Einzelne für ein besseres Miteinander tun?

Wir sollten uns alle mehr damit beschäftigen, was uns Menschen verbindet, als was uns trennt. Dazu gehört auch, auf andere Menschen zunächst einmal offen zuzugehen und nicht bereits aufgrund von Äußerlichkeiten eine innere Wand aufzubauen. Wenn jeder Einzelne bereit ist, ohne Vorurteile auf den anderen zuzugehen und seinen Standpunkt zu sehen und zu verstehen, ist ein erster Schritt getan.

| Zur Person |

Angelica Höppner (* 25. Oktober 1974) ist selbstständige Kommunikationsdesignerin im Bereich Sozial- und Marketingkommunikation. Gemeinsam mit der Stadt Ludwigsburg konzipierte sie 2002 die Initiative »Respekt – Aktion gewaltfreie Schulen«. Das Gewaltpräventionsprojekt wird in vielen Städten Baden-Württembergs erfolgreich durchgeführt. Von 2007-2009 führte sie an Ludwigsburger Schulen Trainings für Haupt- und Förderschüler auch zum Thema Respekt durch.

»Mehr zu Respekt an unseren Schulen und in der Ausbildung unter www.respekt-info.de.«

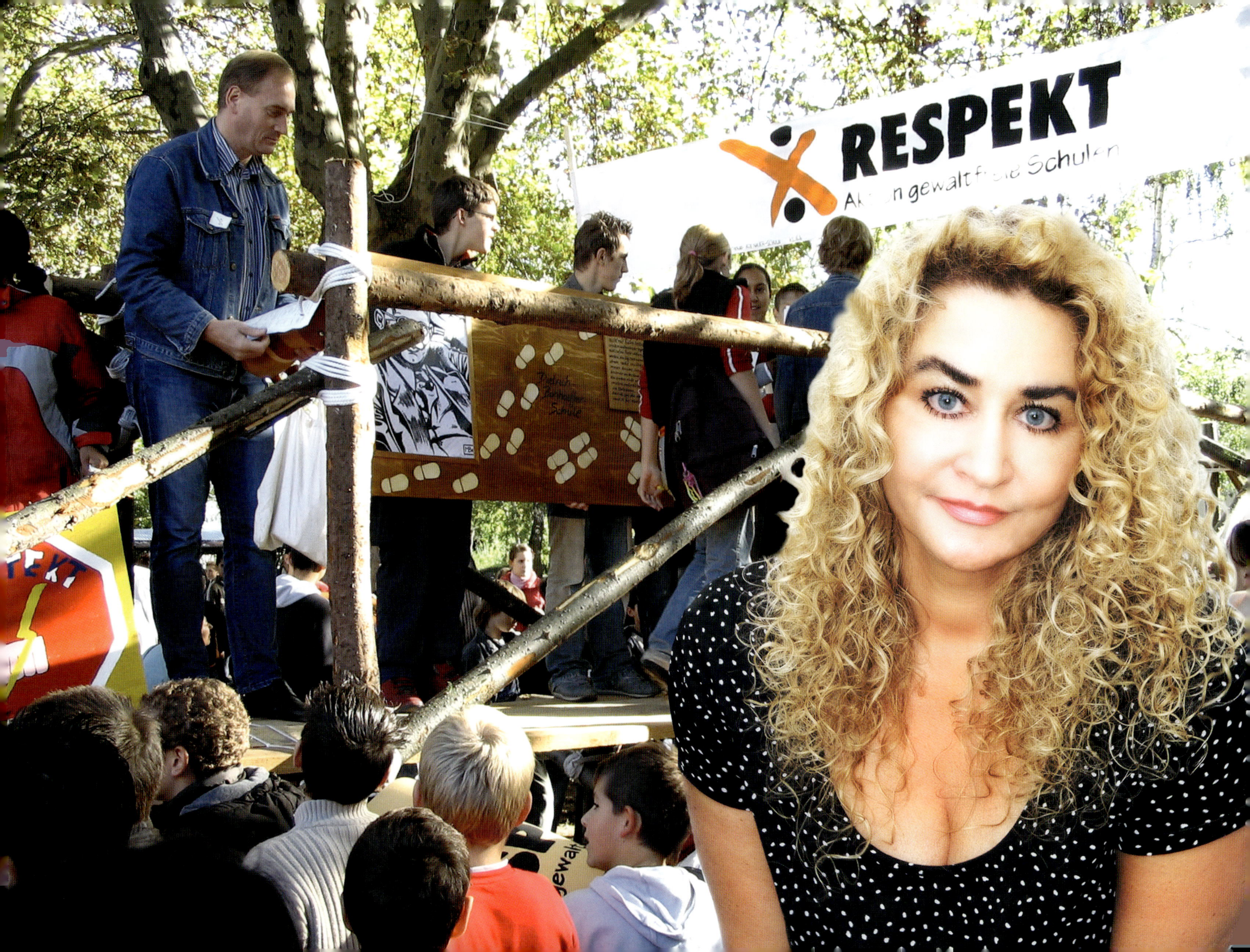
RESPEKT

Bei uns zählt der Mensch

Wir bauen die genialsten Sportwagen, weil wir Toleranz und gegenseitigen Respekt zeigen

Was bedeutet Respekt für Sie?

Respekt bedeutet für mich Achtung vor jedem Menschen – egal wo er herkommt, welche Farbe seine Haut hat, was er arbeitet, ob er arm oder reich ist.

Hatten oder haben Sie im täglichen Leben mit Rassismus oder Diskriminierung zu tun? Welche persönlichen Erfahrungen haben Sie gemacht?

Diskriminierung habe ich als ganz junger Mensch schon erfahren. Als Kinderheimkind und Sonderschüler war ich schnell als Verlierer abgestempelt. »Aus dem kann nichts werden« – diesen Satz habe ich oft gehört. Wir dürfen niemanden aufgeben, denn jeder hat eine Chance verdient. Aus dieser Erfahrung heraus setze ich mich für benachteiligte Kinder und Jugendliche ein: als Gesamtvorstandsvorsitzender des FSV Buckenberg, einem Mehrspartenverein mit über 500 Mitgliedern. Ich selbst trainiere junge Menschen im Thaiboxen. Auch sie haben mit Diskriminierung zu kämpfen. Durch den Sport bekommen sie das Selbstbewusstsein, sich gegen Diskriminierung und für Respekt einzusetzen.

Wie entsteht Ihrer Meinung nach vorurteilbehaftetes Denken?

Wir müssen aufeinander zugehen und miteinander in Kontakt treten – das ist wichtig. Vorurteile entstehen meiner Meinung nach dadurch, dass Menschen zu sehr übereinander statt miteinander reden.

Ist Respekt eine Frage der Bildung? Des Elternhauses? Wie kommt Respekt in die Köpfe?

Respekt hat auch etwas mit Bildung und Erziehung zu tun. Respekt muss man lernen – wie man auch laufen und sprechen lernen muss. Am besten ist, wenn man einen respektvollen Umgang von Anfang an in Elternhaus und Schule – überhaupt in der Gesellschaft – vorgelebt bekommt. Diese Erfahrungen sind wichtig. Bei Porsche arbeiten Menschen aus über 60 Nationen gemeinsam. Wir bauen die genialsten Sportwagen, weil wir Toleranz und gegenseitigen Respekt zeigen. Bei uns zählt der Mensch. Wir sind zwar alle unterschiedlich, aber wir sind alle Porscheaner.

Was kann jeder Einzelne für ein besseres Miteinander tun?

Das Ehrenamt ist die Seele einer Gesellschaft. Vereine sind hier, finde ich, ganz wichtig. Sie dienen als Auffangbecken – vor allem für junge Leute, bei denen die Umstände im Elternhaus oder auch das soziale Umfeld nicht optimal sind. Nur wenn wir solidarisch sind und uns füreinander und nicht nur für uns selbst interessieren, funktioniert ein Miteinander. Wir brauchen eine solidarische Gesellschaft – das heißt in Frieden und in gegenseitigem Respekt miteinander zu leben!

| Zur Person |

Uwe Hück (* 22. Mai 1962) war Kinderheimkind, Sonderschüler und Hauptschüler. Er macht eine Ausbildung zum Maler und Lackierer und wird Profi-Thaiboxer und zweifacher Europameister im Thaiboxen. 1985 tritt er bei Porsche als Lackierer ein; anschließend wird er Vertrauensmann, Betriebsrat, Betriebsratsvorsitzender, Gesamtbetriebsratsvorsitzender, Konzernbetriebsratsvorsitzender und stellvertr. Aufsichtsratsvorsitzender. Privat ist Hück Gesamtvorstandsvorsitzender des FSV Buckenberg. und Thaiboxtrainer.

Uwe Hück trainiert junge Menschen im Thaiboxen.

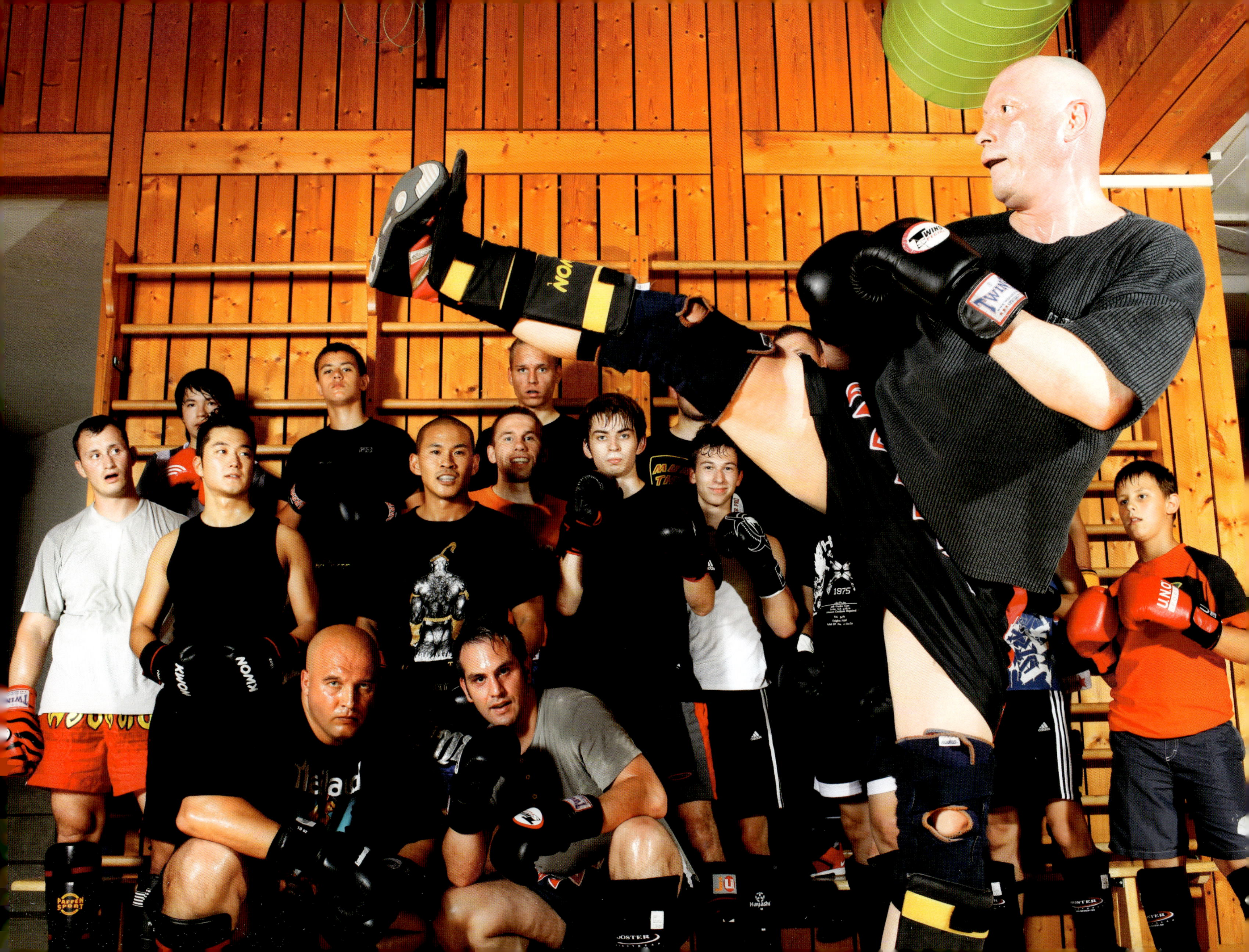
KWON
TWINS
KWON
KWON
PAFFEN SPORT
1975
Hayashi

Mats Hummels & Patrick Owomoyela

Den Kids wird es zu leicht gemacht

Mats und Owo verstehen sich auch außerhalb des Platzes sehr gut

Was bedeutet Respekt für euch?

Owo Ich bringe jedem Respekt entgegen, von Anfang an. Egal, aus welchem Land oder welcher sozialen Schicht jemand kommt oder welche Hautfarbe er hat. Und ich möchte das natürlich auch an mir selbst erfahren.

Mats Respekt ist das Allererste, was man einem Menschen entgegenbringen sollte. Egal, woher er kommt oder an was er glaubt. Deswegen steht über Respekt relativ wenig.

Owo, hast du Erfahrungen mit Rechtsextremen gemacht?

Eine gewisse Partei (Anmerkung der Redaktion: die NPD) meinte, mit meinem Konterfei Propaganda treiben zu müssen. Das war eine absolut respektlose Sache und rassistisch obendrein! Es war klar, dass wir strikt dagegen vorgehen. Ich bin sehr froh, dass mich der DFB als Hauptkläger unterstützt hat. Wir konnten uns so klar positionieren und haben den Streit gewonnen – die Leute haben eins auf den Deckel bekommen!

Wie war die Reaktion der Öffentlichkeit?

Es gibt Randgruppen, die sich anders orientieren oder anders positionieren. Aber im Großen und Ganzen habe ich gespürt, dass der größte Teil der Menschen auf meiner Seite ist – das hat mir gut getan. Denn es hat gezeigt, dass es in die richtige Richtung geht.

Mats, hat sich Respekt verändert?

Ein gutes Beispiel ist die alte Regel, dass man älteren Menschen einen Platz in der U-Bahn anbietet. Doch ich habe das Gefühl, dass das immer seltener wird. Stattdessen werden die Leute angepöbelt, wenn sie auf einen Sitzplatz bestehen. Die 14- oder 15-jährigen bleiben sitzen und wollen den älteren Damen und Herren nicht helfen. Das kann ich so nicht akzeptieren. Aber es passiert leider immer häufiger.

Wie war das früher, Owo?

Es gab natürlich Zeiten, wo du als Dunkelhäutiger anders aufgenommen und behandelt worden bist. Mein Vater hat aber schon eine relativ große afrikanische Community in Hamburg vorgefunden. Hamburg ist eine multikulturelle Stadt, insofern hat er mir da auch nichts Negatives erzählt. Aber ich kann mir schon vorstellen, dass es zum Beispiel in den 1930er Jahren, als es noch nicht so viele Dunkelhäutige in Deutschland gab, wirklich anders lief, wenn jemand eine andere Herkunft hatte. Ich denke da an die Kriegszeiten, als Leute anderer Herkunft verfolgt und ermordet worden sind.

Warum sind die Kids heute respektloser?

Mats Vielleicht merken die Kids einfach, dass es ihnen leichter gemacht wird – es wird nicht gestraft, wenn sie respektlos sind. Sie versuchen dann vielleicht mal ein bisschen frech zu sein, und wenn nichts dagegen gesagt wird, glauben sie, dass es immer so durchgeht. Sie glauben, dass es einfach normal ist und behalten das dann so bei.

| Zu den Personen |

Mats Hummels (* 16. Dezember 1988) spielt seit Anfang 2008 bei Borussia Dortmund. Kollege Patrick Owomoyela (* 5. November 1979) ist Sohn einer Deutschen und eines Nigerianers und ist seit Mai 2013 nicht mehr beim BVB.

Mats und Owo sind ganz locker. Profis eben.

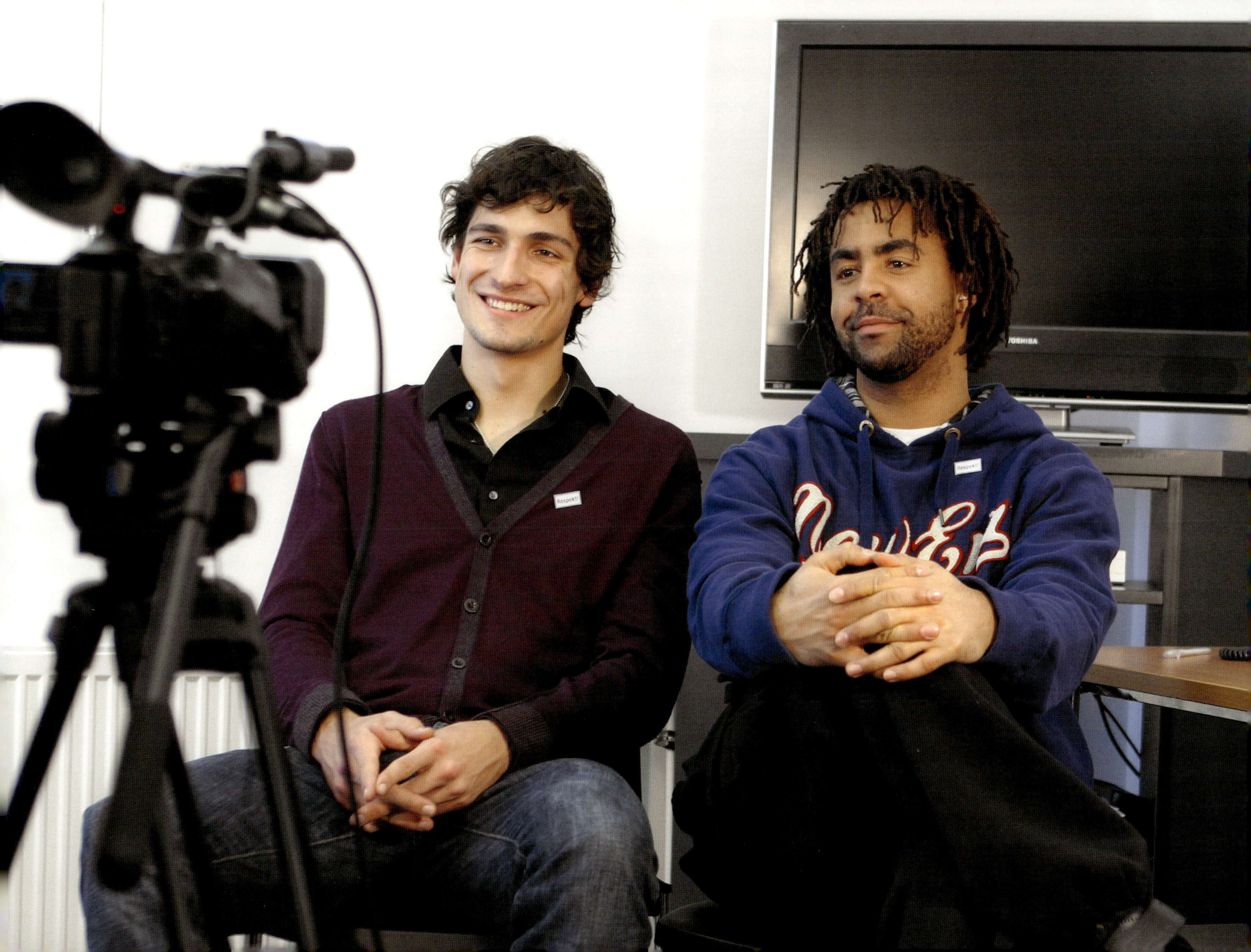

Karl-Martin im Brahm

Kommunikation öffnet Türen

Respekt ist der Schlüssel für langfristige Partnerschaften

Was bedeutet Respekt für Sie?

Viel – Respekt ist ein wichtiger Bestandteil im Miteinander von Menschen. Ein respektvoller Umgang bedeutet für mich Achtung vor meinem Gegenüber zu haben und seine Art zu denken und zu agieren zu respektieren. In meiner Funktion als Vertriebsvorstand unseres Unternehmens fördere und erlebe ich täglich, wie bereichernd ein respektvoller Umgang miteinander ist. In den unterschiedlichsten Gesprächssituationen mit Kunden oder bei schwierigen Verhandlungen – täglich begegnet mir Respekt. Deshalb bleibt diese Einstellung für mich auch ein Schlüssel für langfristige Partnerschaften und rückt Menschen im Verständnis für einander näher zusammen.

Wie entsteht Ihrer Meinung nach vorurteilbehaftetes Denken?

Vorurteile entstehen häufig dort, wo es an Kommunikation und Wissen mangelt. Dabei meine ich insbesondere die Kommunikation im persönlichen Gespräch. Es ist immer besser miteinander zu reden als übereinander. Erst im Austausch von Meinungen und Ansichten entstehen Bilder und Verständnis füreinander. Dies ist gerade in unserer Gesellschaft, die von unterschiedlichen Kulturen bereichert wird, von zentraler Bedeutung. Kommunikation öffnet Türen und fördert ein gemeinsames Verständnis. Zudem erlaubt jeder Dialog das Nachfragen und Hinterfragen – dort, wo dies unterbunden wird, Gespräche nicht geführt und Meinungen pauschalisiert werden, beginnt vorurteilsbehaftetes Denken.

Ist Respekt eine Frage der Bildung? Des Elternhauses? Wie kommt Respekt in die Köpfe?

Nach meiner Auffassung kommt jeder Mensch als soziales Wesen zur Welt. Von unserer Grundeinstellung sind wir darauf angewiesen, mit anderen Menschen klar zu kommen. Was wir von Kindesbeinen an spüren ist, dass wir mit anderen klar kommen müssen. Allerdings wissen wir nicht wie, das müssen wir lernen. Vorbilder sind dabei wichtig, hier kann sich Jung wie Alt orientieren. Respekt ist dabei nicht allein eine Frage der Bildung oder des Elternhauses, sondern der Gesellschaft. Um Respekt in die Köpfe zu bringen, braucht es vor allem Mut – Mut für den gemeinsamen Dialog.

Was kann jeder Einzelne für ein besseres Miteinander tun?

Ich glaube, dafür bedarf es fast nicht viel. Wenn jeder darauf achtet, nur so zu agieren, wie er möchte, dass auch andere mit ihm umgehen, dann ist schon viel erreicht. Die Regel dazu ist einfach: »Was du nicht willst, das man dir tu', das füg' auch keinem andern zu«. Denn mit Achtsamkeit in Wort und Tat stärkt jeder ein besseres Miteinander.

| Zur Person |

Karl-Martin im Brahm (* 10. Juli 1962) ist Vertriebsvorstand der dwpbank. Zuvor war er lange Jahre in verantwortlicher Position bei einem Online-Broker und weiteren Banken. Der Ausgleich durch Sport ist für ihn sehr wichtig, genauso wie seine Familie und der Gardasee.

» Ein respektvoller Umgang bedeutet für mich Achtung vor meinem Gegenüber zu haben und seine Art zu denken und zu agieren zu respektieren.«

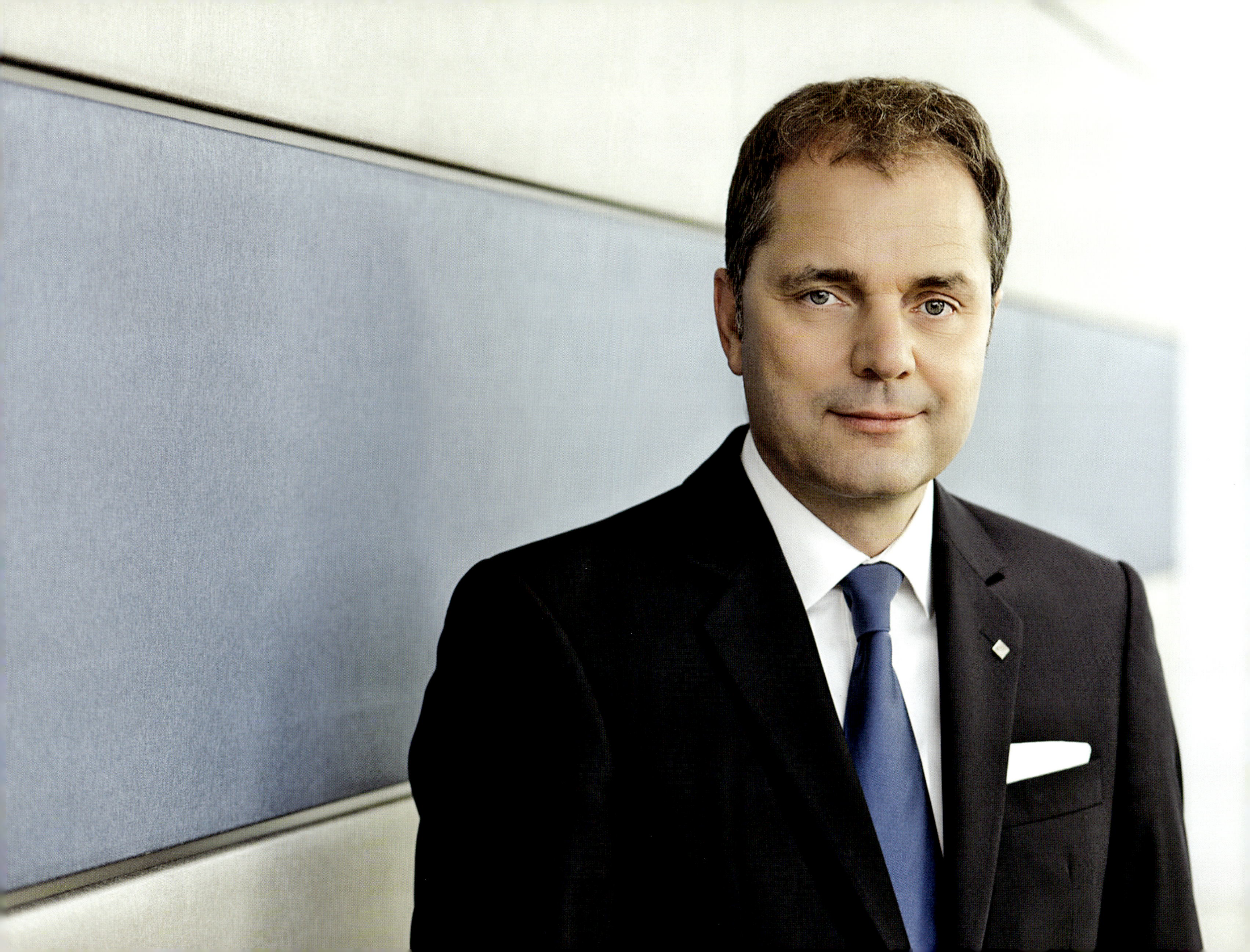

Ich lebe mein Leben

Die schillernde Drag Queen nutzt ihre Popularität und unterstützt soziale Projekte

Was bedeutet Respekt für dich?

Respekt ist für mich das Wichtigste im Leben: Denn ich habe viele, viele Jahre gebraucht, um respektiert zu werden und ich weiß, was das heißt. Aber ich glaube, es braucht auch noch ein bisschen, bis es bei einigen Menschen in den Köpfen angekommen ist. Aber: Wenn etwas wichtig ist im Leben, dann ist es natürlich Respekt.

Welche Geschlechterrolle lebst du am liebsten?

Eigentlich ist mir das vollkommen egal. Ich lebe mein Leben und ich will respektiert werden. Mich nervt nur, dass ich immer noch dafür kämpfen muss. Aber das bleibt wohl für immer so und ich hab mich damit abgefunden. Aber im Grunde genommen muss man sehr, sehr stark sein. Gerade wenn man so lebt, wie ich lebe.

Ist Olivia Jones privilegiert?

Ja, ich bin schon privilegiert. Aber ich mache das schon seit 20 Jahren und werde immer noch bedroht: Es gibt Leute, die mir gerne was auf die Fresse hauen wollen, ich werde beschimpft als »scheiß Schwuchtel«, als »blöde Tunte« und so. Und deswegen weiß ich, was es bedeutet, für Respekt zu kämpfen.

Erkennt man dich auch ungeschminkt?

Das ist ja das Geile: Ich führe ein wunderbares Doppelleben! Wenn ich ungeschminkt bin, erkennt mich niemand, noch nicht mal meine Nachbarn hier. Ich kann zum Beispiel in einer Show auftreten, mich abschminken und ungeschminkt ins Publikum gehen – mich erkennt kein Schwein. Das ist mir auch sehr wichtig, weil ich keinen Bock habe, 24 Stunden das schrille, bunte Huhn für die Allgemeinwelt zu sein. Ich lebe mich gerne aus und ich finde die Aufmerksamkeit auch geil – aber ich muss das nicht 24 Stunden haben.

Interessierst du dich für Fußball?

Ja. Also, ich interessiere mich für Fußball – obwohl man sich im Fußball quasi nicht outen kann, wenn man in höheren Ligen spielt und obwohl gerade der Fußball immer noch so homophob ist. »Schwuchtel« ist dort das Hauptschimpfwort. Und wenn irgendwer nicht gut spielt, dann ist das ein Weichei, eine Tunte… Das nervt mich schon sehr. Aber sonst ist Fußball ein geiler Sport.

HSV oder St. Pauli?

Ich bin natürlich für St. Pauli. Denn die ex »FC St. Pauli-Präsidentin« Corny Littmann wohnt bei mir im Haus – also habe ich gar keine andere Wahl. Und ich bin St. Paulianerin!

Hast du einen Lieblingsspieler?

Ich kann mich da nicht entscheiden, denn das sind knackige, sportliche Jungs, und vor allen Dingen tragen die ja unter ihren Sporthosen kaum was drunter, weil die sich sonst einen Wolf laufen. Und das macht mich schon ein bisschen wuschig.

| Zur Person |

Olivia Jones (* 21. November 1969) heißt eigentlich Oliver Knöbel. Sie ist Deutschlands bekannteste Drag Queen – 1997 gewinnt sie in Miami den Titel »Miss Drag Queen Of The World«. 2013 wird Jones als »Hausmutti« für die Castingshow »Deutschland sucht den Superstar« engagiert.

Olivia Jones vor ihrer Kneipe auf St. Pauli.

Respekt!
Kein Platz für Rassismus
www.respekt.tv

Steffi Jones

Es ist immer ein Wir

Wir sollten nie aufhören, uns gemeinsam für Respekt stark zu machen

Was bedeutet Respekt für dich?

Respekt ist enorm vielseitig! Viele Menschen denken, Respekt heißt, jemandem Guten Tag zu sagen oder jemandem einfach nur höflich gegenüberzutreten. Heute werden viele Dinge mit Respekt in Verbindung gebracht, die eigentlich selbstverständlich sein sollten und auch Anstand genannt werden.

Für mich heißt Respekt, dass man einen Menschen schätzt, dass man ihn würdigt, so, wie er ist. Dass man eben keine Unterschiede macht, wie er aussieht und wo er herkommt. Das heißt, dass man letztendlich anderen Menschen so gegenübertritt, wie man das für sich selbst erwartet.

Hast du persönlich Erfahrungen gemacht mit Vorurteilen?

In meiner Rolle als OK-Präsidentin war ich auf einer Veranstaltung, und als ich mich dort verabschiedet habe, hörte ich, wie einer der anwesenden Jungen zu einem anderen sagte: »Nun kannst Du sagen, Du hast 'ner Negerin die Hand geschüttelt.« Im ersten Augeblick wusste ich gar nicht, wie ich darauf reagieren sollte. Ich war unglaublich schockiert und wütend und brauchte ein paar Sekunden, um mich zu sammeln. Das Einzige, was mir als Antwort einfiel, war: »Das war jetzt superwitzig, ne!«

Der Junge, dem das rausgerutscht war, guckte ganz verschämt weg. Doch alle anderen, die da standen, taten so, als hätten sie es nicht gehört. Und das, obwohl die Leute nur fünf Meter weiter weg standen. In diesem Augenblick dachte ich: »Das gibt's doch gar nicht!« In der heutigen Zeit, an diesem Ort, an dem ich ein solches Verhalten niemals für möglich gehalten hätte ... Denn es war nicht im Osten, sondern es war im Westen, wo ja jeder immer sagt: »So was – das gibt's nur da und da.« So ist es aber eben nicht!

Respekt früher und heute: Was hat sich geändert?

Wenn ich überlege, wie sich Frankfurt verändert hat – wie die Menschen sich heute mir gegenüber verhalten und wie das früher war... Ich bin 1972 geboren, da kam es häufig vor, dass meine Mutter beschimpft wurde. Das ist heute glücklicherweise seltener geworden. Auch wenn es immer mal wieder Leute gibt, die solche Äußerungen machen. Aber es hat sich vieles verändert.

Ich glaube, dass wir nie aufhören sollten, darauf hinzuweisen, dass es wichtig ist, Respekt zu leben. Dass man sich gemeinsam mit anderen für Respekt stark macht. Aber gleichzeitig sollten wir auch etwas Positives daraus ziehen: Wir haben uns entwickelt! Ich spreche deswegen von WIR, weil wir hier alle zusammen leben. Ich grenze mich nicht ab – denn wenn ich reise, dann repräsentiere ich Deutschland. Und da gehören auch alle dazu, die mir nicht ganz so toll gegenüberstehen. Aber es ist einfach so: Wir leben hier, und gemeinsam müssen wir das Beste draus machen. Deswegen ist es immer ein Wir.

| Zur Person |

**Stephanie Ann Jones (* 22. Dezember 1972) ist von 2008 bis 2011 Präsidentin des Organisationskomitees der Fußball-Weltmeisterschaft der Frauen 2011. Sie wächst in einem Frankfurter Problemviertel auf. In ihrer aktiven Laufbahn absolviert sie 111 Länderspiele, wird Weltmeisterin und sechsmal Deutsche Meisterin.
Seit 2011 ist sie DFB-Direktorin für Frauen- und Mädchenfußball, seit 2012 Vorstandsmitglied der Bundesliga-Stiftung.**

Steffi Jones war die erste Schirmfrau der Initiative »Respekt! Kein Platz für Rassismus«. Sie schrieb das Vorwort für unser Kinderbuch.

MALTE UND EMIL

WAS IST EIGENTLICH RASSISMUS?

Respekt!
Kein Platz für Rassismus
www.respekt.tv

Karin Kalbantner-Wernicke

Wir müssen bei uns selbst beginnen

Jeder Mensch ist einzigartig

Was bedeutet Respekt für Sie?

Respekt bedeutet für mich, jeden Menschen in seiner Einzigartigkeit und Besonderheit wahrzunehmen und zu akzeptieren. Sehr häufig werden mir Kinder vorgestellt, die bestimmte Erwartungen nicht in der Form erfüllen, die an sie herangetragen werden. Im Erstgespräch wird mir dann von den Eltern aufgezählt, welche Mankos das Kind hat, denn der Blick der Eltern ist meist nur auf die Schwächen und Probleme ihrer Kinder gerichtet. Doch stelle ich Fragen wie »Was kann Ihr Kind gut?« oder »Wann haben Sie zusammen gelacht?«, tritt in vielen Fällen entweder ein betretenes Schweigen ein oder die Eltern brauchen viel Zeit für eine Antwort. Aus diesem Grund ist es mir wichtig, ein Kind ohne die ganzen Diagnosen, die von den Eltern mitgebracht werden, kennenzulernen. Aus unserem gemeinsamen Tun heraus beschreibe ich den Eltern, was ich alles an Stärken, Besonderheiten und ganz persönlichen Fähigkeiten an ihrem Kind beobachte. Häufig kommt dann die Aussage: Das konnte ich gar nicht mehr sehen! Das kann ein erster Schritt zur Veränderung der Eltern-Kind-Beziehung sein.

Hatten oder haben Sie im täglichen Leben mit Rassismus oder Diskriminierung zu tun?

Gerade die oben beschriebenen Kinder tragen bereits eine Art Stempel auf der Stirn: Verhaltensauffällig! Aggressiv! ADHS! Dieser Stempel passiert den Kindergarten, wird weiter in die Schule getragen und kursiert dort von Lehrer zu Lehrer. Dadurch rutschen diese Kinder unabhängig von ihrem wirklichen Verhalten sehr schnell in die Rolle des Sündenbocks – geht in der Klasse etwas schief, dann werden sie zuerst beschuldigt. Häufig erleben Eltern dieser Kinder, dass sie Vorwürfen und Beschuldigungen von anderen Elternhäusern ausgesetzt sind. Die Kinder dürfen nicht zum Geburtstag eingeladen werden oder sind als Freunde nicht erwünscht.

Wie entsteht Ihrer Meinung nach vorurteilbehaftetes Denken?

Durch Nichtwissen oder sich selbst Erhöhen. Unbekanntes und Fremdes kann furchteinflößend sein. Statt sich mit Unbekanntem auseinanderzusetzen, wird lieber alles Neue und Unbekannte erst mal abgelehnt. Das kann sich im ganz Kleinen abspielen oder auf der großen Bühne.

Was kann jeder Einzelne für ein besseres Miteinander tun?

Direkt bei sich selbst beginnen. Und zwar jetzt und heute. Wie schnell beurteilen wir Menschen, die wir gar nicht kennen, allein durch ihr Äußeres? Vielleicht schaut dieser Mensch gar nicht wegen seiner Herkunft oder Kultur so mürrisch, sondern er hat gerade Sorgen. Oder – liegt es vielleicht an meinem eigenen Gesichtsausdruck? Ein kleiner Versuch: Nehmen Sie sich vor, wenn Sie heute einkaufen gehen, die Ihnen begegnenden Menschen freundlich anzuschauen oder anzulächeln. Die darauf folgenden Reaktionen sind erstaunlich! In unserer direkten Umgebung können wir mit kleinen Schritten beginnen, die Welt zu verändern.

| Zur Person |

Karin Kalbantner-Wernicke (* 1956) ist Physiotherapeutin und unterrichtet seit über 30 Jahren Shiatsu. Sie ist Gründungsmitglied von aceki e.V. (Fachakademie für japanische Behandlungsmethoden), baks e.V. (Bundesarbeitsgemeinschaft der Baby- und Kindershiatsu-Therapeuten) und der GSD (Gesellschaft für Shiatsu in Deutschland). Die Autorin zahlreicher Bücher, darunter »Shiatsu für Babys und Kleinkinder« und »Baby-Shiatsu – Glücksgriffe für Winzlinge«, hat speziell für Schüler das Buch »Die Samurai-Massage – Shiatsu für Kinder« geschrieben.

»Wie schnell beurteilen wir Menschen allein durch ihr Äußeres?«

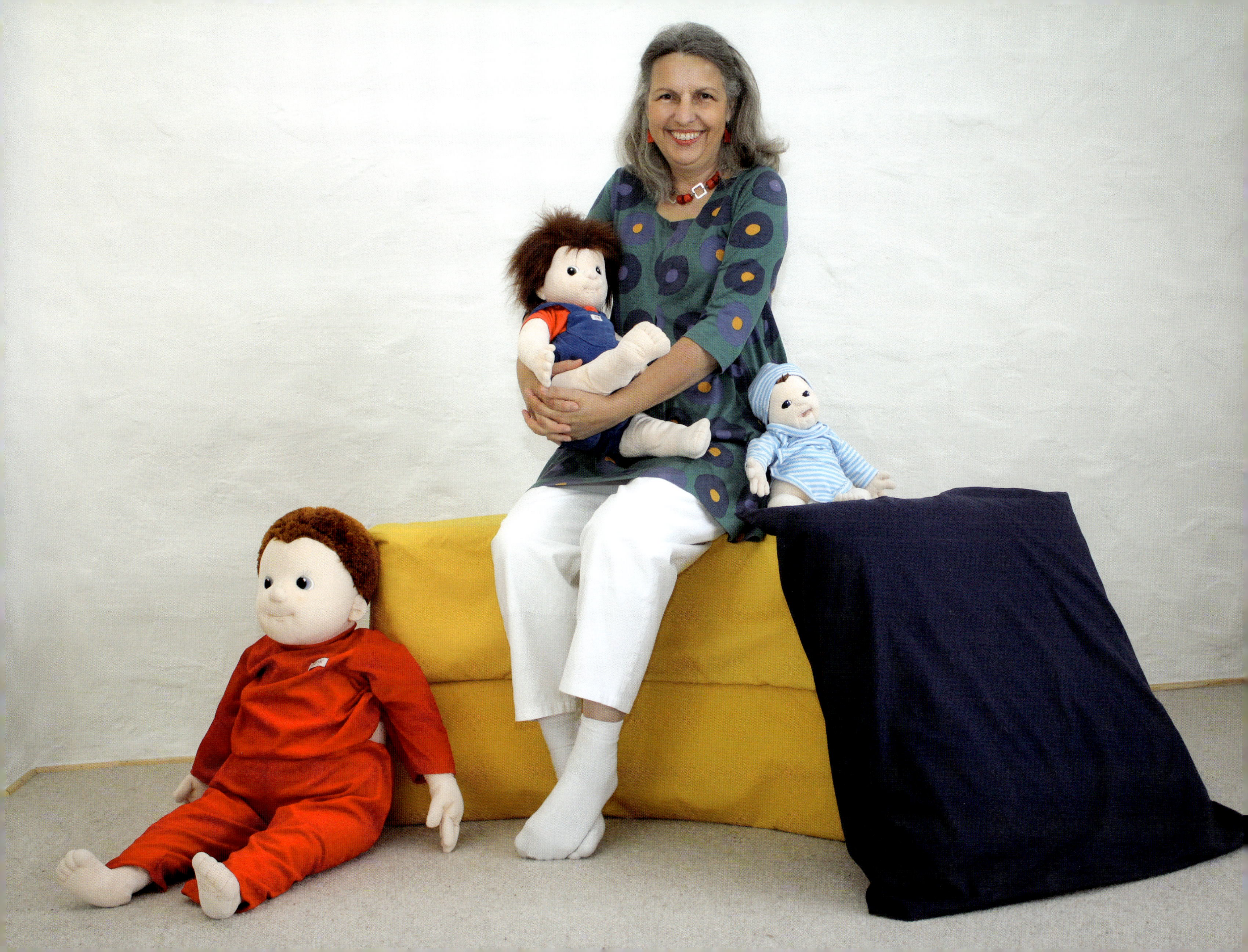

Kaye-Ree

Die Angst ist Kern des Übels

Respekt schafft Freiheit und Freiraum und besiegt Angst und Gewalt

Was bedeutet Respekt für Sie?

Respekt bedeutet für mich, sich gegenseitig als gleichwertige Lebewesen zu sehen und einander so zu behandeln, wie man selbst gerne behandelt werden möchte. Das heißt auch, sich die Freiheit und den Freiraum zu lassen, den man für sich selbst beansprucht, auch wenn die Meinung des anderen meiner eigenen vielleicht nicht entspricht.

Erleben Sie Rassismus, Diskriminierung und Intoleranz in Ihrem täglichen Leben?

Seit meiner Kindheit bin ich mit Diskriminierung und Intoleranz konfrontiert. Allerdings nicht so sehr mir gegenüber, sondern mehr in Richtung meiner dunkelhäutigen Freunde, mit denen ich aufgewachsen bin. Daher beschäftigt mich dieses Thema bis heute und fordert mich auf, darüber zu schreiben und zu singen.

An mir selbst merke ich es erst, wenn ich das Kopftuch trage, was mein Markenzeichen ist. In Deutschland und Frankreich behandeln mich die Leute damit eher wie eine »Ausländerin«. In anderen Ländern werde ich damit mehr akzeptiert, da die Menschen nicht einschätzen können, wo genau ich herkomme. Jeder Mensch ist voreingenommen, bedient seine Schubladen. Mit dem Tuch gebe ich ihnen die Möglichkeit, gleich mehrere Schubladen zu checken, neugierig und kreativ zu bleiben.

Sind Frauen eher von Diskriminierungen betroffen?

Schaue ich in meine Heimat, kann ich leider nur den Kopf schütteln und mich wundern, wie extrem rückständig die Entwicklung ist, was die Rolle der Frau betrifft. Der Kern des Übels ist die Angst. Die Frauen haben Angst, sich zu wehren, da das Regime brutal ist. Die Männer haben Angst, dass die Frauen zu stark werden, wenn sie ihnen mehr Freiheit zugestehen.

Hat sich die Anerkennung von Frauen hier in Deutschland geändert?

In Deutschland hat sich zumindest an der Oberfläche einiges getan. Frauen dürfen wählen, und wir haben sogar eine Bundeskanzlerin. Die Personen um sie herum sind aber überwiegend Männer – ich denke, das spricht Bände.

Wie entstehen Ihrer Meinung nach Vorurteile?

Das Erziehen hat viel mit der Denke eines Menschen zu tun. Nicht nur die Erziehung der Eltern spielt eine Rolle, sondern ebenfalls die der Erzieher, Lehrer, Journalisten und Politiker. Die mangelnde Kommunikation und die Angst vor dem »Fremden« lähmen. Mehr Neugierde, Liebe und Vertrauen wären ein guter Lösungsansatz.

| Zur Person |

Kaye-Ree (* 3. Januar 1979) ist eine im Iran geborene und in Deutschland aufgewachsene Neo-Soulsängerin. 2009 erscheint ihr Debütalbum »Endless Melody«, 2013 kommt ihr zweites Album »New Air« heraus. In den Songs der Tochter einer Deutschen und eines Iraners geht es um Liebe, Anerkennung, Respekt, Kultur und den Spaß am Leben.

»Liebe deinen Nächsten wie dich selbst, ist nicht immer einfach, aber einen Versuch wert.«

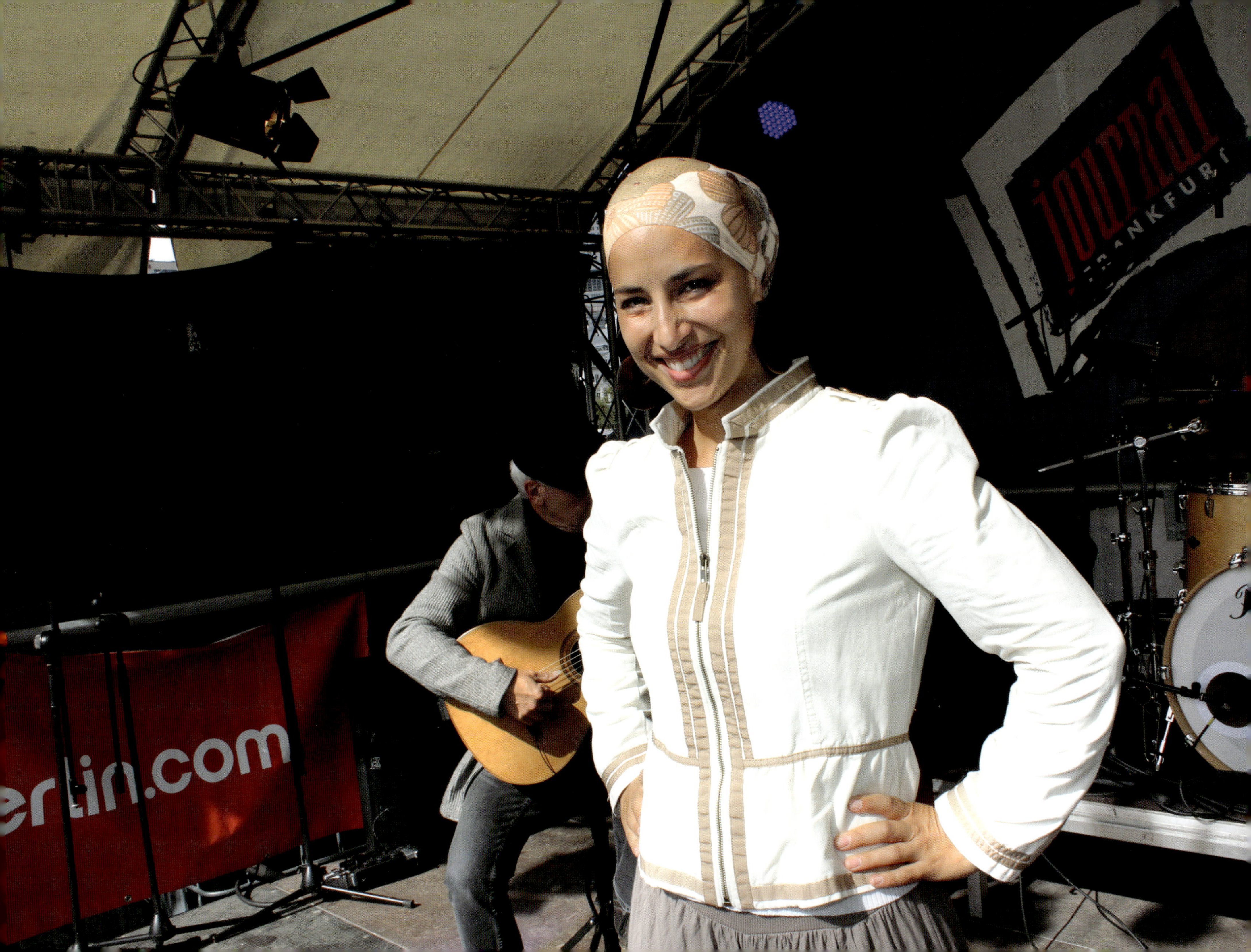
journal
erlin.com

Carolin Kebekus

Kabarett muss oft respektlos sein…

…aber nie platt, vor allem, wenn's um Menschen geht, die sich für unantastbar halten

Was bedeutet Respekt für Sie?

Respekt bedeutet für mich, dass ich jeden Menschen so behandle, wie ich auch selbst gerne behandelt werden möchte, ohne dass Herkunft, Religion oder sonst irgendetwas eine Rolle spielen.

Was zeichnet Personen aus, vor denen Sie Respekt haben?

Ich habe Respekt vor Menschen, die für ihre Meinung eintreten, mit allen Konsequenzen. Ich habe sogar schon Respekt vor Menschen, die überhaupt eine eigene Meinung haben, denn viel zu oft sind einem doch viel zu viele Dinge ganz einfach egal. Man beschäftigt sich nicht damit, setzt sich nicht damit auseinander, zuckt nur mit den Schultern.

Ist politisches Kabarett respektlos?

Respektlos, aber nie platt, so sollte es sein. Im Kabarett, ob politisch oder nicht, sind wir oft respektlos gegenüber Themen und Menschen, die normalerweise unantastbar sind oder sich dafür halten. Indem wir ein bisschen am Konstrukt wackeln und das Ganze dann zusammenbricht, können wir uns den so entstandenen Haufen auch einmal von einer anderen Seite anschauen.

Sind Frauen mittlerweile auf der Bühne spitze?

Wenn ich alle meine erfolgreichen weiblichen Comedy-Kolleginnen aufschreiben wollte, reichte der Platz nicht. Es stehen mittlerweile immer mehr gute Frauen auf deutschen Bühnen, allerdings stehen sich viele selbst auf den Füßen, weil sie sich oft zu klein machen.

Die Meinung, dass Frauen nicht lustig sein können, hält sich hartnäckig. Leider fragt niemand, warum es so viele unlustige Männer gibt.

Wie entstehen Ihrer Meinung nach Vorurteile?

Vorurteile entstehen durch Angst. Man hat am meisten vor den Dingen und Menschen Angst, die man nicht kennt – vor dem Fremden eben.

Ist Respekt eine Frage von Bildung oder Elternhaus?

Mit seinen Mitmenschen respektvoll umzugehen, lernen wir von unseren Eltern. Um das zu lernen, müssen wir nicht unbedingt eine Universität besucht haben.

| Zur Person |

Carolin Kebekus (* 9. Mai 1980), Schauspielerin, Komikerin und Sängerin, hat als Praktikantin beim Fernsehen angefangen. Die Gewinnerin des Deutschen Comedy-Preises ist durch ihre Auftritte bei »NightWash«, »RTL Comedy Nacht« und »Was guckst du?!« bekannt geworden. Seit 2011 ist sie Mitglied der »Wochenshow«, im gleichen Jahr hat die Kölnerin ihr Debütalbum »Ghetto Kabarett« veröffentlicht.

»Warum fragt sich eigentlich niemand, warum es so viele unlustige Männer gibt?«

Respekt!

Kein Platz für Rassismus

www.respekt.tv

Gül Keskinler

Diskriminierung geschieht zwischen den Zeilen

Gül Keskinler ist für ihre hervorragende Arbeit mit dem Integrationspreis des Landes Hessen ausgezeichnet worden

Was bedeutet Respekt für Sie?

Ich bin 1960 in Istanbul geboren und bis 1970 in meiner klassischen türkischen Familie erzogen worden. Meine Erziehung und mein Leben sind geprägt durch den Respekt untereinander – in der Familie, zu den Älteren, zu den Nachbarn, zu den Lehrern. Eben zu allen Menschen und auch zur Natur oder zum Essen. Respekt bezieht sich für mich darauf, dass wir unser Umfeld und unsere Umwelt genauso behandeln müssen, wie wir selbst gerne behandelt werden wollen. Deswegen sollte es auch nicht nur einen respektvollen Umgang im Zusammenleben der Menschen geben, sondern auch gegenüber Tieren und der Natur. Und gegenüber allem, was wir uns im Leben geschaffen haben.

Wie entwickelt sich Respekt?

Respekt muss man sich hart erarbeiten, nicht nur in der Familie. Es heißt ja immer, Frauen wären Respektspersonen – insbesondere in türkischen Familien. Doch schon da muss man sich den Respekt als Frau hart erarbeiten. Genau wie im Berufsleben oder im Ehrenamt. Und zwar über Kompetenz, Fleiß und die gute Zusammenarbeit mit anderen. Denn einen »Respektvorschuss« bekommt man nur von ganz wenigen Leuten. Respekt ist ein im Alltagsleben sehr wichtiger Prozess, der in unserer schnelllebigen Zeit ziemlich verloren gegangen ist.

Haben Sie selbst schon einmal Diskriminierung erfahren?

Diskriminierung ist nicht plump. Diskriminierung ist aber auch nicht offen, sondern sie geschieht zwischen den Zeilen mit kleinen Botschaften, mit kleinen Gesten. Als ich 1970 als kleines Mädchen nach Deutschland kam, wurde ich immer wieder als »türkisches Mädchen« oder »Gastarbeiterkind« angesprochen – das tat weh. Es war keine Beleidigung, aber es tat weh, so ausgesondert zu werden. Durch diese Aussonderung baut man sich im späteren Leben in der Schule oder auch im Berufsleben Schutzmechanismen auf – man bekommt eine dicke Haut, damit einen diese Diskriminierungsansätze nicht erreichen und verletzen können. Aber auch wenn man ganz sachlich an dieses Thema herangeht, sind Emotionen da. Daher appelliere ich immer wieder für einen behutsamen Umgang miteinander – an alle, auch an meine Kinder.

Wie hat sich die Erziehung verändert?

Ich durfte mit meinen Eltern nicht so lange diskutieren – das war nicht schön. Ich musste akzeptieren, was meine Eltern gesagt haben. Heute diskutieren wir viel mehr mit den Kindern, doch irgendwann muss man als Eltern auch mal sagen: »Jetzt ist es genug!« Solche Entscheidungen muss man auch im Berufsleben ständig treffen. Aber der Austausch mit den Kindern ist heute viel intensiver.

| Zur Person |

Gül Keskinler (* 1960) ist seit 2006 Integrationsbeauftragte des Deutschen Fußball-Bundes. Die Betriebswirtin, die 1970 aus der Türkei übersiedelte, berät den Vorstand des DFB zu allen Fragen der Integration.

»Der Respekt geht in dieser schnelllebigen Zeit ziemlich schnell verloren.«

DEUTSCHER FUSSBALL-BU
Respekt!
Kein Platz für Rassism
www.resp

Patric Klandt

Es darf auch mal hart zur Sache gehen

Im Urlaub sind wir doch auch alle Ausländer

Was bedeutet Respekt für dich?

Was ist für mich Respekt? Ja, keine Ahnung. Für mich ist Respekt so, wie ich selbst auch behandelt werden möchte. Die Art, wie ich mit jemandem rede und wie ich mit ihm umgehe. Ja, das ist für mich Respekt.

Hast du schon mal Erfahrungen mit Rassismus gemacht?

Ich habe einen Stiefbruder, mit dem ich mal auf einer Kerb war. Und da hat ein ausländerfeindlicher Typ »Neger« zu meinem Stiefbruder gesagt. Das fand ich nicht so toll. Denn man soll jeden Menschen so behandeln, wie man auch selbst behandelt werden möchte. Wenn wir ins Ausland in den Urlaub fahren, sind wir auch Ausländer, und da wollen wir doch auch vernünftig behandelt werden.

Gibt es noch weitere Erlebnisse?

Ich habe zu diesem Zeitpunkt bei Hansa Rostock gespielt, und wir hatten ein Pokalspiel gegen Schalke 04 – dort spielt damals Gerald Asamoah. Als er das 1:0 für Schalke schoss, haben ihn die Fans mit Affenrufen und Gesten verspottet. Wir als Spieler fanden das damals auch nicht toll, als wir das mitbekamen. Denn so etwas gehört im Sport natürlich überhaupt nicht dazu.

Wie steht's mit dem Respekt auf dem Fußballplatz?

Ich denke, auf dem Fußballplatz darf es auch ein bisschen hart zur Sache gehen, denn da geht es um Punkte und um Erfolg. Aber ich denke, man muss das alles in einem gewissen Rahmen halten – dass der Respekt voreinander schon vorhanden ist. Dass man einen nicht verletzen will oder dass man jemanden nicht wegen seiner Herkunft beleidigt.

| Zur Person |

Patric Klandt (* 29. September 1983) ist Profifußballer und steht heute in der 2. Bundesliga für den FSV Frankfurt im Tor. Früher spielte er für die zweite Mannschaft des FC Hansa Rostock.

Patric Klandt gehört ebenfalls zu der kleinen Gruppe, die unsere Initiative von Beginn an unterstützt.

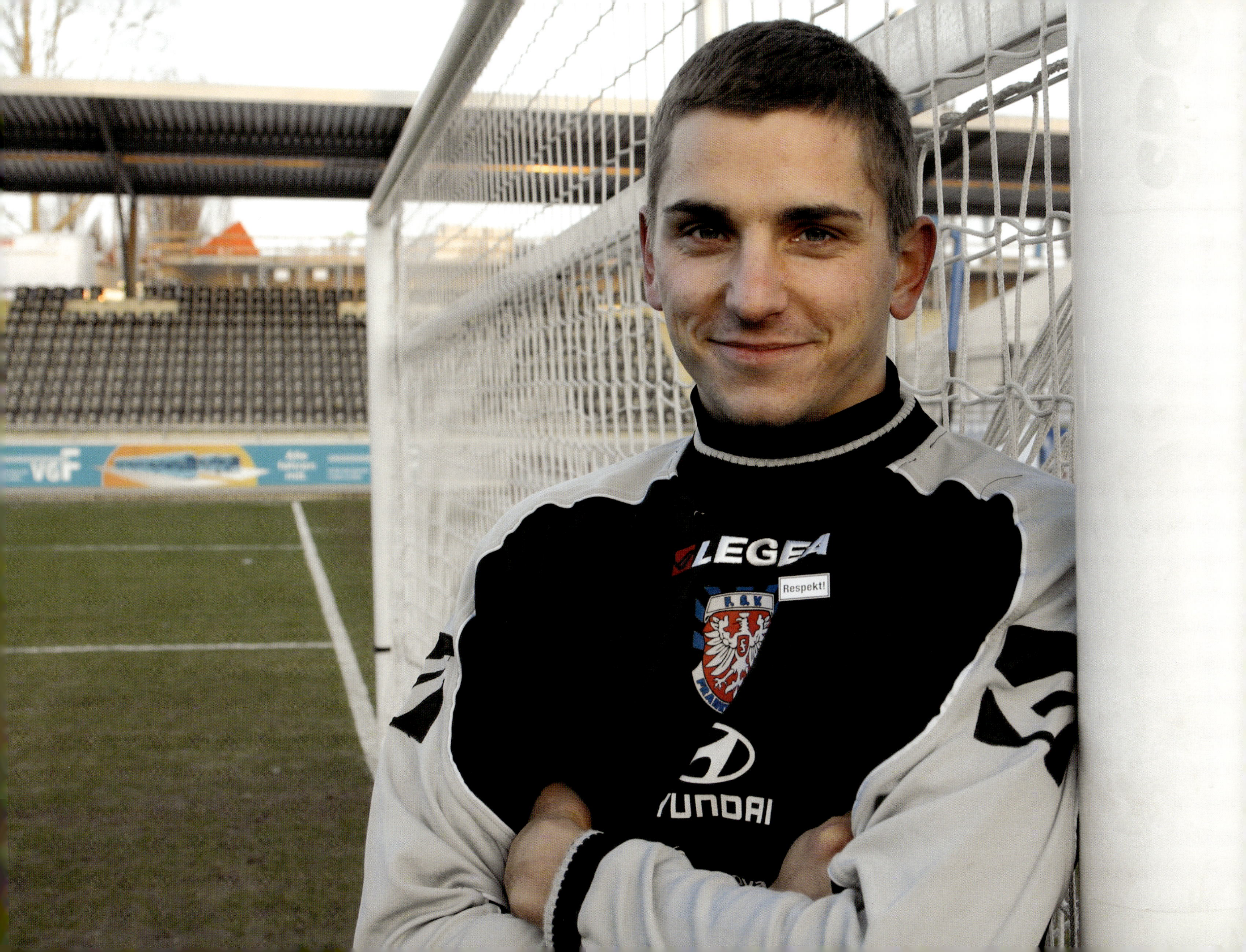
VGF
LEGEA
Respekt!

Es gibt eine Krise der Männer in der Migration

Sanem Kleff hat zahlreiche Bücher zum Thema Interkulturelles Lernen geschrieben

Was bedeutet Respekt für Sie?

Respekt ist das, was zwischen zwei Menschen passiert, wenn beide Menschen sich dessen bewusst sind, dass sie jeweils einem Menschen gegenüberstehen. Punkt. Wenn der eine sich in dem anderen erkennt, dann werden sich Menschen so verhalten, wie ich es als respektvoll beschreiben möchte.

Wie können sogenannte Ehrenmorde verhindert werden?

Ich bin dafür, sachlich zu bleiben bei der Beschreibung dessen, worum es geht: Es geht darum, dass Menschen, die aus einer patriarchalen Gesellschaftsform kommen, sich jetzt verändern sollen und sich sehr schwer damit tun. Ich glaube, wir haben es mit einer großen Krise der Männer in der Migration zu tun! Diese Männer können ihre Rolle als die Herren, die Starken nicht erfüllen. Sie sind in einer großen Krise – und in der Krise werden sie gewalttätig gegenüber denen, die schwächer sind als sie, gegenüber ihren Töchtern und Frauen, aber auch ihren Söhnen, solange sie jünger sind. Diese fatalen Gewaltbeziehungen in der Familie kann man nicht tatenlos hinnehmen. Doch überhaupt nicht hilfreich sind Debatten wie in den vergangen Jahren, die letztendlich darauf hinausliefen, zu sagen: »Alle Männer mit muslimischem Background sind grundsätzlich frauenfeindlich, aggressiv, gewalttätig, zwangsverheiraten ihre Töchter und schlagen ihre Frauen«.

Was tun Sie bei »Schule ohne Rassismus, Schule mit Courage« gegen diese Probleme?

Wir arbeiten mit den »kleinen Männern«, mit den Jungs. Es geht darum, ihnen die Option zu geben, ein anderes Männerbild von sich entwickeln zu können. Denn wir sollten andere Männer ins Leben dieser kleinen Jungs bringen. Wenn ich einen Wunsch freihätte für das Bildungssystem, würde ich mir wünschen, es gäbe ganz viele Männer mit Migrationshintergrund als Erzieher. Role-Models, die sich nicht nur über Muskelkraft definieren, wären hilfreich für diese kleinen Jungs. Sie sind nämlich orientierungslos. Wir möchten dazu beitragen, dass in der Schule das Positive in ihnen gestärkt und das Negative geschwächt wird. Im Sport zum Beispiel können die Jungs Erfolgserlebnisse haben, sie können ohne Gewalt erfolgreich und Sieger sein, ohne jemandem Gewalt anzutun.

Welche Rolle spielt der Fußball?

Ich halte Fußball für eine sehr gute Erfindung der Menschheit, damit all die Männer, die einen Überschuss an Energie und Kraft haben und die sich unbedingt aneinander messen und Gewinner sein wollen, lernen, wie wunderschön es ist, wenn sie das im Rahmen eines Fußballspiels machen können. Es ist eine wunderbare Empfindung, die sehr dazu angetan ist, Gewalt, Aggressionen, aber auch einfach Kraft abzubauen, zu organisieren und in eine produktive Bahn zu lenken.

| Zur Person |

Sanem Kleff (* 1955) ist eine deutsche Pädagogin mit türkischen Wurzeln, die das europäische Projekt »Schule ohne Rassismus – Schule mit Courage« im Auftrag des Vereins »Aktion Courage e.V.« in Berlin leitet.

Sanem Kleff arbeitet mit den »kleinen Männern« an einem anderen Männerbild.

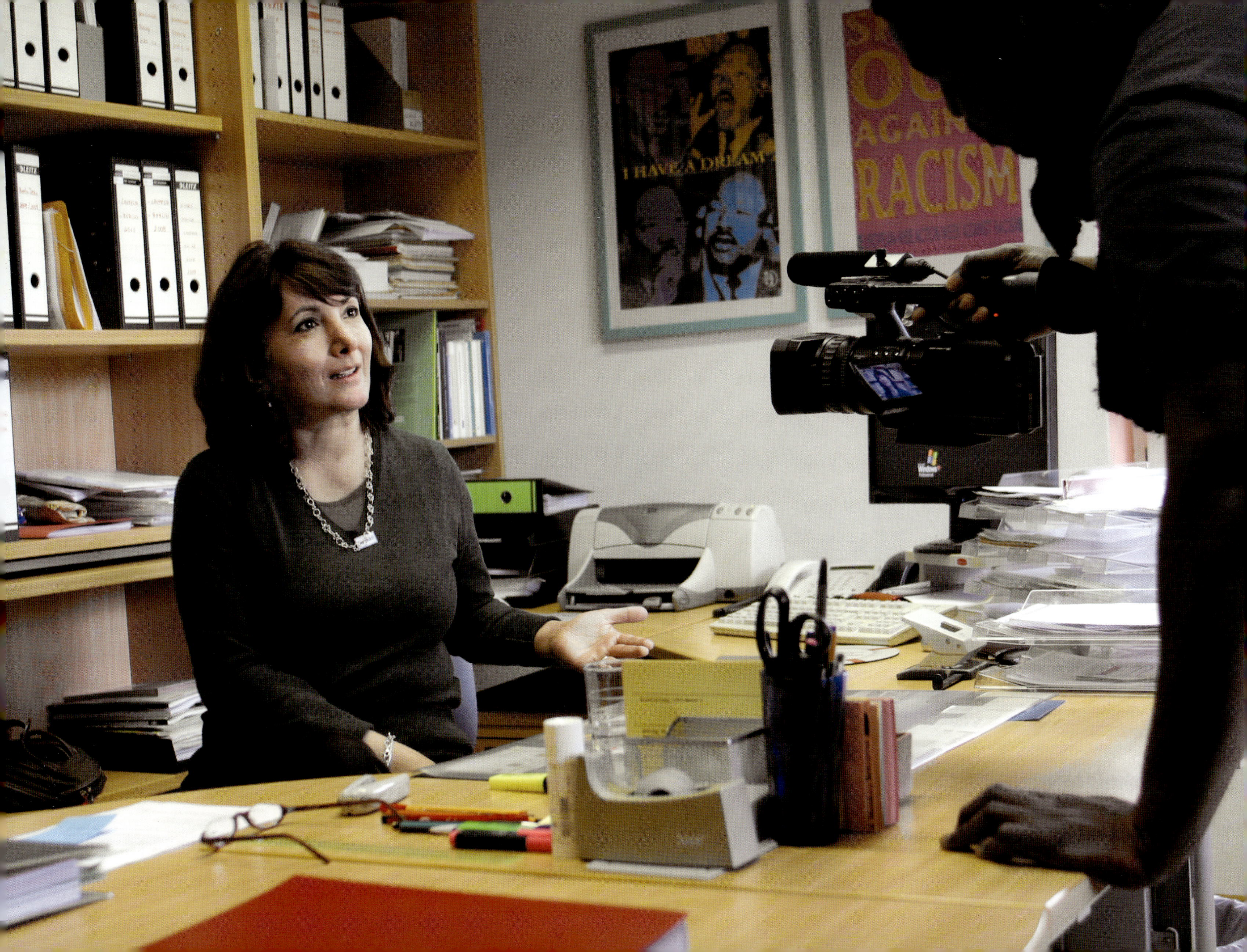
I HAVE A DREAM
RACISM

Jutta Kleinschmidt

Im Motorsport zählen Ziele und Leistung

Eine Rallye-Fahrerin übernimmt Verantwortung für ihr Team

Was bedeutet Respekt für Sie?

Respekt bedeutet für mich, Achtung haben vor jedem einzelnen Menschen auf diesem Planeten. Auf meine Profession und meine Branche bezogen bedeutet das, Verantwortung zu übernehmen für mein Team. Das Risiko und die Gefahr machen in unserem Sport vielleicht auch aufmerksamer und wacher, weil wir mit einem Fehler nicht nur das eigene, sondern auch das Leben der anderen riskieren.

Erleben Sie Rassismus oder Diskriminierung im Motorsport?

Der Motorsport ist kein Breitensport wie Fußball. Er ist eine relativ teure und kostenintensive und damit exklusive Sportart. Auch deshalb gibt es gerade im Motorsport – glaube ich – eigentlich keinen Rassismus.

Auch die Teams sind im Motorsport in der Regel sehr international zusammengesetzt. Da wird wenig nach Hautfarbe oder Nationalität geurteilt. Hier zählt in erster Linie die Leistung, was der Einzelne kann. Für Frauen ist es allerdings nach wie vor schwer.

Wie setzt man sich als Frau in einem Männersport durch?

Ich habe dafür gekämpft. Ich war abenteuerlustig und sehr begeistert von der Wüsten-Rallye. Zuerst habe ich mir privat als Urlauberin die Rennen angeschaut. Dann konnte ich an ersten Motorrad-Rennen teilnehmen und mir dort die erste Anerkennung und einen Namen erarbeiten. Eine Frau muss vielleicht auch noch ein Stück mehr Leistung bringen als der Kollege, um eine Chance zu bekommen.

Was haben Rallye-Fahren und Business gemeinsam?

Um erfolgreich zu sein, muss man ein Ziel haben. Das gilt überall im Leben: im Sport ebenso wie im Berufsleben. Viele Menschen wissen nicht, wohin sie wollen. Man muss sich ein Ziel setzen und darum kämpfen, es zu erreichen. Dabei macht man auch Fehler, es gibt Rückschläge und Krisen, aus denen man lernen kann. Aber nur so kommt man weiter.

Hat sich die Anerkennung von Frauen im Motorsport in den letzten Jahren geändert, gar verbessert?

Ja, es ist leichter geworden für Frauen. Wenn eine Frau zum ersten Mal in einer traditionellen Männerdomäne erfolgreich ist, erarbeitet sie damit Anerkennung nicht nur für sich, sondern auch für die nachfolgenden Frauen. Denn sie zeigt, was Frauen können. Auch die WM-Fußballerinnen haben das bewiesen. Die Frauen haben supertoll gespielt, das Finale war unglaublich spannend und ich freue mich sehr für die Japanerinnen. Sie haben nicht nur die Weltmeisterschaft gewonnen. Denn in Japan herrschen durchaus noch sehr traditionelle Rollenbilder. Die Fußballerinnen öffnen mit ihrem Sieg anderen Frauen Türen.

Was lieben Sie an Ihrem Beruf?

Der Motorsport ist global und sehr international. Meine Freunde wohnen in der ganzen Welt. Wenn wir Weihnachten mit 13 Freunden feiern, kommen zehn davon aus unterschiedlichen Ländern.

| Zur Person |

Jutta Kleinschmidt (* 29. August 1962) ist die erste und bisher einzige Frau, die die Langstrecken-Wüsten-Rallye Dakar in der Gesamtwertung gewinnt. Schon früh interessiert sie sich für Motorsport und Technik, studiert folgerichtig Ingenieurwesen an der naturwissenschaftlich-technischen Akademie in Isny. Sie arbeitet zunächst bei einem großen Automobilhersteller in der Fahrzeugentwicklung, ehe sie sich als professionelle Rallye-Fahrerin selbstständig macht.

»Um erfolgreich zu sein, musst du ein Ziel haben und dafür kämpfen.«

Respekt!
Kein Platz für Rassismus
www.respekt.tv
65
IM 11111 1

Jürgen Klopp

Es gibt viele nette Kerle auf diesem Planeten

Jürgen »Kloppo« Klopp beherrscht alle Disziplinen im deutschen Profifußball

Wie hat sich die Gesellschaft in letzter Zeit verändert?

Jeder erwartet den Respekt des anderen – aber nicht jeder ist bereit, ihn selber zu zollen. In den vergangenen Jahren haben sich viele Dinge verändert – zum Beispiel die Schimpfworte. Ein Satz wie »Deine Mutter ist eine PIEP!« wäre zu meiner Zeit niemandem über die Lippen gekommen.

Du bist prominent – ist dir gegenüber jemand respektlos?

Junge Menschen denken manchmal, dass sie mal so richtig loslegen können und wir Promis das nicht hören. Ich höre aber relativ gut und höre auch nicht absichtlich weg. Ein Beispiel: Mir tritt eine Gruppe von Jugendlichen sehr respektlos gegenüber mit Sprüchen wie »Kann ich mal mittrainieren, die können nichts etc.«. Dann greife ich mir den Wortführer raus, und wenn ich mit dem verbal fertig bin, wird er merken, dass er sich mit mir besser nicht angelegt hätte.

Respekt gegenüber Vorgesetzten – heute und früher?

Früher wurde der maximale Respekt eingefordert – aber nur der minimale Respekt gezollt. Ein Spieler hatte einfach nur zu funktionieren und Leistung zu erbringen. Denn damals herrschte ein extremes Obrigkeitsdenken. Heute sind die Hierarchien schon flacher geworden und das nicht nur im Fußball, sondern in der gesamten Gesellschaft. Doch als Trainer habe ich das Sagen und die Spieler machen, was ich sage – aber nicht ausschließlich aus Respekt, sondern auch aus Respekt mir gegenüber.

In meiner Mannschaft habe ich nur junge Kerle, die das Glück hatten, in einem gut funktionierenden Elternhaus groß zu werden. Doch es gibt andere, für die zählt nur das Gesetz des Stärkeren oder des Lauteren oder des Frecheren. Aber in meiner Welt zählt das alles nicht. Und das sage ich auch: Da gibt es richtig Feuer, um klar zu machen, dass das so nicht funktioniert.

Ist Fußball ein Platz ohne Grenzen?

Genau das ist das Beste am Fußball: Während des Balkankonflikts spielten in meiner Mannschaft Kroaten, Serben und Albaner – da konnte man auf dem Platz sehen, wie sinnlos dieser Krieg ist. Denn das waren alles super Jungs, die sich gut verstanden haben. Und zwei, drei Flugstunden entfernt war Krieg!

Im Fußball konnte man schon immer lernen, dass es viele nette Kerle auf diesem Planeten gibt – unabhängig davon, woher sie kommen. Der Fußball legt einfach nur ein paar Regeln fest, die zwar nicht von uns gemacht wurden, die aber jeder einhalten muss, der gut Fußball spielen will. Und es ist nicht wichtig, wo auf dieser Welt du geboren wurdest – wenn du dich an diese Regeln hältst, kannst du kicken. Und in einer Mannschaft darfst du dich nicht zu wichtig nehmen, musst aber trotzdem selbstbewusst sein. Das lernt man in anderen Lebensbereichen nicht einfach so – aber im Fußball ab dem fünften Lebensjahr nahezu jeden Tag. Das macht Fußball zu etwas Einzigartigem und uns zu ewig Lernenden!

| Zur Person |

Jürgen Klopp (* 16. Juni 1967) ist Sportwissenschaftler, Fußballlehrer, Trainer und Kommentator. Bekannt wird er mit Mainz 05. Dort sorgt er von 1990 bis 2008 für Wirbel – erst als Spieler, dann als Trainer. Heute trainiert Klopp Borussia Dortmund. Mit dem BVB wird er 2010/11 und 2011/12 Deutscher Meister und erreicht 2012/13 das Finale der UEFA Champions League. 2013 gewinnt er mit den Dortmundern den Supercup.

Auch ein Trainer muss topfit sein und darf sich nicht auf die faule Haut legen.

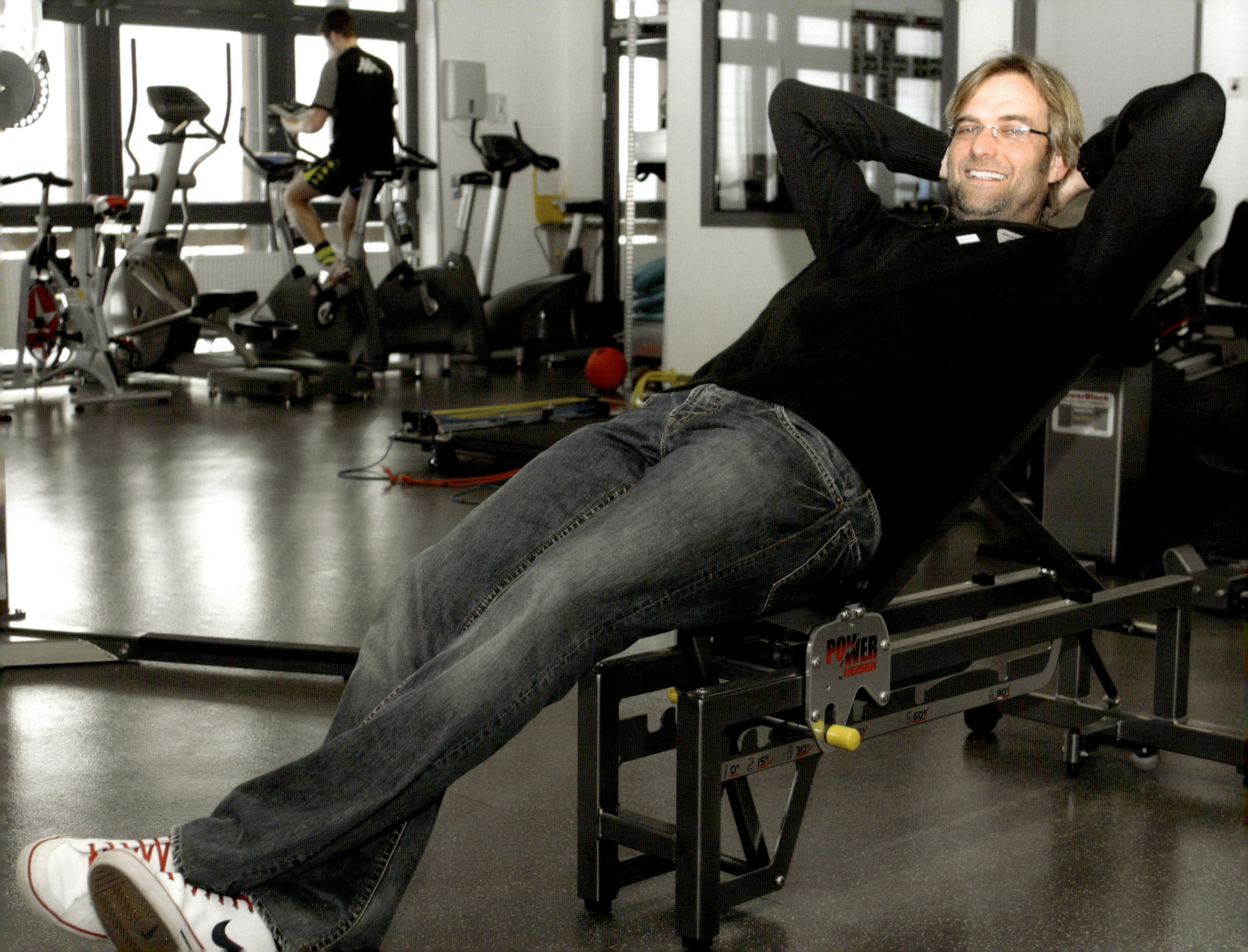

Ich habe genau die Grenzen abgecheckt

Rekordspieler: »Charly« Körbel trat 602-mal für Eintracht Frankfurt in der Bundesliga an

Was bedeutet Respekt für dich?

Respekt hat mich mein ganzes Leben lang bis zum heutigen Tag begleitet – ohne Respekt gegenüber anderen kann nichts funktionieren. Während meiner Laufbahn bei Eintracht Frankfurt hatte ich in mehr als 600 Spielen oft Gegenspieler, die ich nicht so mochte. Aber ich habe immer den Respekt gegenüber der Person in den Vordergrund gestellt. Das habe ich bis heute durchgezogen.

Wie zeigt sich Respekt auf dem Platz?

Beim Respekt gegenüber den Schiedsrichtern fängt es an: Ich habe mich gut verstanden mit den Schiedsrichtern und auch immer Respekt vor ihnen gehabt. Auch wenn ich denen immer wieder während des Spiels meine Meinung gesagt habe – manchmal auch die Grenzen überschritten habe. Aber ich wusste immer ganz genau, wie weit ich gehen kann. Das haben die mir immer ganz klar abgesteckt, indem sie zu mir kamen und sagten: »Okay, Charly, das nächste Mal bist du draußen!« Ich habe immer genau die Grenzen abgecheckt und wusste genau, wann ich zurückschalten musste. Auch wenn wir uns angeschrien haben, bin ich nach dem Spiel hingegangen und habe mich entschuldigt. Das hat sich bis zum heutigen Tag nicht geändert.

Wie war das, als Cha Bum-kun[1] nach Frankfurt kam?

Es war eine ganz andere Zeit, als Cha Bum-kun hergekommen ist – er konnte die Sprache nicht und wusste nichts. Wir wussten ja im Grunde genommen auch nichts. Er war ein toller Fußballer, aber er hatte eine Maske auf. »Wie sieht der denn aus«, »Der predigt ja da oben« – wir haben über ihn gelacht. Aber alle hatten großen Respekt vor seiner Person und vor dem, was er gemacht hat. Er ging auch mal zu meinen Eltern und hat dort gebetet und das Haus gesegnet. Meine Eltern hatten großen Respekt vor ihm – meine Mutter erzählt heute noch von ihm, sie findet es toll, dass er sich nicht hat beeinflussen lassen. Er hat seine Schiene, er sagt: »Das ist für mich wichtig und das ziehe ich auch durch!« Ob die anderen lachen oder auch nicht, ob die mich mögen oder sagen »Du bist ein Schlitzauge« oder was auch immer, es war ihm egal.

Wie erziehst du deine Tochter?

Wir haben viele Probleme mit der Schule klären müssen. Zum Beispiel sollten sie ohne Vorbereitung einen Leistungstest machen – was passiert, wenn da ein Kind umfällt? Ich weise immer wieder darauf hin, dass wir auch eine Verantwortung gegenüber den Kindern und der Schule haben – man darf sich nicht alles gefallen lassen. Man muss auch den Konflikt mit dem Schulleiter suchen. Aber das Wichtigste ist Vertrauen. Deswegen kommen die Kinder auch zu einem und erzählen von ihren Problemen. Die Probleme der Kinder müssen Gehör finden. Denn sie haben noch keine Erfahrungswerte! Man muss Vorbild sein, aber die Kinder müssen ihre Persönlichkeit selbst finden und nicht uns kopieren!

| Zur Person |

Karl-Heinz »Charly« Körbel (* 1. Dezember 1954) war deutscher Profifußballer und Trainer. Er spielte in seiner aktiven Zeit ausschließlich für die Frankfurter Eintracht. Seine 602 Bundesligaspiele sind bis heute unerreicht (sein Lieblingsgegner: Gerd Müller). Seit 2001 leitet er die Fußballschule des Vereins.

Unser Retro-Ball gefällt Karl-Heinz Körbel auffallend gut.

---

[1] *Cha Bum-kun kommt aus Südkorea und ist ein tiefgläubiger Christ. Er spielte zu Beginn der 80er Jahre für Eintracht Frankfurt.*

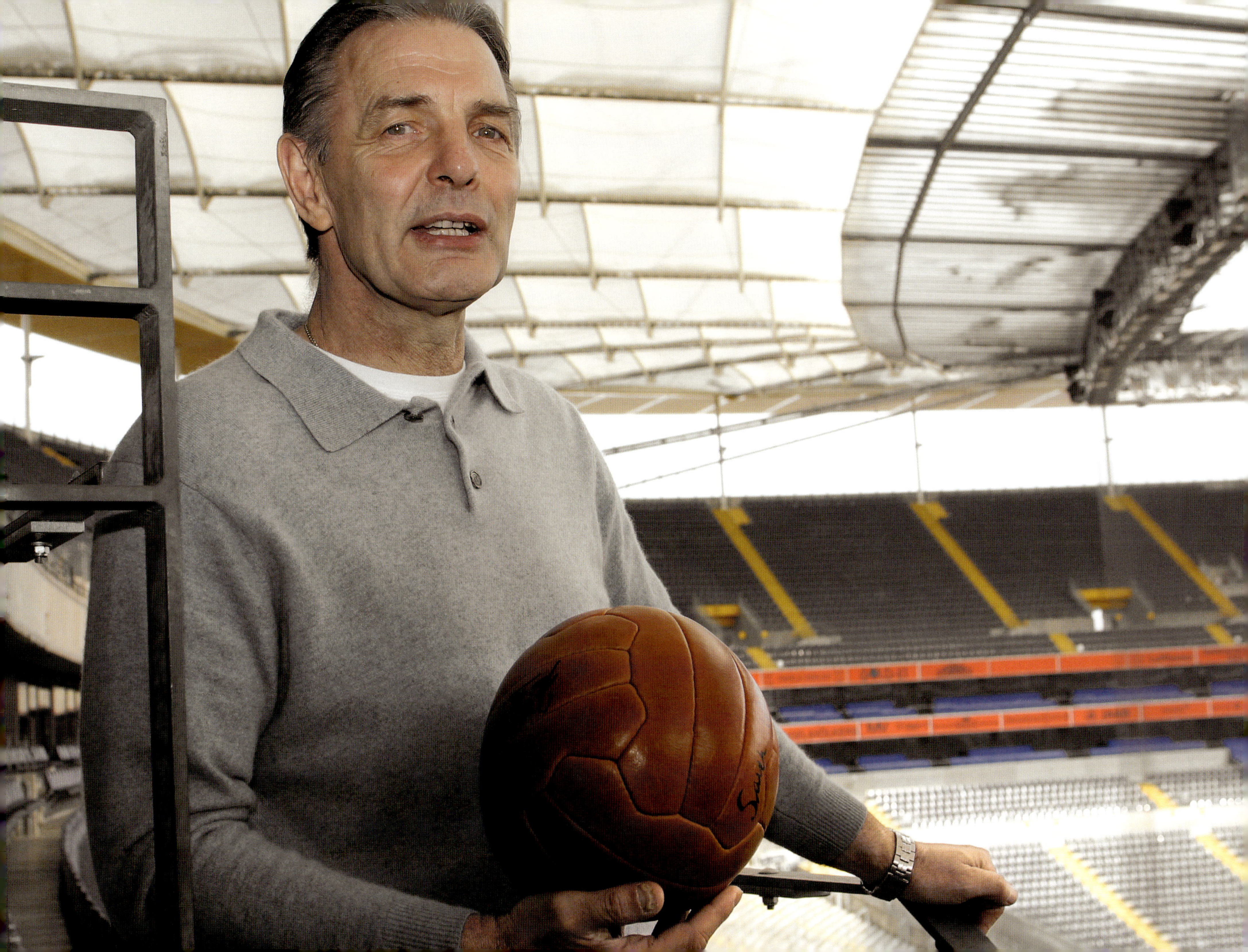

Hannelore Kraft

Ein Grundpfeiler unseres Zusammenlebens

Die nordrhein-westfälische Ministerpräsidentin sagt, was jeder Einzelne für ein besseres Miteinander tun kann

Was bedeutet Respekt für Sie?

Respekt, das ist meine Einstellung einer anderen Person gegenüber: sie wahrzunehmen, zu beachten, sie wertzuschätzen und zu akzeptieren. Der Mensch steht im Mittelpunkt bei einem respektvollen Miteinander, in dem Wünsche, Bedürfnisse und Meinungen des Anderen Raum und Beachtung finden. Ich versuche, die Ansichten einer anderen Person zu verstehen, ihren Standpunkt nachzuvollziehen. Wichtig ist dabei: Alle Menschen besitzen die gleiche, unteilbare Würde. Respekt ist Ausdruck dieser Einsicht; er ist für mich ein wichtiger Grundpfeiler unseres Zusammenlebens. Besonderen Respekt habe ich vor Menschen, die sich neben ihren persönlichen Belangen noch ehrenamtlich engagieren, die Schwerkranke pflegen, die Nächstenliebe und Zivilcourage leben.

Wie entsteht Ihrer Meinung nach vorurteilbehaftetes Denken?

Es entsteht, wenn ich nicht hinschaue und nicht zuhöre; wenn das eigene Selbst im Mittelpunkt der Betrachtung steht und die eigenen Werte der Maßstab sind, mit denen ich anderen begegne. Das hat mit Erfahrungen, Prägungen, mangelndem Selbstwertgefühl, auch mit Unsicherheit und fehlendem Vertrauen zu tun. Besonders bei Gefühlen von Minderwertigkeit, Ausgrenzung, Benachteiligung werden oft »Sündenböcke« für die eigene Lage verantwortlich gemacht. Meist werden dann – vermeintlich – Schwächere oder Minderheiten gesucht, um diese anzugreifen, um eigenen Frust und Wut an diesen abzuarbeiten.

Ist Respekt eine Frage der Bildung? Des Elternhauses? Wie kommt Respekt in die Köpfe?

Respekt ist nicht nur eine Frage des Elternhauses. Aber natürlich spielt die Prägung im Elternhaus, in der Familie eine große Rolle. Die Lebensgeschichte, das Alter, das Geschlecht, die Erfahrungen, die ein Mensch gemacht hat, haben Einfluss darauf, ob, was und wen jemand respektiert. Respekt lernen wir ebenfalls in der Gruppe der Gleichaltrigen oder durch Bezugspersonen wie Erzieherinnen und Erzieher, Lehrerinnen und Lehrer. Wenn Kinder selbst Respekt erfahren, lernen sie auch den Wert des Respektes insgesamt zu schätzen und entwickeln ein gesundes Selbstwertgefühl. Das fängt schon bei kleinen Kindern an.

Was kann jeder Einzelne für ein besseres Miteinander tun?

Jeder von uns muss im Alltag Wertschätzung zeigen und darf Gewalt, Mobbing und Pöbeleien nicht hinnehmen. Das gilt nicht nur in Schulklassen, auf dem Fußballplatz, in Pflegeheimen oder Bahnen und Bussen, sondern auch im vermeintlich anonymen Internet. Wenn deutlicher wird, welches Verhalten Grenzen des Zumutbaren überschreitet und auf Widerspruch und Protest stößt, kann sich Respektlosigkeit nicht wie ein Virus verbreiten. Wir müssen uns immer wieder klar machen, dass eine respektvolle Gemeinschaft nur durch eigenes Zutun entsteht.

| Zur Person |

Hannelore Kraft (* 12. Juni 1961) ist seit dem 14. Juli 2010 Ministerpräsidentin des Landes Nordrhein-Westfalen. Die gelernte Bankkauffrau und studierte Ökonomin arbeitete als Unternehmensberaterin, bevor sie im Jahr 2000 die Politik zu ihrem Beruf machte. Sie ist stellvertretende Vorsitzende der SPD und Vorsitzende des SPD-Landesverbandes Nordrhein-Westfalen.

»Alle Menschen besitzen die gleiche, unteilbare Würde.«

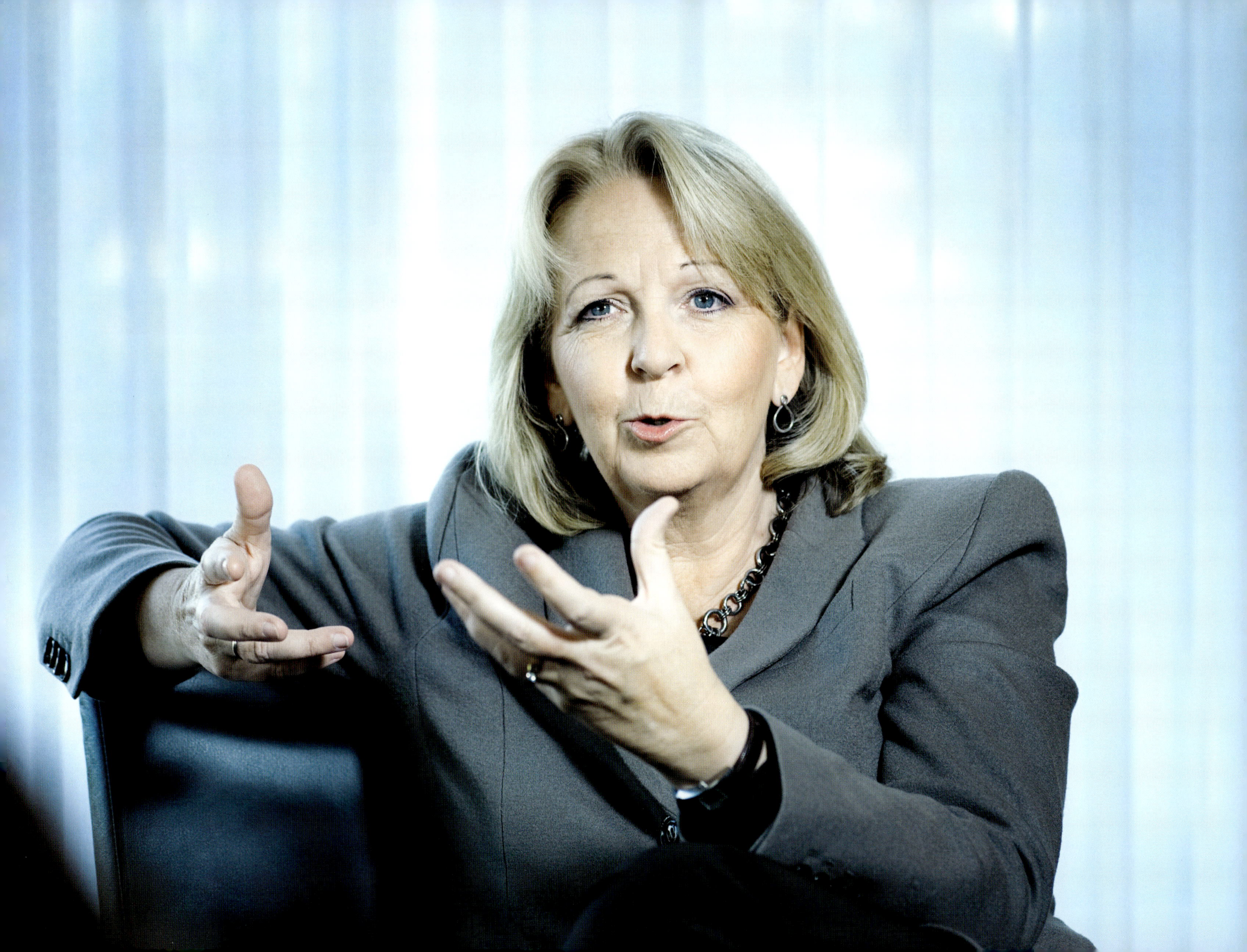

Luan Krasniqi

Mit Verstand, Herz und Gefühl

Aufmerksam sein, auf andere achten und diejenigen schützen, die schwächer sind

Was bedeutet Respekt für Sie?

Die Würde und die Freiheit eines jeden Menschen zu achten, das ist Respekt.

Hatten oder haben Sie im täglichen Leben mit Rassismus oder Diskriminierung zu tun? Welche persönlichen Erfahrungen haben Sie gemacht?

Mit Rassismus und Diskriminierung eigentlich weniger. Wohl aber mit Respektlosigkeit. Aber in meinem Sport kommt das eigentlich selten vor. Boxer wissen, dass Respekt das A und O ist. Ein Boxer ohne Respekt vor seinem Gegner ist schon von Anfang an auf der Verliererstraße. Außerhalb des Ringes habe ich mehr Respektlosigkeiten erlebt, aber bei meiner Statur trauen sich das die meisten nur hinter meinem Rücken.

Wie entsteht Ihrer Meinung nach vorurteilbehaftetes Denken?

Meist durch Unkenntnis oder schlicht durch Dummheit. Oft versuchen Menschen auch, durch Vorurteile ihr eigenes Selbstwertgefühl zu verbessern. Sie denken, dass sie sich selbst erhöhen können, wenn sie andere erniedrigen. Aber das wird nie funktionieren. Wir sind alle gleich und gleich viel wert.

Ist Respekt eine Frage der Bildung? Des Elternhauses? Wie kommt Respekt in die Köpfe?

Respekt findet nicht unbedingt im Kopf statt, Respekt ist eine Frage des Herzens. Wer schon früh lernt, dass jeder Mensch, jedes Lebewesen Respekt verdient, der muss nicht mehr darüber nachdenken, denn er fühlt, was richtig und was falsch ist. Wer es als Kind nicht verinnerlicht hat, der muss dann aber wirklich seinen Kopf anstrengen. Es beginnt immer mit dem Wissen, dass jeder Mensch etwas besonders gut kann und jeder Mensch etwas Besonderes ist.

Was kann jeder Einzelne für ein besseres Miteinander tun?

Aufmerksam sein. Auf andere achten und die schützen, die schwächer sind. Sich einmischen, wenn jemand den nötigen Respekt vermissen lässt. Sich immer vor Augen halten, dass wir immer zuerst den Respekt verlieren und dann die Menschenwürde. Und dann sind wir nicht mehr als Tiere.

| Zur Person |

Luan Krasniqi (* 10. Mai 1971) kommt mit 16 Jahren nach Deutschland und macht nach dem Abitur eine Ausbildung zum Großhandelskaufmann. Er beginnt seine Boxkarriere beim BSV Rottweil, wird mehrfach Deutscher Meister der Amateure und 1995 Vizeweltmeister der Amateure im Schwergewicht. 1996 gewinnt er bei Olympia die Bronzemedaille. 1997 beginnt seine Profikarriere, er wird Deutscher Meister und Europameister. Seit dem Ende seiner aktiven Karriere 2011 arbeitet er als Fernsehkommentator und fördert junge Talente.

»Wir sind alle gleich und gleich viel wert.«

PAFFEN
SPORT
Respekt!
Kein Platz für Rassismus
www.respekt.tv

Stefan Kretzschmar

Mit Wut im Bauch die Meinung gegeigt

Tättowiert und der erste Punk im deutschen Profisport

Was bedeutet Respekt für dich?

Respekt hat man Leuten gegenüber, die etwas erreicht haben. Doch das kann man nicht mit einem Satz erklären – das ist genauso wie mit der Liebe: Die Bedeutung ist so umfangreich, dass man das nicht einfach in einem Satz dahinsagt. Zu Respekt gehören eine Menge Erfahrung, die man gemacht hat, und eine Menge Leute, die man kennengelernt hat.

Welche Erfahrungen hast du als »Handball-Punk« gemacht?

Unsere Gesellschaft versucht immer, Stars zu erzeugen. Und wenn man sie erzeugt hat, dann versucht man sie wieder herunterzureißen. Das ist ein Wechselprozess unserer Medienwelt. In Gummersbach war es für mich am Anfang schwer, ich hatte dort erstmal überhaupt keine Chance. Denn zu dieser Zeit war es weder chic noch lustig, tätowiert zu sein. Da gab es eher Gefängnis-Assoziationen und Fragen wie: »Wo kommt der denn her?«, »Was ist denn da passiert?« und »Was ist denn da schief gelaufen?«.

Dann wurden Tattoos chic und rebellisch – es wurde ein Hype daraus, der ausgeschlachtet wurde. Und die Sache hat sich verselbstständigt. Ich habe natürlich gerne jede Chance wahrgenommen, mich in der Presse einigermaßen gut darzustellen.

Deine Frau kommt aus Kuba. Habt ihr Erfahrungen mit Nazis gemacht?

Ich habe mit meiner Frau in Magdeburg keine negativen Erfahrungen gemacht. Zum Glück kamen nie auch nur annähernd fremdenfeindliche Situationen auf, ganz im Gegenteil: Wir sind sehr herzlich in Magdeburg aufgenommen worden.

Ich glaube nicht, dass der Osten naziverseuchter ist als Gesamtdeutschland. Das ist ein großes Klischee. Ich denke, dass es im Ruhrgebiet genau das gleiche Potenzial gibt. Im Osten sind die Gruppierungen sicherlich gewaltbereiter und Eskalationen häufiger als in den alten Bundesländern. Diese Brutalität erzeugt natürlich Schlagzeilen. Ich weiß, dass sich aus einer Unzufriedenheit und anderen Motiven heraus Gruppierungen bilden, die rechts denken. Diese Entwicklung ist nicht ungefährlich – doch ich persönlich kann darüber nichts sagen, da ich dort, wo ich gelebt habe, keine schlechten Erfahrungen gemacht habe.

Als die Mauer fiel, bin ich in Berlin zusammen mit einem Freund von Nazis zusammengeschlagen worden – er ist an den Verletzungen gestorben. Ich war mit Anfang 20 in der komplett anderen Szene unterwegs und organisiert. Denn ich fand die Szene sehr spannend und habe mich wohlgefühlt – bis zu diesem Tag. Und dann hab ich gesehen, zu was die rechte Seite in der Lage ist. Mit Wut im Bauch habe ich viele Interviews gegeben und teilweise auch Schlagzeilen in der Bildzeitung gemacht. Und dann kamen die Drohbriefe und auch andere, ganz gefährliche Situationen – damals in Gummersbach. Das hat dazu geführt, dass ich mich zurückgezogen und nicht mehr so offensiv geäußert habe.

| Zur Person |

Stefan Kretzschmar (* 17. Februar 1973), in Leipzig geboren, ist einer der erfolgreichsten deutschen Handballspieler. In 421 Bundesligaspielen erzielte er 1.694 Treffer. Zuletzt spielte er für den SC Magdeburg. Seine aktive Laufbahn beendete er 2007. Seit 2009 arbeitet er als Handball-Experte für Sport1. Derzeit ist Kretschmar Co-Trainer und Aufsichtsratsmitglied beim Zweitligisten SC DHfK Leipzig.

»Ich glaube nicht, dass der Osten naziverseuchter ist als Gesamtdeutschland. Das ist ein großes Klischee.«

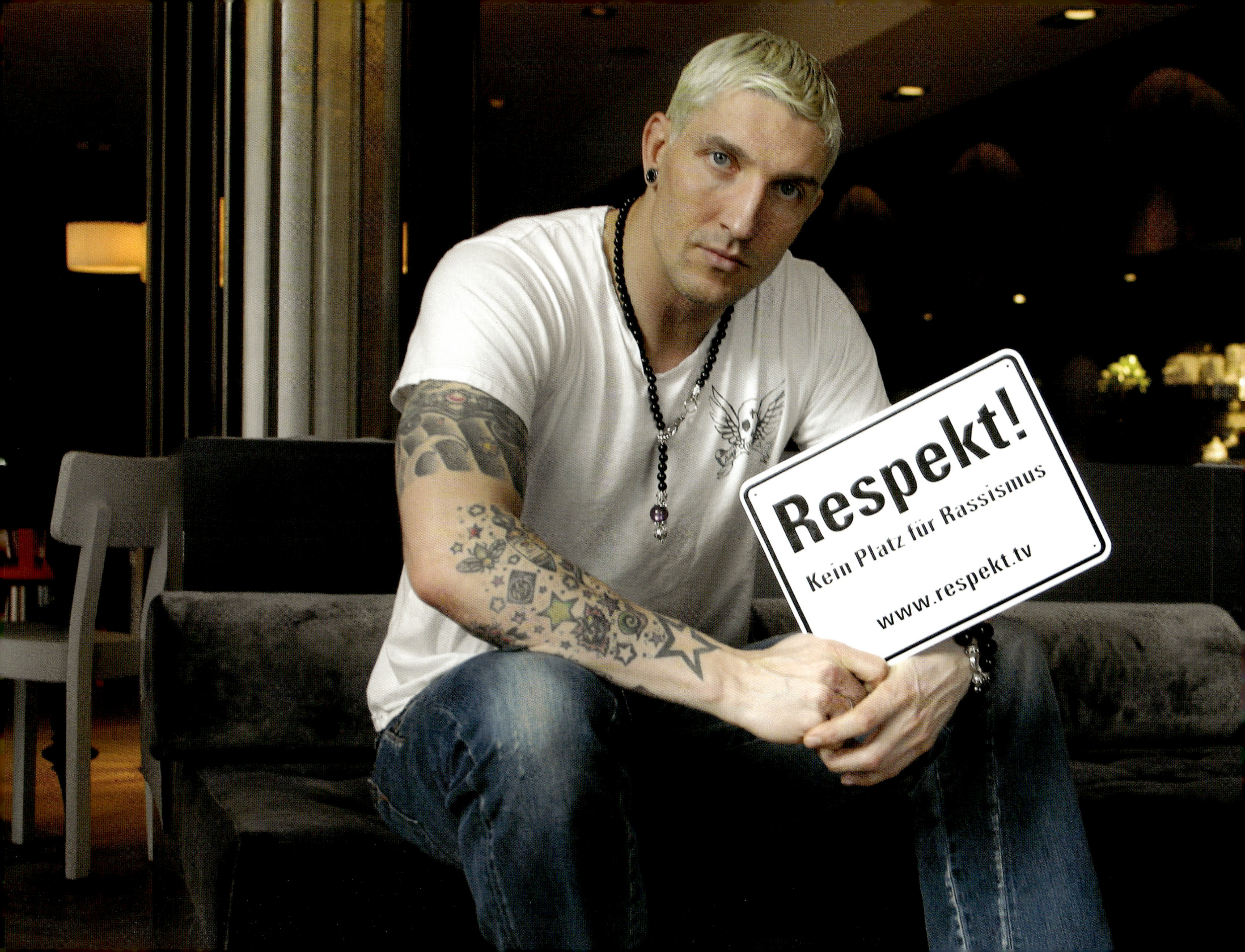
Respekt!
Kein Platz für Rassismus
www.respekt.tv

Sebastian Krumbiegel

Jeder Mensch ist und lebt anders

Nicht in meinem Kiez, in meiner Straße, vor meiner Haustür

Was bedeutet Respekt für Sie?

Respekt bedeutet für mich, Menschen zu achten, unabhängig von ihrer Herkunft, Hautfarbe, sexuellen Orientierung oder Religion. Es gibt verschiedene Lebensentwürfe, und wir sollten vorsichtig sein, unseren eigenen für absolut und einzig richtig zu halten. Jeder Mensch ist anders und jeder Mensch lebt anders – das sollten wir akzeptieren.

Hatten oder haben Sie im täglichen Leben mit Rassismus oder Diskriminierungen zu tun? Welche persönlichen Erfahrungen haben Sie gemacht?

In meiner Heimatstadt Leipzig war im letzten Jahr die Diskussion um dezentrale Unterbringung von Asylbewerbern ein großes Thema. Ich war sehr erstaunt, wie emotional die Diskussion geführt wurde. Eine Bürgerinitiative wurde ins Leben gerufen und der Tenor war: Ich habe ja nichts gegen Ausländer, aber nicht in meinem Kiez, in meiner Straße, vor meiner Haustür. Es waren ganz normale Leute, die plötzlich auf die Barrikaden gegangen sind, teilweise Bildungsbürger aus der oberen Mittelschicht – das hat mich schon sehr verstört.

Andererseits beweisen die Leute in Leipzig immer wieder, dass sie ein gesundes und gutes Verhältnis zu Respekt und Toleranz haben. Neonazis haben seit einigen Jahren keine Chance mehr, sich in meiner Stadt zu Demonstrationen oder Aufmärschen zusammenzufinden. Da gibt es mittlerweile breite Bündnisse, quer durch alle Parteien, unterstützt von Kirchen, Vereinen und Initiativen, die sich klar dagegen stellen – da ist schon eine Menge passiert in den letzten Jahren.

Ist Respekt eine Frage von Bildung und Elternhaus? Wie kommt Respekt in die Köpfe?

Natürlich ist das Elternhaus prägend für eine gewisse Grundhaltung – ich bin sehr dankbar, dass meine Eltern mir viele grundsätzliche Werte mitgegeben haben – mit Bildung oder gesellschaftlichem Stand hat das jedoch meiner Ansicht nach eher weniger zu tun. Ich kenne Leute, die man eher als bildungsfern bezeichnen würde, die aber eine Anständigkeit innehaben, von der sich viele Menschen mit sogenannter höherer Bildung eine Scheibe abschneiden können. Respekt kommt in die Köpfe, wenn wir alle, jeder Einzelne, darauf achtgeben. Und jeden Tag vor unserer eigenen Tür kehren und an unserer eigenen kleinen Front die Augen offen halten.

Ein Tipp, was jeder Einzelne tun kann?

Mit offenen Augen durch die Welt laufen und am besten verbal dazwischen gehen, wenn andere respektlos behandelt werden. Das geht auf dem Schulhof los, in der Straßenbahn weiter und selbst in bildungsbürgerlichen Kreisen müssen wir wachsam bleiben. All den vermeintlich gebildeten Sarrazien-Lesern sollten wir immer wieder vor Augen halten, dass die Inhalte und Ideen dieses Mannes mit Respekt nicht viel zu tun haben.

| Zur Person |

Sebastian Krumbiegel (* 5. Juni 1966) war Mitglied des Thomanerchors und studierte an der Leipziger Hochschule Schlagzeug und Gesang. Während des Studiums gründete er die Band »Herzbuben«, aus der 1991 »Die Prinzen« hervorgingen. Krumbiegel erhielt zahlreiche Auszeichnungen und setzt sich seit vielen Jahren für soziale Projekte und gegen Rassismus ein. Er ist Mitbegründer und Organisator des »Leipzig – Courage zeigen«-Festivals. Für sein soziales Engagement ist er mit dem Bundesverdienstkreuz ausgezeichnet worden.

Mag offene Augen und hat nicht »Alles nur geklaut«.

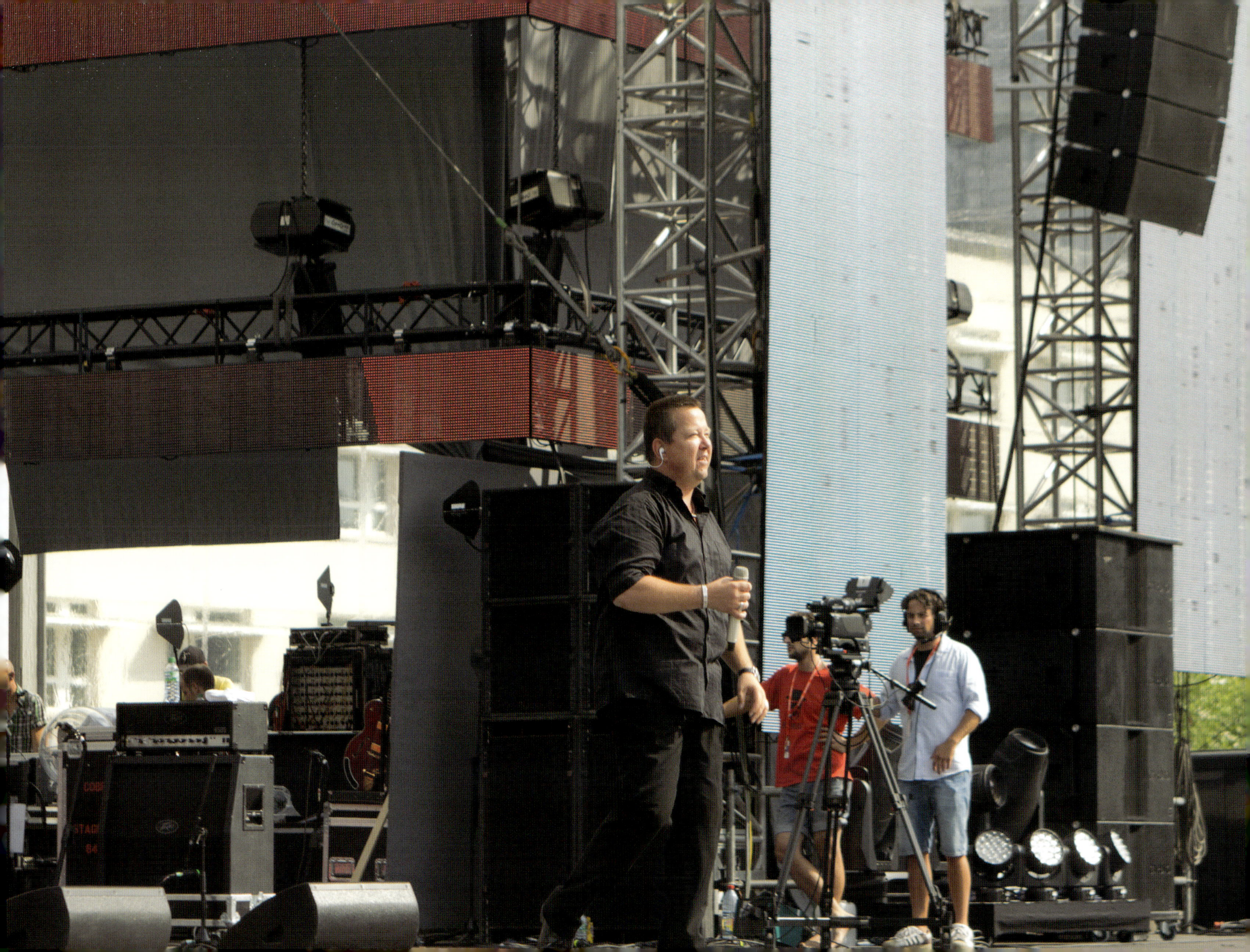

Nia Künzer

Mutig gegen den Strom schwimmen

Sport ist hervorragend geeignet, Jugendlichen Werte zu vermitteln und Fair Play zu lernen

Was bedeutet Respekt für dich?

Respekt bedeutet für mich, jedem Menschen so gegenüberzutreten, ihn so zu behandeln, wie ich selbst gerne behandelt werden möchte.

Hast du persönlich Rassismus und Diskriminierung im Sport erlebt?

Es gibt immer wieder Berichte über rassistische und diskriminierende Vorfälle im Sport, und es ist wichtig, darüber zu sprechen und sie zu verurteilen. In Relation zu den Tausenden von Wettkämpfen, Sportveranstaltungen und Sportfesten, die friedlich ablaufen, ist dies jedoch kein Massenphänomen. So habe ich in meiner sportlichen Laufbahn keine Erfahrungen mit diskriminierenden oder rassistischen Übergriffen gemacht.

Auch wenn es im Sport zu solchen Vorfällen kommen kann, ist er gleichzeitig hervorragend geeignet, um Kindern und Jugendlichen Werte zu vermitteln und Fair Play zu leben.

Werden Frauen immer fair behandelt?

Die Situation der Frauen hat sich in den letzten Jahrzehnten deutlich verbessert. Sicherlich liegt dies auch am zunehmenden Selbstbewusstsein der Frauen. Nichtsdestotrotz gibt es Diskriminierung gegenüber Frauen. Ich kann nur hoffen, dass die Betroffenen sich trauen, darüber zu sprechen und Hilfe in Anspruch nehmen.

Wie entstehen deiner Meinung nach Vorurteile?

Es gibt verschiedene Gründe. Oft sind es Unsicherheit und Angst vor dem Unbekannten. Viele sind auch nicht bereit, etwas Neues kennenzulernen und sich vom Gegenteil überzeugen zu lassen. Denn es ist viel schwieriger, gegen den Strom zu schwimmen und eine andere Meinung als die des engeren Umfelds zu haben.

Ist Respekt eine Frage der Bildung? Des Elternhauses?

Kommt darauf an, wie man Bildung definiert. Ich definiere sie nicht ausschließlich über den Schulabschluss. Für mich ist Respekt Bestandteil einer guten Bildung. Sicherlich spielt das Elternhaus eine wichtige Rolle, aber es wäre ungerecht, alle Verantwortung darauf zu schieben. Heute werden Kinder und Jugendliche ebenso in Institutionen und auch in ihrer Peer-Group sozialisiert.

Bist du ein Vorbild für Mädchen und junge Frauen?

Sicher bin ich mir dessen nicht in jeder Situation bewusst, aber ich weiß schon, dass Kinder und Jugendliche sich sehr viel bei Erwachsenen abschauen und diese eine Vorbildfunktion einnehmen. Ich freue mich, wenn ich für Mädchen ein Vorbild sein kann und sie sehen, dass man viel erreichen kann, wenn man Ziele hat und dass es hilft, ab und zu mal über den Tellerrand zu schauen. Genauso wichtig ist es aber auch, sich Fehler einzugestehen und diese zuzugeben. Es wäre fatal, Kindern und Jugendlichen weismachen zu wollen, man wäre perfekt.

| Zur Person |

Nia Künzer (* 18. Januar 1980) wurde mit dem 1. FFC Frankfurt siebenmal Deutsche Meisterin und Deutsche Pokalsiegerin sowie dreimal UEFA-Women's Cup-Siegerin. Bis 2006 spielte die in Botswana Geborene in der Nationalmannschaft. Die studierte Pädagogin arbeitet heute im Hessischen Ministerium des Innern und für Sport. Sie ist Frauenfußball-Expertin für die ARD und engagiert sich als UNICEF-Botschafterin für ein Mädchen-Fußballprojekt.

»Es gibt nur wenige Sportarten in Deutschland, die mehr Aufmerksamkeit genießen als Frauenfußball.«

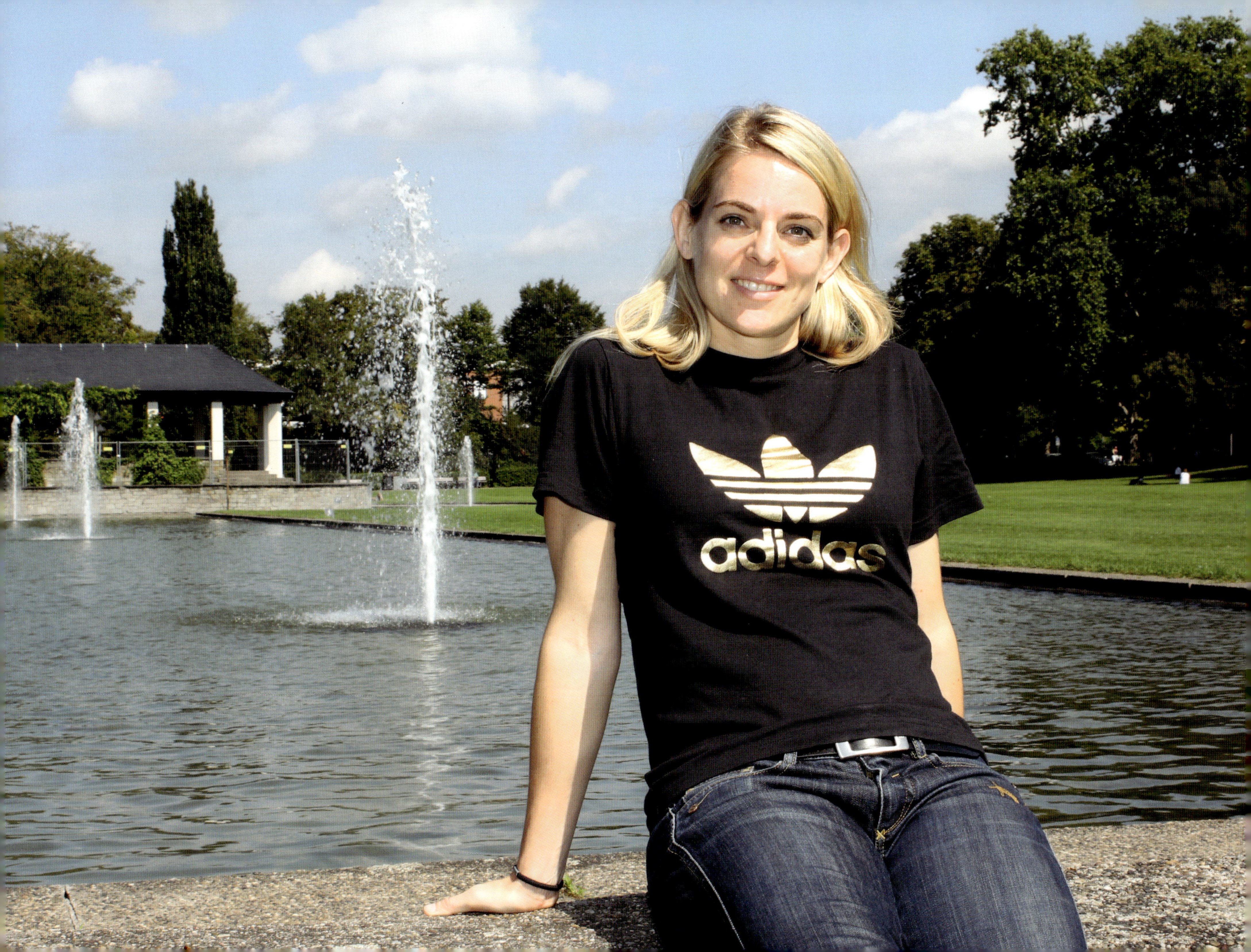
adidas

Stefan Kuntz

Die zwei Seiten einer Geschichte

Wer offen und unvoreingenommen auf Menschen zugeht, darf viel von ihnen erwarten

Was bedeutet Respekt für Sie?

Respekt bedeutet, einem anderen Menschen mit Rücksicht und Achtung zu begegnen. Es beinhaltet diejenigen Grundwerte, die das friedliche und soziale Zusammenleben der Menschen miteinander überhaupt erst möglich machen. Dabei geht es auch darum, jedem Menschen gleichermaßen einen Grundrespekt entgegen zu bringen.

Hatten oder haben Sie im täglichen Leben mit Rassismus oder Diskriminierung zu tun? Welche persönlichen Erfahrungen haben Sie gemacht?

Ich habe glücklicherweise noch nie persönlich derartige negative Erfahrungen gemacht. Vielmehr habe ich zum Beispiel während meiner aktiven Laufbahn als Spieler in der Türkei miterlebt, wie offen und gastfreundlich die Türken mit allen ausländischen Spielern umgegangen sind. Es geht hier aber immer um beide Seiten – nur wer offen und unvoreingenommen auf die Menschen zugeht, kann dies auch von ihnen erwarten.

Wie entsteht Ihrer Meinung nach vorurteilbehaftetes Denken?

Vorurteilbehaftetes Denken entsteht durch Angst vor dem Unbekannten und fehlendem Wissen. Der Mensch entwickelt Ängste am ehesten vor Dingen und Umständen, die ihm unbekannt sind oder die er nicht einschätzen kann. Nur wenn wir Aufklärung leisten und Ängste nehmen, das Miteinander aktiv vorleben, können wir solchen Vorurteilen vorbeugen.

Ist Respekt eine Frage der Bildung? Des Elternhauses? Wie kommt Respekt in die Köpfe?

Respekt ist eine Frage von allen drei Aspekten und mehr noch: Respekt ist ein Wert, der gelernt und gelebt werden muss.

Was kann jeder Einzelne für ein besseres Miteinander tun?

Man sollte sich und sein Tun täglich hinterfragen und nicht leichtfertig respektlose oder diskriminierende Aussagen oder Handlungsweisen tolerieren. Ein respektvolles Miteinander fängt im Kleinen an, und nur wer die auf den ersten Blick unbedeutenden Unachtsamkeiten verändert, kann die Gesellschaft als Ganzes lebenswerter und sozialer gestalten.

| Zur Person |

Stefan Kuntz (* 30. Oktober 1962) spielte für VfL Bochum 1848, Bayer 05 Uerdingen, 1. FC Kaiserslautern, Besiktas Istanbul und Arminia Bielefeld. In 449 Bundesligaspielen erzielte er 179 Tore. 1991 wird er Deutscher Meister und Deutschlands Fußballer des Jahres. 1996 wird er mit der deutschen Nationalmannschaft Europameister. Von 1999 bis 2004 ist er als Trainer tätig, darunter SV Waldhof Mannheim, Karlsruher SC und LR Ahlen. Seit 2008 ist Kuntz Vorstandsvorsitzender des 1. FC Kaiserslautern.

»Respekt ist ein Wert, der gelernt und gelebt werden muss«, sagt Stefan Kuntz. Mit im Bild: unsere Schirmfrau Sandra Minnert.

Respekt!
Kein Platz für Rassismus
www.respekt.tv
KARLSBERG
Westtribüne

Bruno Labbadia

Trainer leben Werte vor

Der Sohn italienischer Einwanderer war ein erfolgreicher Stürmer und arbeitet heute als Fußballtrainer

Was bedeutet Respekt für dich?

Viele fordern für sich Respekt ein, aber geben ihn an andere nicht weiter. Ich habe für mich entschieden, Menschen so zu behandeln, wie ich selbst gerne behandelt werden möchte – und genau das ist für mich Respekt.

Thema Respekt in einem Fußballverein – was sind die Herausforderungen und Schwierigkeiten?

Eine der größten Aufgaben eines Vereins, aber auch eines Trainers, ist es, Werte vorzuleben. In meiner Karriere habe ich viele Menschen erlebt. Was mich immer ein Stück angewidert hat, dass Menschen in einer hohen Position meinten, Leute in niedrigeren Positionen schlecht behandeln zu müssen. Für mich zeigt sich Größe, wenn eine Person in einer Top-Position auch Menschen, die niedrigere Dienste ausführen, einfach klasse behandelt. Im Fußball haben wir unglaublich gute Möglichkeiten, Werte vorzuleben, weil wir so stark in der Öffentlichkeit präsent sind – es gibt also auch positive Seiten, in der Öffentlichkeit zu stehen.

Hast du selbst Fremdenfeindlichkeit erlebt?

Meine Eltern kommen beide aus Italien. Natürlich gab es früher hier und da mal Ausdrücke wie »Spaghettifresser«, und das hat mich auch ein Stück geprägt. Eigentlich habe ich mich immer als Deutscher gefühlt, aber in solchen Momenten habe ich eine Ablehnung gegenüber der deutschen Sprache gefühlt. Es hat mich auch ein Stück härter gemacht. Das ist aber eines der wenigen Dinge, die ich diesbezüglich erlebt habe. Ansonsten muss ich sagen, dass ich eine traumhafte Kindheit gehabt habe, weil wir natürlich einfach gut aufgewachsen sind und ich eine große Familie hatte.

Wie sind deine Erfahrungen mit ausländischen Spielern im Fußball?

Wenn ich mit ausländischen Spielern arbeite, versuche ich mir immer wieder vorzustellen, wie es wäre, wenn ich jetzt zum Beispiel nach Brasilien gehen würde und die Sprache und Kultur mir dort fremd wären. Wenn wir einen ausländischen Spieler holen, müssen wir auch ein Stück weit seine Kultur und seine Gewohnheiten mitberücksichtigen. Das heißt nicht, dass man alles duldet, sondern man muss versuchen, ihm zu zeigen, wie unsere Abläufe sind und gleichzeitig beachten, wie er bis jetzt gelebt hat.

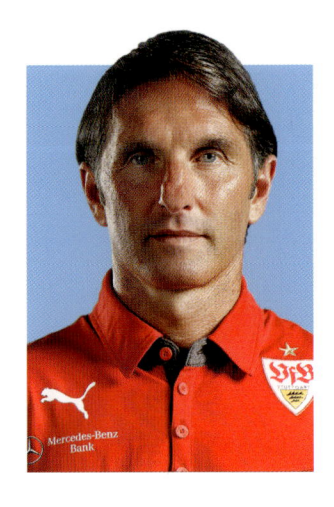

| Zur Person |

Bruno Labbadia (* 8. Februar 1966) erhielt während seiner Zeit als Profifußballer den Spitznamen »Pistolero von der Alm«. Er stürmte u.a. für den Hamburger SV, den 1. FC Kaiserslautern, den FC Bayern München und Arminia Bielefeld. Als Trainer wechselte er 2009 zum Hamburger SV. Von Dezember 2010 bis August 2013 war Labbadia Cheftrainer beim VfB Stuttgart.

»Meine Kindheit war traumhaft.«

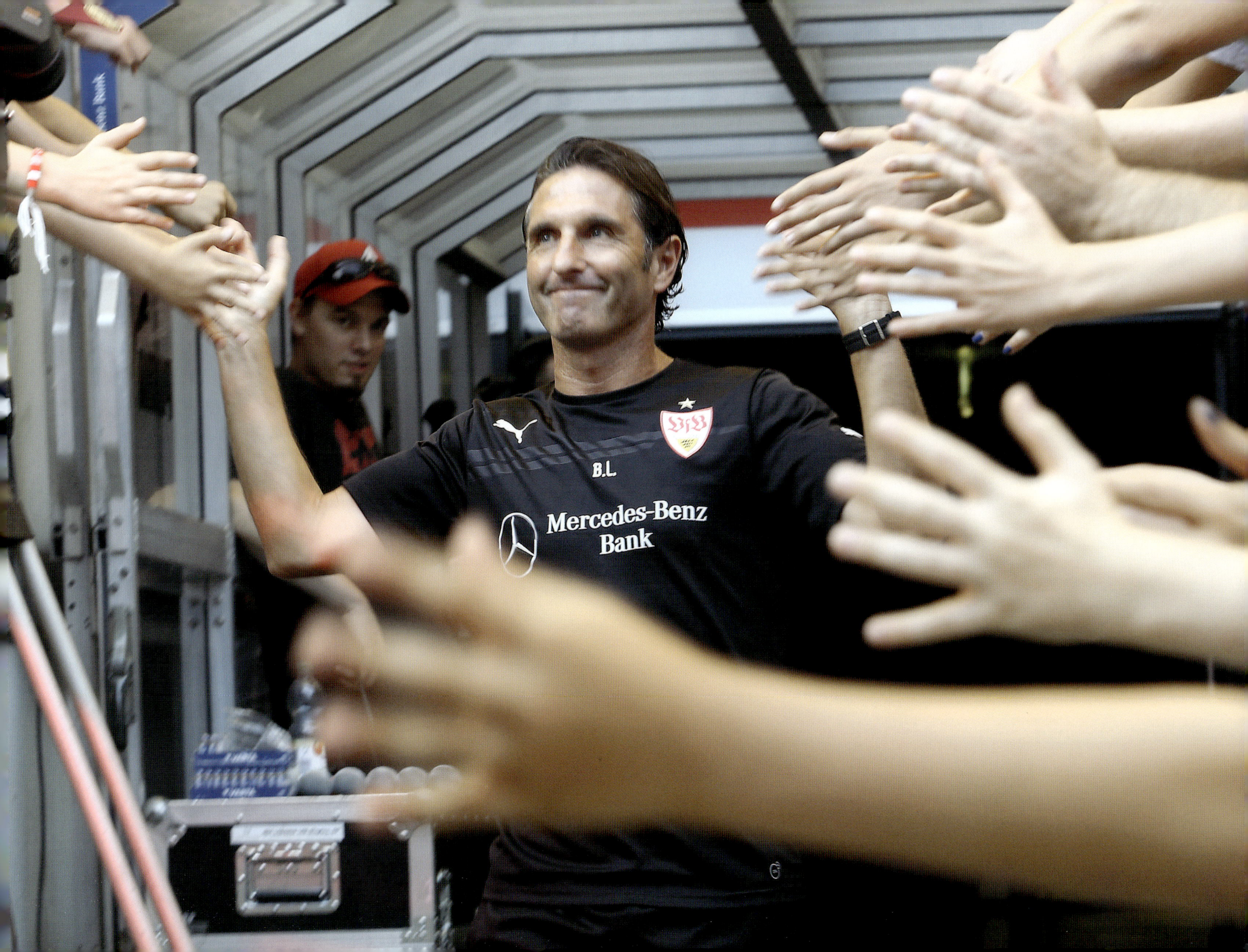
B.L.
Mercedes-Benz
Bank

Claudia Langanki

Frauen sind zurückhaltender

Vorurteile sind vor allem das Ergebnis von nicht geprüfter, einfach übernommener Meinung

Was bedeutet Respekt für Sie?

Menschen zu achten für das, was sie sind. Achtung vor Menschen, die in unserer Gesellschaft Großes bewegt haben, Achtung vor Menschen, die in schweren Zeiten ihr Leben riskiert haben, um mit Courage, Mut und Selbstvertrauen Menschen zu helfen, die aufgrund ihrer Herkunft, Religion, ihres Aussehens gesellschaftlich geächtet und erniedrigt oder gar ermordet wurden. Respekt bedeutet für mich, dass ich Menschen mit Beeinträchtigung mit Achtung begegne.

Wo ist der Unterschied zwischen Respekt und Autorität?

Autorität ist für mich etwas anderes als autoritäres Verhalten. Autoritäten kann ich achten und mit Respekt behandeln. Insofern kann der Respekt durchaus mit einer Autorität in Zusammenhang stehen. Eine Autorität ist eine Person, die Kraft ihrer Haltung, ihres Bewusstseins, ihrer Ausstrahlung und auch ihrer Erfahrung Vorbild und Lehrer sein kann für andere Menschen. Sie ist auch ganz besonders dann eine Autorität, wenn sie ohne autoritäre Mittel Wissen, Erfahrung und Kenntnisse weitergibt.

Erleben Sie Intoleranz und Rassismus in Ihrem Alltag?

In meiner Arbeit begegnet mir Intoleranz und Rassismus wenig. Es gibt immer mal wieder unbedachte und abschätzende Bemerkungen, die vor allem darauf abzielen, dass ausländische Mitbürger von unseren Sozialleistungen leben und selbstverständlich Ansprüche erheben. Dass Missbrauch in diesem Bereich alle Menschen betrifft, ist meine Antwort auf solche Bemerkungen.

Hat sich die gesellschaftliche Anerkennung von Frauen in den letzten Jahren geändert, gar verbessert?

Ja. Dennoch erlebe ich auch heute noch, dass Männer für den gleichen Beruf besser bezahlt werden als Frauen. Sie werden selbstverständlicher befördert, und ihnen wird eher zugetraut, leiten und führen zu können. Das habe ich persönlich erlebt. Es hat auch damit zu tun, dass wir Frauen zurückhaltender sind, wenn es um Führungsposten geht. Wir sind zögerlicher und stehen eher in der zweiten Reihe.

Wie respektvoll begegnen die Menschen Ihnen und den betreuten Kindern im Kinderhospiz?

Die Anerkennung unserer Arbeit im Kinderhospiz ist sehr groß, vor allem von Menschen, die unsere Arbeit kennen. Wir bekommen aber auch Anerkennung von Menschen, die unsere Arbeit nicht kennen und große Angst vor dem Thema haben. Diese Anerkennung hat viel mit Mitleid zu tun und vermittelt manchmal das Gefühl: Gut, dass Sie es tun, ich könnte das nicht! Ich habe dafür viel Verständnis, denn Tod und Trauer werden in unserer Gesellschaft immer noch ausgeklammert. Ich werde immer wieder Öffentlichkeitsarbeit machen, um genau das zu vermeiden. Haben Sie kein Mitleid, wenn ein Mensch im Sterben liegt oder wenn abzusehen ist, dass er nicht mehr lange zu leben hat. Fragen Sie, ob er/sie Besuch wünscht, ob er/sie Hilfe braucht, Wünsche hat, die noch erfüllbar sind.

| Zur Person |

Claudia Langanki (* 11. Januar 1953) ist Erzieherin, diplomierte Sozialpädagogin und Trauerbegleiterin. Die Mutter von drei erwachsenen Kindern leitet das Kinderhospiz Bärenherz in Wiesbaden, in dem lebensverkürzend erkrankte Kinder bis zu ihrem Tod betreut und begleitet werden.

»Wenn wir respektvoll miteinander umgehen, können wir auch kontrovers miteinander diskutieren und trotzdem Achtung vor anderen haben.«

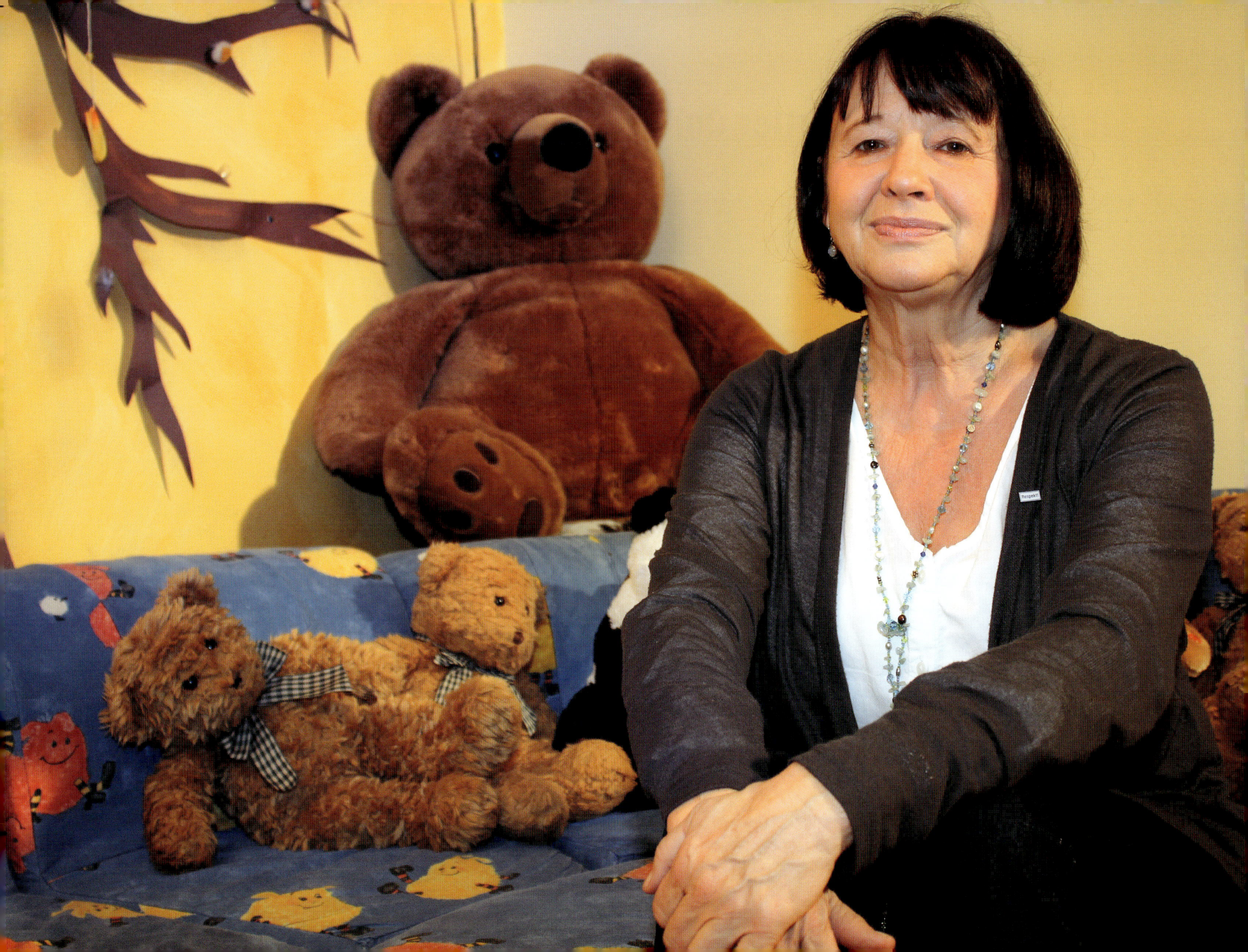

Alexander Leipold

Ich war jung, Sportler und Nichtraucher

Alexander Leipold erlitt mit 33 Jahren drei Schlaganfälle

Was bedeutet Respekt für dich?

Respekt bedeutet für mich Wertschätzung gegenüber jeder Person und jedem Lebewesen. Dieser Begriff hat einen sehr hohen Stellenwert für mich.

Wurdest du schon mal respektlos behandelt?

Im Zweikampf ist es wichtig, Respekt vor seinem Gegner zu haben. Nach den Sydneyvorwürfen haben sich Leute einfach aufgrund einer Überschrift respektlos verhalten: Ich wurde unter anderem als »Dopingschwein« bezeichnet – dies empfand und empfinde ich als niveaulos. Jeder sollte sich auf einer vernünftigen Ebene äußern und Dinge, die er sagt, erst überprüfen und nicht einfach ungeprüft übernehmen.

Du hattest einen Schlaganfall …

Es gibt ein schönes Plakat der Schlaganfallhilfe: Ein Schlaganfall trifft nur ältere Personen. Ab 29. – Ich war jung, Sportler und Nichtraucher. Als ich den Schlaganfall in Usbekistan hatte, waren es zum Glück nur Gefühlsstörungen. Als ich dann hier in Würzburg in der Uniklinik war, haben mich zwei weitere Schlaganfälle halbseitig gelähmt und mein Sprachvermögen blockiert. Da ist mir aufgefallen, dass oft der Respekt gegenüber Leuten fehlt, die sich nicht richtig artikulieren können. Viele denken sich, dass derjenige eventuell – ich sag's mal übertrieben – blöd im Kopf ist. Doch ich war völlig klar im Kopf und wusste genau, was ich sagen wollte, aber es ging nicht über die Lippen.

Hat sich danach das Verhalten der Menschen dir gegenüber geändert?

Nach meinen Schlaganfällen bin ich auf Verständnis und Geduld gestoßen. Ich hatte große Schwierigkeiten beim Sprechen. Das hat mir die Augen für diejenigen geöffnet, die sich aufgrund einer Erkrankung/Behinderung nicht mehr richtig artikulieren können. Oft – so erging es mir ebenfalls – lallen diese, wissen jedoch genau, was sie sagen wollen. Hier muss einfach genauer zu- und hingehört und nicht nur mit einem halben Ohr aus Mitgefühl zustimmend genickt werden.

Was tust du, um diesen Respekt den Leuten zu vermitteln?

Als Botschafter der Deutschen Schlaganfallhilfe versuche ich, in den Medien Öffentlichkeit für das Thema zu schaffen. Aufklärung der Angehörigen und Motivation der Betroffenen sind für einen positiven Heilungsverlauf enorm wichtig.

Wie halten es Ringer untereinander mit dem Respekt?

Durch den Körperkontakt beim Ringen ist Respekt noch wichtiger – und auch innerhalb meiner Mannschaft, in der es viele Ringer mit Migrationshintergrund gibt. Manchmal necken sich Menschen im Spaß und beziehen hierbei Religion oder Herkunft mit ein. Das ist eine Grenze, die nicht einmal im Spaß überschritten werden darf. Es ist mir wichtig, dass in meiner Mannschaft jeder fair, wertschätzend und respektvoll miteinander umgeht.

| Zur Person |

Alexander Leipold (* 2. Juni 1969) ist 21-facher deutscher Meister, vierfacher Europameister und zweifacher Weltmeister im Freistilringen.

Mit 33 sprachlos, aber klar im Kopf.

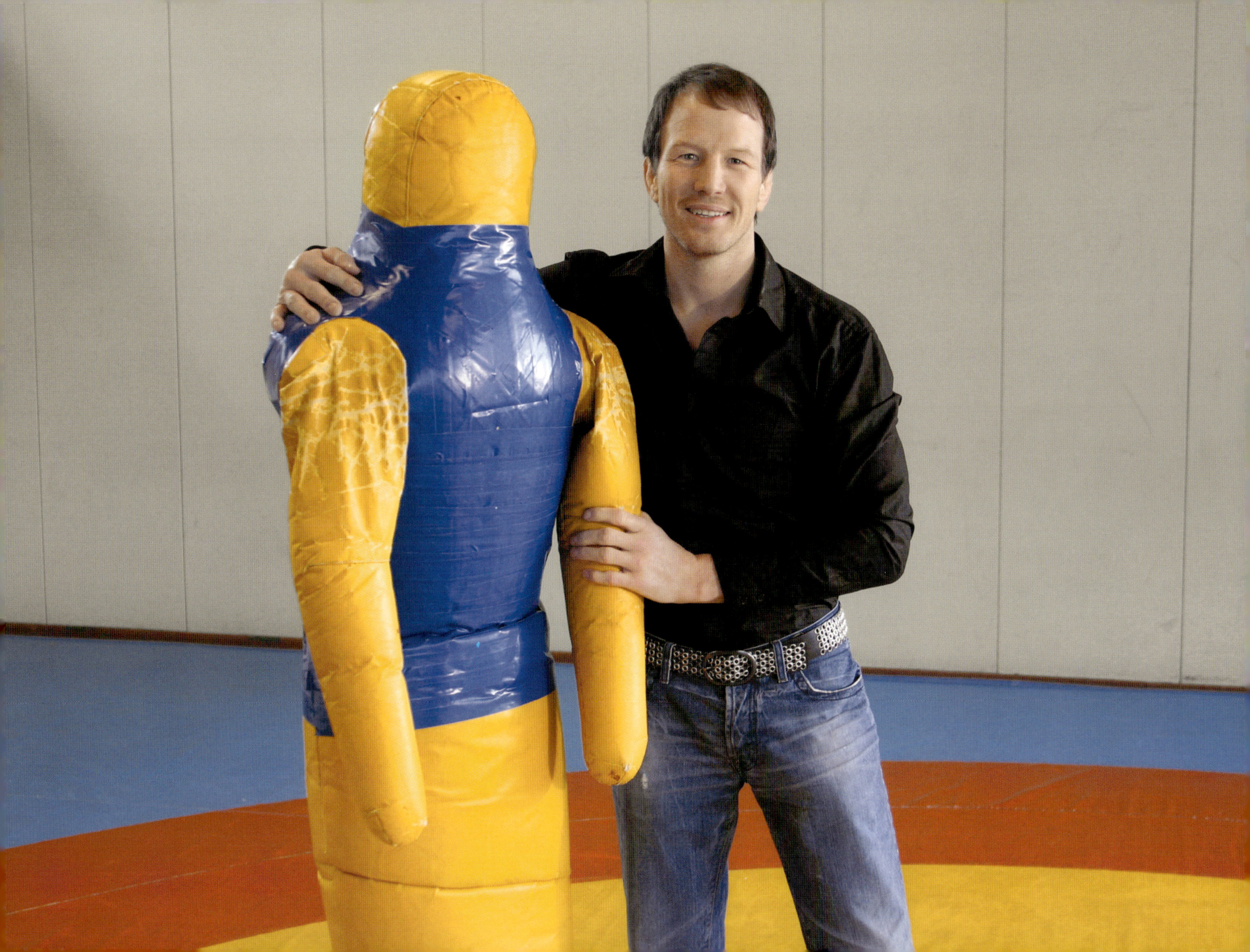

Miranda Leonhardt

Der richtige Name macht vieles leichter

Der Jugendwahn der Filmbranche ist Spiegelbild der Gesellschaft

Was bedeutet Respekt für Sie?

Für mich bedeutet Respekt in erster Linie ein höflicher Umgang im täglichen Miteinander. In zweiter Linie Achtung vor sich selbst, anderen Menschen und Kulturen. Wer sich selbst respektiert, der respektiert auch alles andere um sich herum.

Erleben Sie Rassismus und Diskriminierung im Medien- und Kulturbereich?

Als ich noch meinen Mädchennamen Condic-Kadmenovic trug, hat man mich gerne auf ausländische Randgruppenangehörige und gescheiterte Existenzen besetzt. Nachdem ich auf Anraten meiner Agentur meinen Namen auf Toma änderte, so hieß mein Großvater mit Vornamen, und später einen gutbürgerlichen deutschen Namen durch Heirat annahm, bekam ich plötzlich Rollen angeboten, die Heckhausen oder Berger hießen und aus wohlbehüteten und intellektuellen Verhältnissen stammten. Um ehrlich zu sein, auch ich fand, dass ich plötzlich wesentlich deutscher aussah. Man hat es mit einem ausländisch klingenden Namen einfach schwerer.

Trifft das nur auf Frauen in Ihrer Branche zu?

In dieser Hinsicht herrscht ausnahmsweise einmal die totale Emanzipation. Es trifft Männer nicht weniger als Frauen.

Hat sich die Anerkennung von Frauen in Ihrer Branche in den letzten Jahren verändert?

Ja, nicht nur in der Filmbranche, denn es hat sich generell etwas geändert in der Welt, bezogen auf dieses Thema. Letztendlich ist es jedoch immer noch so, dass es Frauen schwerer haben. Sie sind zwar anerkannt, verdienen aber immer noch weniger in den gleichen Positionen. Und Frauen müssen zum Teil andere Wege gehen, um dorthin zu kommen, wo sie hinwollen.

Welche Rolle spielt dabei das Alter?

Ältere Männer haben es viel leichter als Frauen, altersentsprechende Rollen zu bekommen. Im Moment geht zwar der Trend auch in der Filmbranche zum natürlichen Alter. Dennoch wird meist für die Rolle einer 50-jährigen eher eine 45-jährige besetzt, die dank Botox aussieht wie 35 – aber trotzdem eine 50-jährige spielt. Aber auch das, dieser Jugendwahn, ist ein Spiegelbild unserer Gesellschaft.

Sehen Sie sich selbst als Vorbild für Mädchen und junge Frauen?

In erster Linie möchte ich Vorbild für meine Tochter sein. Wenn ich es schaffe, sie zu einem aufrechten Menschen zu erziehen, der respektvoll mit anderen Menschen und Lebewesen umgeht, bin ich glücklich. Wenn ich es schaffe, ihr beizubringen, dass Danke und Bitte genauso wichtige Worte sind wie Entschuldigung. Und dass man Türen nicht eintreten muss, um sie zu öffnen.

Ist ein respektvoller Umgang eine Frage des Elternhauses?

Nicht nur, aber auch. Respekt ist eine innere Haltung, die unter anderem im Elternhaus und durch die Erziehung gebildet und gefördert wird. Und es ist eine Frage des Grundcharakters.

| Zur Person |

Miranda Leonhardt (* 11. September 1975) ist eine deutsche Schauspielerin kroatischer Herkunft. Ihre Karriere beginnt 1996 am Schauspielhaus Frankfurt. Zwei Jahre später folgen die ersten Filmrollen. Seit 2007 spielt Miranda Leonhardt die Kriminaltechnikerin Nika Banovic im SWR-Tatort. Die Mutter einer Tochter arbeitet außerdem als Moderedakteurin, Moderatorin, Fotografin und Sängerin.

»Man muss Türen nicht eintreten, um sie zu öffnen.«

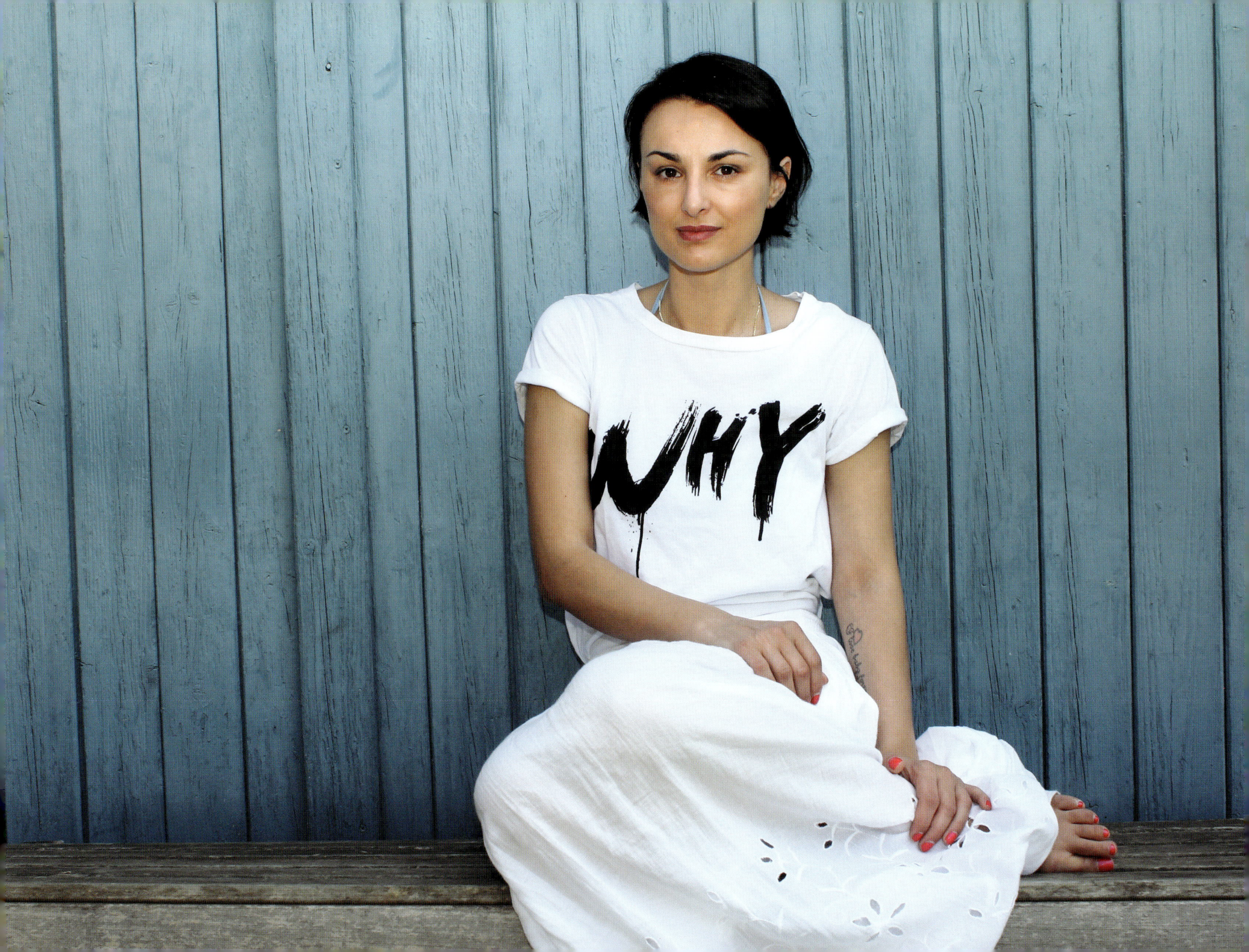
WHY

Victor Lewitzki

Auch Gebildete können rassistisch sein

Der eigene Wunsch nach Respekt macht respektvoll

Was bedeutet Respekt für Sie?

Achtgeben. Zuhören. Verstehen.

Hatten oder haben Sie im täglichen Leben Rassismus oder Diskriminierung erfahren?

Ich habe beide Arten von Erfahrungen gemacht. Meine jüdische Nationalität wurde mir sogar von meinen Eltern verschwiegen, bis ich das mit etwa 14 Jahren dann erfuhr. In der Schule wurde ich ab und an dafür gehänselt oder von Mitschülern als Jude beschimpft – in der russischen Sprache gibt es zwei Begriffe für das Wort Jude, einer davon ist ein beleidigendes Wort. In Deutschland wurde ich manchmal als Ausländer erniedrigend oder nachweislich sehr willkürlich behandelt; etwa von der Ausländerbehörde oder dem Landesprüfungsamt für Heilberufe Mecklenburg-Vorpommern.

Von meinen Kollegen und Patienten werde ich stets respektvoll behandelt, wobei in fast jedem Patientengespräch gefragt wird, ob ich aus Deutschland sei. Es ist aber immer nur Smalltalk ohne diskriminierende Absicht. Einmal wurde auf unser Haus eine Hassparole geschrieben, die aber nicht an mich persönlich gerichtet war.

Wie entsteht Ihrer Meinung nach vorurteilbehaftetes Denken?

Es entsteht aufgrund fehlender Informationen oder wegen einer negativen persönlichen Erfahrung. Die wird dann leider zu einem generellen Urteil über eine soziale Gruppe oder Nationalität. Das kann auch durch eine falsche oder mangelhafte mediale Verarbeitung geschehen, etwa durch falsche Berichterstattung oder durch schlecht konzipierte und dann gescheiterte politische Initiativen – Beispiel »Multikulti« von Frau Merkel: eine misslungene Initiative, die im Endeffekt mehr Schaden anrichtete. Eine sorgfältige und politisch neutrale Aufklärung mit hohem Evidenzgrad wäre hier meiner Meinung nach hilfreicher. Ebenso eine richtige Erziehung in Kindergarten und Schule.

Ist Respekt eine Frage der Bildung? Des Elternhauses? Wie kommt Respekt in die Köpfe?

Es zählt alles. Bildung allein ist es nicht. Auch sehr gut gebildete Leute können sehr rassistisch sein. Informationen über die Geschichte und kulturellen Hintergründe der verschiedenen Völker zu erhalten, ist ebenso ein Muss, wie eine ehrliche Berichterstattung. Respekt kommt zum großen Teil durch den eigenen Wunsch nach Respekt. Eigene Erfahrungen sind trotz deren hoher Subjektivität sehr wichtig.

Was kann jeder Einzelne für ein besseres Miteinander tun?

Vor allem: die eigenen Kinder, Verwandten und den Bekanntenkreis von diesem Lebensziel zu überzeugen.

| Zur Person |

Victor Lewitzki (* 9. Mai 1975) ist Arzt. Nach seinem Abschluss an der Med. Universität Rostow am Don, seiner Ordinatur in allgemeiner Onkologie und Strahlentherapie und seiner Aspirantur kommt er 2003 als jüdischer Emigrant nach Deutschland. Seit 2006 arbeitet er als Assistenzarzt in der Klinik für Strahlentherapie am Universitätsklinikum Rostock. Im Jahr 2012 gewinnt Lewitzki den Wettbewerb »Zeig dein Foto von Respekt!«

»Fehlende Bildung ist nicht der einzige Grund für rassistisches Verhalten.«

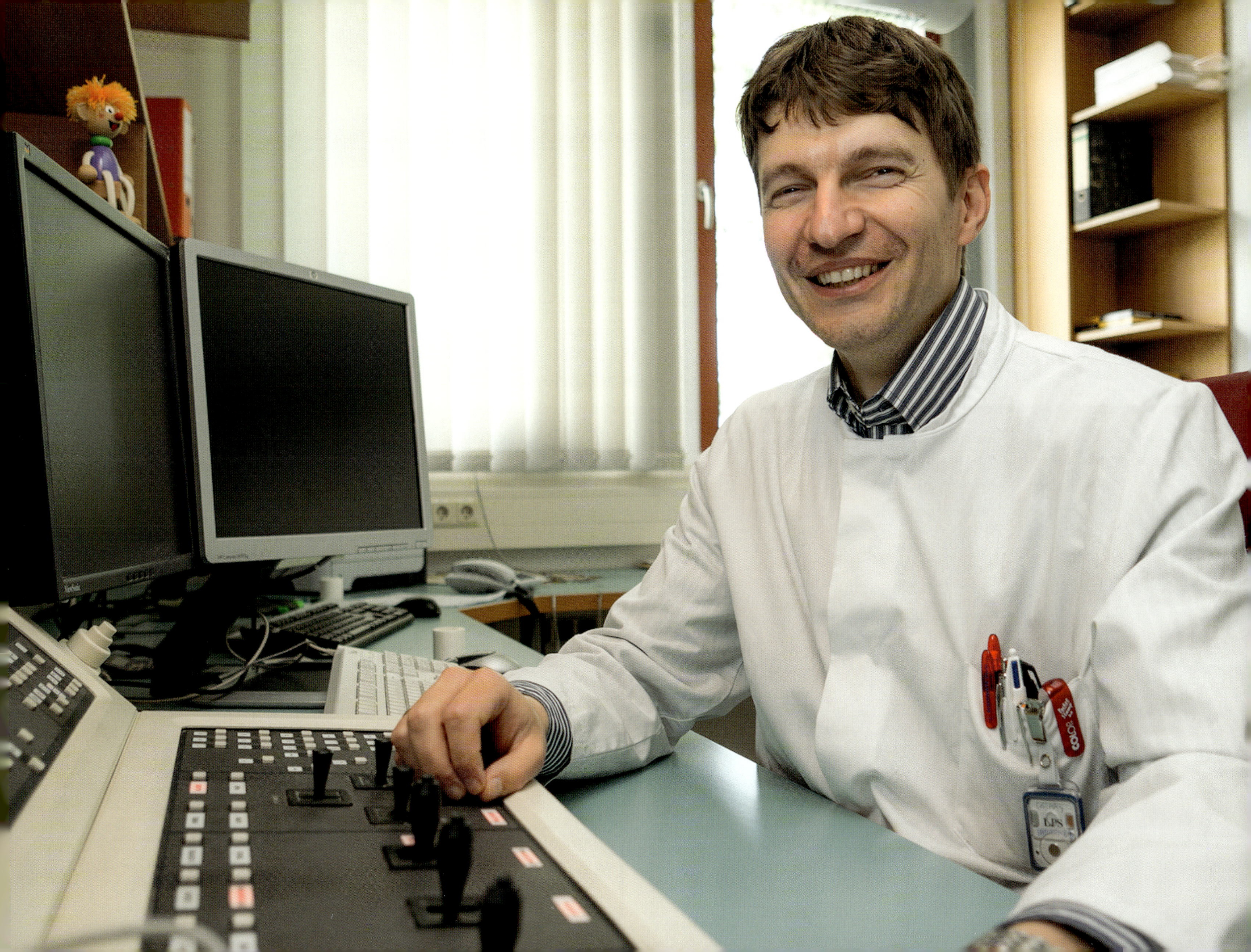

Edinaldo Batista Libânio

Rassismus ist wie eine böse Krankheit

Edinaldo Batista Libânio, genannt »Grafite«, ist brasilianischer Fußballspieler

Was bedeutet für dich Respekt?

Respekt ist der gemeinsame Nenner, auf den wir uns mit unserem Nächsten verständigen sollten. Würde jeder seinen Nächsten respektieren, wäre die Welt viel besser. Dann würde es in jeder Hinsicht keine Ungleichheiten geben.

Wie setzt du selbst Respekt in deinem Alltag um?

Ich biete immer meine 100-prozentige Unterstützung an und alles, was ich für meinen Nächsten tun kann. Alle in diesem Leben sind Freunde und Kameraden, alle Menschen sind gleich, also muss es Respekt geben – unabhängig von Hautfarbe, Geschlecht, Herkunft oder Religion. Diesen Respekt muss es geben. Und ich bin immer zu 100 Prozent da, wenn ich gebraucht werde.

Hast du in Deutschland Erfahrungen mit Rassismus gemacht?

Hier in Deutschland hatte ich noch nie Probleme. Ich habe noch nie etwas gesehen oder selbst erlebt, was mit Rassismus zu tun hat. Weil hier der Kampf gegen Rassismus weiter ist, weiter als in Brasilien.

Rassismus ist etwas, das tief in jedem Menschen steckt. Für mich ist er wie eine schlimme Krankheit. Er schadet den Menschen: demjenigen, der rassistisch ist, und dem, der darunter leidet. In Brasilien habe ich einmal negative Erfahrungen gemacht. Das war 2005, aber Gott sei Dank ist das überstanden, und ich habe es bereits geschafft, diesen Abschnitt aus meinem Leben zu streichen. In Brasilien existiert Rassismus. Leute, die aus der einen Region kommen, werden mehr diskriminiert als solche, die aus einer anderen Region kommen. Rassismus existiert nicht nur zwischen Menschen unterschiedlicher Hautfarbe, sondern auch allgemein, und wir müssen dort und auf der ganzen Welt dagegen ankämpfen.

Wie siehst du Deutschland heute?

Ich persönlich mag die Deutschen sehr. Jeder kennt die Geschichte, die Deutschland hat, und die schwierige Zeit, durch die die Menschen hier gegangen sind. Es gab den Krieg, den Nationalsozialismus, aber sie haben es geschafft, die Kurve zu kriegen. Sie sind wieder aufgestanden und haben alles wieder aufgebaut – auch mit Hilfe anderer Länder, die ihnen die Hand gereicht haben.

Deutschland ist ein Land, das ich sehr bewundere. Nicht nur weil ich hier Fußball gespielt habe. Es sind die Menschen, das Land, die Organisation, der Lebensstil, das Miteinander. Als ich hergekommen bin, mochte ich Frankreich mehr, weil ich die Sprache besser verstand. Aber ich habe Deutsch gelernt, und mittlerweile mag ich Deutschland auch sehr.

| Zur Person |

»Grafite« Edinaldo Batista Libânio (* 2. April 1979) gewinnt 2005 mit dem FC São Paulo die Copa Libertadores und die Klub-Weltmeisterschaft. Mit dem VfL Wolfsburg wird der 1,89 Meter große Stürmer 2009 Deutscher Meister und Bundesliga-Torschützenkönig. 2011 wechselt Grafite in die Vereinigten Arabischen Emirate zum dortigen vielfachen Landesmeister Al-Ahli.

Grafite kennt die deutsche Geschichte – und mag Deutschland zwischenzeitlich sehr.

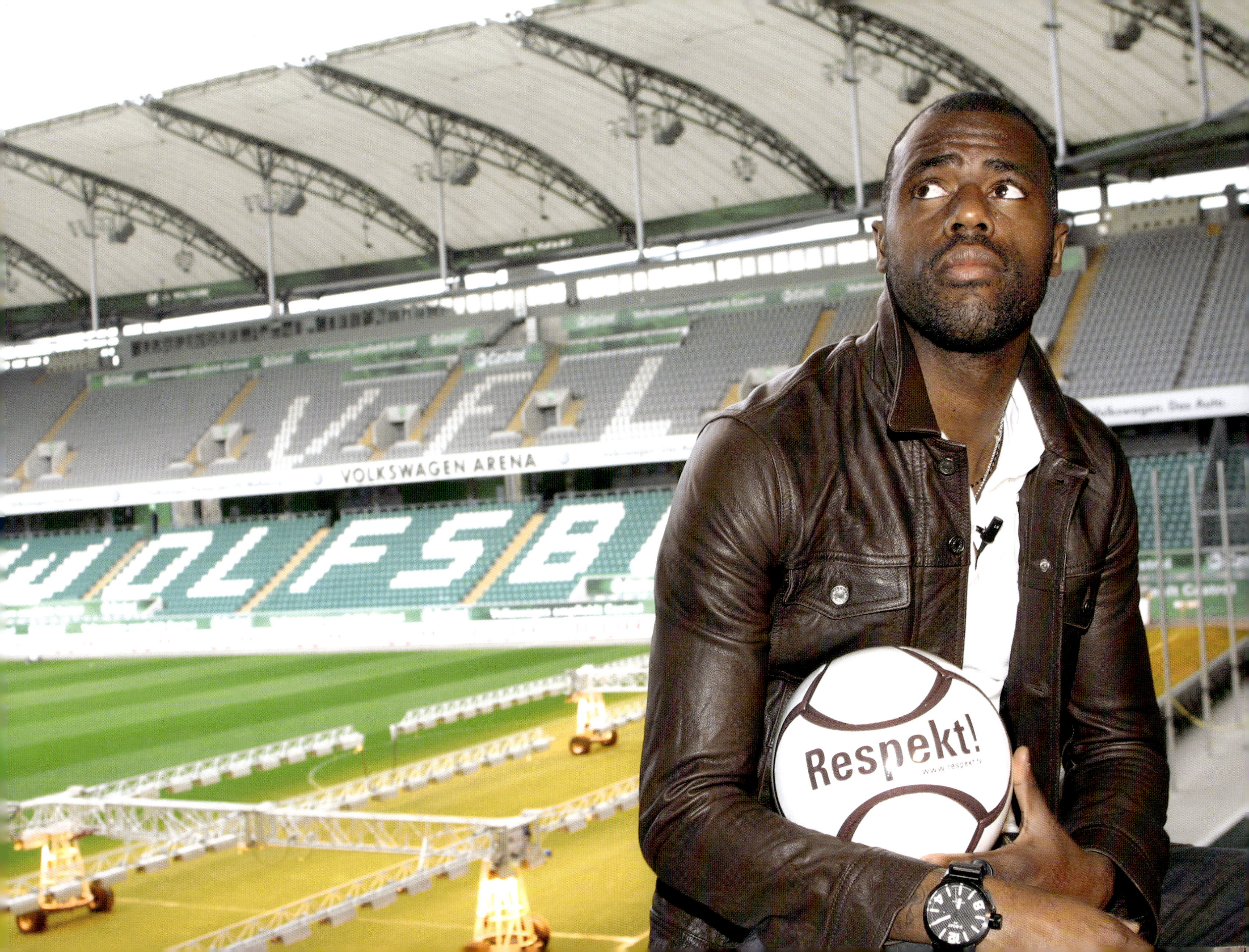
VOLKSWAGEN ARENA
Respekt!

Peter Lohmeyer

Respekt bewahrt die Würde

Peter Lohmeyer spielt den Bergarbeiter Richard im »Wunder von Bern«

Was bedeutet Respekt für dich?

Es ist gut, wenn man Respekt hat. Man muss aber auch aufpassen, dass man nicht so viel Respekt vor etwas hat, dass man Angst hat. Heute geht Respekt ein wenig verloren – deswegen machen wir diese Aktion ja. Denn sowohl im Alltag als auch untereinander ist Respekt etwas ganz Gesundes.

Musstest du als Schauspieler schon mal in eine Rolle schlüpfen, die mit Respekt oder Respektlosigkeit zu tun hatte?

Beim Film »Wunder von Bern« geht's viel um Respekt: In diesem Film habe ich mit meinem eigenen Sohn gespielt. Da geht es um den Respekt vorm Vater – doch damals war eine ganz andere Zeit, in die ich nicht zurück möchte. Im Film tauchen zwei auf, die sich eigentlich lieben, aber es hindert sie die Konformität, an die sie gebunden sind. Der Vater verlangt gewissermaßen einen »Überrespekt«, ein Gehorchen, das der Junge nicht geben kann. Er kann es auch gar nicht verstehen, da er gefühlsmäßig viel zu weit weg ist von seinem Vater. Deswegen gibt es eigentlich auch in jeder Situation einen anderen Respekt: einen Familienrespekt oder einen Straßenrespekt. Bei jedem Respekt geht es eigentlich darum, ohne Gewalt miteinander klarzukommen. Im »Wunder von Bern« gibt es eine Szene, da klatsche ich meinem Sohn völlig grundlos eine. Schlussendlich geht es darum, diese Situation so aufzulösen, dass jeder seinen Stolz behält. Je mehr ich erzähle, um so klarer wird mir, was Respekt eigentlich ist: Respekt ist dafür da, die Würde zu bewahren!

Bitte lies uns die Postkarte vor, die du bekommen hast.

Ich lese das mal vor: »Sehr geehrter Herr Lohmeyer, dies umseitig ist ein Teil Ihrer Heimat, das obere Sauerland (Peter Lohmeyer ist dort geboren). Sie sind ein gern gesehener Schauspieler und Mensch – doch nichts für ungut – muss man deshalb dann auch einen farbigen Menschen zeugen?! Das ist Meinungsfreiheit und tut sicher weh, jedoch uns bewussten Deutschen auch. Denn wir sind während 3.000 Jahren zu Deutschen gewachsen – aus Kelten, Germanen, Slawen – und das verpflichtet. Abwanderung tut not! Für Weltfrieden!« Ganz feige mit Schreibmaschine geschrieben!

Wie empfindest du das?

Das ist eine riesige Respektlosigkeit – bis tief unter die Erde. Einerseits ist es traurig, andererseits habe ich die Karte aufgehoben, um meinen Kindern zu zeigen, dass es solche Idioten gibt, die sowas schreiben. In meinem Jahrhundert gab es ganz viele von diesen Idioten – und deshalb hatten wir einen Weltkrieg, und Millionen von Menschen wurden vergast. Wenn man diese Postkarte liest, riecht das nach dieser Zeit. Und leider sterben diese Idioten nicht aus.

Der Hintergrund ist, dass ich einen Sohn habe, dessen Mutter Halbnigerianerin ist. Das heißt, er ist quasi ein Viertel Mulatte. Ich sag immer Café con leche. Wie soll man eine Hautfarbe beschreiben? Wenn einer fragt – wie soll ich dann antworten? Ocker oder was? Was ist das für ein Quatsch …

| Zur Person |

Peter Lohmeyer (* 22. Januar 1962) ist deutscher Schauspieler und großer Fan von Schalke 04. Er ist Mitherausgeber dieses Buches und mit Sarah Wiener verheiratet.

Respekt – für Peter Lohmeyer keine schräge Sache, sondern eine Herzensangelegenheit.

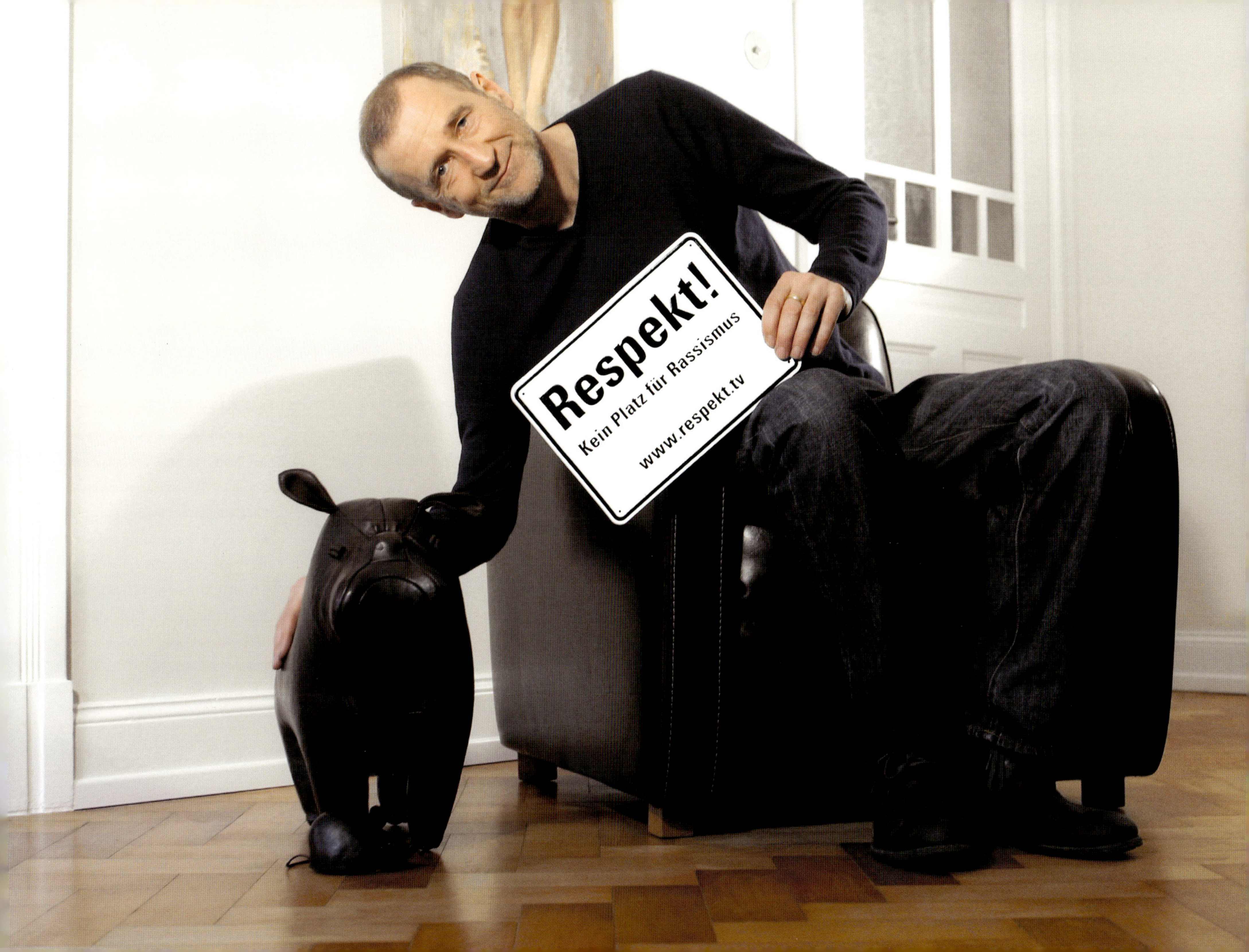
Respekt!
Kein Platz für Rassismus
www.respekt.tv

Annabelle Mandeng

Den eigenen Visionen beherzt folgen

Die Hautfarbe in Film und Fernsehen entspricht nicht mehr dem Straßenbild in Deutschland

Was bedeutet Respekt für dich?

Respekt bedeutet für mich, meiner Umgebung und meinen Mitmenschen mit Toleranz und Offenheit zu begegnen.

Gibt es Rassismus und Diskriminierung in der Filmbranche, in den Medien?

Natürlich. Wieviele schwarze Schauspieler gibt es in Hauptrollen oder als Moderatoren? Geschweige denn als Nachrichtensprecher? Die Redaktionen sind längst nicht so offen, wie es propagiert wird. Die Angst, Zuschauer könnten sich nicht mit der Figur identifizieren, führt zu einem Bild in den Medien, das nicht mehr dem aktuellen Straßenbild hier in Deutschland entspricht.

Wie sind deine persönlichen Erfahrungen?

Ich habe auch viele positive Erfahrungen gemacht. Das liegt bestimmt auch daran, dass ich so gut Deutsch spreche. Ich moderiere für viele große Kunden wie Telekom, Audi, VW und schon sehr lange bei 3Sat. Bei der Moderation ist die Aufgeschlossenheit gegenüber »Exoten« größer – da ist manches eher einfacher. Anders als bei Film und Fernsehen. Da müssen die Rollen entsprechend geschrieben sein, die Figur braucht immer eine Erklärung, obwohl das längst nicht mehr zeitgemäß ist und in meinen Augen nie war. Ein besonders schönes Beispiel ist der folgende Kommentar zur Besetzung einer Rolle in einer TV-Serie: »Hauptrollen besetzen wir nur weiß.« Schlechte Erfahrungen habe ich trotzdem nur wenige gemacht.

Ist Respekt eine Frage der Bildung? Des Elternhauses?

Respekt ist eine Frage des gesamten Umfelds. Das Elternhaus ist dabei genauso wichtig wie Freunde und die Schule, also Lehrer oder Trainer. Und die Macht der Medien sollte man natürlich auch nicht unterschätzen. Vorurteilbehaftetes Denken entsteht durch mangelnde Bildung.

Siehst du dich selbst als Vorbild für Mädchen und junge Frauen?

Ja. Ich denke, ich zeige, dass autodidaktische Afrodeutsche gute Chancen haben können, wenn sie ihren eigenen Visionen mit Biss und Respekt vor dem jeweiligen Team folgen.

| Zur Person |

Annabelle Mandeng (* 2. April 1971), in Deutschland geborene Tochter einer Deutschen und eines Kameruners. Schon als Schülerin spielt sie erste Theaterrollen und beginnt zu modeln, bis sie 1995 Moderationen und Rollen im TV übernimmt (»Fit for Fun-TV« und »Tatort«). 2010 gründet die Moderatorin und Schauspielerin ihr eigenes Taschenlabel namens »Wanawake« (Swahili für »Frauen«).

»Respekt bedeutet für mich, meiner Umgebung und meinen Mitmenschen mit Toleranz und Offenheit zu begegnen.«

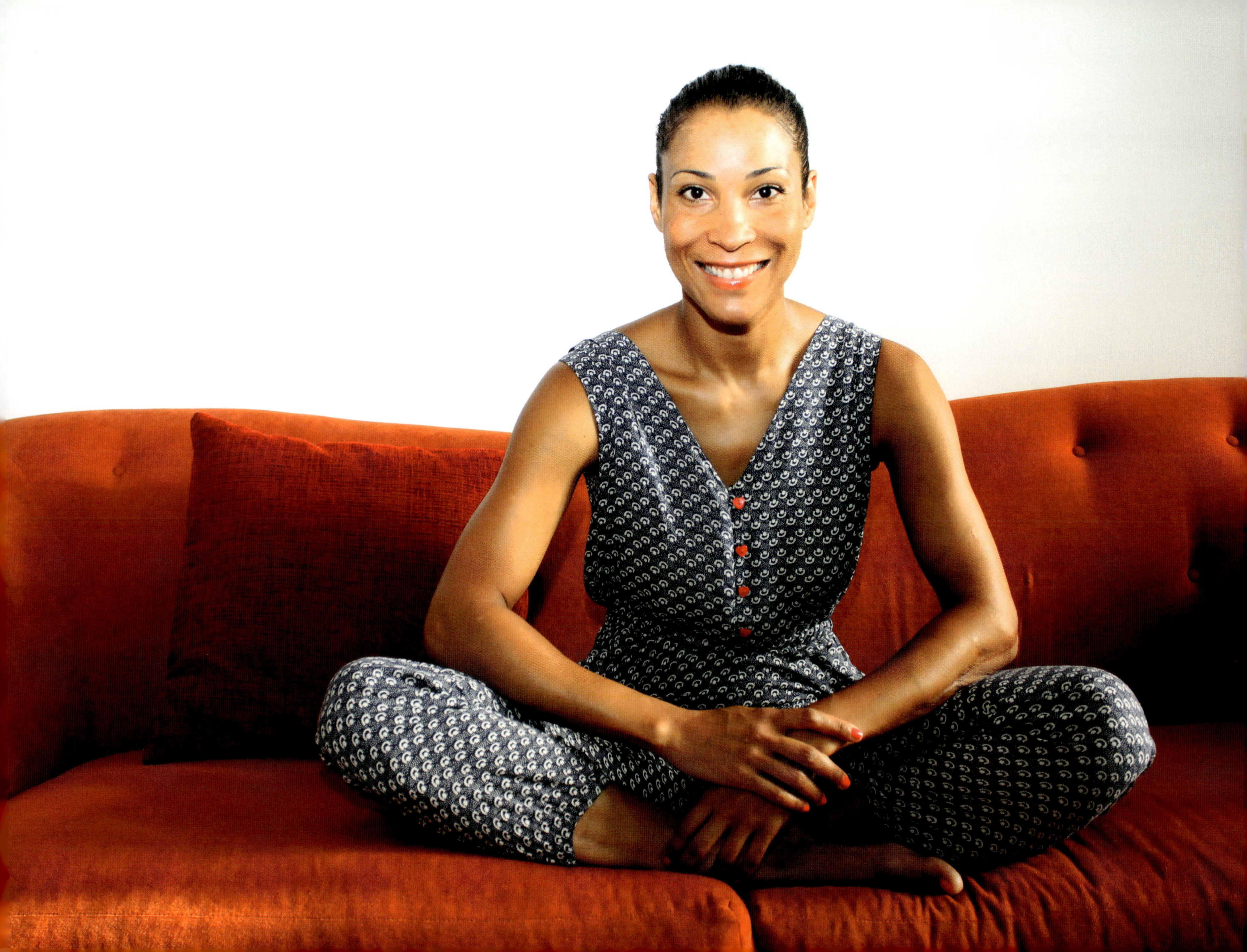

Schahrzad Mansouri

Auch die Medien schüren Vorurteile

Die gebürtige Iranerin ist ein Star der Karateszene

Was bedeutet Respekt für Sie?

Alles beginnt und endet mit Respekt! Ich gehe mit Menschen so um, wie ich möchte, dass sie auch mit mir umgehen. Respekt hat nichts mit dem Alter, dem Geschlecht oder der Hautfarbe zu tun.

Hatten oder haben Sie im täglichen Leben mit Rassismus oder Diskriminierung zu tun? Welche persönlichen Erfahrungen haben Sie gemacht?

Ich hatte in meinem Leben nie mit Rassismus oder Diskriminierung zu tun, ganz im Gegenteil. Mir ist immer sehr viel Respekt entgegengebracht worden. Den Respekt im Sport habe ich mir durch viel Training und sportliche Erfolge erarbeitet. Heute lehre ich selbst in meinem Sport Respekt, denn nur so können wir miteinander trainieren und voneinander lernen.

Wie entsteht Ihrer Meinung nach vorurteilbehaftetes Denken?

Einerseits von außen, hier spielen die Medien mit ihren teilweise einseitigen und immer wiederkehrenden Berichterstattungen, Bildern und Diskussionen sicherlich eine erhebliche Rolle. Doch auch die innere Einstellung ist wichtig, denn sie erlaubt mir, Dinge anzunehmen und zu respektieren, oder sie von vornherein abzulehnen.

Ist Respekt eine Frage der Bildung? Des Elternhauses? Wie kommt Respekt in die Köpfe?

Das Elternhaus ist sehr wichtig. Der respektvolle Umgang innerhalb der Familie ist der Grundstein für das Verhalten und den Umgang mit den Mitmenschen. Ich glaube nicht, dass es eine Frage der Bildung ist, sondern eine Frage der Erziehung. Erziehung geschieht aber auch im sozialen Umfeld, in der Schule, in den Sportvereinen!

Was kann jeder Einzelne für ein besseres Miteinander tun?

Wir müssen aufhören, über das Fremde und das Andersartige zu urteilen. Wir können alle voneinander lernen. Jeder Mensch ist anders und verdient es, respektiert zu werden.

| Zur Person |

Schahrzad Mansouri (* 6. Juli 1969) beginnt im Alter von 14 Jahren mit dem Karatesport und erzielt viele nationale und internationale Erfolge. Von 1990 bis 2003 ist sie Mitglied der Deutschen Nationalmannschaft und von 2000 bis 2012 im Deutschen Karateverband als Bundesjugendtrainerin tätig. Sie ist neunfache Deutsche Meisterin und sechsfache Welt- und Europameisterin. Seit 2013 ist sie Inhaberin einer Karateschule in Offenbach.

»Wir können alle voneinander lernen. Jeder Mensch ist anders und verdient es, respektiert zu werden.«

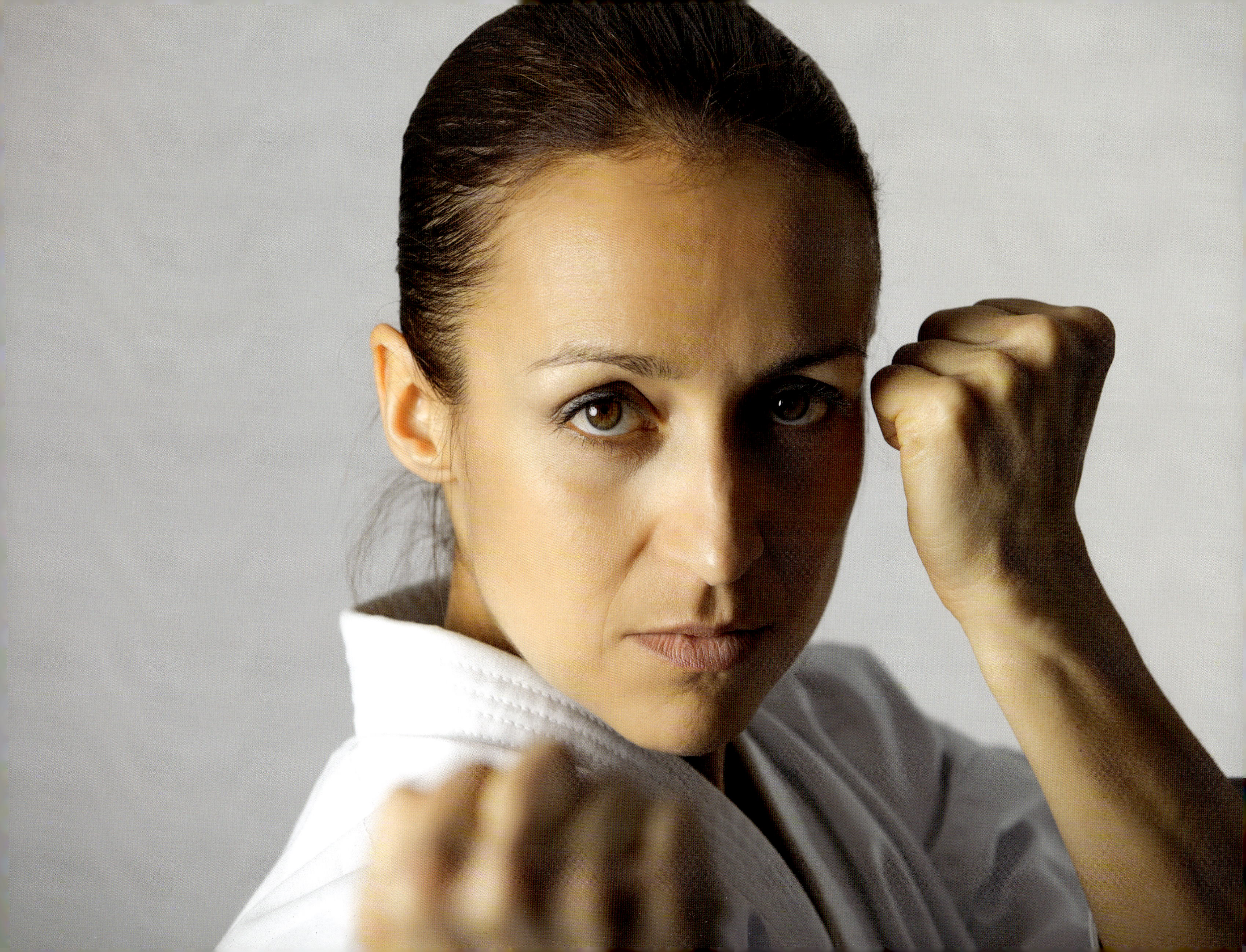

Edith Maurer

Rassismus hat viel mit Angst zu tun

Wichtig ist die Wertschätzung der geleisteten Arbeit

Was bedeutet Respekt für Sie?

Für mich bedeutet Respekt zuallererst Wertschätzung. Jemanden zu respektieren heißt, diese Person zu akzeptieren und ihren Zielen und Bedürfnissen Bedeutung beizumessen. Respekt ist die Grundlage für Freundschaft, gute Zusammenarbeit und ein friedliches Miteinander.

Gibt es Rassismus und Diskriminierung in Ihrem Umfeld?

Da Rassismus in der Gesellschaft im Allgemeinen existiert, bleiben wohl auch die Arbeitsstätten nicht verschont. Ich persönlich habe noch keine negativen Erfahrungen gemacht. Während meiner Promotion haben am gleichen Lehrstuhl zeitgleich Doktoranden aus Ghana, Indien und Nordafrika geforscht. Aus meiner Sicht wurden sie in ihrer wissenschaftlichen Arbeit uns, ihren europäischen Kollegen, gleich gestellt. In anderen Bereichen des Lebens allerdings, zum Beispiel bei der Wohnungssuche im angespannten Münchner Mietmarkt, mag es für sie vergleichsweise schwer gewesen sein. Das kann, muss aber keine rassistischen Hintergründe gehabt haben. Auch das Deutsche Zentrum für Luft- und Raumfahrt bietet ein internationales Arbeitsumfeld. Persönlich wurde ich dort noch nicht Zeuge eines rassistischen Vorfalls.

Sind Frauen stärker von Diskriminierung betroffen?

Ich denke, dass beide Geschlechter unter Diskriminierung stark leiden. Ich traue mir keine Wertung über das relative Maß des Leidensdrucks zu. Auf jeden Fall ist es für Frauen besonders schwierig, wenn Diskriminierung aufgrund der Herkunft und Diskriminierung aufgrund des Geschlechts sich akkumulieren.

Was kann man Ihrer Meinung nach gegen Diskriminierung und Sexismus im Betrieb tun?

Generelle Maßnahmen zur Verbesserung des Arbeitsklimas tragen vermutlich zur Minderung von Diskriminierung und Sexismus bei. So können Spannungen zwischen den Mitarbeitern reduziert werden und der Bedarf, Frust an jemandem auszulassen, ist geringer. Wichtig ist jedoch auch ein angemessenes und an den Fähigkeiten des Einzelnen orientiertes Arbeitspensum, eine klare Aufgabenverteilung und vor allem die Wertschätzung gegenüber der geleisteten Arbeit.

Welchen Einfluss hat Bildung? Das Elternhaus?

Bildung erleichtert es den Menschen, Sachverhalte kritisch zu hinterfragen. Das bietet eine gewisse Immunität gegenüber Rassismus. Allerdings gibt es auch gebildete, rassistische Menschen, das ist eine sehr gefährliche Kombination.

Für mich hat Rassismus viel mit Angst zu tun. Man fühlt sich der eigenen Gruppe zugehörig, weil man eine andere Person ausschließt. Im Gegensatz dazu setzt Respekt gegenüber anderen Menschen Offenheit und Aufgeschlossenheit voraus, was eher mit »Charakter-Bildung« zu tun hat. Jeder erwachsene Mensch ist letztlich für seine eigene Einstellung verantwortlich.

| Zur Person |

Dr. Edith Maurer (* 21. Juni 1976) arbeitet als Flight Operations Managerin beim Deutschen Raumfahrt-Kontrollzentrum (GSOC) für die erdbeobachtenden Satelliten TerraSAR-X und TanDEM-X. Die promovierte Physikerin koordiniert alles, was die Satelliten im Orbit machen. Bei Natur- und Umweltkatastrophen bieten ihre Daten eine wichtige Grundlage für die Planung und Durchführung von Hilfsprogrammen.

»Mit gutem Beispiel vorangehen, Respekt leben und ›Ausgrenzer‹ in die Schranken weisen.«

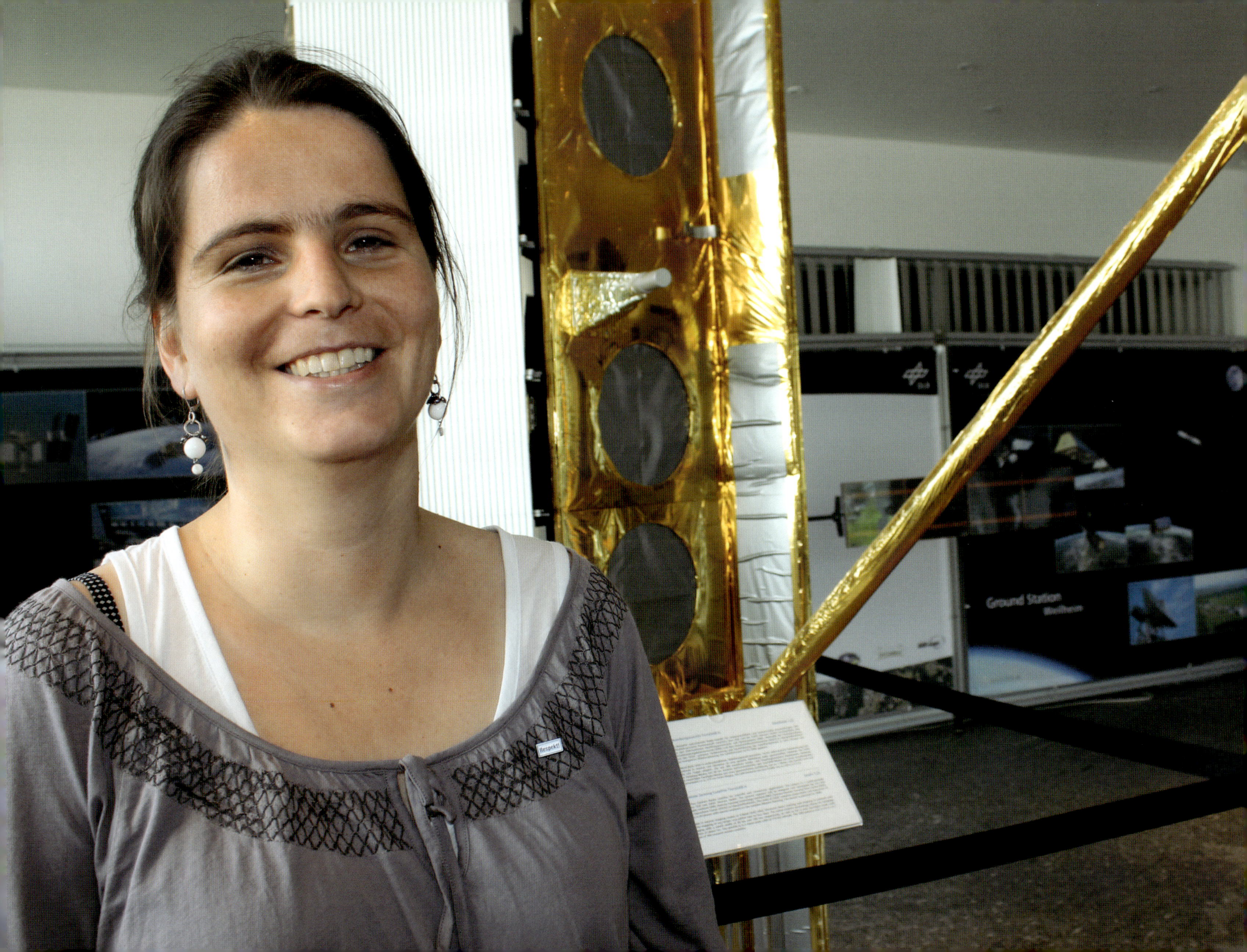
Ground Station

Andreas Möller

Früher war es offener und persönlicher

Andreas »Andi« Möller wird 1990 Fußball-Weltmeister in Italien

Was bedeutet Respekt für dich?

Respekt sollte man jedem Menschen zukommen lassen. Die Menschen untereinander müssen sich viel mehr respektieren und akzeptieren. Das Wort Toleranz fällt mir auch sofort ein. Und ich denke, wenn jeder an diese Grundbegriffe denkt, kommen wir schon mal einen Schritt weiter.

Wie bist du aufgewachsen?

Das ist ganz einfach erzählt: Man muss die Schule ein bisschen vernachlässigen – nein, das ist jetzt Spaß. Denn Schule ist schon wichtig, aber die Schule hat ein bisschen unter dem Fußball gelitten. Ich bin ganz normal aufgewachsen: Meine Eltern sind beide arbeiten gegangen, ich komme aus einer Gegend, in der viele Nationalitäten zuhause waren. Und vor dem Hochhaus, in dem ich im 7. Stock gewohnt habe, gab es einen Bolzplatz – und wir haben jeden Tag Fußball gespielt. Das war das Allerschönste. Der Fußball war das Wichtigste überhaupt für mich – und natürlich meine Freunde. Ich denke, ich bin wie die meisten Fußballer in normalen Verhältnissen aufgewachsen.

Was ist heute anders im Training?

Das Persönliche ist ein bisschen verloren gegangen. Das ist das Computerzeitalter. Früher haben wir nach dem Bolzen noch stundenlang zusammengesessen und über die Welt philosophiert. Heute hast du Stützpunkttraining und danach geht es nach Hause. Wenn etwas ist, dann chattest du oder rufst mit dem Handy an und klärst es. Dazu kommt, dass die Bolzplätze weg sind, da stehen heute Eigentumswohnungen. Heute wird alles mehr in ein Schema reingedrückt. Früher war alles viel offener und persönlicher.

Was hat dir der Fußball als Kind gebracht?

Ich gehöre noch zu der Generation »Straßenfußballer«. Das Freizeitangebot war zu 90 Prozent auf Fußball ausgelegt – Tennis war der Sport der Reichen, genau wie Golf. Fußball war das Einzige, was erschwinglich war. Vielleicht hat man später mal ein Skateboard bekommen oder so, das war auch okay. Aber Fußball stand als Freizeitangebot im Vordergrund. Denn das war für jeden erschwinglich.

Fußball hat einem viel gegeben: Wenn man in der Schule schlecht war oder Probleme hatte in der Ausbildung und ist dann zum Training gefahren und konnte da kicken – das war der Ausgleich für Negativerlebnisse! Mich hat das zum Beispiel hochgehalten. Schlechte Noten in der Schule, und wenn du dann zum Training bist oder zum Kicken runter auf die Straße … das war wie eine Art Befreiung. Das war toll.

Schwalbe oder nicht?

Das ist passiert, es ist nicht mehr zu ändern. Klar war es eine Schwalbe, das hat ja auch jeder gesehen. Aber da wurde ein Drama draus gemacht, das war nicht mehr normal. Wenn ich da an die Bild-Zeitung denke: »Sperrt ihn sofort!« Als hätte ich einen umgebracht …

| Zur Person |

Andreas Möller (* 2. September 1967) ist ehemaliger deutscher Profifußballer, der unter anderem für Eintracht Frankfurt, Borussia Dortmund und den FC Schalke 04 gespielt hat. Von 2008 bis 2011 war Andi Möller Manager bei Kickers Offenbach.

»Kicken war eine Art Befreiung.«

Respekt!
Kein Platz für Rassismus
www.respekt.tv

Katrin Müller-Hohenstein

Demut zeigen vor dem Leben und der Natur

Wie im Internet unter dem Deckmantel der Anonymität mit Menschen umgegangen wird, macht mich traurig

Was bedeutet Respekt für Sie?

Respekt ist ein ganz großes Wort. Respekt beinhaltet Toleranz, die Achtung der Würde und Freiheit anderer. Respekt bedeutet auch, dass man sich selbst nicht zum Maß aller Dinge macht. Dass ich Demut zeige, dass ich mich selber wichtig nehmen kann, ohne den Anderen zu vergessen. Demut vor dem Leben, Demut vor der Natur, das alles in einem harmonischen Einklang, das ist für mich Respekt.

Gibt es Diskriminierung und Rassismus im Sport, in den Medien?

Das gibt es permanent, und was ich beängstigend finde, es wird unterschwellig immer mehr. Wenn ich allein beobachte, wie Medien teilweise mit Sportlern umgehen. Wir erwarten inzwischen von Sportlern, dass sie Ziele erreichen und Erwartungen erfüllen, die wir in sie setzen. Und wenn das nicht geschieht, dann fühlen sich viele bemüßigt, ordentlich draufzuhauen. Ich erinnere nur an einen Torwart von Hertha BSC, der sich selbst einen Ball reingeworfen hat. Er hat selbst am meisten darunter gelitten, aber er war am nächsten Tag der »Torwart-Trottel«. Das geht nicht, ich finde das unsäglich!

Haben Sie als Top-Frau im Sport persönliche Erfahrung mit Diskriminierung gemacht?

Mein allererstes Sportstudio – natürlich war dieser Auftritt viel beachtet, in erster Linie wohl, weil ich eine Frau bin. Und es hat auch mit Sicherheit eine Menge Leute gegeben, die nur darauf gewartet hatten, dass ich einen Fehler mache. Ich habe in meinem Leben gelernt, zu hinterfragen, welche Motivation diese Menschen haben könnten und bin ihnen ziemlich schnell auf die Schliche gekommen. Ich habe einen Job, den viele gerne hätten. Dazu kommt, dass dieser Beruf so leicht und spielerisch daher kommt, fast romantisch wirkt. Den Menschen, die das glauben, kann ich nur sagen: »Vergesst die Romantik!« Es ist ein knallharter Knochenjob, er macht aber auch wahnsinnig viel Spaß. Ohne diese Begeisterung könnte man das nicht tun. Ich muss aber einräumen, die meisten Kritiker waren mir gegenüber bisher sehr fair.

Hat sich die gesellschaftliche Anerkennung von Frauen in Ihrer Branche verändert, vielleicht sogar verbessert?

Da kann ich nur für mich sprechen. Ich habe noch nie irgendwelche Vorbehalte gespürt, weder von einem Trainer, einem Spieler oder einem Zuschauer. Wenn ich unterwegs bin und Menschen treffe, sind sie immer sehr nett zu mir, niemals abweisend oder abfällig.

Ganz anders dagegen sieht es im Internet aus. Unter dem Deckmantel der Anonymität sind heute Dinge möglich, da stellen sich mir die Haare auf. Das betrifft nicht nur mich, sondern alle, die in den Medien arbeiten, ganz gleich, ob Mann oder Frau. Und nicht nur die Erwachsenen: In unseren Schulen ist das Thema Cybermobbing mittlerweile ein echtes Problem. Um ehrlich zu sein, wundert mich das nicht. Denunzieren, anklagen, beleidigen – das Netz ist voll davon. Als Vorbild für nachfolgende Generationen machen wir manchmal eine wirklich traurige Figur!

| Zur Person |

Katrin Müller-Hohenstein (* 2. August 1965) moderiert seit 2006 im ZDF »Das aktuelle Sportstudio«. Die Radio- und Fernsehmoderatorin ist Mitglied der Deutschen Akademie für Fußballkultur und leidenschaftliche Anhängerin des 1. FC Nürnberg. 2008 ist die Mutter eines Sohnes mit dem Bayerischen Sportpreis geehrt worden. 2012 erhält sie die Goldene Kamera.

»Ich stelle immer häufiger fest, dass wir ohne Rücksicht auf Menschen, ihre Gefühle und ihre Würde alles für die schnelle Schlagzeile oder die hohe Quote verformen.«

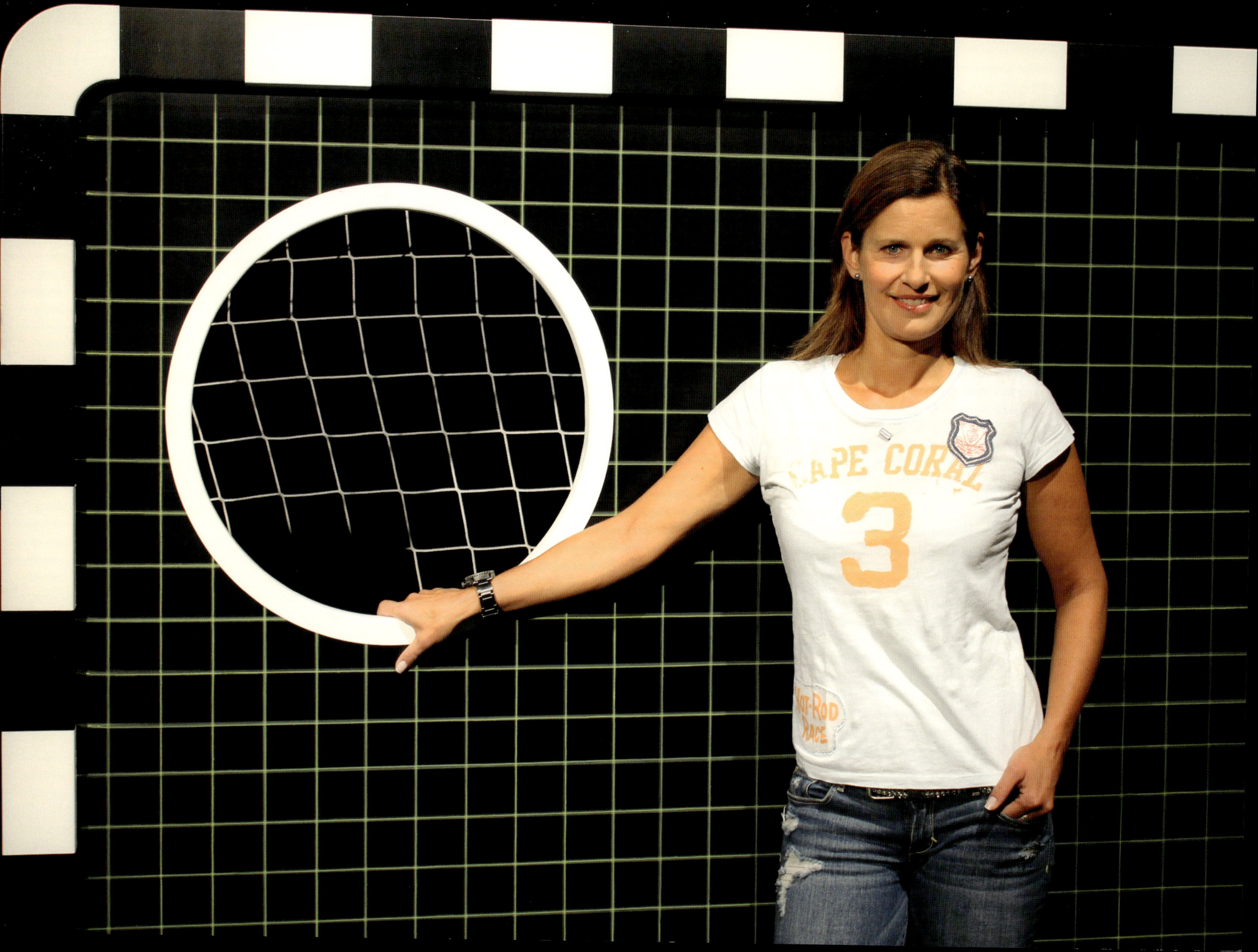
CAPE CORAL
3
HOT-ROD
RACE

Henni Nachtsheim

Spaßmachen ist doch erlaubt

Henni Nachtsheim ist bekennender Eintracht-Frankfurt-Fan

Frankfurt versus Offenbach – ist das Rassismus?

Wenn ich mir die ganzen Witze anhöre, die Frankfurter über Offenbacher machen oder Offenbacher über Frankfurter, dann ist das schon grenzwertig. Aber ich muss selbst auch darüber lachen und fühle mich dennoch nicht als Rassist. Ich glaube, wenn wir wissen, dass das alles nicht todernst gemeint ist, wenn man ein bisschen damit spielt, dann ist es erlaubt. Wenn es aber ernsthaft oder verkrampft wird, dann ist es sicher eine Vorstufe zu rassistischem Verhalten. Ich habe das zum Beispiel erlebt, als ich meine letzte Platte gemacht habe: Sie wurde in Offenbach aufgenommen. Im Eintracht-Forum gab es dann einen Vollidioten, der geschrieben hat, diesen Eintracht Song dürfe man nicht kaufen, weil er in Offenbach im Studio aufgenommen wurde. Da hört es für mich auf – das ist einfach nur noch dumm!

Theater und Fußball, geht das zusammen?

Diese Frage lässt sich nicht so einfach beantworten. Bei meinen Lesungen wissen die Leute nach 30 Jahren Badesalz, dass ich kein ernster Mensch bin. Sie kommen schon mit einer gewissen Lachbereitschaft, denn so ist das Programm auch aufbereitet. Man kann extrem humorvoll mit den Themen Fußball und Rassismus umgehen: Zu meinem Programm, das kein reines Eintracht-Programm ist, kommen sowohl ältere Damen als auch Typen im Trikot. Ich hatte ja auch angekündigt, dass gerne Leute kommen können, die nicht fußballaffin sind – denn die kommen auch auf ihre Kosten.

Du bist bekennender Eintracht-Fan. Wofür steht der Verein?

Er stand früher mal für hessische Großmäuler, die vergessen haben, ihren Job zu machen. Das hat dem Verein unheimlich geschadet. Er steht vor allem aber für die ganze Region: Der Verein wird geliebt, er steht für eine lange Geschichte und damit auch für Tradition.

Warum stehen Intellektuelle auf Fußball?

Weil man sich inzwischen gerne mit Fußball schmückt. Bei Politikern ist das doch leicht durchschaubar: Das ist wie im Wahlkampf, wenn ein Politiker mit einem Helm auf dem Kopf einem Arbeiter die Hand schüttelt oder im Kittel eine Bäckerei besucht. Ich frage mich immer: »Warum machen die das? Glauben die wirklich, dass das irgendjemand da draußen ernst nimmt?« Und wenn sich der Schalker Präsident in die Fankurve stellt, ist das einfach nur peinlich. Früher war Fußball nicht so gesellschaftsfähig wie heute, er galt als primitiv und assimäßig. Das hat sich schon geändert.

Heute gehen auch viele Frauen zum Fußball ...

Als ich zum ersten Mal in Mainz war – ich glaube beim Spiel, als sie aufgestiegen sind gegen Trier – waren da 50 Prozent Frauen um mich rum. Wir haben uns umgeschaut und sahen nur Frauen! Mein Kumpel sagte nur: »Wenn de baggern willst, biste hier richtisch ...!«

| Zur Person |

Hendrik »Henni« Nachtsheim (* 15. März 1957) ist ein hessischer Musiker, Comedian, Schriftsteller und Schauspieler. Bis 1990 war er Sänger und Saxofonist der Rodgau Monotones. Heute bildet er zusammen mit Gerd Knebel das Comedy-Duo Badesalz.

»Früher war Fußball nicht gesellschaftsfähig. Das hat sich zum Glück geändert.«

FRISEUR
Ihr Bu
Respekt!
Kein Platz für Rassismus
www.respekt.tv

Silvia Neid

Das Heimchen am Herd ist passé

Frauen spielen nicht nur Fußball, sondern werden auch Bundeskanzlerin

Was bedeutet Respekt für Sie?

Respekt hat für mich eine große Bedeutung. Im Fußball ist er für mich elementar. Ich verlange von meinen Spielerinnen und von den Mitgliedern unseres Betreuerstabs einen Umgang untereinander, der auf gegenseitiger Wertschätzung beruht. Aber auch gegenüber unseren Gegnern möchte ich, dass wir für deren Leistungen Anerkennung und Achtung zeigen. Das hat auch ein Stück weit etwas mit Höflichkeit zu tun.

Gibt es Rassismus oder Diskriminierung im Sport? Wie sind Ihre persönlichen Erfahrungen?

Ich glaube nicht, dass der Sport diskriminiert. Im Gegenteil: Er hat eine hohe integrative Kraft. Speziell der Fußball verbindet, er wird von Menschen unterschiedlichster Herkunft gespielt, er macht keinen Unterschied zwischen den Religionen, Alt und Jung, aber auch Mann und Frau können den Sport gemeinsam austragen. Die Auswüchse, die man auch im Sport feststellen kann, sind meiner Meinung nach gesellschaftliche Phänomene.

Trifft das Frauen besonders?

Natürlich musste der Frauenfußball jahrelang um Anerkennung kämpfen. Aber ich denke, dass unser Sport eine tolle Entwicklung genommen hat. Bedenkt man, dass der Frauenfußball erst seit 1970 offiziell durch den DFB gefördert wird, das erste Länderspiel der Frauen-Nationalmannschaft 1982 bestritten und die Frauen-Bundesliga 1990 gegründet wurde, ist es erstaunlich, wo wir heute stehen. Wir haben mittlerweile über eine Million Frauen und Mädchen, die bei den Vereinen gemeldet sind – und die Tendenz ist weiter steigend. Unsere Länderspiele werden live im öffentlich-rechtlichen Fernsehen übertragen, dabei schauen bis zu zwölf Millionen Zuschauer zu. In den Stadien haben wir bei unseren Spielen eine klasse Atmosphäre, es kommen bis zu 70.000 Fans wie beim Eröffnungsspiel der WM im Berliner Olympiastadion. Das alles sind Zeichen dafür, dass der Frauenfußball mittlerweile sehr große Anerkennung genießt.

Hat sich die gesellschaftliche Anerkennung von Frauen im Fußball in den letzten Jahren verbessert?

Ja, ich denke, das Bild der Frauen insgesamt hat sich gebessert. Man traut den Frauen mehr zu. Das Heimchen am Herd ist passé. Heute kann in Deutschland eine Frau ja sogar Bundeskanzlerin werden. Ich denke, das ist eine sehr gute Botschaft.

Wie entsteht Ihrer Meinung nach vorurteilbehaftetes Denken?

Ich glaube, dass hat viel mit der Sozialisation eines Menschen zu tun. Wenn Kinder auf die Welt kommen, begegnen sie ja allen anderen Menschen ziemlich vorbehaltlos. Die Vorurteile entwickeln sich erst. Zuweilen ist es ja so, dass die Menschen ein Vorurteil pflegen, ohne jemals Rechenschaft darüber abzulegen, einfach weil sie das unreflektiert übernommen haben.

| Zur Person |

Silvia Neid (* 2. Mai 1964) beginnt im Alter von fünf Jahren mit dem Fußballspielen. Zuletzt spielt sie beim TSV Siegen. Seit Juli 2005 ist sie Bundestrainerin der Fußball-Nationalmannschaft der Frauen. 2011 wird Silvia Neid von der FIFA zur ersten Welt-Trainerin des Jahres gekürt, im Juni 2011 verlängert der DFB ihren Vertrag bis 2016. Im Juli 2013 gewinnt ihr Team in Schweden die Europameisterschaft.

»Respekt ist ein Gefühl für den Anderen, ihn wertschätzen, seine Leistungen anerkennen.«

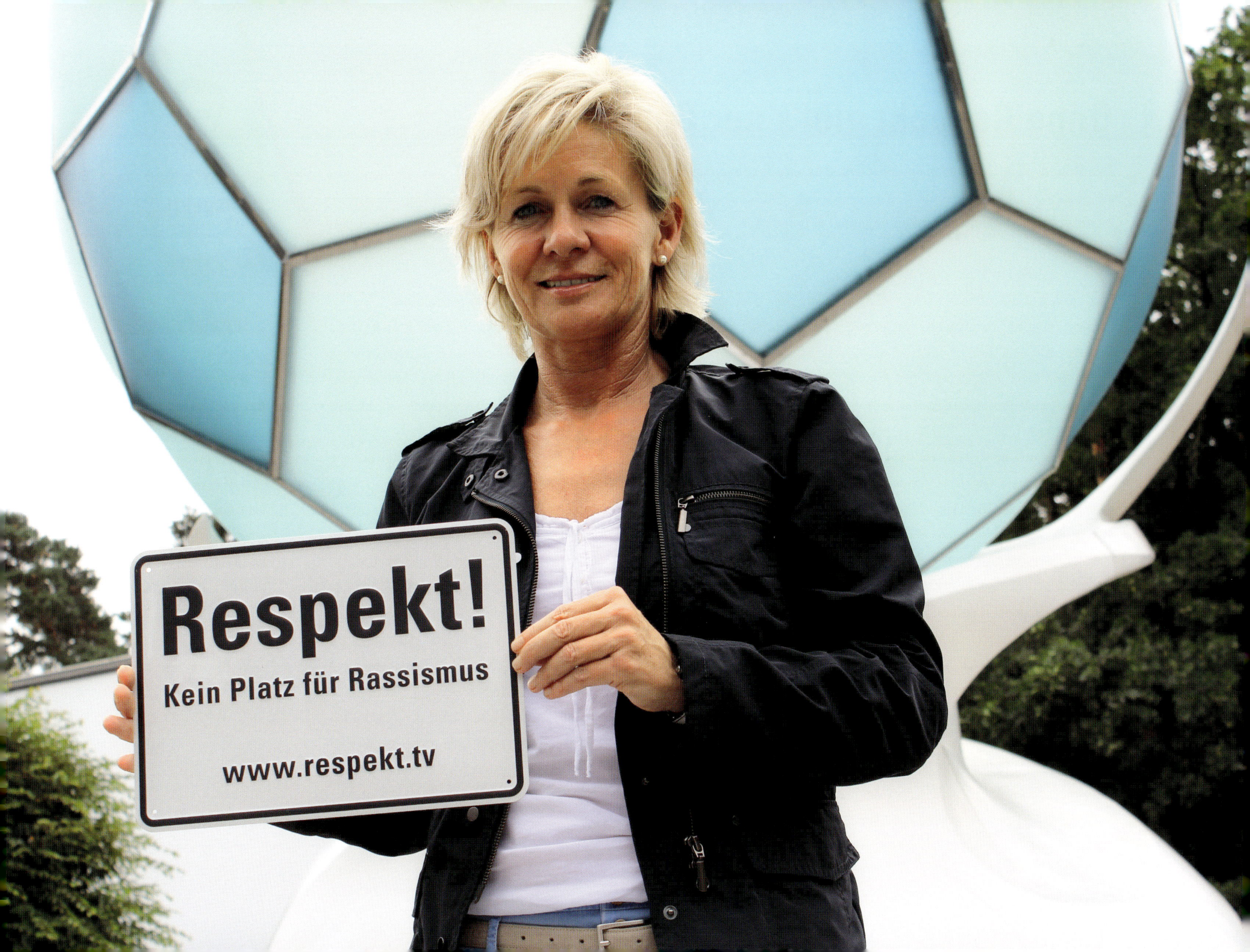
Respekt!
Kein Platz für Rassismus
www.respekt.tv

Ohne Respekt gibt's nur Chaos

Oka Nikolov spielte früher in der mazedonischen Nationalmannschaft

Ist dir schon mal Respektlosigkeit begegnet in deiner Karriere?

Ich verstehe Folgendes nicht: Wenn man ein Spiel verliert, hoch verliert oder auch total untergeht und man geht nach dem Spiel zum Auto oder zum Bäcker – warum wird man dann respektlos behandelt? Das kann ich nicht verstehen, denn wir sind doch immer noch Menschen. Ich kann den Ärger der Fans verstehen, aber irgendwo hört es auf: Fußball ist Fußball und der Mensch ist ein Mensch und man sollte Respekt vor ihm haben.

Spielte Respekt eine große Rolle in deiner Erziehung?

Ja, ich denke schon, dass das eine Rolle gespielt hat. Aber jeder bestimmt seine Erziehung mit und bestimmt auch selbst, wie er in der Schule ist. Man kriegt von zuhause vieles mit, aber man muss es selbst auch vorleben – ich denke schon, dass meine Eltern mir da ziemlich viel mitgegeben haben.

Gibt es Rassismus in deinem Umfeld?

Das ist ein absolutes No-Go. In der eigenen Mannschaft gibt es das sowieso nicht – das sind Sachen, die dürfen nicht passieren. Ich finde, das hat jetzt nichts mit ausländischen oder dunkelhäutigen Spielern zu tun – man sollte jedem Menschen Respekt zollen! Es ist schon fast abartig, wie manche Spieler untereinander oder mit den Fans, mit eigenen Spielern oder gegnerischen Spielern umgehen. Ich finde, da sollte jeder mal drüber nachdenken. Natürlich ist das eine gegnerische Mannschaft und jeder will gewinnen, aber trotz allem sind das immer noch Menschen! Jeder will gewinnen, was ganz normal ist – aber man sollte den Respekt nie verlieren. Denn wenn man den verliert, dann gibt's nur noch Chaos.

Wird man als Nummer Zwei weniger respektiert?

Ja, mit Sicherheit. Man ist dann halt nicht mehr so im Fokus und wird erstmal von den Medien nicht mehr so beachtet – und mit Sicherheit auch im Umfeld oder beim Bäcker. Man ist zwar immer mit dabei, aber man ist nicht mittendrin. Aber das ist nicht respektlos. Das ist das Geschäft, und eine Karriere hat eben Höhen und Tiefen – das gehört dazu. Damit habe ich überhaupt keine Probleme.

Wie geht ihr mit respektlosen Teamkollegen um?

Ja, erstmal muss ich sagen, natürlich gibt es solche Spieler, und es ist im Moment schwierig durch die Medien: Man macht zwei super Spiele und wird dann schnell gepuscht. Ein junger Mann ist dann schnell auf Wolke Sieben – was ja auch ganz normal ist. Und dann gibt es auch noch die Berater, die sagen: »Du kannst da und dort spielen, mach so weiter!« Dann drehen die halt ein bisschen durch. Aber trotz allem – eine funktionierende Mannschaft fängt das auf. Das wird schon intern geregelt und ich denke, wir haben sicher auch den einen oder anderen Fall. Aber es ist mittlerweile besser geworden, und die lernen auch dazu.

| Zur Person |

Oka Nikolov (* 25. Mai 1974) ist deutscher Fußballprofi mit mazedonischen Wurzeln. Von 1994 bis 2013 ist er Torwart bei Eintracht Frankfurt. Von seinen Fans wird er »Der ewige Oka« gerufen. Im Sommer 2013 wechselt er zum Club Philadelphia Union, USA.

»Wenn du gewinnst, bist du der Größte – wenn du aber verlierst, das Letzte.«

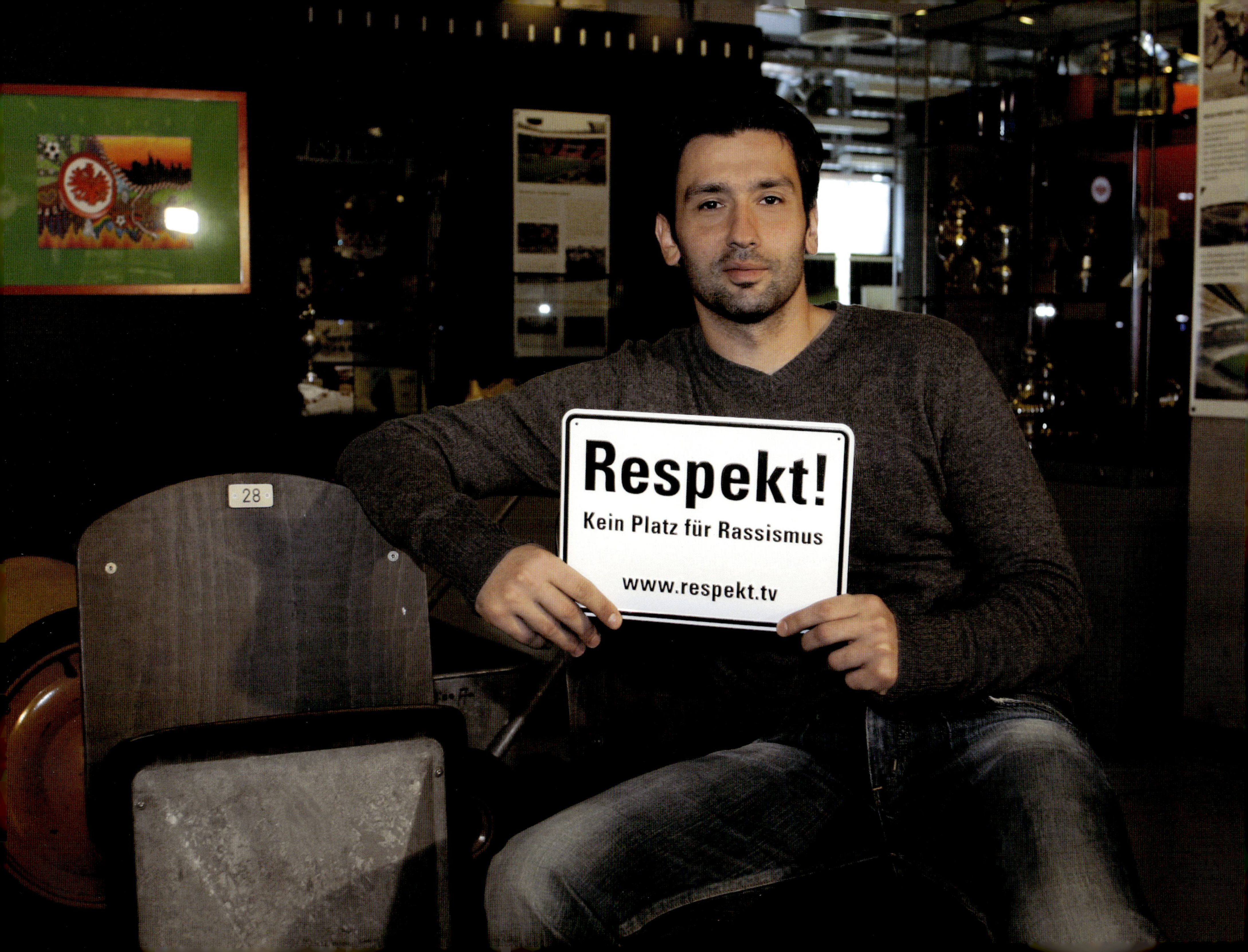
Respekt!
Kein Platz für Rassismus
www.respekt.tv
28

Ulrike Obermayr

Jede und jeder kann etwas tun

Frauen sind nicht per se in der Opferrolle

Was bedeutet Respekt für dich?

Respekt gegenüber Menschen, die mir vertraut sind, die ähnlich denken und leben wie ich, ist einfach.

Daher ist Respekt für mich vor allem die Anerkennung des Andersseins. Ich habe mal ein Graffito gesehen »E viva Auslanda.« Respekt drückt sich auch in dem Satz aus: »Auf der ganzen Welt ist jeder Mensch fast überall Ausländer«. Jeder sollte sein Gegenüber als gleichberechtigten Menschen akzeptieren. Das heißt aber nicht, dass ich alle Anschauungen und Überzeugungen billige!

Erlebst du persönlich Diskriminierung und Rassismus?

Ich selbst empfinde meine Situation als gut ausgebildete weiße Europäerin mit deutschem Pass als extrem privilegiert. In meiner Familie gibt es aber auch einige Erfahrungen mit Auswanderung. Da sieht die Situation schon anders aus. Ich habe dadurch erfahren, wie schwierig es ist, sich in einer anderen Kultur eine Existenz aufzubauen. Dabei mussten meine Familienangehörigen nicht aufgrund wirtschaftlicher, politischer oder sonstiger Gründe auswandern, sondern haben das aus freien Stücken getan.

Sind Frauen in Deutschland heute gleichberechtigt?

Auf der Erscheinungsebene konnten Frauen sowohl im Betrieb als auch in der Gesellschaft sehr viel durchsetzen. Trotzdem ist Gleichberechtigung zwischen Männern und Frauen noch nicht erreicht. Unter der Oberfläche fällt mir vieles auf, was mir nicht gefällt – ein Rollback von Frauenbildern, die schon längst überwunden schienen. Nach wie vor erhalten Frauen in vielen Arbeitsbereichen weniger Geld als Männer – trotz gleicher Arbeit. Dennoch würde ich es ablehnen, Frauen per se in der Opferrolle zu sehen. Und diese Zuschreibung lehnen viele junge Frauen auch ab. Trotzdem müssen wir uns mit bestehenden Ungerechtigkeiten auseinandersetzen.

Sollte man Beleidigungen einfach hinnehmen oder ignorieren?

Rassistische oder sexistische Äußerungen sind kein Kavaliersdelikt. Dies sollte man nicht kommentarlos hinnehmen. Jede und jeder kann etwas tun. Bei VW wurden mal die Sprüche auf den Werkstoiletten fotografiert und eine Ausstellung damit gemacht. Heftig, was da so zutage kam!

Ist Respekt eine Frage von Bildung oder Elternhaus?

Das kann ich nur mit einem aufrichtigen »Jein« beantworten. Natürlich spielt das Elternhaus eine ganz wichtige Rolle bei der Vermittlung von Werten und der Entwicklung von sozialem Verhalten. Aber die Schule, der Betrieb, das Wohnumfeld, Freunde oder Cliquen sind auch sehr entscheidend. Ich habe ein paar Jahre in einem Frauenhaus Nachtbereitschaft gemacht und musste feststellen, dass sich häusliche Gewalt durch alle gesellschaftlichen Schichten zieht. Also ich glaube, es ist keine Frage des Bildungsstands, sondern in erster Linie von Entwicklungsmöglichkeiten, familiärem Kontext, stabilen sozialen Beziehungen, Partnerschaft und finanzieller Situation.

| Zur Person |

Ulrike Obermayr (* 8. September 1967) ist Leiterin Gewerkschaftliche Bildungsarbeit beim Vorstand der IG Metall in Frankfurt. Gute Bildung ist für sie mehr als Wissen. Denn neben aller Zweckerfüllung ist es vor allem ein Entwicklungsprozess von Menschen jeglicher Herkunft, Profession und jeglichen Geschlechts, die gemeinsam mit anderen an einem »guten« Leben arbeiten wollen. Dazu gehört natürlich auch Respekt.

»Rassistische oder sexistische Äußerungen sind kein Kavaliersdelikt.«

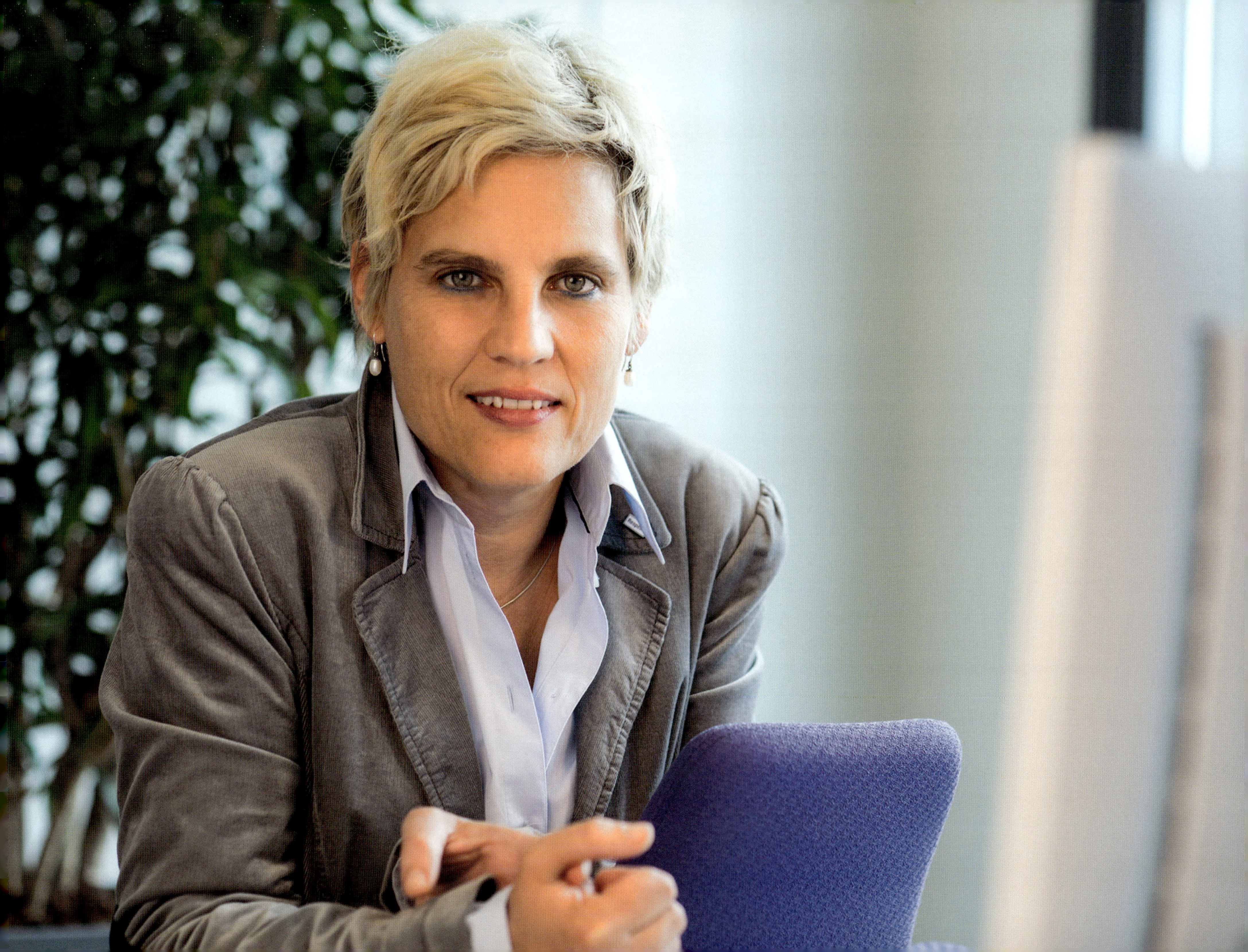

Bilkay Öney

Du kannst das und du wirst das schaffen!

Mädchen und jungen Frauen Mut machen, ihre Rechte einzufordern und sich zu engagieren

Was bedeutet Respekt für Sie?

Respekt zeigt sich im Anerkennen und Wertschätzen der Gemeinsamkeiten und Unterschiede von Menschen untereinander. Unser gesellschaftlicher Zusammenhalt gründet sich auf diesem Verständnis. Respekt steht im Mittelpunkt jeder erfolgreichen Integration. Er ist mein zentrales Arbeitsfeld als Ministerin.

Gibt es Rassismus und Diskriminierung in der Politik?

Leider ist auch die Politik nicht völlig frei von rassistischen oder diskriminierenden Meinungen. Rassismus hat keinen Platz in unserer Gesellschaft. Schon die Mütter und Väter unseres Grundgesetzes haben dies fest verankert. Alle demokratischen Parteien und ihre Mitglieder führen den Kampf gegen den Rassismus.

Diskriminierung heißt, dass Menschen zusätzliche Steine in den Weg gelegt werden. In einer weltoffenen Gesellschaft muss es unser Ziel sein, immer wieder zu überprüfen, wo die Freiheit des Einzelnen verletzt und damit diskriminiert wird. Für mich war diese Frage ein Beweggrund, mich politisch zu engagieren.

Werden Frauen eher diskriminiert?

Sie fragen mich das als Frau mit Migrationshintergrund in einem von Männern dominierten Berufsfeld – was für eine Antwort erwarten Sie? Nein, im Ernst, man muss aufpassen, dass man nicht die Opferperspektive übernimmt. In Artikel 3 des Grundgesetzes ist die Gleichberechtigung von Männern und Frauen garantiert, in der Realität kommt die Durchsetzung dieser Norm schon dem Bohren dicker Bretter gleich. It's a man's world.

Brauchen wir Frauenquoten?

Quotenlösungen sind Instrumente, die helfen können, strukturelle Missstände anzugehen. Ich würde mir wünschen, dass wir erst gar nicht über sie diskutieren müssten. Solange es jedoch für Männer und Frauen Bereiche gibt, in denen sie diskriminiert werden, können sie für eine Übergangszeit hilfreich sein. Ich wehre mich jedoch dagegen, dass wir diese Diskussion allein auf Frauenquoten verengen. Mein Ziel ist es, dass sich die Vielfalt unserer Gesellschaft in möglichst vielen Bereichen wiederfindet: in den Vorstandsetagen, in der Politik, in den öffentlichen Verwaltungen, aber auch in Kindertagesstätten und Grundschulen.

Ist Respekt eine Frage der Bildung? Des Elternhauses?

Bildung kann die Voraussetzungen schaffen, um einen respektvollen Umgang miteinander zu leben. Deswegen ist es mir auch so wichtig, dass wir Chancengleichheit in der Bildung verwirklichen. Die Vermittlung von Respekt allein in die Verantwortung von Eltern zu legen, halte ich für falsch. In unserem Freundes- und Bekanntenkreis, unserem beruflichen Umfeld, unserem gesellschaftlichen Engagement und in unserem persönlichen Umgang haben wir alle die Chance, jeden Tag respektvolles Handeln einzuüben.

Sehen Sie sich als Vorbild für Mädchen und Frauen?

Ich halte nichts davon, mich selbst zum Vorbild zu erklären. Auch ich wäre nicht die Person, die ich bin, hätten mir andere nicht immer wieder gesagt: »Du kannst das und du wirst das schaffen!«. Diese Botschaft möchte ich gerne weitergeben.

| Zur Person |

Bilkay Öney (* 23. Juni 1970), seit Mai 2011 Landesministerin für Integration in Baden-Württemberg, hat schon viel erlebt in ihrem Leben: Die gebürtige Türkin war u.a. Pfadfinderin, Bankangestellte, Pressesprecherin und Fernsehredakteurin. Von 2006 bis 2009 saß die studierte Diplom-Kauffrau als integrationspolitische Sprecherin von Bündnis 90/Die Grünen im Berliner Abgeordnetenhaus, im Mai 2009 wechselte sie aus politischen Gründen zur SPD.

»It's a man's world: Gleichberechtigung von Frauen und Männern – davon sind wir noch weit entfernt.«

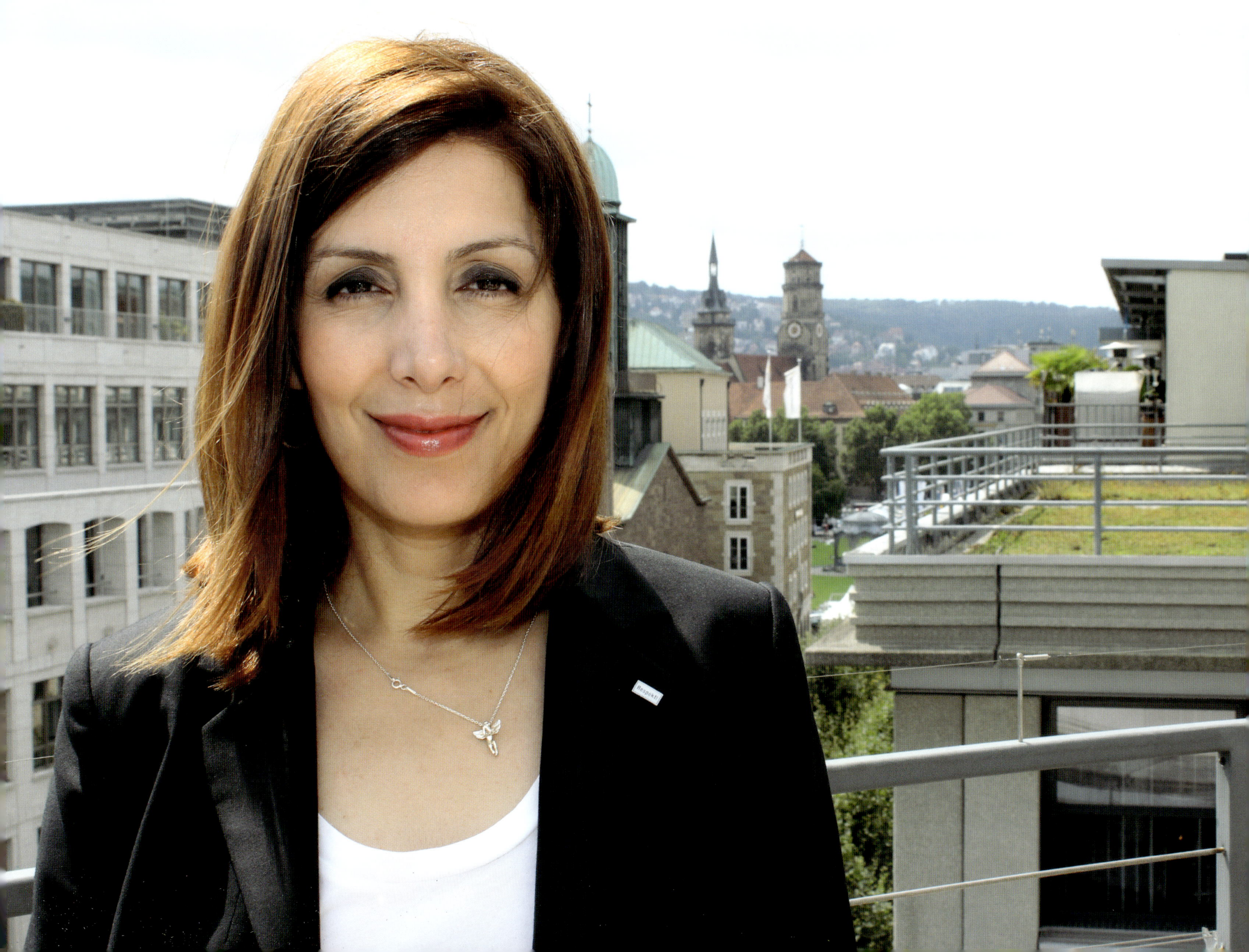
Respekt!

Aysel Özdemir

Mit gutem Beispiel vorangehen

Denn Gesetze allein machen keine bessere Welt

Was bedeutet Respekt für Sie?

Zunächst Wertschätzung, denn das ist eine wichtige Größe in zwischenmenschlichen Beziehungen. Um von jemandem respektiert zu werden, muss man sein Gegenüber ebenfalls respektieren.

Gibt es Rassismus oder Diskriminierung in unserer Gesellschaft?

Rassismus und Diskriminierung gibt es sicherlich in der Gesellschaft und in Betrieben. Auch wenn das offiziell nicht zugegeben oder gezeigt wird und man sagt, dass es ja Gesetze gegen Diskriminierung gibt.

Persönliche Erfahrungen durch Beschimpfung oder rassistische Äußerungen habe ich nicht gemacht. Es gibt aber noch andere diskriminierende Verhaltensweisen, wie beispielsweise Blicke von Menschen, die recht eindeutig sein können. Menschen können ignorieren, übersehen oder eine abweisende Haltung zeigen.

Werden Frauen in Deutschland heute noch benachteiligt?

Ja, und haben sie einen Migrationshintergrund, dann umso mehr. Das gilt sowohl im Beruf als auch im ehrenamtlichen Dienst.

Wie sollten wir auf Diskriminierung reagieren?

Man kann zunächst mit der Person über diese Dinge reden. Wenn das nicht hilft, sollte man andere Schritte einleiten: sich beispielsweise im Betrieb oder auch im ehrenamtlichen Bereich bei einem Vorgesetzten beschweren.

Mit gutem Beispiel vorangehen, kann ebenfalls viel bewirken. Auch Lob und Bestätigung können vieles positiv beeinflussen. Wenn mir beispielsweise Kameraden, Bekannte oder Familienmitglieder sagen, dass sie gut finden, was ich mache. Wenn ich Unterstützung dabei erfahre, dass ich meine Freizeit für ehrenamtliche Tätigkeiten einsetze, um etwas Nützliches zu tun, dann erlebe ich einerseits Anerkennung und Wertschätzung, bin aber andererseits auch Vorbild. Das bestärkt mich dann wiederum in dem, was ich tue.

Ist Respekt eine Frage des Elternhauses?

Ja. Respekt lernt man im Elternhaus, indem Eltern ein gutes Beispiel geben und respektvolles Verhalten vorleben. Später in der Schule, dann in der Ausbildung und bei der Arbeit kommen andere Vorbilder hinzu und man sollte selbst Vorbild werden.

Wie gehen Jugendliche in Ihrem Betrieb mit dem Thema Respekt um?

Sie begegnen den Leuten mit dem gleichen Respekt, den sie umgekehrt von den anderen erwarten.

Hatten Sie früher ein Vorbild für Ihren beruflichen Werdegang, haben Sie heute eins?

Ein Vorbild hatte ich nicht und habe ich auch heute eigentlich nicht. Meinen Weg bin ich aus eigenen Stücken und aus Ehrgeiz selber gegangen und so zu dem geworden, was ich heute bin. Mit einem Vorbild wäre es vielleicht etwas leichter und unkomplizierter gegangen.

| Zur Person |

Aysel Özdemir (* 25. Oktober 1977) ist ausgebildete Bürokauffrau und technische Zeichnerin. Sie arbeitet als Abteilungsleiterin in der Entwicklung und Konstruktion bei der Antriebstechnik KATT Hessen GmbH. 1992 tritt Aysel Özdemir in die Jugendfeuerwehr ein, heute ist sie Mitglied der Freiwilligen Feuerwehr in Homberg/Efze und trägt den Dienstgrad einer Oberlöschmeisterin. Zudem engagiert sie sich als Fachgebietsleiterin Integration bei der Hessischen Jugendfeuerwehr.

»Wenn ich freiwillig gebe, erfahre ich Anerkennung und Wertschätzung und bin gleichzeitig Vorbild.«

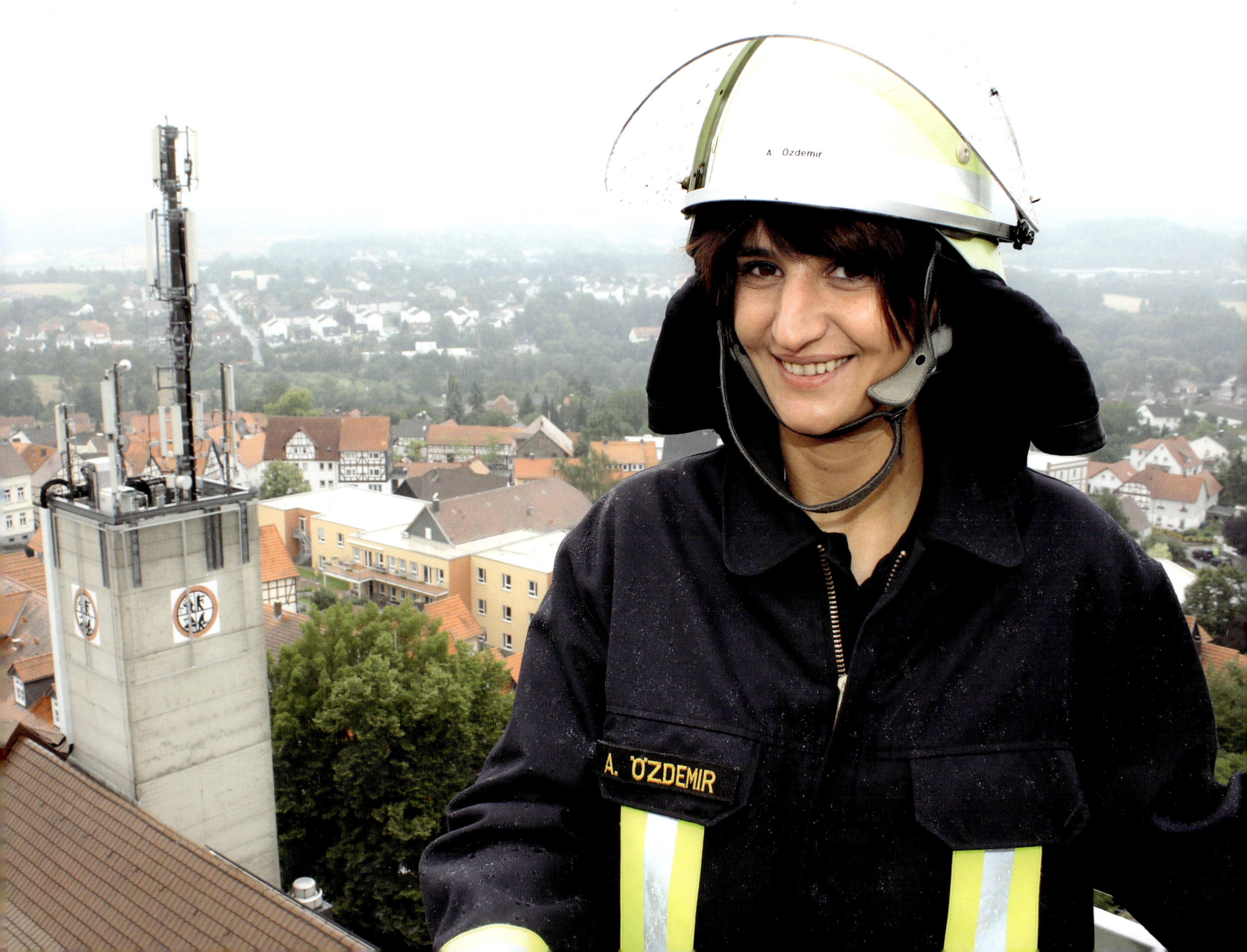
A. Özdemir
A. ÖZDEMIR

Bernd Osterloh

Internationalität leben

Menschen zusammenbringen und ihnen den Austausch zwischen Kulturen ermöglichen

Was bedeutet Respekt für Sie?

Als Betriebsrat in einem international agierenden Unternehmen, in dem Menschen verschiedener Herkunft miteinander arbeiten, ist gegenseitiger Respekt eine der grundlegenden Voraussetzungen für gemeinsamen Erfolg. Im Übrigen gilt das auch in der Zusammenarbeit mit dem Management. Auch hier ist gegenseitiger Respekt die Grundlage für einen erfolgreichen Interessenausgleich, der die Bedürfnisse der Beschäftigten ebenso berücksichtigt, wie die wirtschaftlichen Bedingungen für den Konzern. Respekt heißt, dass ich persönlich jedem Menschen so begegne – aber auf der anderen Seite eben auch erwarte, dass ich selbst mit Respekt behandelt werde.

Hatten oder haben Sie im täglichen Leben mit Rassismus oder Diskriminierung zu tun?

Innerhalb des Volkswagen-Konzerns arbeiten heute Menschen aus über 100 Nationen. Als Betriebsrat und IG Metaller haben wir in unserem Unternehmen schon seit vielen Jahrzehnten darauf hingewiesen, dass Diskriminierung bei uns keinen Platz hat. Wir haben es nicht bei Lippenbekenntnissen belassen: Eine Betriebsvereinbarung aus den 90er Jahren, die »Partnerschaftliches Verhalten am Arbeitsplatz« heißt, regelt, dass jegliche Form der Diskriminierung geahndet wird. Das kann bis zur Entlassung gehen. Gott sei Dank sind solche Fälle bei uns sehr selten, weil das gesamte Unternehmen die Internationalität lebt.

Wie entsteht Ihrer Meinung nach vorurteilbehaftetes Denken?

Häufig entsteht dieses Denken aus meinen Beobachtungen entweder aus Unwissen oder aus Einzelerlebnissen, die unzulässiger Weise verallgemeinert werden. Deshalb ist es für mich wichtig, Menschen zusammenzubringen und ihnen auch den Austausch zwischen Kulturen zu ermöglichen. So erhalten auf Initiative des Betriebsrats bei uns frisch Ausgebildete beispielsweise die Chance, im Rahmen der so genannten »Wanderjahre« Auslandserfahrungen zu sammeln. Sie arbeiten nicht nur an einem unserer europäischen oder weltweiten Standorte. Sie haben dort auch bewusst den Raum und die Möglichkeit, Land und Leute kennenzulernen.

Ist Respekt eine Frage der Bildung? Des Elternhauses? Wie kommt Respekt in die Köpfe?

Für mich ist entscheidend, dass jeder Einzelne von uns für ein respektvolles Miteinander eintritt. Da haben wir am Arbeitsplatz ebenso Verantwortung, wie der Lehrer oder die Eltern. Und einen großartigen Beitrag für Respekt leistet in Deutschland der Sport, bei dem Kinder von klein auf kennenlernen, dass ein respektvolles Miteinander notwendig ist.

Was kann jeder Einzelne für ein besseres Miteinander tun?

Nicht wegucken, sondern Respekt zeigen, solidarisch sein und handeln.

| Zur Person |

Bernd Osterloh (* 12. September 1956) ist Präsident des Europäischen- und Welt-Konzernbetriebsrats von Volkswagen und Vorsitzender des Konzernbetriebsrats der Volkswagen AG. Seit 1982 ist er Vertrauensmann der IG Metall, seit 1990 Betriebsratsmitglied. Er ist Mitglied der Aufsichtsräte der Volkswagen AG, der Porsche SE und des VfL Wolfsburg.

Vier auf dem Grün der Wölfe: Prof. Dr. Martin Winterkorn (Vorstandsvorsitzender VW), Dieter Hecking (Trainer VfL), Klaus Allofs (Geschäftsführer VfL), Bernd Osterloh (Betriebsratsvorsitzender VW).

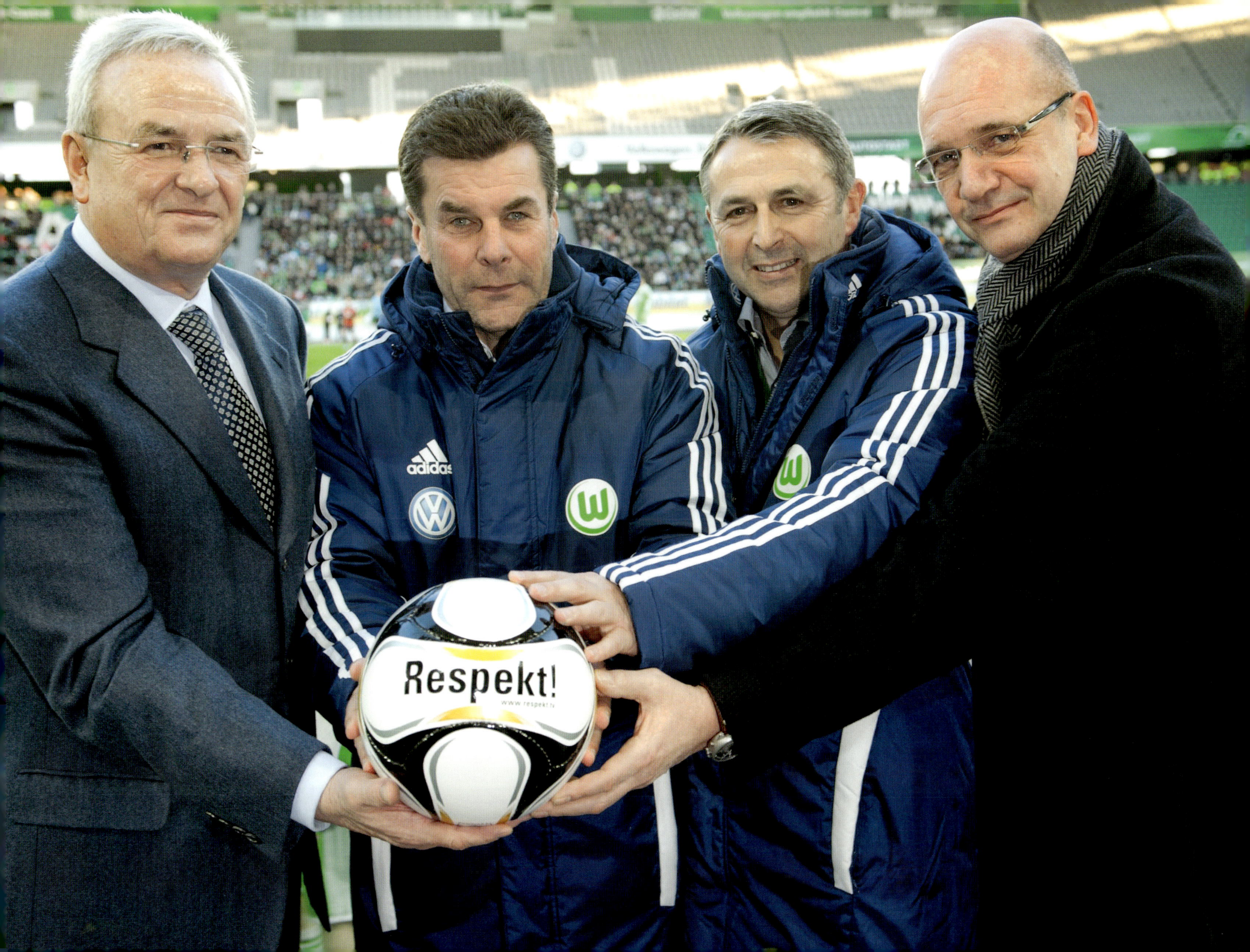
adidas
Respekt!
www.respekt.tv

Karin Plötz

Wertgeschätze Kinder sind respektvoll

Karin Plötz arbeitet für die Frankfurter Buchmesse und ist die Macherin hinter LitCam

Was bedeutet Respekt für Ihr Projekt?

Ich glaube, dass Respekt die Grundvoraussetzung dafür ist, dass unser Projekt »Fußball trifft Kultur« so erfolgreich ist. Denn wir merken immer wieder, dass die Kinder, wenn sie selbst wertgeschätzt und respektvoll behandelt werden, sich selbst auch respektvoll gegenüber den Lehrern oder den Trainern verhalten. Dadurch können die Kinder viel besser und effizienter lernen!

Was hat Respekt mit Bildung zu tun?

Respekt ist die Voraussetzung, um effektiv lernen zu können. Wenn man als Kind respektvoll behandelt wird, ist man ja auch viel eher bereit, sein Bestes zu geben. Denn man weiß ja, dass es wertgeschätzt wird. Wenn etwas aber nicht wertgeschätzt wird, macht man auch nichts.

Welche Rolle spielen Bücher beim Erlernen von Respekt?

Man muss also ein Thema haben, das die Zielgruppe anspricht, damit ein Buch gelesen wird. Von daher denke ich, dass das Thema Respekt zum Beispiel in »Harry Potter« oder die »Wilden Kerlen« eingebracht werden sollte. Dann bringen Bücher auch was! Es muss einfach ein gutes Vorbild vorhanden sein.

Bei Fachbüchern ist es so, dass sich die Leute, die diese Bücher lesen, ohnehin schon mit dem Thema beschäftigen. Aber für die Kinder, die wir ja erreichen wollen – oder für die Jugendlichen und Erwachsenen, die sich wenig mit dem Thema auskennen – ist es wichtig, dass sie Vorbilder haben.

Hat sich der Umgang miteinander in letzter Zeit verändert?

Das ist ein zweischneidiges Schwert – einerseits glaube ich, dass sich die Toleranz gegenüber anderen Nationalitäten positiv geändert hat. Heute sind wir viel toleranter. Auf der anderen Seite hat sich der höfliche Umgang miteinander verschlechtert: Zum Beispiel der Respekt gegenüber älteren Menschen und höfliche Umgangsformen sind generell nicht mehr so präsent.

Was tut LitCam für Respekt?

»Fußball trifft Kultur« ist nur ein Projekt aus unserer großen »Frankfurt Book Fair Literacy Campaign«. LitCam wurde vor fünf Jahren gegründet – mit dem Ziel, ein Netzwerk von internationalen Organisationen aufzubauen und Projekte bekannt zu machen. In diesem Jahr geht es um das Thema »Literacy and Sustainable Economic Growth«. Dazu haben wir Organisationen, Institutionen und Experten sowohl aus dem Bildungsbereich als auch aus der Arbeit zum nachhaltigen wirtschaftlichen Wachstum aus Bolivien, Gambia, den Philippinen und Deutschland eingeladen. Seit Februar 2011 unterstützt der Frankfurter Verein Business for Sports unser »Fußball trifft Kultur«-Projekt. Gemeinsam wollen wir jungen Menschen vor allem solche Werte vermitteln, die Grundlage für ein erfülltes Privat- und Berufsleben sind. Dazu zählen ein höflicher Umgang mit den Mitmenschen, Respekt und Verständnis, Teamwork, Disziplin und die Selbstverständlichkeit, anderen zu helfen. Sport im Allgemeinen – vor allem aber der Mannschaftssport – kann diese Eigenschaften vermitteln.

| Zur Person |

Karin Plötz (* 22. September 1965) leitet die LitCam, die internationale Kampagne zur Alphabetisierung, Grund- und Medienbildung. LitCam wird 2006 von der Frankfurter Buchmesse gemeinsam mit verschiedenen Kooperationspartnern ins Leben gerufen und ist eine gemeinnützige Gesellschaft.

»Wir wollen ein internationales Netzwerk aufbauen, um antirassistische Organisationen zu unterstützen.«

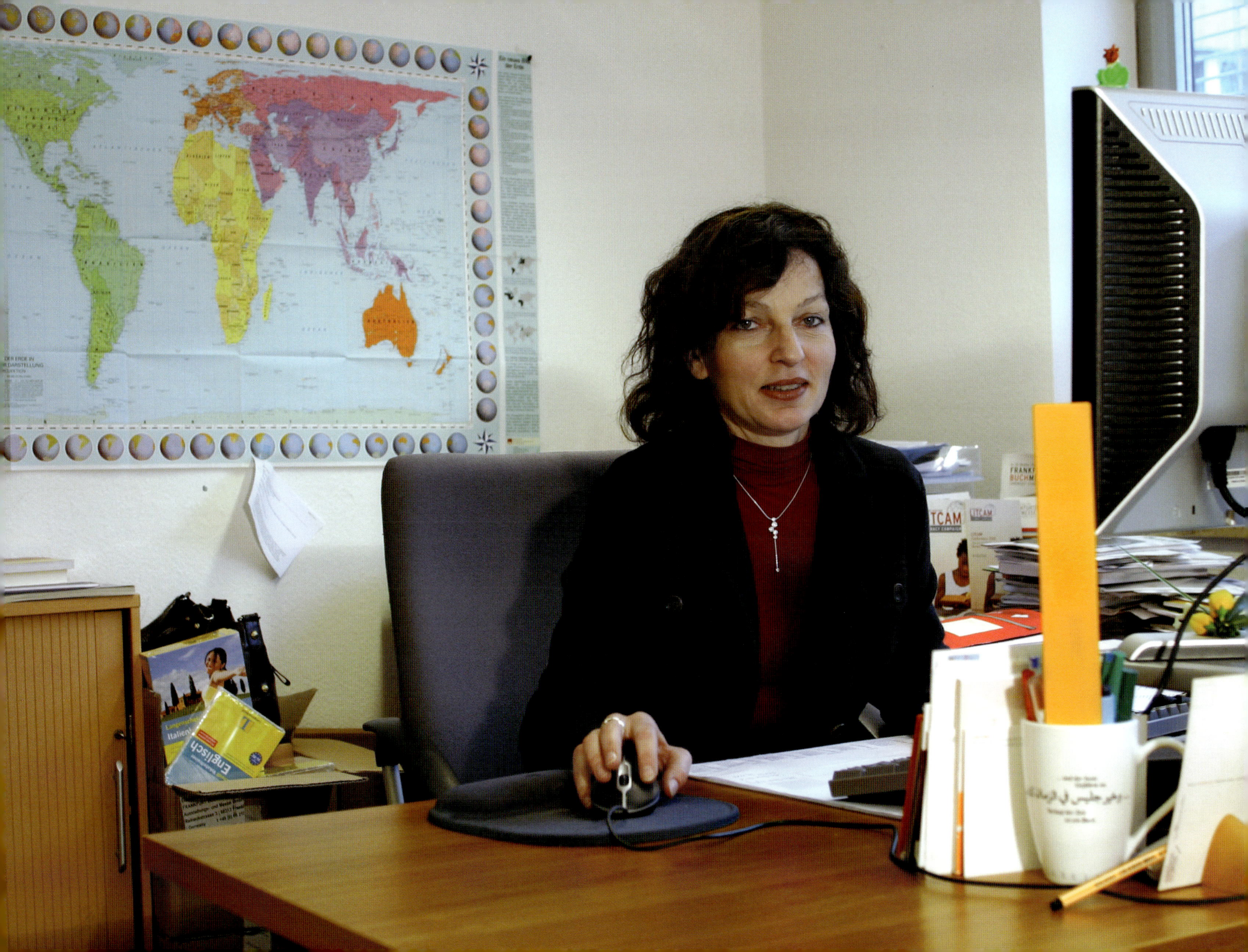
Englisch
LITCAM

Liebe deinen Nächsten wie dich selbst

Sport kennt keine Rassentrennung – davon ist die ehemalige Fußballspielerin und begeisterte Marathonläuferin überzeugt

Was bedeutet Respekt für dich?

Ich hatte in der Schule Latein und kann mich erinnern, dass Respekt abgeleitet ist vom Wort Respectus. Und das bedeutet Rücksicht und zurückschauen – also jemanden zu berücksichtigen. Respekt einem anderen Menschen gegenüber bedeutet also, ihn wertzuschätzen und ihm gegenüber aufmerksam zu sein. Und ich finde es ganz wichtig, dass man dabei auch das Zwischenmenschliche berücksichtigt. Da gibt es doch das berühmte Bibelzitat: »Liebe deinen Nächsten wie dich selbst« – das hat natürlich auch mit Respekt zu tun.

Wie reagieren Spielerinnen und Zuschauer auf dem Fußballplatz auf dich?

Ich habe während meiner Profizeit sehr wenige Strafkarten bekommen – und zwar eine Gelbe Karte, soweit ich mich erinnere, und als junges Mädchen in der U14-Mädchenmannschaft bekam ich mal eine Rote Karte. Ich wurde die ganze Zeit von einer Spielerin geärgert und auf das Derbste beleidigt. Und der Schiedsrichter stand daneben und hat so getan, als hätte er nichts bemerkt. Da habe ich irgendwann ausgeholt und dem Mädchen vor das Schienbein getreten – das hat der Schiedsrichter natürlich gesehen! Das war meine einzige Rote Karte – aber ich muss ehrlich sagen, dass ich das nicht bereue. Ich weiß natürlich, dass es nicht der richtige Weg war, so zu handeln, aber ich war jung und aggressiv am Mann – ich habe mir in dieser Situation nicht anders zu helfen gewusst.

Frauenfußball, Männerfußball – was hat sich in den letzten Jahren getan?

Die sportliche Leistung der Frauen hat sich sehr verändert: Die Frauen sind wesentlich athletischer geworden. Birgit Prinz war früher eine der wenigen athletischen Spielerinnen in Deutschland und deswegen war es so einfach zu spielen. Mittlerweile haben nicht nur die Spielerinnen in Deutschland, sondern auch international aufgeholt oder sich an das Niveau angepasst. Technisch spielen die Frauen auf einem sehr hohen Niveau: Das Spiel ist wesentlich dynamischer, strategischer und taktischer geworden.

Ist dir bewusst, dass du ein Vorbild bist?

Ja, natürlich ist mir das bewusst. Erstens finde ich es gut, dass ich die Plattform Sport nutzen darf – denn der Sport kennt keine Rassentrennung. Zum Zweiten ist mir bewusst, dass mich viele Migrantenkinder in Deutschland als Vorbild sehen. Deswegen versuche ich in meiner Vorbildfunktion so zu agieren, dass sie mit Recht ein bisschen stolz sein können auf das, was ich tue und auf die Persönlichkeit, die ich geworden bin – und dass sie sich auch so ein bisschen davon abschöpfen können. Ich versuche, mich nach außen hin immer so darzustellen, dass das kleine Mädchen auch einen Grund hat, dem nachzueifern, was ich mache: Ich nehme keine Drogen, trinke keinen Alkohol, hänge nicht bis morgens auf der Straße rum und mache keine krummen Dinger. Denn mir ist bewusst, dass es viele junge Mädchen gibt, die mich als Vorbild sehen!

| Zur Person |

Shary Cheyenne Reeves (* 10. Mai 1975) verbringt ihre Kindheit in New York und Köln. Die Schauspielerin, Moderatorin und Musikerin spielt viele Jahre Bundesliga-Fußball beim SC 07 Bad Neuenahr. Seit 1996 arbeitet sie für den Westdeutschen Rundfunk und moderiert unter anderem zusammen mit Ralph Caspers die Sendung »Wissen macht Ah!«.

Shary Reeves war Botschafterin der Frauen-Fußball WM 2011 in Deutschland.

Respekt!
www.respekt.tv
Franz-Kremer-Stadion
Respekt!
Verbindungen fest angezogen
sind und prüfen Sie dies
später wiederholt;
Das Tor muss jederzeit
gegen Umkippen gesichert
werden;
Netz oder den Torrahmen
nicht beklettern.

Die Gesellschaft braucht einen Wertekanon

Frauen können häufig viel pragmatischer und souveräner mit Konflikten umgehen

Was bedeutet Respekt für Sie?

Andere in ihrem Anderssein zu achten und ihnen die Achtung entgegenzubringen, die ich für mich selbst auch erwarte.

Gibt es Rassismus und Diskriminierung in Ihrem politischen Umfeld?

Das kommt darauf an, wie weit man diesen Umkreis zieht. Im engeren Arbeitsumfeld von Stadtpolitik und Stadtverwaltung gibt es das nicht; auch Vertreter radikaler Fraktionen halten sich zumindest in der Öffentlichkeit weitgehend zurück. Frankfurt ist eine internationale Metropole mit einer sehr toleranten, weltoffenen, urbanen Kultur, in der Menschen nahezu aller Kulturen friedlich zusammenleben. Dennoch: Sicher gibt es auch in Frankfurt verbohrte Köpfe, und wir müssen zum Beispiel jüdische Einrichtungen vor – allerdings keineswegs nur deutschen – Antisemiten schützen.

Welche Erfahrungen haben Sie persönlich gemacht?

Weder die Tatsache, eine Frau zu sein, noch diejenige, keine gebürtige Frankfurterin zu sein, hat mir je geschadet…

Sind Frauen von Diskriminierung eher betroffen?

Rassismus und Ausgrenzung zählen für alle Menschen gleichermaßen zu den übelsten Erfahrungen, die sie machen können. Gängige Vorstellungen legen den Schluss nahe, dass Frauen als oft schwächere Glieder der Gesellschaft besonders betroffen sind. Ich habe aber auch die Beobachtung gemacht, dass Frauen häufig einfach viel pragmatischer und souveräner mit solchen Konflikten umgehen.

Brauchen wir eine Frauenquote?

Ich habe keine gebraucht, und ich glaube auch, die Zeit ist darüber hinweggegangen. Dafür sorgt allein schon die Verknappung qualifizierter Arbeitskräfte infolge der demografischen Entwicklung. Mit Blick auf die Bildungserfolge werden wir uns möglicherweise bald eher Sorgen um Jungen und junge Männer machen müssen.

Wie entstehen Ihrer Meinung nach Vorurteile?

Die Wissenschaft sagt, dass Vorurteile das normale Mittel des menschlichen Verstandes sind, die Welt zu ordnen. Der Mensch kann nicht ständig jede Beobachtung einer wissenschaftlichen Überprüfung unterziehen. Bildung muss ihn indes in die Lage versetzen, dies zu erkennen und die Bereitschaft vermitteln, Denken und Haltung zu überprüfen und zu revidieren. Erziehung hat dafür zu sorgen, dass der Respekt vor dem Mitmenschen es verbietet, diesen zu beleidigen oder sonstwie ihm zu nahe zu treten.

Ist Respekt eine Frage der Bildung? Des Elternhauses?

Auch, aber sicher nicht nur. Junge Menschen werden von so vielen Faktoren außerhalb von Schule und Elternhaus beeinflusst, dass das persönliche Umfeld insgesamt in den Blick genommen werden muss. Eine besondere Verantwortung kommt den Medien zu. In Frankfurt wird man auch die kulturelle Herkunft nicht außen vor lassen können: Ohne einen gemeinsamen, vor allem im Alltag gelebten Wertekanon kann eine Gesellschaft auf Dauer nicht ohne massive Verwerfungen existieren.

| Zur Person |

Petra Roth (* 9. Mai 1944) war von 1995 bis 2012 Oberbürgermeisterin der Stadt Frankfurt am Main. 1972 trat die Arzthelferin in die CDU ein. Sie war zuerst Vorsitzende, dann Vize-Vorsitzende des Deutschen Städtetags und ist Offizier der französischen Ehrenlegion. 2005 erhielt sie die Ehrendoktorwürde der Universität Tel Aviv, 2010 den Ehrendoktor der Sookmyung Women's University in Seoul. Seit April 2013 ist Petra Roth Ehrenmitglied des Deutschen Städtetags.

»Frankfurt ist eine offene Stadt, die jedem die Chance bietet, seinen Weg zu gehen.«

Respekt!
Kein Platz für Rassismus
www.respekt.tv

Rebecca Roth

Nicht auf Kosten anderer

Ein Kind wird vor allem durch seine Bezugspersonen geprägt

Was bedeutet Respekt für Sie?

Jeder Mensch verdient Respekt. Respekt geht für mich weit über die Akzeptanz der Herkunft eines Menschen hinaus. Alle Menschen sollten respektvoll miteinander umgehen – unabhängig von Herkunft, Aussehen, Alter, Bildungsstand oder Einkommen.

Hatten oder haben Sie im täglichen Leben mit Rassismus oder Diskriminierung zu tun?

Ich bin in einer Kleinstadt aufgewachsen, meine dunkle Hautfarbe hätte ein Problem sein können – war es aber nicht. Aber ich weiß, was Diskriminierung mit Diskriminierten macht. Mein Vater, der in den 40er- und 50er-Jahren in Louisiana in den Vereinigten Staaten aufwuchs, hat Rassismus und Diskriminierung erlebt. In meiner Kindheit musste ich mich mit den Vorurteilen auseinandersetzen, die er aufgrund seiner Erlebnisse und Erfahrungen hatte. Sehr bezeichnend dafür ist ein Satz, den ich nie vergessen werde: »Rebecca, du bist schwarz, du bist anders als die Anderen. Du musst dich doppelt anstrengen, wenn du das Gleiche erreichen willst, denn es werden dich immer Weiße bewerten und es werden immer die Weißen entscheiden, ob du weiterkommst. Und die Weißen lassen erst mal die Weißen weiterkommen.« So hat er es erlebt und das hat sein Weltbild geprägt. Es entsprach aber nicht dem, was ich selbst in meiner Kindheit und Jugend erlebte. Deshalb ist mein Weltbild ein anderes als das meines Vaters – ich weiß noch, wie oft ich zu ihm gesagt habe, dass es in Deutschland nicht so ist wie damals in Louisiana.

Wie entsteht Ihrer Meinung nach vorurteilbehaftetes Denken?

Entscheidend ist, ob man seinen Mitmenschen gegenüber offen ist. Vorurteile entstehen, wenn wir Angst vor Neuem haben, wenn wir uns von Andersartigkeit bedroht fühlen oder wenn wir uns für unsere Mitmenschen schlicht und einfach nicht interessieren. In diesem Fall sind wir nicht offen dafür, neue Erfahrungen zu machen und Vorurteile abzubauen.

Ist Respekt eine Frage der Bildung? Des Elternhauses? Wie kommt Respekt in die Köpfe?

Ich denke, Respekt ist keine Frage der Bildung. Respekt ist eine Frage des Weltbildes und der Werte. Den Grundstein legt natürlich die Familie, aber letztlich ist es das gesamte Umfeld, das das Weltbild und das Wertesystem eines Kindes prägt. Wird Respekt vorgelebt und ein Kind respektvoll behandelt, dann wird es ebenfalls respektvoll mit seinen Mitmenschen umgehen.

Was kann jeder Einzelne für ein besseres Miteinander tun?

Viele Menschen in unserer Gesellschaft interessieren sich nur noch für sich selbst. Wie geht es mir, wo stehe ich, was ist mein Vorteil. Ich glaube, davon müssen wir weg kommen, denn sich selbst »voranzubringen« geschieht sehr häufig auf Kosten anderer. Das Miteinander leidet unter diesem Machtkampf. Wir sollten den respektvollen Umgang mit unseren Mitmenschen Tag für Tag leben und Menschen, die respektlos handeln, respektvoll darauf hinweisen, dass wir solches Verhalten nicht tolerieren.

| Zur Person |

Rebecca Roth (* 1. November 1978) wächst im hessischen Seligenstadt auf. Seit ihrem Abschluss als Dipl.-Betriebswirtin (BA) arbeitet sie als Angestellte bei der Deutschen Bahn AG; zunächst im Marketing, dann im Personenverkehr, aktuell im Vertrieb. 2011 macht sie eine Ausbildung zum »Powervoice« Vocal Coach. Seit Oktober 2011 ist sie nebenberuflich als Vocal Coach für Rock- und Pop-Gesang und als Sängerin tätig.

»Respekt ist keine Frage der Bildung. Respekt ist eine Frage des Weltbildes und der Werte.«

FREE YOUR SOUL

Silke Rottenberg

Ohne Trillerpfeife geht es auch

Charakter und Erziehung geben die Richtung vor

Was bedeutet Respekt für Sie?

Respekt ist das, was man von Kindesbeinen an lernen und nie verlieren sollte! Egal, ob man jemanden leiden kann oder nicht. In den Mannschaftssportarten gehört Respekt zu den wichtigsten Charaktereigenschaften.

Gibt es Rassismus und Diskriminierung im Fußball?

Im Frauenfußball habe ich während meiner aktiven Zeit nie negative Erfahrungen dieser Art machen müssen. Vielleicht geht es im Frauen- und Mädchenfußball einfach auch noch ein Stück weit toleranter zu.

Hat sich die Anerkennung von Frauen im Fußball in den letzten Jahren verbessert?

Absolut! Die Leistungen der Nationalmannschaften und die damit verbundenen Erfolge haben dem Frauenfußball ein ganz neues Gesicht gegeben. Mädchen spielen heute Fußball und das ist ganz normal und gut so. Frauenfußball ist absolut akzeptiert und wird auch von denjenigen respektiert, die vor Jahren noch eher kritisch eingestellt waren. Wenn die Leistung stimmt, ist dies einfach das beste Mittel, Einstellungen zu verändern und Berge zu versetzen.

Wie entstehen Vorurteile?

Durch Ahnungslosigkeit und voreilige Schlüsse und Äußerungen! Oft fehlt es an Aufklärung und der Einsicht, sich eingestehen zu müssen, dass sich Sichtweisen durchaus im Laufe des Lebens verändern.

Ist Respekt eine Frage der Bildung? Des Elternhauses?

Es ist sicherlich ein Aspekt der Erziehung, aber auch des jeweiligen Charakters. Bei vielen Menschen hängt das eine ja mit dem anderen ganz eng zusammen. Aber mit Bildung hat es nichts zu tun. Das Elternhaus ist am allerwichtigsten. Wenn es dort nicht funktioniert, sind viele Baustellen oftmals vorprogrammiert.

Sehen Sie sich als Vorbild für Mädchen und junge Frauen?

Absolut! Ich habe während meiner aktiven Zeit immer versucht, den Frauenfußball populärer zu machen und wollte deshalb auch Vorbild sein. Auch heute engagiere ich mich und unterstütze einige soziale Projekte wie zum Beispiel die GEPA und PLAN. Ich habe auch ein kleines Patenkind in Ruanda.

So oft es geht, bin ich in der Uniklinik in Köln, um kranken Kindern Geschichten vorzulesen oder mit eingeschränkten oder behinderten Kindern kleine Sportübungen zu machen. Außerdem bin ich Patin für die »Fair Play Liga« im Fußballverband Mittelrhein. Hier geht es darum, im Kinderfußball auch ohne Schiedsrichter auszukommen und alles in Kinderhände zu legen, auch Entscheidungen untereinander ohne Trillerpfeife zu regeln.

Jetzt als Trainerin im Jugendbereich des DFB bin ich Ansprechpartnerin für die Kinder und Jugendlichen und habe immer ein offenes Ohr für sie.

| Zur Person |

Silke Rottenberg (* 25. Januar 1972) ist seit Januar 2009 als DFB Juniorinnen-Torwarttrainerin verantwortlich für die U15-U20 Nationalmannschaften. Die gelernte Zahnarzthelferin war Hauptfeldwebel bei der Bundeswehr und spielte von 1991 bis 2008 als Torfrau in der Bundesliga. Sie hat 126 Länderspiele absolviert, war zweimal Weltmeister, dreimal Europameister, viermal Deutscher Meister, Fußballerin des Jahres 1998, Welttorhüterin 2003 und gewann zweimal Olympia-Bronze.

»Vorbild sein, im Sportlichen, im Menschlichen und Zwischenmenschlichen.«

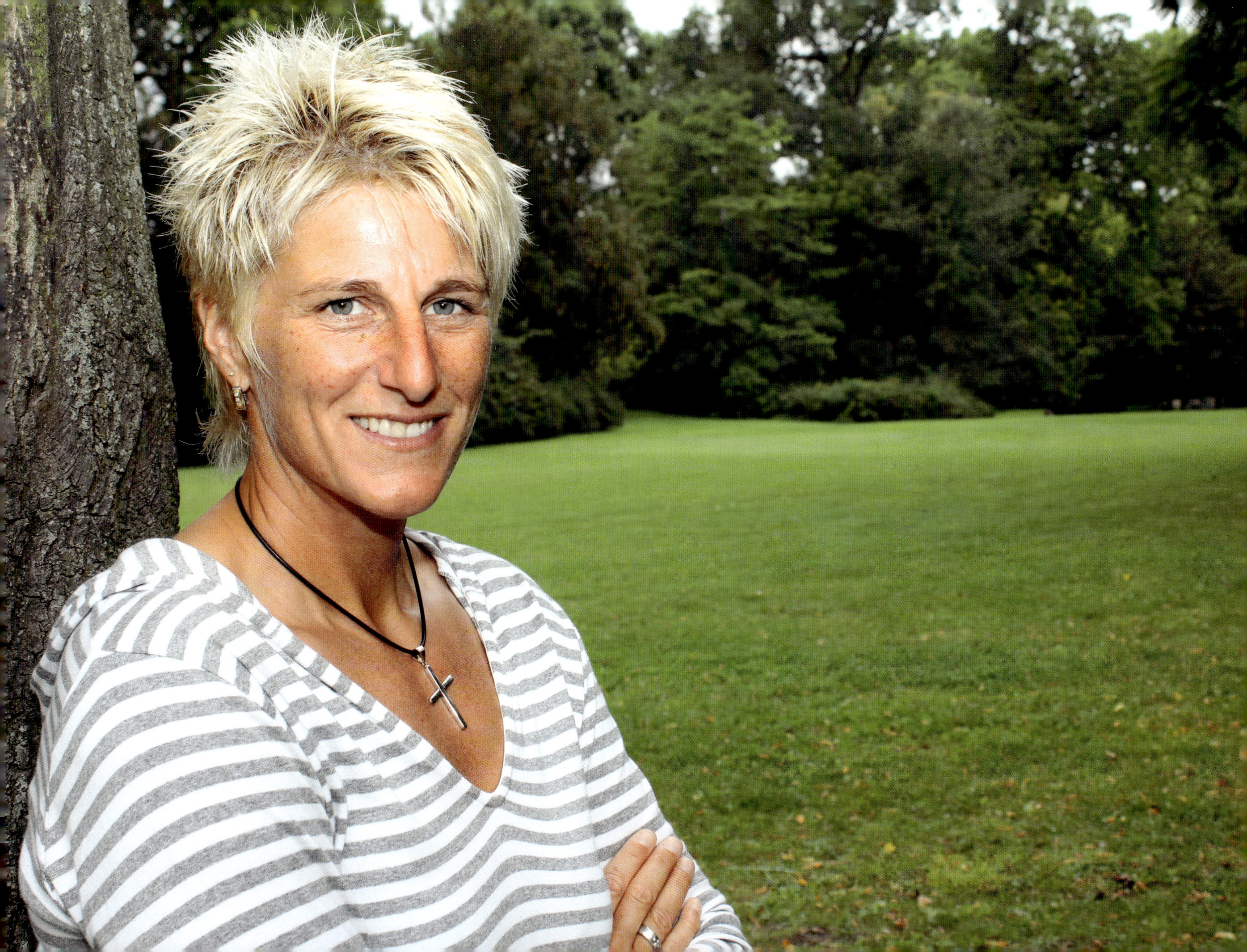

Barbara Rütting

Achtsam sein gegenüber allen Lebewesen

»Das Vieh der Reichen frisst das Brot der Armen« – dieser Satz gilt immer noch

Was bedeutet Respekt für Sie?

Respekt heißt für mich größtmögliche Achtsamkeit mir selbst und allen anderen Lebewesen gegenüber. Und mehr noch: Achtung und Akzeptanz ihrer Unterschiedlichkeit und ihrem Recht auf Leben und Glück.

Erleben Sie Rassismus oder Diskriminierung in Ihrem beruflichen wie privaten Leben?

Natürlich, immer wieder. Als Demonstranten gegen die amerikanischen Massenvernichtungswaffen wurden wir als »Kommunistenschweine« beschimpft. Als Tierrechtlerin und Vegetarierin muss ich mich dagegen wehren, dem rechten Lager zugeordnet zu werden. Bin ich gegen das Schächten von Tieren, kriege ich zu hören, ich sei antisemitisch, und so weiter und so weiter.

Den beiden Begriffen Rassismus und Sexismus, die sich bekanntlich nicht mit einem respektvollen Verhalten vertragen, möchte ich einen dritten Ismus hinzufügen: den Speziesismus, der – als Analogie zum Rassismus – auf die Selbstsucht unserer eigenen Spezies und auf die Ausbeutung anderer als minderwertig angesehener Spezies verweist.

Der britische Philosoph und Pionier der Tierrechtsbewegung Richard Ryder hat 1970 zum ersten Mal in einem Flugblatt dieses Wort verwendet. Er stellte seine Experimente mit Tieren ein, nachdem er zur Überzeugung gekommen war, sie seien unmoralisch – und jedes Lebewesen, das Schmerzen empfinde, verdiene Rechte.

Wie hat sich Ihr eigenes Leben durch Ihre eigene veränderte Einstellung geändert?

Ich bin zunächst einmal Vegetarierin geworden. Tiere sind meine Freunde, und meine Freunde kann ich doch nicht essen! 40 Jahre später habe ich mich entschlossen, in Zukunft möglichst vegan zu leben, also ganz ohne Produkte von Tieren. Selbst durch den Verzehr von Milchprodukten werden wir mitschuldig am entsetzlichen Leiden der Tiere, an der eskalierenden Klimakatastrophe und dem Hunger in der sogenannten Dritten Welt.

Denn immer noch gilt der Satz: Das Vieh der Reichen frisst das Brot der Armen. Etwa sieben bis zehn Kilo pflanzliches Eiweiß sind als Futter nötig, damit ein Kilo tierisches Eiweiß entstehen kann – eine ungeheure Verschwendung. Mit veganer Kost hingegen könnte die gesamte Erdbevölkerung ernährt werden. Jede/r von uns trägt also mit Messer und Gabel dazu bei, ob diese Welt noch zu retten ist oder zugrunde geht. Wie Gandhi gesagt hat: Die Erde hat genug für jedermanns Bedürfnisse, aber nicht für Jedermanns Gier. Vegetarisch ist gut – vegan ist noch besser! Für Mensch, Tier und Umwelt. Also: Gehen wir respektvoll um mit allem, was Haut, Haar, Fell, Federn, Borsten oder Schuppen trägt, leben und glücklich sein will!

Sehen Sie sich selbst als Vorbild für Frauen?

Ja. Ich höre immer wieder, dass ich Frauen durch meine Rollen auf der Bühne oder im Film beeinflusst habe, aber vor allem wohl durch meine Mutmacher-Bücher und meine Auftritte in Talkshows.

| Zur Person |

Barbara Rütting (* 21. November 1927) beginnt 1952 ihre nationale wie internationale Film- und Theaterkarriere. 1970 erscheint ihr erster Roman, dem Kinder- und vor allem vegetarische Kochbücher folgen. Seit den 80er Jahren engagiert sich Barbara Rütting für Menschen-, Tier- und Umweltrechte. 2003 und 2008 wird sie für Bündnis 90/Die Grünen in den Bayerischen Landtag gewählt.

»Ich halte es mit Voltaire: Du bist anderer Meinung als ich und ich werde dein Recht dazu bis in den Tod verteidigen.«

Respekt!
Kein Platz für Rassismus
www.respekt.tv

Spaß und Genuss im Moment

Für Nuri Sahin und Neven Subotic ist Respekt der Schlüssel zu Kommunikation und Wertschätzung

Was bedeutet Respekt für euch?

Neven Für mich bedeutet Respekt, einen Menschen anzuerkennen und wertzuschätzen.

Nuri Respekt erwarte ich von mir, zeige ihn auch den Menschen gegenüber – denn das ist der Schlüssel zur Kommunikation.

Wie zeigt sich das auf dem Platz?

Nuri Man respektiert jeden. Egal, wer er ist, welche Hautfarbe er hat, ob er groß oder klein ist – man respektiert ihn. Dadurch stellt man auch eine Verbindung her.

Neven Respekt geht bei mir auf dem Fußballplatz so weit, dass ich das, was mir jemand sagt, respektiere, wenn er es besser weiß.

Nuri Beim Fußball ist es ja so, dass man sich den Respekt durch Leistung verdient. Wenn man Leistung bringt, dann wird man meistens auch von allen Seiten respektiert. Meine Eltern haben mir immer gesagt: »Zeig den meisten Leuten mehr Respekt, wenn sie dich auch respektieren.« Ich versuche, diesem Satz auch in meinem privaten Leben zu folgen und bin damit meist recht gut gefahren.

Was bedeutet Respekt in den verschiedenen Kulturen?

Neven In Serbien und Bosnien wird Respekt ganz groß geschrieben: Wir haben Respekt vor den Älteren in unserem Dorf. Wenn dir jemand Älteres was sagt, dann musst du auf jeden Fall darauf hören, denn diese Menschen haben einfach schon so viel erlebt und wollen dir nur helfen. Das ist ganz wichtig dort.

Nuri Bei mir ist es so, dass ich schon als Kind so erzogen worden bin, immer Respekt vor anderen Menschen zu haben. Denn man soll immer den Leuten Respekt zollen, die einem selbst Respekt zollen.

Nuri, du bist Kapitän. Gibt es da Druck?

Ich übernehme Verantwortung – das ist klar. Und durch die Binde ist die Verantwortung noch mal ein wenig gestiegen. Aber als Druck sehe ich das nicht, es ist für mich eher eine Anerkennung. Mit Druck kannst du deinen Job nicht ausüben. Bei mir ist es eigentlich nur Spaß und pures Genießen im Moment.

Neven, siehst du dich als Vorbild für die Jugend?

Natürlich. Als Bundesligaprofi ist man oft der Held für die Kleinen. Ich weiß das, denn auch in meiner Jugend war das so. Für mich waren Fußballspieler damals wirklich die Helden und Vorbilder. Da tragen wir natürlich eine große Verantwortung und wissen, dass wir uns immer gut zu verhalten haben. Ich denke, für die meisten Sportler ist das kein Problem, denn wir wurden alle gut erzogen.

| Zu den Personen |

Nuri Sahin (* 5. September 1988) ist deutsch-türkischer Fußballer, war Kapitän des BVB, wechselte zu Real Madrid und ist heute vom spanischen Club an Dortmund ausgeliehen. Teamkollege Neven Subotic (* 10. Dezember 1988) wurde in Bosnien geboren und spielt in der Borussia-Abwehr.

Zwei, die den Ball nicht flach halten.

Kappa
4
BVB 09
EVONIK
INDUSTRIES
Kappa
8
BVB 09
EVONIK
INDUSTRIES
Respekt!
Kein Platz für Rassismus
www.respekt.tv

Hans Adu Sarpei

Das tut einem kleinen Jungen schon weh

Warum hat der liebe Gott mich schwarz gemacht?

Was bedeutet Respekt für dich?

Respekt ist ganz wichtig für mich, und ich glaube, er sollte auch für die ganze Menschheit wichtig sein. Man sollte Personen nicht nach ihrer Herkunft unterscheiden – ob jemand aus Deutschland oder Ghana kommt, ob er rot, grün oder blau ist.

Du bist mit drei Jahren aus Ghana nach Deutschland gekommen – wie lebt man als Schwarzer unter Weißen?

Da kommt man ein bisschen mit Rassismus in Kontakt – da fangen auch die Kleinen manchmal schon an, »Neger« zu rufen und einen zu beschimpfen. Das tut einem kleinen Jungen schon weh. Man wird älter, man geht einkaufen, und wenn man als Schwarzer noch zu D-Mark-Zeiten mit einem 100 Mark-Schein bezahlen will, wird man staunend angeschaut: Man kann gar nicht glauben, dass ein Schwarzer einen 100 Mark-Schein hat und dass der Schein echt ist. Der Schein wird dann zwei, drei Mal kontrolliert, bis man glaubt, dass er echt ist und den Schein akzeptiert!

Für einen kleinen Jungen mit 10 oder 15 Jahren ist das sehr schwer: Wenn man schlecht drauf ist, dann fragt man sich »Warum hat der liebe Gott mich schwarz gemacht und die anderen weiß?« Erst später wird man stolz darauf, dass man so ist, wie man ist. Dass man die Hautfarbe hat. Dann kann man mit Stolz sagen: »Ich bin schwarz, und ich liebe es auch, ein Schwarzer zu sein.« Aber sonst ist es schwierig in der Gesellschaft, damit klar zu kommen, weil die Gesellschaft oft gar nicht weiß, was sie da eigentlich von sich gibt gegenüber einem Farbigen.

Hat der Fußball dir geholfen, respektiert zu werden?

Die Leute kennen und respektieren einen. Aber, glaub ich, eher, weil man Fußballer ist und nicht, weil man der Mensch Hans Sarpei ist. Der Fußball öffnet natürlich viele Türen, sie sind einfacher zu durchschreiten als früher, als einen noch niemand kannte.

Gerald Asamoah war der erste Schwarze in der Nationalmannschaft – wie findest du die aktuelle U21?

Gerald ist ein Typ, den man irgendwie lieben muss. Er ist fröhlich, er hat Spaß und bringt die Leute zum Lachen. Endlich ist es in Deutschland so weit, dass man auch die Menschen anderer Hautfarbe akzeptiert, die in Deutschland aufgewachsen sind! Das, was zum Beispiel in Frankreich und in England gang und gäbe ist, wird nun peu á peu in die Deutsche Nationalmannschaft reingebracht. Das ist schön!

| Zur Person |

Hans Adu Sarpei (* 28. Juni 1976) ist ein ehemaliger deutsch-ghanaischer Fußballspieler, der seit seiner Kindheit in Deutschland lebt. In der Bundesliga spielt er zunächst für den FC Schalke 04. 2012 beendet er seine aktive Karriere als Spieler. Heute arbeitet er als Social Media-Berater.

»Ich bin schwarz, und ich liebe es auch, ein Schwarzer zu sein.«

Respekt!
Kein Platz für Rassismus
www.respekt.tv

Manuela Schmermund

Frauen sind zäher in der Umsetzung

Jeder und jede hat ein Recht auf Würde, Respekt und Anerkennung

Was bedeutet Respekt für dich?

Respekt heißt, jemanden dort abzuholen, wo er/sie steht, ihn/sie so anzunehmen, wie er/sie ist und den gleichen Respekt und die gleiche Wertschätzung weiterzugeben, die ich persönlich für mich auch wünsche und erfahren möchte.

Gibt es Rassismus und Diskriminierung im Sport? Welche Erfahrungen hast du persönlich gemacht?

Da ich persönlich eine Rand-Rand-Sportart ausübe, muss ich diese Frage leider bejahen. In einigen Bereichen fehlen der Respekt und die Achtung vor den Leistungen anderer. Jeder Mensch, der eine Leistung erbringt, verdient Achtung für sein Engagement.

Sind Frauen von Missachtung besonders betroffen?

Ich würde sagen, es gibt einige Gruppen in unserer Gesellschaft, die dies verstärkt trifft. Frauen haben es sicher schwerer, sich Respekt und Anerkennung zu erarbeiten, sind jedoch auch zäher bei der Umsetzung.

Hat sich die Anerkennung von Frauen im Sport in den letzten Jahren geändert, vielleicht verbessert?

Aus meinem Bekanntenkreis habe ich erfahren dürfen, dass sich die Wertschätzung der Leistung der Frauen im Fußball deutlich verbessert hat. Die Wahrnehmung ist eine andere geworden, und dies liegt sicherlich auch an dem veränderten Auftreten von Frauen im Fußball und im Sport allgemein.

Wie entstehen deiner Meinung nach Vorurteile?

In der Gesellschaft wird viel mit und über Klischees berichtet und werden Beispiele zu deren Bestätigung gesucht. Dies scheint interessanter zu sein, als über positive Leistungen zu berichten. Im persönlichen Umfeld spiegeln sich sehr stark die dort vorhandenen Einstellungen und der Umgang mit Werten wider.

Wo lernen Kinder Respekt?

Grundsätzlich denke ich, dass das Elternhaus ein wichtiger Baustein für die Entwicklung von Werten ist. Weiter spielen die Vorbilder im gesamten persönlichen Umfeld (Freunde, Kindergarten) eine wichtige Rolle für die Ausrichtung der Kinder.

Siehst du dich selbst als Vorbild für Mädchen und Frauen?

Nun, ich versuche meine Vorstellung von Werten und Idealen selbst zu leben und auch weiterzugeben. Ich denke, jeder Mensch sollte in seinem Umfeld Vorbild sein.

| Zur Person |

Manuela Schmermund (* 30. Dezember 1971) gehört als Sportschützin seit 1999 zum Kader der deutschen Behinderten-Nationalmannschaft. Mit elf Jahren beginnt sie mit dem Schießsport. 1992 wird sie durch einen Unfall querschnittsgelähmt. Die gelernte Verwaltungsfachwirtin gewinnt 2004 Gold und Bronze bei den Paralympics, 2008 holt sie die Silbermedaille. 2010 wird sie Weltmeisterin. Manuela war Mitglied im Team der Botschafterinnen zur FIFA-Frauen-WM 2011.

»Jeder Mensch, der eine Leistung erbringt, verdient Achtung.«

2008.9.6 - 2008.9.17
One World One Dream
2008.9.6-2008.9.17
One Dream
2008.9.6 - 2008.9.17

Stephanie Schmoliner

Echte Solidarität braucht Aktivität

Bei der Entlohnung werden Frauen nach wie vor benachteiligt

Was bedeutet Respekt für dich?

Respekt heißt für mich vor allem Wertschätzung, also der und dem Anderen mit Offenheit statt mit Unterstellungen zu begegnen. Sie oder ihn zu achten, die Unterschiede von Menschen zu respektieren und wohlwollend auch mit jenen umzugehen, die eine andere Geschichte und andere Ziele haben als ich.

Respekt heißt für mich umgekehrt auch, jenen Grenzen zu setzen, die andere diskriminieren. Also dafür zu sorgen, dass Ausgrenzung oder Gewalt gegen Andersdenkende, Frauen, Migranten oder jene, die weniger Chancen bekommen, aufhört.

Gibt es Diskriminierung in Betrieben und was kann man dagegen tun?

Ja, das gibt es – leider. Stereotype über das, was Frauen angeblich nicht können oder welche Eigenschaften bestimmte Gruppen hätten, gibt es unterschwellig wohl immer. Daraus können sich schnell auch direkte Diskriminierungen wie rassistische Sprüche, Ignoranz oder Benachteiligungen ergeben. Wirkliche Solidarität braucht also immer Aktivität, um noch bestehende Diskriminierung zu überwinden. Wir unterstützen beispielsweise Projekte wie »Mach' meinen Kumpel nicht an« oder initiieren Anti-Nazi-Aktionen. Erfreulicherweise ist es ja in vielen Betrieben längst Alltag, sehr gemischte Belegschaften zu haben.

Deutlich wird Diskriminierung bei Entlohnungsfragen, die immer noch für Frauen und Männer sehr unterschiedlich sind.

Wie sind deine Erfahrungen als Frau mit Sexismus und Diskriminierung?

Diskriminierend für Frauen ist immer noch, dass sie keinen gleichen Lohn für gleiche Arbeit bekommen, dass Frauen nach wie vor die Hauptlasten der Familienarbeit zu tragen haben und daher im Beruf nicht vorankommen sowie auch aus anderen Gründen immer noch oft nicht die Karriere machen können, die ihren Fähigkeiten und Qualifikationen entspricht.

Hinderlich sind auch die vielen Klischees: Eine Frau muss immer schön sein und ihren »Mann stehen«, um erfolgreich zu sein. Beim Fußball fragt zum Beispiel niemand danach, ob männliche Fußballprofis auch hübsch genug oder übertrainiert sind. Bei den Spielerinnen ist das immer Thema: die müssen gut spielen und hübsch sein – was soll das?

Das meiste sind aber kleine Alltagsprobleme. Sie bedrohen mich nicht in meiner Existenz – wie manche gravierendere Diskriminierungen für andere Menschen. Wichtig finde ich, Diskriminierung nicht einfach zu dulden, sondern sich zu wehren.

Ist Respekt eine Frage der Bildung? Des Elternhauses?

Nein, ich glaube, das ist keine Frage der Bildung. Respekt ist im weitesten Sinne eine Frage von Erziehung, aber nicht von Bildung. Respekt ist eher eine Frage von Übung, verschiedene Lebensformen zu akzeptieren, sich von Stereotypen zu lösen, und es ist eine Frage von Sensibilisierung, zum Beispiel keine rassistischen, antisemitischen oder sexistischen »Witze« zu dulden.

| Zur Person |

Stephanie Schmoliner (* 11. Juli 1974) absolviert zunächst eine duale Ausbildung zur Tischlerin und Betriebsassistentin für Holz- und Kunststoff. Anschließend studiert sie Politikwissenschaften an der Georg-August-Universität Göttingen. Heute ist sie politische Sekretärin der IG Metall Bezirk Küste in Hamburg.

Stephanie Schmoliner mit Meike Vogel am Tor zur Welt. »Erfreulicherweise ist es in vielen Betrieben längst Alltag, gemischte Belegschaften zu haben.«

Respekt!
Kein Platz für Rassismus
www.respekt.tv

Nora Schratz

Das gibt Stärke für das ganze Leben

Die Rollstuhlbasketballerin trainiert heute die Mainhatten Skywheelers in der Bundesliga

Was bedeutet Respekt für dich?

Respekt bedeutet für mich, dass mich Menschen so akzeptieren, wie ich bin, mich als Mensch wahrnehmen und behandeln. Ich habe oft das Gefühl, dass Menschen nur meine Behinderung wahrnehmen, aber nicht mich als Person. Ich selbst respektiere Menschen für das, was sie leisten und wie sie sind, ohne dass sie sich verändern müssen.

Hast du bisher negative Erfahrungen machen müssen aufgrund von Respektlosigkeit anderer?

Ja, was ich immer wieder als sehr respektlos empfinde: Wenn ich unterwegs bin mit einer Gruppe oder einer Freundin, wird diese von den Leuten oft als Begleitperson angesehen und nicht als meine Freundin. Die Leute richten dann an meine Freundin Fragen, die mich betreffen. Das finde ich einfach respektlos – ich kann für mich selbst antworten!

Auf welche Barrieren stößt du als Rollstuhlfahrerin?

Was die Gesellschaft angeht, muss vieles noch rollstuhlgerechter werden. Ich bin jemand, der keine Probleme mit Barrieren hat, weil ich als behinderter Mensch so offen bin, dass ich auf Leute zugehen und sagen kann: »Hier sind drei Stufen, kannst du mir mal hochhelfen?« Das kann man aber nicht von jedem behinderten Menschen verlangen.

Worauf bist du stolz?

2000 in Sydney bei der Olympiade sind wir Vorletzter geworden. Ich war ganz oben in der Halle und habe bei der Siegerehrung zugeguckt und aus Flachs gesagt »Wäre schön, wenn wir auch mal da unten stehen würden« und habe es aber für unrealistisch gehalten. Na ja, und acht Jahre später in Peking war es dann endlich soweit: Paralympics. Da endlich durften wir uns die Silbermedaille abholen! Und darauf bin ich sehr stolz, dass sich die viele Arbeit gelohnt hat, wir die vielen Tiefschläge auf dem Weg dorthin weggesteckt und wir den Glauben an die Medaille nicht verloren haben. Das gibt Stärke für das ganze Leben.

Gibt es auch rassistische Rollstuhlfahrer?

Selbstverständlich gibt es auch rassistische Rollstuhlfahrer, es gibt Arschlöcher als Rollstuhlfahrer, das gibt es alles. Schließlich sind wir alle nur Menschen – ob mit oder ohne Behinderung. Ich glaube aber, dass Rollstuhlfahrer in der Regel ein bisschen liberaler sind als Menschen ohne Behinderung, weil sie die Erfahrung geprägt hat, dass sie eine Minderheit sind. Die meisten Behinderten, die ich kenne, kenne ich aus dem Sport, und allein Sport macht ja schon offen. Sport ist etwas, das Menschen verbindet. Ein Behinderter, der Sport treibt, ist meistens sehr selbstbewusst – weil er gelernt hat, mit seiner Behinderung umzugehen. Sport kann viel ausgleichen.

| Zur Person |

Nora Schratz (* 1. Januar 1979) ist hauptberuflich Fachangestellte für Medien und Infodienste. Als Rollstuhlbasketballerin nimmt sie dreimal an den Paralympics teil, wird Europameisterin und auf Vereinsebene Deutsche Meisterin, Pokalsiegerin und Champions Cup-Siegerin. Aktuell trainiert sie die Mainhatten Skywheelers in der Bundesliga.

»Selbstverständlich gibt es auch rassistische Rollstuhlfahrer. Arschlöcher gibt es überall.«

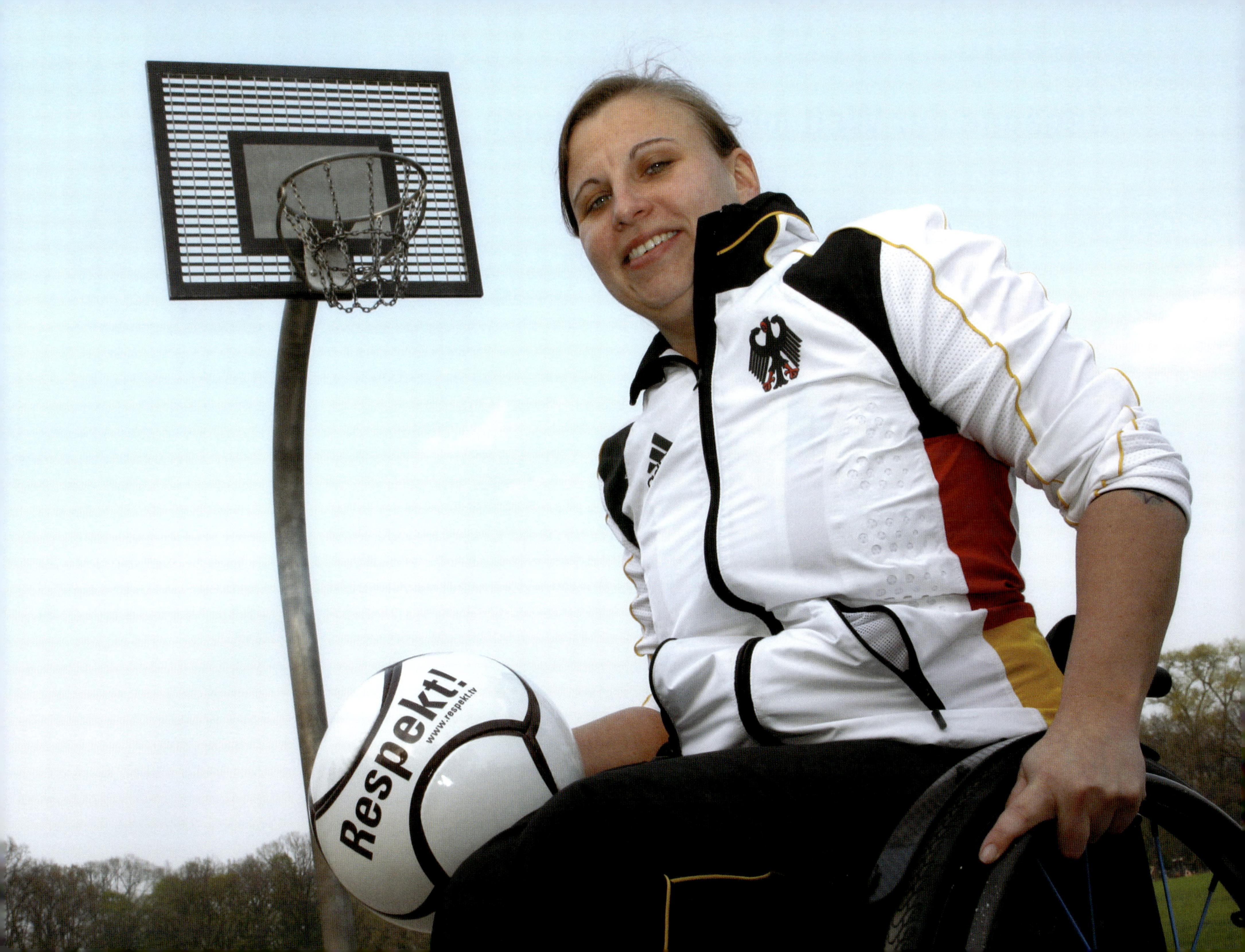
Respekt!
www.respekt.tv

Steffi Siepmann

Begegne der Welt mit offenen Augen

Zu seinen Ansichten stehen und sich nicht provozieren lassen

Was bedeutet Respekt für dich?

Respekt ist für mich die Basis jeglichen Umgangs miteinander. Für mich gehört ein respektvolles Verhalten einfach dazu. Schwer nachvollziehbar ist auch, wieso man sich Respekt »verdienen muss«. Ich kann von meinem Gegenüber nur das erwarten, was ich auch bereit bin zu geben.

Hattest oder hast du im täglichen Leben mit Rassismus oder Diskriminierung zu tun?

Rassismus und Ausgrenzung von Minderheiten sind in unserem Alltag immer unterschwellig vorhanden. Ein deutscher 26-jähriger Mann afrikanischer Abstammung fragte mich einmal, warum ich denn ganz normal und nett mit ihm sprechen würde, er sei doch schwarz! Die Vorstellung, was er schon in Deutschland erlebt haben muss, um überhaupt auf eine solche Frage zu kommen, entsetzte mich. Als sehr respektvoll hingegen habe ich das Verhalten der Mitarbeiter der Essener Uniklinik gegenüber ihren Patienten erlebt. Respekt gehört dort zum täglichen Umgang: Der Mensch wird als Ganzheitliches gesehen. Die Patienten waren sehr positiv gestimmt, weil sie sich angenommen und wertgeschätzt fühlten.

Wie entsteht deiner Meinung nach vorurteilbehaftetes Denken?

Vermutlich ist das auch abhängig vom persönlichen Umfeld. Wenn die eigene Persönlichkeit noch nicht gefestigt ist oder man eine labile Persönlichkeit besitzt, ist man eher beeinflussbar. Und wenn man nicht bereit ist, sich mit anderen Sichtweisen auseinanderzusetzen, kann dies Vorurteile fördern und verhärten. »Unser Kopf ist rund, damit das Denken die Richtung ändern kann«, um es mit Francis Picabia zu sagen.

Ist Respekt eine Frage der Bildung? Des Elternhauses? Wie kommt Respekt in die Köpfe?

Das Elternhaus prägt, das steht fest. Meine Eltern haben mir stets vermittelt, dass man kein besserer oder schlechterer Mensch ist, wenn man eine andere Hautfarbe hat als wir, und dass es egal ist, ob ein Mann eine Frau oder einen Mann liebt. Hier im Ruhrgebiet, dem »Schmelztiegel der Nationen«, ist der Alltag multikulti und bunt. Wie langweilig wäre denn ein unifarbenes Leben! Natürlich gibt es auch Reibungspunkte, die man aber mit gegenseitigem Verständnis und Offenheit meist schnell entschärfen kann.

Was kann jeder Einzelne für ein besseres Miteinander tun?

Man sollte neugierig bleiben, der Umwelt und den Menschen mit offenen Augen begegnen. Vermutlich habe ich mir ein wenig meine kindliche Neugier bewahrt, was mich sehr bereichert. Seit ich mich mit dem Thema Respekt beschäftige, habe ich schon oft überlegt, was mir im Leben an Glücksmomenten verloren gegangen wäre, wenn ich den Kontakt zu Menschen aus anderen Kulturen oder »gesellschaftlichen Aussenseitern« nicht zugelassen hätte. Es ist wichtig, zu seinen Ansichten zu stehen und sich nicht provozieren zu lassen. Die Akzeptanz kontroverser Meinungen ist ein sichtbares Zeichen von Respekt.

| Zur Person |

Steffi Siepmann (* 25. September 1970) ist staatlich examierte Altenpflegerin und begeisterte Gospelsängerin. Sie lebt mit ihrer Familie in Mülheim an der Ruhr. Ehrenamtliches Engagement für eine gute Sache liegt ihr sehr am Herzen: Seit dem Sommer 2012 unterstützt sie uns im Ruhrgebiet und Umgebung als »Respekt!« Botschafterin.

»Man sollte neugierig bleiben und andere Meinungen akzeptieren.«

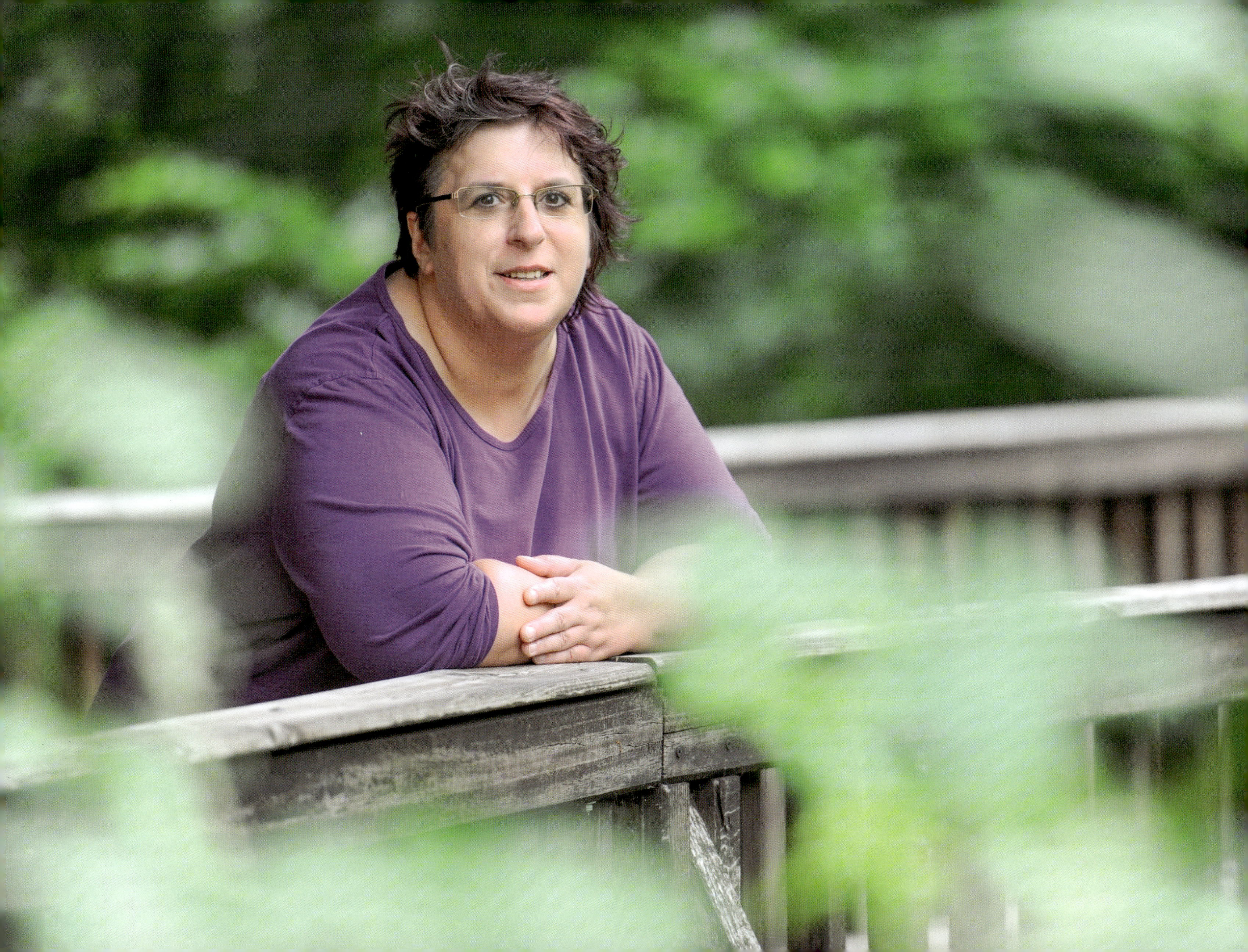

Monika Staab

Denn jede Mühe lohnt sich

Mädchen und Frauen haben das Recht, aus Lust und Freude Fußball zu spielen

Was bedeutet Respekt für dich?

Respekt ist für mich das Allerwichtigste in unserer Gesellschaft – ohne Respekt kann man nicht miteinander leben. Die Wertschätzung des anderen Menschen hat für mich die größte Bedeutung im Leben. Wir brauchen uns gegenseitig, und nur mit dem nötigen Respekt für unsere Mitmenschen lernen wir miteinander umzugehen. Leider geht er immer mehr verloren, weil wir nicht mehr lernen, miteinander zu kommunizieren, aufeinander zuzugehen und das egoistische Verhalten in den Hintergrund zu stellen.

Gibt es Rassismus und Diskriminierung im Frauenfußball? Wie sind deine persönlichen Erfahrungen?

Das erlebe ich tagtäglich in allen Entwicklungsländern, in denen ich unterwegs bin. Dort, wo Mädchen nicht Fußball spielen dürfen. Das gilt auch für den einen oder anderen Golfstaat, wo besonders schwere Wege Richtung Ziel zu gehen sind. Doch jede Mühe lohnt sich, denn ich habe überall Frauen angetroffen, die mit dem Fußball große Hoffnungen verbinden und überall talentierte Mädchen spielen sehen.

Frauen müssen also härter kämpfen?

Frauen und Mädchen haben es in dieser Männerfußballwelt besonders schwer, ihren Platz zu finden. Es steht ihnen zumindest zu, dem Ball hinterherzujagen, Spaß zu haben, einfach aus Lust und Freude, Fußball zu spielen.

Hat sich die gesellschaftliche Anerkennung von Frauen im Fußball in den letzten Jahren geändert, gar verbessert?

Das hängt von den jeweiligen Ländern ab. In den muslimischen Ländern ist es noch ein langer Weg, bis Frauenfußball anerkannt ist. Aber vor 40 Jahren war auch in Deutschland Damenfußball noch verboten.

Die Frau wurde, so das klassische Bild, dafür geboren, Kinder zu bekommen, sich um die Familie zu kümmern und den Haushalt zu führen. Das hat sich Gott sei Dank in der Gesellschaft in Mitteleuropa vor allem in den letzten 30 Jahren deutlich verändert.

Ist Respekt eine Frage der Bildung? Des Elternhauses?

Respekt ist einzig und allein Erziehungssache und ein Vorleben der Eltern. Er wird geprägt von dem jeweiligen Umgang in der Gesellschaft.

Siehst du dich selbst als Vorbild für Mädchen und junge Frauen?

Ja, auf jeden Fall! In meinen Missionen kann ich besonders auf Respekt miteinander eingehen und dementsprechend erzieherische Maßnahmen umsetzen.

| Zur Person |

Monika Staab (* 9. Januar 1959) zählt zu den Pionierinnen im deutschen Frauenfußball. Kickerin von Kindesbeinen an, ist sie eine der ersten deutschen Frauen mit Fußballlehrer-Lizenz. Mit ihren jeweiligen Teams feiert sie als Trainerin und Klub-Präsidentin Erfolge als Deutscher Meister, DFB- und UEFA-Pokalsieger. Seit einigen Jahren bereist sie für die FIFA als Entwicklungshelferin und Botschafterin des Frauenfußballs die Welt.

Es gibt keinen noch so weißen Fleck auf der Weltkarte, den Monika Staab nicht in einen Fußballplatz für Frauen und Mädchen verwandeln möchte.

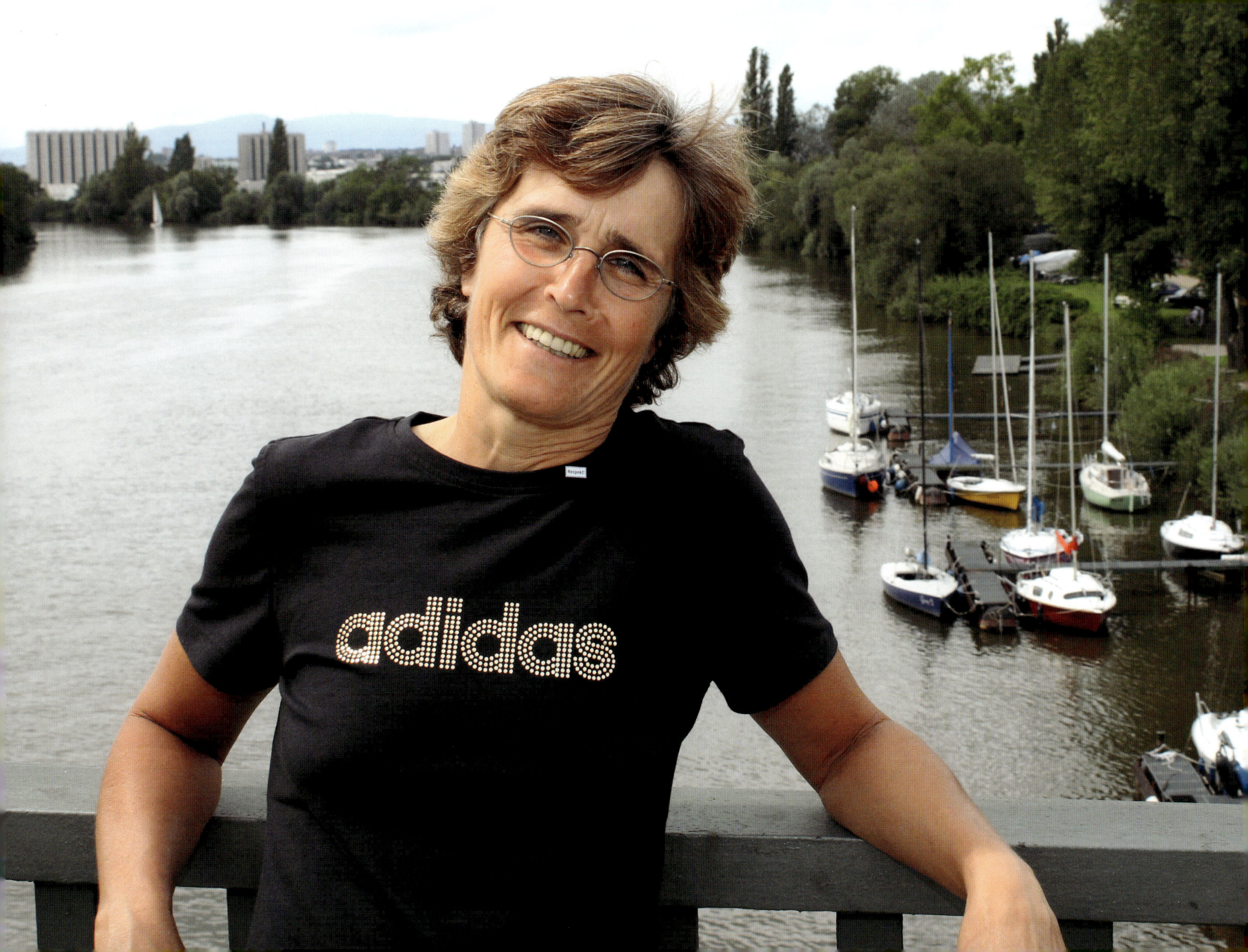
adidas

Michael Steinbrecher

Urteilen nach Äußerlichkeiten stört mich

Respekt ist auch eine Vorraussetzung für Toleranz

Wie definierst du Respekt?

Respekt ist eine ganz wichtige Grundeigenschaft, die man haben sollte. Es hat was mit Achtung zu tun und auch mit Achtung vor Leuten, die anders denken oder anders sind. Insofern ist Respekt auch eine Voraussetzung für Toleranz und damit eine ganz wichtige Eigenschaft.

Hast du schon mal Respektlosigkeit erlebt?

Ich glaube, jeder hat schon mal Respektlosigkeit erlebt. Ich habe früher lange Haare gehabt. Wenn ich damals in den Urlaub gefahren bin und schlecht rasiert war, sah ich wohl aus wie der Prototyp eines Drogenhändlers. Ich wurde an jeder Grenze rausgepickt und der Wagen wurde komplett gefilzt. Ich konnte die Uhr danach stellen, wirklich! Ich glaube, dass viele schön gescheitelte Typen vielleicht irgendwas in ihrem Auto hatten und nicht angehalten wurden. Dieses Beurteilen nach Äußerlichkeiten hat mich oft total gestört.

Als meine Eltern krank waren, habe ich mich in vielen Krankenhäusern aufhalten müssen. Wie da mit Kranken umgegangen wird – gerade mit denen, die nicht privat versichert sind oder die vielleicht nicht richtig Deutsch sprechen können! Sicherlich muss man auch die Situation in den Krankenhäusern sehen... Aber wenn die Menschen dort ihre Mappe mit ihrer Krankheitsgeschichte auf dem Bauch haben und stundenlang in diesen Gängen verharren und keiner ist da – das hat oft was Würdeloses. Ich finde, da muss man hingucken, auf die Situation hinweisen und sagen: Auch da müssen wir Respekt zeigen.

Respekt früher und heute – was ist anders?

Ich halte grundsätzlich nichts von Leuten, die sagen: »Früher war alles besser!« Früher war vieles anders, vielleicht sogar ziemlich anders. Aber die Leute wachsen heute anders auf: Früher ist man in gewachsenen Strukturen aufgewachsen, und oft haben die Söhne den Beruf des Vaters übernommen. Für die Töchter gab es gar nicht so viele Alternativen, außer vielleicht Hausfrau zu werden und irgendjemanden zu heiraten – wollen wir das?

Heute ist jeder das Planungsbüro seines eigenen Lebenslaufes und kann im Prinzip vieles machen: Man entscheidet sich, gehe ich zur Schule, will ich eine Ausbildung machen oder will ich studieren. Wo gehe ich hin? Mobilität ist gefragt! Man wird fast gezwungen in immer neue Entscheidungssituationen. Das ist ein anderes Leben und vieles ist flüchtiger. Aber auch dadurch, dass es von einem erwartet wird, immer in Bewegung zu bleiben. Dann Leute zu verurteilen oder zu sagen, diese Generation heute hat keinen Respekt – das finde ich zu kurz gesprungen. Es gibt viele, die keinen Respekt vor anderen haben, aber das war früher auch so – denken wir doch mal an die 50er oder 60er Jahre. Hatte man da Respekt vor Leuten, die ohne Trauschein zusammenlebten? Nein, das war ein Skandal. Heute ist man viel toleranter und das sollte man nicht vergessen.

| Zur Person |

Michael Steinbrecher (* 20. November 1965) ist Journalist und Fernsehmoderator. Seit 2009 lehrt er an der TU Dortmund am Institut für Journalistik als Professor für Fernseh- und Videojournalismus.

»Ich halte grundsätzlich nichts von Leuten, die sagen: Früher war alles besser.«

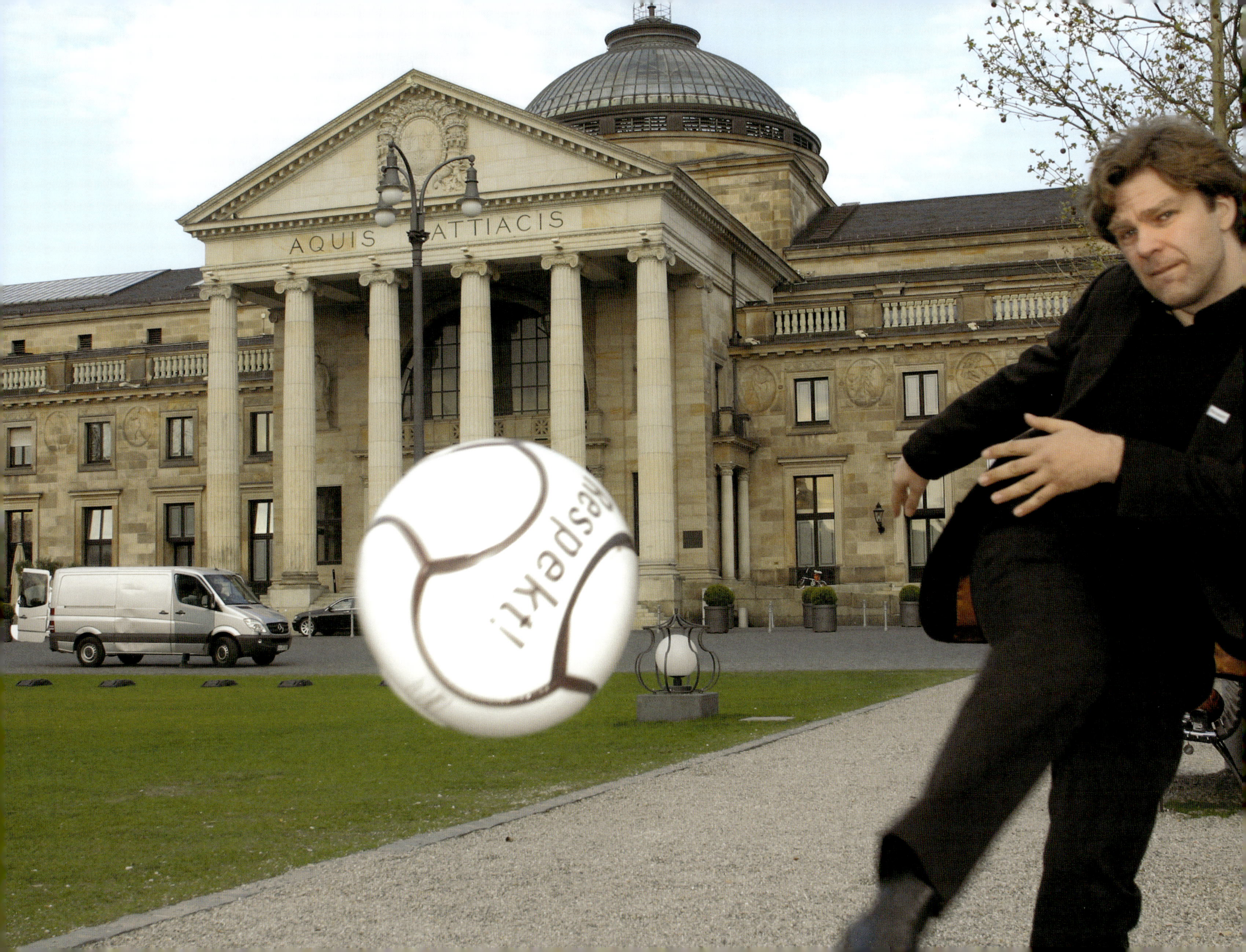
AQUIS ATTIACIS

Jutta Steinruck

Respekt zeigen, heißt wertschätzen

Respekt bedeutet gegenseitige Solidarität in allen Lebensbereichen

Was bedeutet Respekt für Sie?

Respekt ist für mich die Wertschätzung und Anerkennung der Unterschiedlichkeit der Menschen. Gerade in Europa habe ich gelernt, wie wichtig der Respekt vor den Menschen und ihrer Herkunft ist. Mit Respekt verknüpfe ich vor allem gegenseitige Solidarität in allen Lebensbereichen.

Hatten oder haben Sie im täglichen Leben mit Rassismus oder Diskriminierung zu tun? Welche persönlichen Erfahrungen haben Sie gemacht?

In Europa habe ich leider viele rassistische Erfahrungen gemacht. Diese waren nicht gegen mich gerichtet, sondern gegen Kolleginnen und Kollegen von mir. Erschreckend war der in vielen Debatten zu sehende Rassismus, beispielsweise gegen Griechen. Ich habe mich oft geschämt, wenn in Deutschland von »den Griechen« die Rede war, die ihre Finanzen nicht im Griff hätten. Oder die zu faul wären.

Wie entsteht Ihrer Meinung nach vorurteilbehaftetes Denken?

Durch fehlendes Wissen und durch Bequemlichkeit! Vorurteile entstehen, wenn man wenig vom anderen weiß. Daraus resultieren die meisten Vorurteile und wir alle tragen diese in uns. Wenn wir uns dessen bewusst sind, haben wir eine gute Chance, Vorurteile zu überwinden.

Ist Respekt eine Frage der Bildung? Des Elternhauses? Wie kommt Respekt in die Köpfe?

Respekt ist eine Frage der eigenen Wertschätzung. Wer selbst Wertschätzung und Respekt erfährt, kann auch andere mit Respekt behandeln. Da ist das Elternhaus wichtig, da ist die Schule wichtig, da sind der Sportverein und die Jugendgruppe wichtig.

Was kann jeder Einzelne für ein besseres Miteinander tun?

Zunächst jedem Menschen Respekt entgegenbringen, Diskriminierungen im Alltag benennen und sich aktiv gegen jede Form des Rassismus und der Diskriminierung einsetzen, anstatt zu schweigen.

| Zur Person |

Jutta Steinruck (* 1. September 1962) ist seit 2000 aktives Mitglied im Bündnis gegen Rechte Gewalt und Rassismus Ludwigshafen. 2004 bis 2011 ist sie Vorsitzende der DGB-Region Vorder- und Südpfalz. 2006 bis 2009 ist Steinruck Mitglied im Landtag von Rheinland-Pfalz. Seit 2009 sitzt sie im Europa-Parlament.

»Anstatt zu schweigen, sollte man sich aktiv gegen jede Form von Rassismus und Diskriminierung einsetzen.«

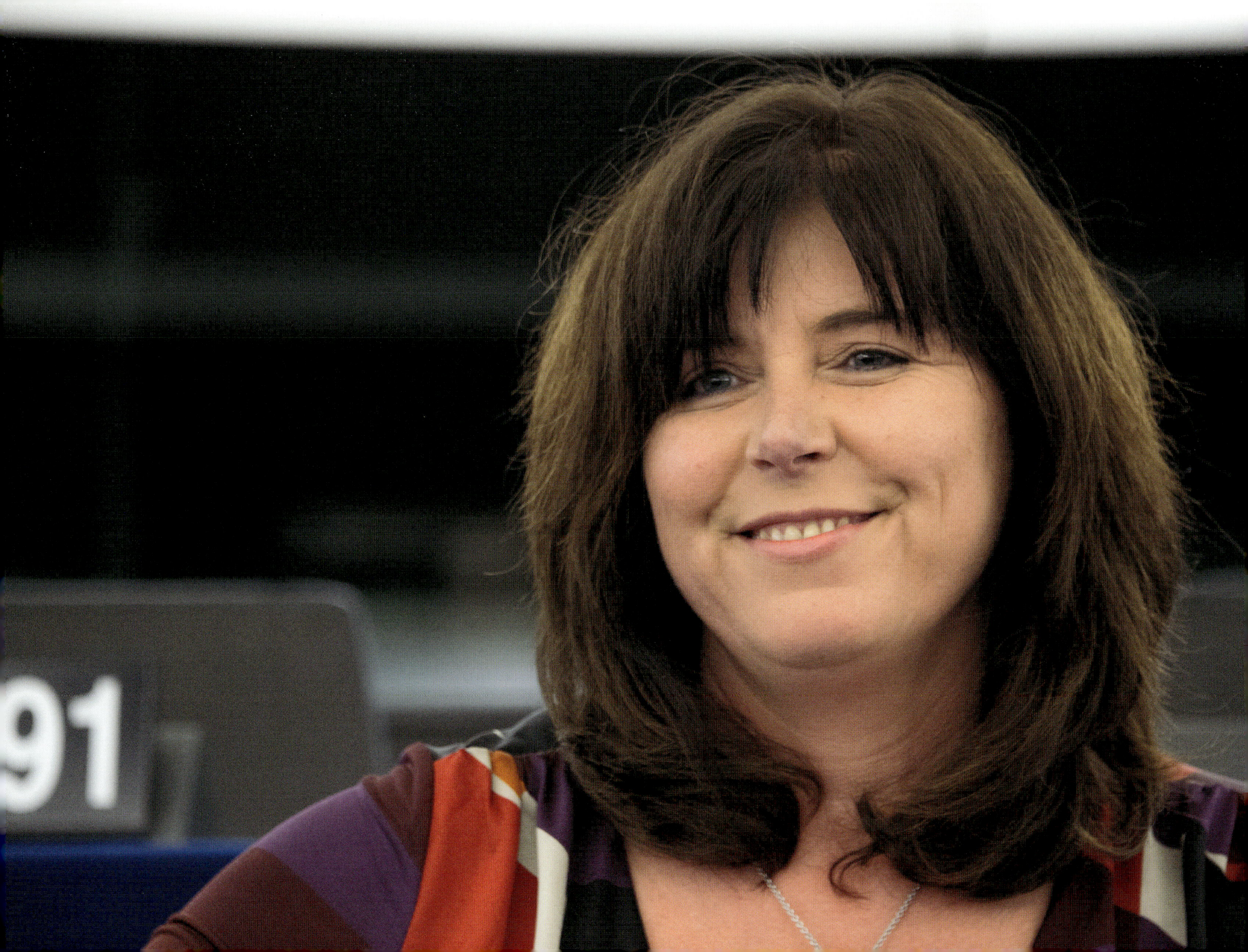
91

Durch Zivilcourage Position beziehen

Harald Strutz ist Mitglied der FDP und sitzt im Mainzer Stadtrat

Was bedeutet Respekt für dich?

Respekt bedeutet die Akzeptanz und Anerkennung eines anderen Menschen: dass man jemand anderen schätzt und dementsprechend mit ihm umgeht. Respekt heißt für mich, dass ich mit anderen Menschen so umgehe, wie ich auch behandelt werden möchte.

Ist es einfach, Respekt zu bekommen?

Jeder kann selbst beeinflussen, ob ihm Respekt entgegengebracht wird. Wenn ich meinen Mitmenschen offen und respektvoll gegenübertrete, dann wird mein Gegenüber auch mir offen und respektvoll begegnen. Wenn ich hingegen ablehnend oder aggressiv auftrete, brauche ich mich über eine ähnliche Reaktion nicht zu wundern.

Seit 25 Jahren bist du Vereinspräsident – hat sich Respekt in dieser Zeit verändert?

Es ist leider so, dass man heute auch bei Bundesligaspielen fehlenden Respekt der Spieler untereinander in Gesten und Worten feststellen kann. Dieses Verhalten ist auch immer wieder bei Fans zu bemerken, beispielsweise wenn Schmähgesänge gegen Spieler angestimmt werden. Andererseits haben wir im Fußball aufgrund der großen Öffentlichkeit auch die Chance, ein gutes Beispiel für respektvollen Umgang zu geben.

Wie ist dein Verhältnis zum Trainer?

Auf der einen Seite locker, spaßig und vor allem sehr menschlich. Aber auf der anderen Seite respektiere ich jede Entscheidung, die der Trainer vornimmt. Ich erwarte auch, dass er Entscheidungen, die ich treffe, akzeptiert und respektiert. Das ist nicht nur ein angenehmer, sondern auch ein produktiver Umgang.

Du bist ein jung gebliebener Dienstältester ...

Erst einmal vielen Dank für das Kompliment. Ich komme selbst aus dem Sport und habe den Verein in den vergangenen 25 Jahren mitaufgebaut. Damit stehst du mittendrin und nicht außen vor. Du bist auch als Präsident in der täglichen Arbeit ein Teil dieses Teams. Diese Nähe ist ein wesentliches Merkmal unserer Arbeit bei Mainz 05. Damit hast du automatisch ein völlig anderes Bewusstsein im Umgang mit deinem gesamten sportlichen Umfeld und auch zu deinen Mitarbeitern in der Organisation.

Gibt es heute mehr Rassismus im Fußball als früher?

Ich glaube nicht, dass der Rassismus im Fußball generell zugenommen hat. Der Fußball steht durch das große Interesse der Medien heute viel mehr im Fokus der Öffentlichkeit als früher. Rassistische Entgleisungen werden daher viel genauer wahrgenommen und transportiert. Dennoch wird auch heute der Fußball von einer kleinen Minderheit immer noch als Plattform für rassistische und ausländerfeindliche Parolen missbraucht. Verbände und Vereine dürfen daher nicht müde werden, entschieden gegen diese Strömungen zu kämpfen. Gleichzeitig ist es aber auch ein Auftrag für alle vernünftigen Fans, durch Zivilcourage eindeutig Position gegenüber jeder Form von Fremdenfeindlichkeit zu beziehen.

| Zur Person |

Harald Strutz (* 22. Dezember 1950) ist seit 1988 Präsident des 1. FSV Mainz 05 und damit der dienstälteste Präsident im deutschen Profifußball. Der Jurist war früher Leichtathlet und wurde 1969 und 1970 Deutscher Vizemeister im Dreisprung.

»Der Fußball wird von einer kleinen Minderheit immer noch als Plattform für rassistische Parolen missbraucht.«

Respekt!
Kein Platz für Rassismus
www.respekt.tv

Lilian Thuram – Weltbotschafter

Rassismus bedeutet vor allem Ungleichheit

Kinder sagen: Rote gibt es nicht, das sind die Simpsons

Sie engagieren sich heute als Sprecher, Autor und pädagogischer Experte gegen Rassismus. Wie erklären Sie Ihren Weg, was waren Auslöser und Motivationen?

Das kommt durch meine Lebensgeschichte. Es gab ein Fragestellen von Kindheit an, das mich zu diesen Überlegungen über Rassismus gebracht hat. Mit neun Jahren kam ich in den Großraum Paris, und ich würde sagen, dass ich damals schwarz geworden bin. Weil man im Blick des Anderen schwarz wird. Damals gab es im französischen Fernsehen einen Zeichentrickfilm mit zwei Kühen, von denen die eine schwarz und blöde, die andere weiß und intelligent war. Einige riefen mich nach dem Namen der blöden schwarzen Kuh, »Schwärzling«. Zu Hause habe ich meine Mutter gefragt, warum die Farbe Schwarz negativ gesehen wird. Ach, sagte sie mir, weißt du, die Menschen sind rassistisch, das wird sich nie ändern. Ich muss zugeben, dass es keine sehr kluge Antwort war. Ständig habe ich mir Fragen gestellt, weshalb die Farbe Schwarz und weshalb die schwarzen Menschen derart anders wahrgenommen werden als Menschen weißer Hautfarbe.

Als ich mich mit der Geschichte meiner Familie beschäftigte, verstand ich, dass Rassismus vor allem etwas Kulturelles ist, etwas, was mit unserer Kultur verbunden ist, ein politisches Konstrukt, ein ökonomisches Konstrukt.

Ich bin auf den Antillen geboren, wo es früher einmal Sklaverei gab. Die Sklaverei war keine Konfrontation zwischen Menschen unterschiedlicher Hautfarbe. Sie war vor allem anderen ein ökonomisches und politisches System. Um aus bestimmten Menschen Sklaven zu machen, musste deren Unterlegenheit behauptet werden. Dementsprechend wurde eine Unterlegenheit von Menschen schwarzer Hautfarbe konstruiert. Durch die Konstruktion einer Unterlegenheit teilte man auch auf »natürliche Weise« die Gruppe der Schwarzen und die Gruppe der Weißen voneinander. Im gesamten Verlauf der Geschichte kann man Aufspaltungen aufgrund von Hautfarbe beobachten. Das finde ich sehr interessant. Man muss die Geschichte untersuchen, um zu begreifen, woher das kommt. Ich weiß nicht, was man an deutschen Schulen erzählt, wenn man die Geschichte Amerikas durchnimmt. Wer hat Amerika entdeckt? In Frankreich sagt man: Christoph Kolumbus.

In Deutschland ist das genauso.

Aber das ist doch unglaublich! Wir schreiben das Jahr 2012, und man bringt den Kindern immer noch bei, dass Kolumbus Amerika entdeckt hat. Ich sage Schülern oft, »Wir sind hier in einem Klassenraum. Stellt Euch vor, jemand öffnet die Tür und sagt: Ich habe den Klassenraum entdeckt!« Die Kinder sagen, »Hey, das gilt nicht, wir waren vorher da!« Dann sage ich ihnen, »Seht ihr, in Amerika waren die Indianer vorher da.« Wenn gesagt wird, dass Kolumbus Amerika entdeckt hat, bedeutet es, dass man das Menschsein der Ureinwohner bestreitet. Daher finde ich es lohnenswert, die Geschichte richtig zu lesen.

Beispielsweise wurde das Menschsein der Ureinwohner im Disput von Valladolid (Spanien, 1550-51) abgestritten. Allmäh-

| Zur Person |

Lilian Thuram (* 1. Januar 1972) ist ehemaliger französischer Fußballnationalspieler. Mit 142 Länderspielen ist er Rekordnationalspieler der Équipe Tricolore. Thuram ist für sein großes Engagement gegen Rassismus bekannt. 2008 gründet er die Stiftung »Fondation Lilian Thuram – Éducation contre le racisme«.

»Wenn gesagt wird, dass Kolumbus Amerika entdeckt hat, bedeutet es, dass man das Menschsein der Ureinwohner bestreitet.«

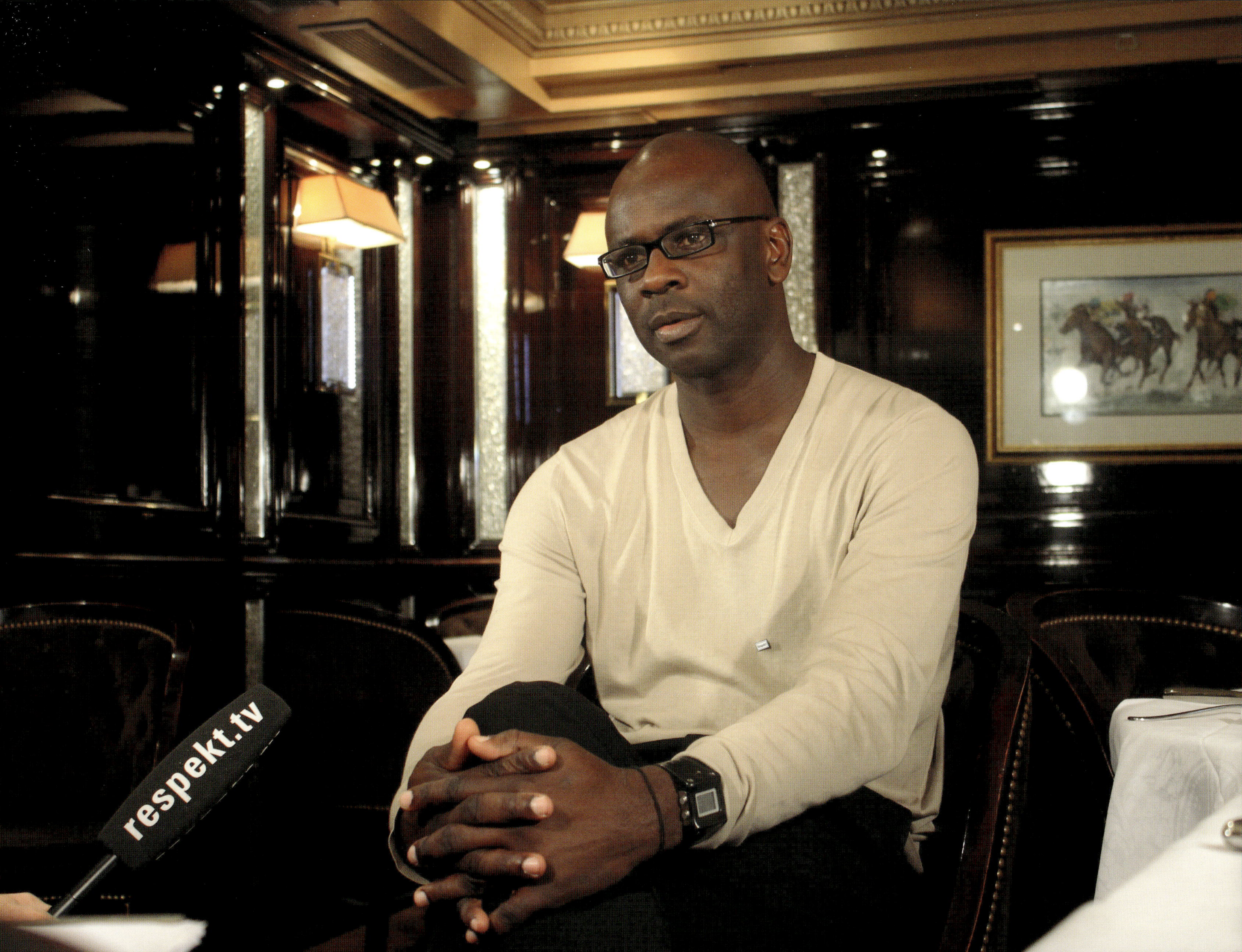
respekt.tv

Lilian Thuram – Weltbotschafter

lich hat sich eine Hierarchisierung nach Hautfarbe etabliert. Im 18. und 19. Jahrhundert gab es wissenschaftliche Arbeiten, die den Glauben festschrieben, dass es mehrere Rassen gebe. Die weiße Rasse sollte die überlegene Rasse sein, und dahinter gab es eine Abstufung nach Farben, nach der die Menschen schwarzer Hautfarbe das fehlende Kettenglied zwischen dem Affen und dem Menschen bilden sollten. Daher kommt jenes Affengebrüll in manchen Fussballstadien, wenn die Spieler den Ball berühren – im kollektiven Unbewusstsein, in der kollektiven Phantasie steht der schwarze Mensch dem Affen näher. Das muss man wissen.

In Deutschland kann man beobachten, dass vielen Menschen dieser Hintergrund nicht bewusst ist. Jeder sagt beispielsweise, dass der Nationalsozialismus ein furchtbarer Moment der Menschheitsgeschichte war. Die arische Rasse war aber keine Erfindung von Hitler. Schon in Gobineaus Buch »Die Ungleichheit der Rassen« kommt sie vor. Noch erstaunlicher ist, dass alle Länder, die die Nazis bekämpften und die Nürnberger Prozesse veranstalteten, damals »Nie wieder!« sagten, aber gleich danach diese Ideologie weiter betrieben. Die Kolonisierung wurde fortgesetzt: In den USA ging die Rassentrennung weiter bis in die 60er Jahre, obwohl 1948 die Menschenrechte proklamiert wurden. Man sieht, die Menschenrechte gelten nicht für jeden. Die Menschenrechte sind den Weißen zugedacht. Und schlimmer noch: Es gab das Apartheid-Regime in Südafrika. Die Länder, die den Nationalsozialismus bekämpfen, haben das Apartheid-Regime gestützt. Warum? Weil Apartheid eine akzeptable Hierarchie war. Deswegen finde ich es wichtig, über die Geschichte zu reden, um die Vorurteile zu begreifen, die in unserer Gesellschaft heute vorhanden sind.

Im Rahmen Ihres antirassistischen Engagements gehen Sie auch in Schulen, und Sie sprechen viel mit Kindern. Treffen Sie da schon auf rassistische Klischees? Meinen Sie, dass das Bildungssystem Defizite aufweist?

Ja, ich diskutiere mit den Kindern über Rassismus, und mehr noch diskutiere ich mit ihnen über das Thema Gleichheit. Es ist tatsächlich dieser Begriff, den man herausstellen muss, weil Rassismus vor allem Ungleichheit bedeutet. Da wir in einer Gesellschaft leben, in der rassistische Botschaften befördert werden, ist es nachvollziehbar, dass sie auch von den Kindern angenommen werden. Zunächst erklären die Kinder einem, dass es mehrere Menschenrassen gebe. Damit fängt Rassismus an, mit der schlichten Behauptung unterschiedlicher Menschengruppen, dass die einen mehr Rechte hätten als die anderen.

Also sagen sie, es gebe die schwarze Rasse, die weiße, die gelbe, die rote. Dabei ist interessant, dass es immer eine Debatte in der Klasse gibt, wenn von der roten Rasse die Rede ist. Manche Kinder sagen, »Nein, Rote gibt es nicht«, »das sind die Simpsons«. Die Rede von einer »roten Rasse« hat abgenommen, weil es heute weniger Cowboyfilme gibt. Die früheren Generationen dachten noch, es gebe eine rote Rasse, weil sie es gewohnt waren, Cowboyfilme zu sehen. Danach sagen die Kinder, es gebe Charakteristiken, die mit der Hautfarbe verbunden seien. Beispielsweise meinen sie, dass Menschen schwarzer Hautfarbe bessere Sportler seien – eine Meinung, der man auf der ganzen Welt begegnet. Das ist sehr interessant. An dieser Stelle könnte man auch über Deutschland 1936 sprechen.

Gut, ich frage die Kinder: »Ach so? Die Schwarzen sind also bessere Sportler, weil sie schwarz sind?« – »Ja, klar!« Dann fra-

Lilian Thuram zeigt sich begeistert von unserem Bildband »Respekt! 100 Menschen – 100 Geschichten«.

»Ich diskutiere mit den Kindern über Rassismus, und mehr noch diskutiere ich mit ihnen über das Thema Gleichheit.«

ge ich sie: »In welcher Sportart? Beim Badminton beispielsweise sind sie nicht die Besten.« – »Aber nein, da nicht, aber beim Sprinten und so!« – »Und Ihr glaubt, dass es an der Hautfarbe liegt?« So nehmen wir das Stück für Stück auseinander und zeigen, dass nicht alle Schwarzen gute Sprinter sind und dass es beim Sport nicht auf die Hautfarbe ankommt, sondern auf das Training. Wenn man denkt, die Schwarzen seien bessere Sportler, dann meint man aber auch, ohne es auszusprechen: Wenn sie im Sport stärker sind, sind sie irgendwo anders schwächer. Ist doch klar: Auf dem Gebiet sind sie stärker, aber intellektuell sind sie schwächer.

Wir leben in einer jüdisch-christlich geprägten Gesellschaft, in der gern Körper und Seele getrennt werden. Das kann ich gut beurteilen, da ich Fußballer war. Ich kenne die Vorurteile über Fußballspieler, »Mit ihren Füßen können sie gut umgehen, aber den Kopf können sie nicht benutzen.« Also meint man damit, die Schwarzen wären weniger intelligent. Schon bei den Kindern gibt es diese Vorurteile, aber man kann sie mit ihnen zusammen diskutieren und relativ leicht auseinandernehmen.

Ich arbeite deswegen mit Kindern, weil sie weniger festgelegt sind als Erwachsene. Wir selbst sind festgelegt durch die Familiengeschichte, durch das kollektive Unbewusstsein, durch die Religion. Wenn man konditioniert ist, wird es viel schwieriger, sich zu entwickeln. Die Kinder hingegen haben, um es in der Computersprache auszudrücken, eine weniger belegte Festplatte. Daher kann man sie zum Nachdenken anregen, damit sie nicht in die Falle tappen.

Wann ist antirassistische Arbeit eher einfach und wann besonders schwierig?

Zuerst muss man seine eigenen Vorurteile in Frage stellen, den Mut dazu aufbringen, sich selbst zu prüfen, denn jeder von uns hat Vorurteile. Wir haben manchmal die Tendenz, uns für besser zu halten als andere. Daher denke ich, an sich selbst zu arbeiten ist am wichtigsten. Wenn ich in Schulen gehe, lade ich die Kinder ein, ihre eigenen Vorurteile zu nennen. Dann schreibe ich einen ganz einfachen Satz an die Tafel: »Die Hautfarbe eines Menschen, seine Religion, seine Herkunft bestimmen niemals die Qualitäten dieses Menschen.« Leider ist dieser so einfache Satz noch nicht in der ganzen Gesellschaft angekommen.

»Respekt!« Initiator Lothar Rudolf trifft Lilian Thuram zum Interview im Februar 2013.

»Ich arbeite deswegen mit Kindern, weil sie weniger festgelegt sind als Erwachsene.«

Thomas Tuchel

Respektvoll auch in kleinen Dingen

Thomas Tuchel ist ausgebildeter Fußballlehrer und trainiert den »Karnevalsverein«

Wie definieren Sie Respekt?

Ich würde Respekt definieren mit Höflichkeit und mit Akzeptanz – aber auch mit kleinen Dingen, wie in die Augen sehen, Hand geben und grüßen. Eine Akzeptanz schaffen für Bedürfnisse, für Lebensweisen und für andere Kulturen.

2009 wurden Sie Trainer des 1. FSV Mainz 05. Wie schnell haben Sie sich als Trainer eingelebt?

Ich glaube, dass die Mannschaft sehr schnell ein Gefühl für den Trainer entwickelt hat – und für mich. Sie konnte natürlich am Anfang nicht absehen, ob ich inhaltlich und taktisch gut bin und ob ich ein gutes Training leite. Es musste als allererstes mal eine Chemie entstehen zwischen Trainer und Mannschaft – und die war und ist bis heute geprägt von gegenseitigem Respekt und durch höfliche Umgangsformen – eben ganz klare Kriterien, wie wir miteinander umgehen.

Sie sind Fußballlehrer – ist das ein Vorteil?

Ich glaube, dass es gut ist, wenn man diesen Beruf erlernt hat. Ich bin sehr froh, dass ich bereits in meinem zehnten Trainerjahr bin. Es ist ein gutes Gefühl, das Handwerk des Trainers erlernt zu haben – weil es sich tatsächlich vom Spieler grundlegend unterscheidet. Es war ausschlaggebend, dass ich die Rückendeckung des Vereins hatte, bevor ich hier angetreten bin. Der Verein und die Vereinsführung haben der Mannschaft vermittelt, dass es hier nicht um eine kurzfristige, billige Lösung geht, sondern dass man sich ganz bewusst für diesen Schritt entschieden hat. Und zwar aufgrund von Kriterien, die nichts damit zu tun haben, wie oft jemand in der Bundesliga gespielt hat oder in der Nationalelf war. Dafür bin ich dem Verein unendlich dankbar, dass ich die Chance bekommen habe, diesen Beruf auf allerhöchstem Niveau auszuüben. Dass ich die Chance bekomme, mich wirklich einzubringen und durch meine Arbeit den Club weiter zu prägen. Das ist etwas Besonderes und hilft dann auch in der Akzeptanz der Mannschaft. Alles andere musste und wollte ich mir erarbeiten durch respektvollen Umgang – eben durch den Umgang, den ich erlernt habe und durch mein Führungshandwerk.

Gibt es Rassismus im Profifußball?

Hier in Mainz sind wir sehr weit davon entfernt. Wir haben hier so viele Nationalitäten, so viele verschiedene Hautfarben in einer Kabine – wir lachen so viel zusammen. Die wichtigste Eigenschaft ist, über sich selbst lachen zu können. Wir nehmen uns mit unseren typischen Eigenschaften auch selbst nicht so ernst. Ich kann einfach nur aus den Erfahrungen berichten, die ich als Trainer mache und gemacht habe – und die ich als Spieler gemacht habe. Es ist eine Selbstverständlichkeit, sich als Mensch zu begegnen, sich als Mensch zu akzeptieren und zu respektieren. Und auf der anderen Seite würden wir keinen Millimeter tolerieren und zulassen, dass auch nur Ansätze von Rassismus bei uns im Club zum Vorschein kommen!

| Zur Person |

Thomas Tuchel (* 29. August 1973) ist ehemaliger Profifußballer und heute Trainer des 1. FSV Mainz 05. Der Betriebswirt trainierte vorher zahlreiche Jugendmannschaften im hochklassigen Bereich.

Mainz bleibt Mainz: keinen Millimeter Rassismus tolerieren.

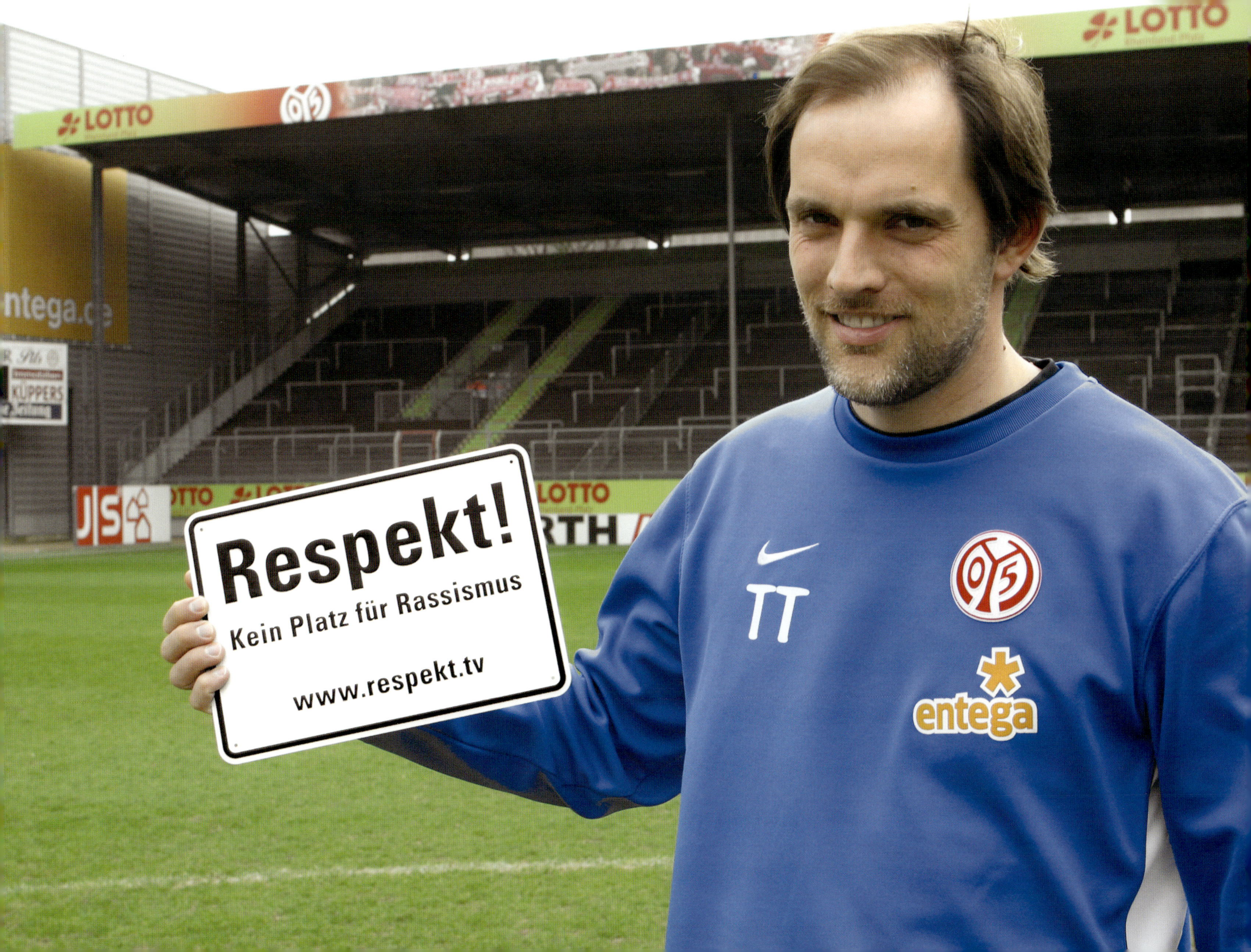
Respekt!
Kein Platz für Rassismus
www.respekt.tv

Ordnung, Sicherheit, falsche Bilder

Respekt sprengt Vorurteile, macht frei und schenkt Lebensfreude

Was bedeutet Respekt für Sie?

Ich nehme die Wörter gerne wortwörtlich. Respekt besteht aus »Re« und »Spekt«, im Italienischen »spettare«. Übersetzt also aus »Rück« und »Sicht«, also Rücksicht.

Bildlich gesehen: Wenn Sie Autofahren, müssen Sie natürlich nach vorne schauen, aber ein guter Fahrer sind Sie erst, wenn Sie sehen und beachten, was hinter Ihnen und neben Ihnen passiert. Respekt ist also ein Baustein der Lebensübersicht, und weiter gedacht, sogar für Weisheit.

Hatten oder haben Sie im täglichen Leben mit Rassismus oder Diskriminierung zu tun? Welche persönlichen Erfahrungen haben Sie gemacht?

Über die Jahre kam da schon einiges zusammen. Manchmal waren es direkte Angriffe, bewusste oder unbewusste verbale Diskriminierungen dafür, homosexuell zu sein oder für Äußerlichkeiten, Charakterzüge und Bildung. Ich habe mich auch viele Jahre geschämt, »Ossi« zu sein. Heute kann ich darüber lachen, auch aufgrund der vielen Menschen, die mir Wertschätzung gegeben haben. Dafür bin ich sehr dankbar.

Wie entsteht Ihrer Meinung nach vorurteilbehaftetes Denken?

Vielleicht aus dem Wunsch nach Ordnung und Sicherheit. Ist ein Vorurteil erst einmal geboren, hängt man solange daran, bis man es nicht mehr braucht. Zum Beispiel, wenn man lernt, wirklich frei und eigenständig zu leben. Vielleicht könnte das der Sinn von Vorurteilen sein. Reflexion ist das Mittel, um aus ihnen heraus Erkenntnisse und Lebensfreude zu entwickeln.

Ist Respekt eine Frage der Bildung? Des Elternhauses? Wie kommt Respekt in die Köpfe?

Es ist eher eine Frage von Aufklärung und Kontakt zu anderen. Für viele, die plötzlich gut informiert sind und Kontakte pflegen, sind die Vorurteile meist erledigt.

Was kann jeder Einzelne für ein besseres Miteinander tun?

Reden Sie miteinander. Fahren Sie direkt die Station Vorurteile an und fahren Sie weiter: Endhaltestelle ist die Station Zufriedenheit.

| Zur Person |

Marcus Urban (* 4. August 1971) wird bekannt durch seine 2008 veröffentlichte Biografie »Versteckspieler – die Geschichte des schwulen Fußballers Marcus Urban«. In seiner Tätigkeit als Diversity Berater und Personal Coach berät er viele Menschen zu ihren Anliegen und als Experte für Kommunikation, Diversity und Anti-Homophobie die Sportwelt und Unternehmen.

»Fahren Sie direkt die Station Vorurteile an und fahren Sie weiter: Endhaltestelle ist die Station Zufriedenheit.«

Möhrenstraße

Respekt!
Kein Platz für Rassismus
www.respekt.tv

Lina van de Mars

Mit Dickschädel und Ellenbogen

Mir fehlen die »Oprah Winfreys« hier in Deutschland

Was bedeutet Respekt für dich?

Ein ehrliches Miteinander. Andere genauso wichtig nehmen wie sich selbst. Versprechen einhalten. Andere nicht diskriminieren, für Äußerlichkeiten, für Oberflächlichkeiten. Menschen nach ihrem Können beurteilen, nicht nach Geschlecht, nach Hautfarbe, Herkunft oder ihrer sexuellen Orientierung.

Gibt es Diskriminierung in der Medienwelt?

Deutschland ist anderen Kulturen gegenüber sehr offen und macht es damit leichter, auch in den Medien ein faires Nebeneinander zu schaffen. Trotz allem regiert auch in der Medienwelt noch immer der Mann und führen Kumpaneien zu mehr Erfolg als manch ein kollegiales Miteinander.

Trifft das Frauen besonders?

Leider haben Frauen in den deutschen Medien noch immer nicht die gleiche Macht, die gleichen Positionen errungen wie zum Beispiel in den USA. Zwischen TV-Püppchen und amtlicher Journalistin gilt es nach wie vor, Lücken zu schließen. Mir fehlen die »Oprah Winfreys« in Deutschland.

Hat sich die Anerkennung von Frauen in den letzten Jahren geändert, gar verbessert?

Definitiv. Frauen haben mehr Erfolgschancen, sind präsenter als noch vor zehn oder 20 Jahren. Gerade im Fokus Frauen in Männerberufen, wie in meinem Fall. Aber es ist vieles noch nicht optimal und ausgeglichen. Meiner Meinung nach gibt es in manchen Bereichen körperliche Grenzen für Frauen, aber keine geistigen. Solange jemand Interesse und Einsatz zeigt, sollte persönlicher Einsatz auch anerkannt werden.

Wie entstehen deiner Meinung nach Vorurteile?

Da spielen viele Faktoren eine Rolle: Erziehung, ein »Es-nicht-besser-Wissen«, es gibt Nachahmung und auch einfach unreflektierte Äußerungen.

Ist Respekt eine Frage des Elternhauses?

Ja! Obwohl man Kinder auch außerhalb des Elternhauses an respektvolles Denken heranführen kann. Menschen fangen im frühen Kindesalter an, andere nachzuahmen. Ich denke aber, dass es nicht nur mit dem Elternhaus zu tun hat, sondern auch mit dem Umfeld, in dem man aufwächst. In Berlin und London zum Beispiel wird man als Kind schon automatisch an die verschiedensten Kulturkreise gewöhnt.

Siehst du dich selbst als Vorbild für Mädchen und junge Frauen?

Von meinen Eltern habe ich mit auf den Weg bekommen, an mich selbst zu glauben und das im Leben umzusetzen, was mich glücklich sein lässt. Ich bin meinen Interessen gefolgt und habe oft meinen Dickschädel und meine Ellenbogen eingesetzt, um dahin zu kommen, wo ich heute stehe. Erst durch Reaktionen von außen ist mir bewusst geworden, dass ich durch meinen bisherigen Lebensweg wohl zu einer Art Vorbild geworden bin.

| Zur Person |

Lina van de Mars (* 13. September 1979) ist TV-Moderatorin, Motorsportlerin, Tattoo-Expertin, Schlagzeugerin und ausgebildete KFZ-Mechanikerin. Die Vegetarierin unterstützt auch die Tierrechtsorganisation PETA.

»Respekt bedeutet, Menschen nach ihrem Können beurteilen, nicht nach dem Geschlecht, der Hautfarbe, der Herkunft oder sexuellen Orientierung.«

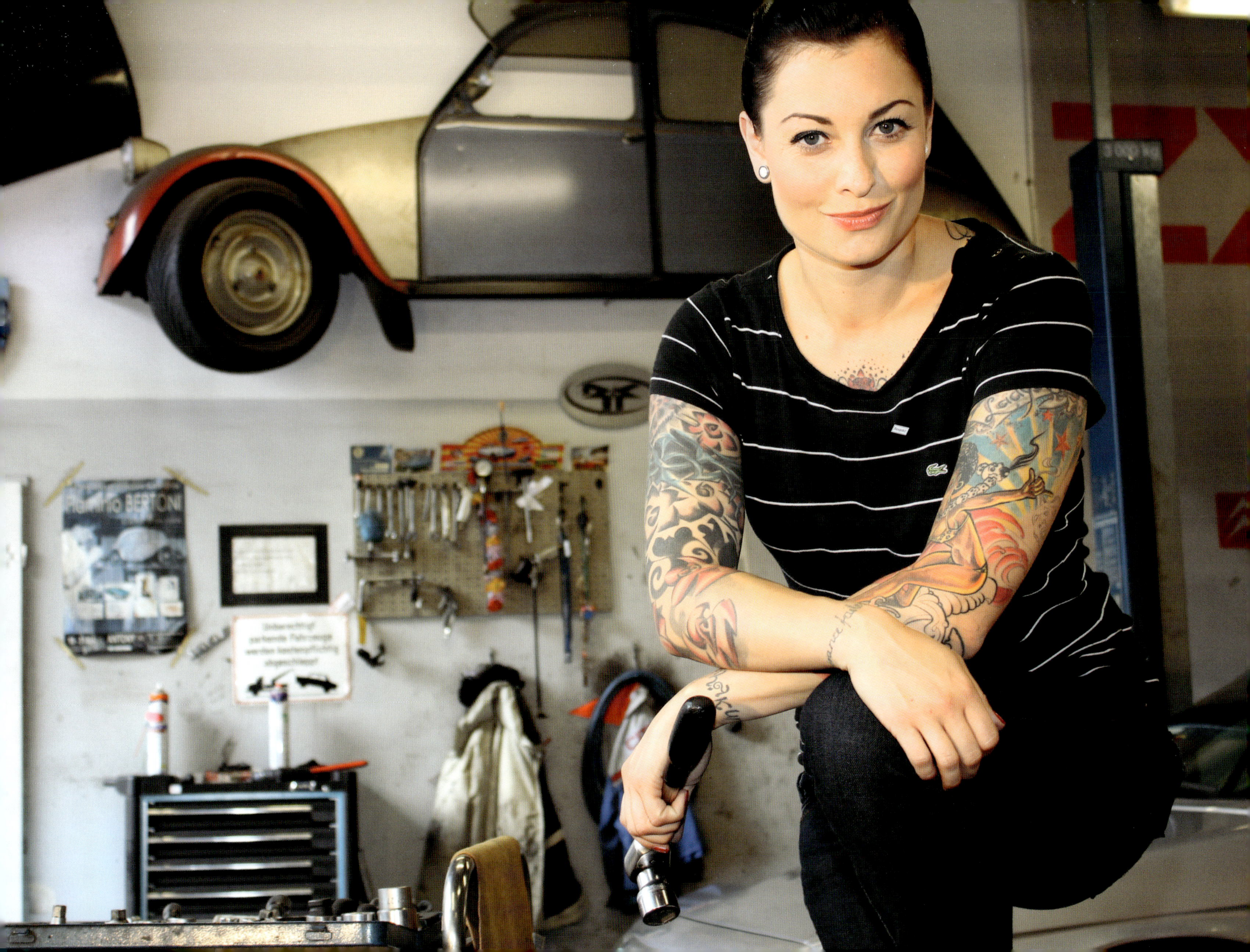
BERTONI

Respektlosigkeit ist auch eine Tugend

Der Liedermacher braucht die Freiheit der Gedanken und der Darstellung

Wie definierst du Respekt?

Respekt heißt, dass ich einen anderen Menschen ernst nehme und behandle, wie ich selbst behandelt werden möchte. Respekt bedeutet nicht, dass man vor jemand Hochachtung haben soll. Es geht um einen ganz normalen Umgang auf Augenhöhe mit dem Gegenüber.

Welche Rolle spielt Respekt in deiner Musik?

Musik ist eine Sprache, die auch ohne Worte auskommt. Und ich habe eigentlich das Gefühl, dass ich sehr respektlos mit der Musikgeschichte umgehe. Den einzigen Respekt, den ich in der Musik habe, das ist der Respekt vor meinen Ohren. Das heißt, wenn es denen nicht mehr taugt – oder wenn es zu laut wird – dann hört für mich der Spaß auf und ich schalte runter oder ab, wenn es möglich ist. Ansonsten ist Respekt aber ein Wort, das ich innerhalb meines musikalischen Schaffens nicht kenne.

Auch in den Texten nicht?

Kunst muss auch respektlos sein. Wenn ich an Musik oder künstlerisches Schaffen denke, behagt mir dieses Wort nicht so ganz. Respektlosigkeit ist auch eine Tugend. Auf der Bühne stellt man etwas auf die Beine, das größer oder auch kleiner als das eigentliche Leben ist – und dazu braucht man die Freiheit der Gedanken und der Darstellung, weil dies eben nicht das Leben ist. Wenn ich auf der Bühne oder in einem Film jemandem eine runterhaue, dann ist es auf der Bühne oder im Film und soll etwas ausdrücken. Allerdings bedeutet das im Umkehrschluss nicht, in der Kunst müsse man dauernd respektlos sein – das würde zu nichts führen.

Wie steht es deiner Meinung nach um Respekt und Toleranz in Österreich?

Ich bin im Großen und Ganzen zufrieden mit meinen Landsleuten. Es gibt natürlich Ressentiments und Vorurteile. Aber ich habe keine Gesellschaft kennengelernt, egal wo auf der Welt, die nicht auch damit zu kämpfen hätte, ihrer Vorurteile Herr oder Frau zu werden. Das ist eine alltägliche Herausforderung. Und es hängt sehr viel mit den persönlichen Schicksalen der Menschen zusammen, inwieweit sie auch Toleranz zeigen können, wenn vor ihren Augen etwas passiert, was für sie bedrohlich wirkt oder gar an Verletzungen und Leid erinnert. Darum ist es wichtig, dass wir einander diese Geschichten erzählen und zuhören, um auch die Geschichten der anderen kennenzulernen. Das Zuhören ist noch wichtiger als das Reden. Dabei ist das gar nicht so schwer. Als ich ein junger Mann war und jemanden gehört habe, der einen ganzen Satz zusammengebracht hat – mit Punkt und Beistrich und Substanz – habe ich mir gedacht: So will ich auch einmal reden können. Damals musste ich mich auf das Zuhören beschränken, da ich noch nicht viel zu sagen hatte. Und jetzt, wo ich das Reden beherrsche, merke ich, dass das Zuhören eine mindestens ebenso große Kunst ist wie das Reden. Und es muss sich niemand blöd vorkommen, wenn er gerade nichts zu sagen hat – denn dann hat er was zum Zuhören.

| Zur Person |

Hubert von Goisern (* 17. November 1952 in Bad Goisern/Österreich) gilt als Erfinder des Alpenrock und als Vorreiter der Neuen Volksmusik. Im Spannungsfeld zwischen Welt- und Volksmusik und zwischen Tradition und Moderne verwirklichte er zahlreiche musikalische Projekte. Bekannt ist Hubert von Goisern auch als ein Mann klarer Worte, wenn es um politische, soziale und ökologische Fragen geht.

»Das Zuhören ist eine ebenso große Kunst wie das Reden.«

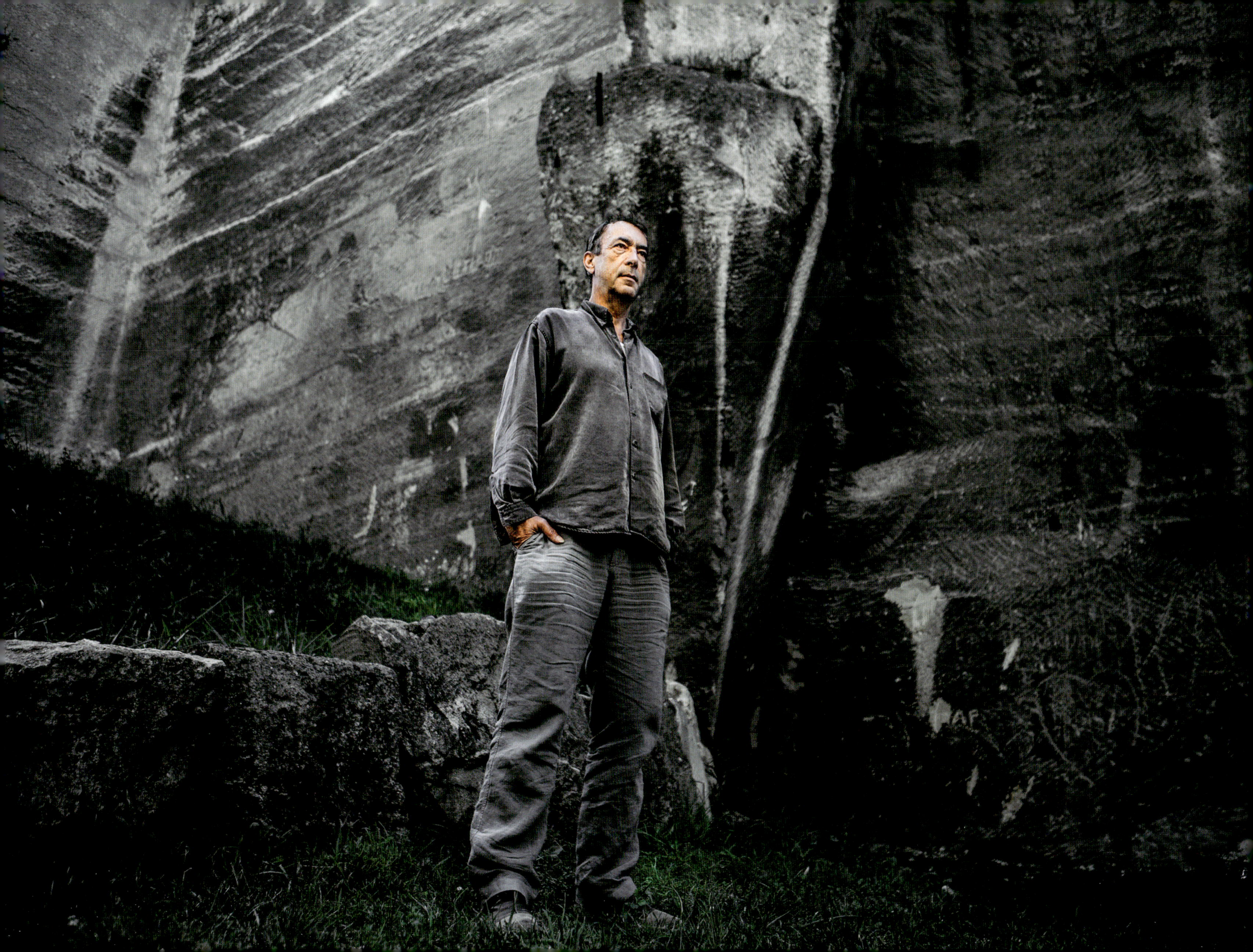

Günter Wallraff

Zum falschen Zeitpunkt am falschen Ort

Der Journalist und Schriftsteller ist berühmt (und berüchtigt) wegen seiner Undercover-Reportagen

Was bedeutet Respekt für dich?

Ich würde den Begriff unterschiedlich definieren. Dazu gehören einmal Menschen, denen ich zum Beispiel mit Respekt eine Widmung in ein Buch schreibe. Oder das sind jene Menschen, die Zivilcourage bewiesen haben oder die etwas geleistet haben, und zwar im Sinne von sozialen Leistungen und nicht nur des Geldes wegen. Jemand, der nicht nur Kohle machen will, sondern sich für andere einsetzt – vor dem hab ich Respekt.

Wieso nimmst du immer wieder andere Identitäten an?

Da kommt vieles zusammen. Ich bin jemand, der als Schüler in theoretischen Fächern sehr schlecht war. Ich musste es auf sinnlicher Ebene erfahren, um dazulernen zu können. Indem ich in die Rollen schlüpfe, erlebe ich die Welt immer aus einem anderen Blickwinkel. Es ist dann immer alles ganz anders, als ich es vorher wusste – zumal, wenn man prominent ist. Das ist sogar gefährlich, denn Prominenz hat auch immer ein bisschen mit Prostitution zu tun, ob man will oder nicht.

Wie war es für dich, in die Rolle eines schwarzen Menschen zu schlüpfen?

Ich habe Freunde, deutsche Schwarze und auch Afrikaner, die oft Probleme in Deutschland haben und immer nur aufgrund ihrer Hautfarbe wahrgenommen und definiert werden. Dadurch können sie in Deutschland keine Normalität erleben, sondern bekommen vielmehr blöde Sprüche und Anmachen zu hören. Manchmal werden sie sogar von oben herab wie ein Kind behandelt – wie ein Schutzbefohlener, dem man sagen muss, wo es langgeht. Zunehmend kommt aber auch aggressive, manchmal brutale Gewalt hinzu, so dass jemand aufgrund seiner Hautfarbe aufpassen muss, nicht zum falschen Zeitpunkt am falschen Ort zu sein und eventuell attackiert zu werden. Diese Situation nimmt in bestimmten Regionen zu. Die rechtsradikale Szene spricht bereits von »national befreiten Zonen«.

Aus diesem Grund hab ich mich entschlossen, mal den Alltag eines schwarzen Menschen zu erleben und mein Äußeres mit einer Perücke und einer dunklen Hautfarbe, die fast in die Haut eingebrannt wurde, verwandelt. In einer Szene in einem Fußball-Fanzug von Cottbus nach Dresden habe ich dann einmal um mein Leben gefürchtet. Wenn es da nicht diese junge Polizistin gegeben hätte, die den zum Teil angetrunkenen Hooligans Einhalt geboten hat, wäre ich da nicht mehr heil raus gekommen.

Wenn du die Wahl hättest, mit welcher Hautfarbe würdest du gerne auf die Welt kommen?

Kommt darauf an, wo ich auf die Welt kommen würde. Hier in Deutschland möchte ich nicht unbedingt als Schwarzer auf die Welt kommen. Aber in der jetzigen Situation, so wie ich mich jetzt wehren kann, möchte ich doch ganz gern ab und zu mal die Hautfarbe wechseln können.

| Zur Person |

Günter Wallraff (* 1. Oktober 1942) wird durch seine investigativen Recherchemethoden bekannt. Mit anderer Identität studiert er das unmittelbare Umfeld seines Reportagezieles. Er hat zahlreiche Preise und Auszeichnungen erhalten. Seine Bücher sind Bestseller.

»Jemand, der nicht nur Kohle machen will, sondern sich für andere einsetzt – vor dem habe ich Respekt.«

WANTED!

GESUCHT WIRD: ZIVILCOURAGE

Günter Wallraff (BRD)

Journalist und Schriftsteller

alias

- Obdachloser (1964)
- Hüttenarbeiter (1966)
- Lakaien-Mönch bei Fürst-Abt Emmeram von Thurn und Taxis (1972)
- Portier und Bote Gerling-Konzern (1973)
- Politischer Gefangener im griechischen Obristen-Regime (1974)
- Waffenlieferant und Israeli-Beauftragter mit dem Hochdekorierten und Ex-Strategiekanzleien Spinola (1976)
- BILD-Reporter Hans Esser (1977)
- Nicaragua, „Pilger" beim Erzbischof-Reaktionär Obando Y Bravo (1983)

Thomas Wark & Béla Réthy

Rassisten müssen noch viel lernen

Thomas Wark und Béla Réthy sind Konkurrenten im Job und seit vielen Jahren befreundet

Thomas, welche Bedeutung hat Respekt in deinem Beruf?

Respekt ist eine Grundvoraussetzung: Stellt euch vor, ich wäre respektlos im Umgang mit meinen Interviewgästen oder in der Kommentierung und in der Bewertung von Fußballern. Das würde gar nicht gehen, ich würde mir einen derart schlechten Ruf erwerben, dass ich demnächst kein Interview mehr bekommen würde. Kritik aber ist ganz wichtig – und auch eine kritische Distanz dem gegenüber, was wir da machen. Gerade in dieser Branche. Aber das darf nicht dazu führen, dass man den Respekt voreinander verliert. Das heißt, ich soll sagen können: Wenn ein Spieler schlecht ist, dann ist er eben auch schlecht. Aber ich darf ihn deswegen nicht einmachen, wie das viele so gerne tun. Man muss immer ein bisschen auf dem Boden bleiben und dazu gehört eben dieser respektvolle Umgang.

Was bedeutet Respekt für euch?

Béla Respekt ist die Basis für das menschliche Zusammenleben weltweit – über Kulturen und Rassen hinweg. Es beginnt schon bei der Kindererziehung: Hier sollte ganz früh vermittelt werden, dass man den anderen respektiert, dass man dem anderen seine Chance lässt, dass man dem anderen vor allem seine Schwächen lässt und ihn nicht verhöhnt. Das geht dann weiter über eine Vermittlung eines Toleranzbegriffs, denn die Übersteigerung von Intoleranz ist im Grunde genommen Gewalt. Hass ist die schlimmste Form von fehlendem Respekt!

Thomas Wenn man sich allein die zehn Gebote noch mal erinnert, was das bedeutet – das steckt alles in dem Begriff Respekt drin! Wenn alle Menschen in der Lage wären, sich respektvoll zu verhalten und miteinander umzugehen, dann wären wir einen Riesenschritt weiter auf dieser Welt. Weil es aber nicht so ist, braucht es Aktionen wie diese hier.

Béla, du hast ungarische Wurzeln – hattest du deswegen schon mal Probleme?

Es gab wenige Situationen, in denen sich Leute hämisch darüber geäußert haben, dass ich einen fremd klingenden Namen habe und aufgrund meiner ungarischen Herkunft nicht das Recht hätte, mich in fußballkritischen Fragen zur deutschen Nationalmannschaft zu äußern. Das führte sogar dazu, dass ich von betrunkenen, pöbelnden Menschen zuhause angerufen worden bin. Einmal war mein Sohn am Telefon und der musste sich den Satz anhören: »Wir machen deinen Vater fertig!« Seitdem habe ich eine Geheimnummer. Das ist wirklich nicht der Regelfall, aber ein höchster Ausdruck von Respektlosigkeit.

Thomas, wie ist das mit dem Respekt bei deinen Kindern?

Wir haben das Glück, in einer Gegend zu leben, in der Respekt eigentlich eine Grundvoraussetzung für das gute Miteinander ist. Aber es gibt dann doch Situationen, in die du rein gerätst, die du vorher nicht für möglich gehalten hättest. Mein Sohn kam eines Tages nach Hause – er war 14 oder 15 Jahre alt – und sagte:

| Zur Person |

Thomas Wark (* 3. April 1957) ist Sportjournalist und arbeitet seit 1987 in der Sportredaktion des ZDF.

»Wenn man sich die 10 Gebote anschaut, mal überlegt, was sie bedeuten – das steckt alles drin, im Begriff Respekt.«

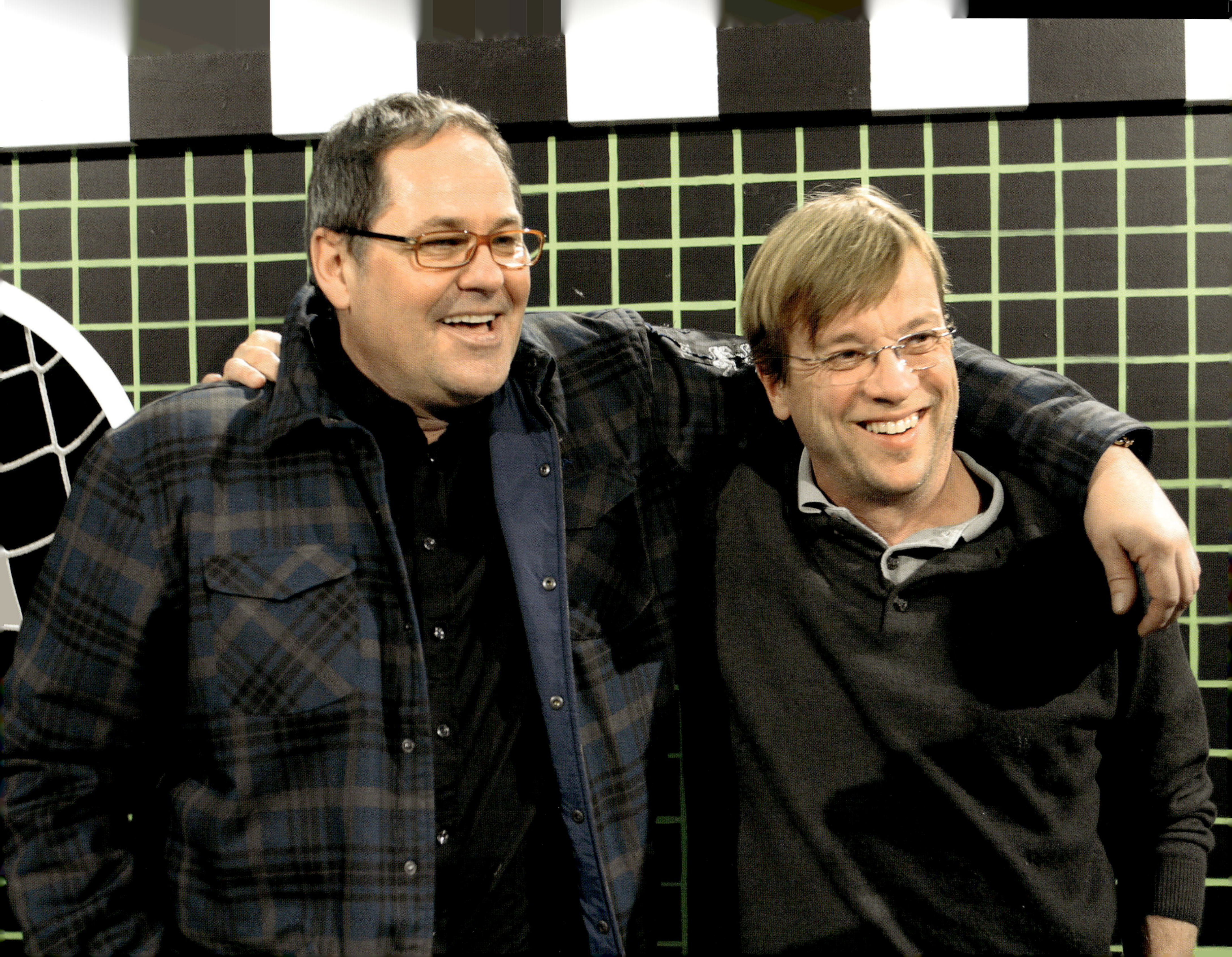

»Ich werde von einer Horde Türken beschattet, die haben mir nachgestellt und die stehen jetzt alle da hinten.«

Ich habe das nicht geglaubt, bin vor die Tür – und da standen sie tatsächlich. Dann gehst du zurück in dein Reihenhaus und überlegst, was machst du jetzt. Nimmst du dir einen Baseballschläger, gehst da raus und verschaffst dir Respekt, drischst dazwischen? Oder gibt es einen anderen Weg? Es gab einen anderen Weg – und ich bin froh, den gegangen zu sein: Ich hab einen Bekannten türkischer Herkunft, und der ist die große integrative Kontaktperson für die meisten Türken in unserer Stadt. Zu ihm bin ich hin und hab erzählt, was passiert ist und gefragt, wie wir die Situation entschärfen können. Als ich nach Hause kam, waren die Jungs weg, alles war in Ordnung.

Einen Tag später habe ich ihn angerufen, um mich zu bedanken und habe ihn gefragt, wie er das geschafft hat. Und da sagte er: »Kein Thema, du hast dich uns gegenüber sehr respektvoll verhalten!« Ich sagte: »Wie bitte? Das ist doch völlig normal.« »Nein«, sagte er, »andere wären sicherlich gekommen und hätten gesagt: Ihr Türken rottet euch gegen meinen deutschen Sohn zusammen! Aber du hast dich hingesetzt, ganz sachlich, und hast so getan, als wären es Deutsche gegen Deutsche. Das hat uns dazu gebracht, diesen Konflikt möglichst schnell zu beenden!« Und da habe ich am eigenen Leib erfahren, wie wichtig Respekt im Umgang miteinander ist.

Béla, wie reagierst du auf Leute, die sagen, dass schwarze Spieler nicht den Adler auf der Brust tragen dürfen?

Das ist völlig grotesk. Ich will solche Leute gar nicht verurteilen – aus Respekt eben auch vor möglichen anderen Meinungen, und auch wenn ich die Meinungen nicht akzeptieren kann. Aber es ist manchmal – man muss es ganz platt sagen – eine Frage der Grundintelligenz, wie man mit solchen Situationen umgeht. Wenn jemand seine Probleme überträgt auf das Dasein von anderen Kulturen und von anderen Hautfarben, dann muss er noch viel lernen.

Béla und Thomas, ihr seid Freunde und Konkurrenten. Wie geht das?

Thomas Das ist ein gutes Beispiel für Respekt. Wir sind seit 30 Jahren befreundet, sind aber auch seit gut 25 Jahren erbitterte Konkurrenten im Job. Aber unsere Freundschaft hat darunter eigentlich nie gelitten.

Béla Dazu kann ich eine schöne Geschichte erzählen: Früher wurden ja die Final- und Halbfinalreporter erst während des Turniers festgelegt. 1996 sind wir beide im Grunde genommen mit gleichen Voraussetzungen gestartet bei der EM in England. Am Donnerstag vor dem Finale am Sonntag wurde erst entschieden, wer das Endspiel kommentieren darf – und ich habe dieses Los in dem Fall gezogen. Ich habe dieses Endspiel kommentiert, das war mein erstes großes Finale. Für mich war das natürlich eine besondere Situation, auch eine besondere Anspannung. Nach dem Spiel sind wir zurückgekehrt in die Redaktion. Und bevor wir reingehen konnten zum Feiern, stand da der Kollege Thomas Wark vor dem Eingang mit zwei Gläsern Champagner in der Hand und hat mit mir angestoßen! Er sagte: »Alter, haste geil gemacht!« An diese Situation denke ich bis an mein Lebensende, das war sehr bewegend für mich.

| Zur Person |

Auch Béla Réthy (* 14. Dezember 1956) startet 1987 seine Karriere als ZDF-Reporter auf dem Mainzer Lerchenberg.

»Unsere Freundschaft geht über alles.«

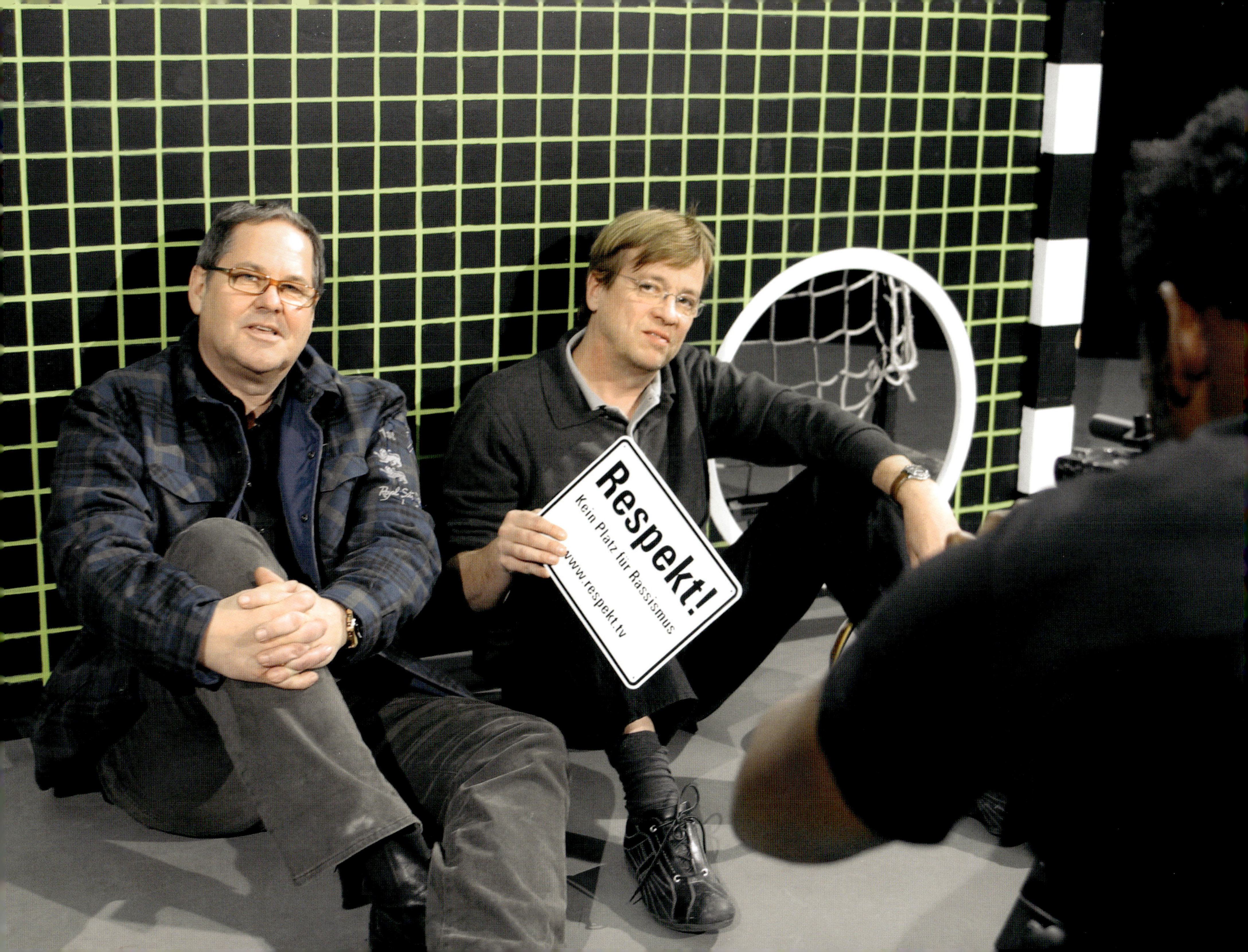
Respekt!
Kein Platz für Rassismus
www.respekt.tv

Ulrich Weber

Eine starke Kultur des Miteinanders

Einfach jeden Tag aufs Neue an die eigene Nase fassen

Was bedeutet Respekt für Sie?

Respekt ist die Basis für eine Kultur des Miteinanders. Respektvoll miteinander umzugehen heißt, tolerant zu sein und sein Gegenüber zu achten, unabhängig von Alter, Hautfarbe, Geschlecht oder Hierarchieebene. Das ist eine Frage der Haltung.

Welche persönlichen Erfahrungen mit Rassismus und Diskriminierung haben Sie gemacht?

Ich habe direkt keine persönlichen Erfahrungen. Aber mich beeindruckt zutiefst, wenn Menschen danach aufschreien und ein klares Zeichen gegen Gewalt und Rassismus setzen, wie beispielsweise 1992 in Mölln. Nach einem Brandanschlag auf zwei von türkischen Familien bewohnte Häuser kamen drei Menschen ums Leben. In den Wochen danach fanden überall in Deutschland spontane Großdemonstrationen gegen Fremdenfeindlichkeit statt, häufig in Form von Lichterketten. Auch anlässlich des 20. Jahrestages wurde wieder zum Gedenkmarsch aufgerufen. Diese Form des Erinnerns ist wichtig.

Wie entsteht Ihrer Meinung nach vorurteilbehaftetes Denken?

Sehr oft aus Unkenntnis heraus. Zeigen Menschen andere Verhaltensweisen, als man sie in seiner Umgebung und in seinem Alltag gewohnt ist, urteilt man oftmals sehr schnell über sein Gegenüber und flüchtet sich oft aus Angst vor dem Unbekannten in Vorurteile. Diesen Mechanismus müssen wir aufbrechen und uns mehr für Andersartigkeit öffnen. Denn wenn wir auch mal über den Tellerrand hinausblicken, können wir unseren Horizont erweitern und uns so Entwicklungsmöglichkeiten eröffnen, die uns nicht behindern, sondern ganz enorm weiter bringen können. Wenn wir also Vielfalt im Denken und Handeln zulassen, das »Fremde« mit einbeziehen, fördern wir unsere Kreativität und Innovationskraft.

Ist Respekt eine Frage von Bildung und Elternhaus? Wie kommt Respekt in die Köpfe?

Alle müssen und können da ihren Beitrag leisten: als Einzelner, als Gruppe oder als Unternehmen. Die Deutsche Bahn etwa setzt beim Nachwuchs an. Die DB hat im September 2000 das Projekt »Bahn-Azubis gegen Hass und Gewalt« gestartet, um Toleranz, Offenheit und Zivilcourage der jungen DB-Mitarbeiter zu stärken. Seither haben sich schon über 8.300 Auszubildende im Wettbewerb engagiert. In Gruppen setzen sie sich mit den Themen Gewalt, Rassismus und Fremdenfeindlichkeit auseinander und entwickeln eigenverantwortlich Projekte, um das Thema nach außen zu tragen. Skulpturen, Filme, Aktionen an Bahnhöfen oder Schulen, jedes Jahr entstehen viele kreative Ideen.

Was kann jeder Einzelne für ein besseres Miteinander tun?

Indem sich jeder an die eigene Nase fasst und sein Gegenüber so behandelt, wie er oder sie auch selbst behandelt werden will. Wir müssen die Mauern in unseren Köpfen aufbrechen und reflektierter über unser eigenes Handeln nachdenken – und das jeden Tag aufs Neue.

| Zur Person |

Ulrich Weber (* 14. März 1950) ist nach seinem Jurastudium zunächst als Rechtsanwalt tätig. Er arbeitete unter anderem als Geschäftsführer für die Deutsche Montan Technologie GmbH und als Arbeitsdirektor für die Cubis AG, RWE Rheinbraun und RAG bzw. Evonik Industries. Zusätzlich war er von 2007 bis 2009 Vorstandsmitglied der RAG-Stiftung. Seit 2009 ist Ulrich Weber Personalvorstand der Deutschen Bahn. Die Zeitschrift Personalmagazin zählt ihn zu den 40 führenden Köpfen des Personalwesens 2013.

»Wenn wir Vielfalt im Denken und Handeln zulassen, fördern wir unsere Kreativität und Innovationskraft.«

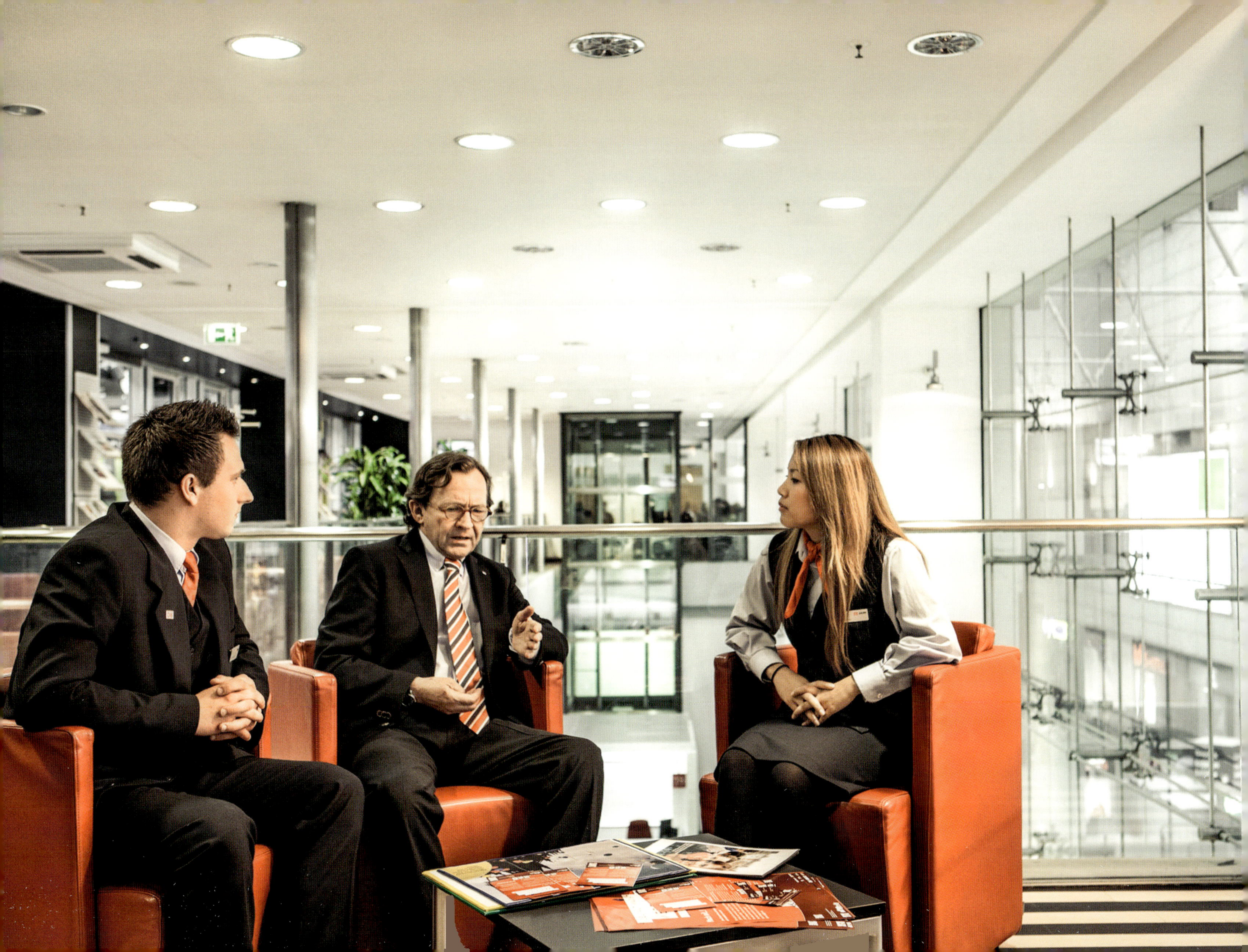

Das fühlt sich doof an

Der Publizist Oliver Welke gewinnt 2010 den Adolf-Grimme-Preis

Was bedeutet Respekt für dich?

Respekt definiere ich als grundsätzliche Achtung vor jedem anderen Menschen. Wenn man respektlos behandelt wird, fühlt sich das doof an. Intelligente Menschen wissen das und wollen selbst nicht so behandelt werden und behandeln andere daher auch nicht respektlos.

Wurdest du schon mal respektlos behandelt?

Ich bin schon in Live-Gesprächen stehengelassen worden. Ich habe zum Beispiel Jürgen Röber, der damals noch Hertha-Trainer war, in der ersten Frage auf sein Zitat vom »wackelnden Stuhl« angesprochen – da hat er sich umgedreht und ist weggegangen. Daraus habe ich gelernt, dass es schlauer ist, die kritischste Frage nicht gleich als allererste zu stellen – das ist aber eher eine handwerkliche Sache. Zum anderen war es von ihm kein respektvolles Verhalten gegenüber einem jungen Menschen, der eine legitime, höflich vorgetragene Frage gestellt hat. Das war eine interessante Erfahrung, vor allem direkt nach dem Schlusspfiff, wo man sowieso aufgeregt ist als Neueinsteiger im Job.

Nehmen die Leute den Comedian Oliver Welke ernst?

Wenn man kritische Fragen stellen muss, wird sicherlich der eine oder andere diesen Ausweg wählen und sagen: »Der hat doch eh keine Ahnung von Fußball, der ist Comedian – warum muss ich mir von dem so was anhören, der hat nie einen Ball getreten«. Aber das passiert äußerst selten und das liegt auch daran, dass ich lange genug im Fußball dabei bin, um mir einen gewissen Ruf erarbeitet zu haben. Und ich bin inzwischen klug genug, um zu wissen, dass Trainer und Spieler nach Niederlagen keinen Bock auf Ironie oder Humor haben.

Hat sich die Sportmoderation in den letzten Jahren verändert?

Heute findet man mehr eloquente Gesprächspartner als früher. Mitte der 90er gab es noch Gesprächspartner, bei denen du wusstest: »Ich lass die Nebensätze jetzt mal weg und konzentriere mich auf Subjekt, Prädikat, Objekt, damit mein Gegenüber eine Chance hat, die Frage wirklich zu erfassen«. Der kleine Haken ist, dass heute immer weniger Zitierfähiges dabei herauskommt, weil alle aalglatt sind. Viele haben Medienberater, die ihnen beibringen, wie man sich in Interviews verhält und wie man klare Aussagen vermeidet. Die Baslers und Effenbergs meiner Anfangszeit, die auch innerhalb des Vereins gegen den Strom geschwommen sind und denen es völlig egal war, ob sie Ärger kriegten, sind fast ausgestorben.

Ich hätte aber auch früher niemals jemanden spüren lassen, dass ich das Gefühl habe, dass er die Frage nicht richtig kapiert hat – so weit geht der Humorist in mir dann doch nicht. Aber ich fand es immer toll, wenn es Leuten egal war, dass sie grammatikalisch danebengreifen, weil einfach der Druck aus dem Kessel musste. Klingt alles immer super und ist sprachlich klasse, aber es hat keinen Unterhaltungswert mehr.

| Zur Person |

Oliver Welke (* 19. April 1966) ist Autor und Comedian und arbeitet als Sportmoderator. Seit 2009 moderiert er bei ran auf Sat.1 die Spiele der UEFA Europa League. Seit 2012 ist Welke Hauptmoderator der UEFA Champions League im ZDF. Er moderiert die erfolgreiche »heute-show« und hat mehrfach den Deutschen Comedypreis gewonnen.

»Trainer und Spieler haben nach Niederlagen keinen Bock auf Ironie oder Humor.«

Antiidiotikum®
Wirkstoff: Placebo
Zur Steigerung niedriger Intelligenzquotienten

10 Pfefferminz-Blister IQ 130

Respekt!

Götz W. Werner

Wertschätzen, was andere für uns tun

Götz W. Werner engagiert sich für das bedingungslose Grundeinkommen

Wie definieren Sie Respekt?

Respekt ist eine Wertschätzung und die soziale Realität, in der wir leben. Wir sind immer darauf angewiesen, dass andere für uns tätig werden. Es geht also darum, wertzuschätzen, was andere Menschen für uns tun. Und je mehr man das wertschätzt, desto eher sind die anderen bereit, das, was sie tun, gut zu machen – sie sehen einen Sinn darin, sich dafür einzusetzen.

Hat sich Ihr Respektbegriff über die Jahre verändert?

Wenn man jung ist, glaubt man, man stünde auf seinen eigenen Füßen. Je älter man wird, desto mehr versteht man, wie sehr man eigentlich auf den Schultern der Gemeinschaft steht, und nicht auf eigenen Füßen. Das war für mich die Erkenntnis, die auch dazu geführt hat, dass sich dm-drogerie markt so positiv entwickeln konnte. Denn eine Arbeitsgemeinschaft, in der über 30.000 Menschen zusammenwirken, funktioniert nur, wenn man die Leistung der anderen anerkennt und respektiert.

Was hat sich in Ihrem Unternehmen in den letzten Jahrzehnten verändert?

Vieles, weil wir in dieser Zeit gewachsen sind und Erfolg gehabt haben. Und wenn man Erfolg hat, dann hat das Folgen: Man kann nicht immer so weiter machen. Man muss sich verändern, man muss das Unternehmen immer wieder neu erfinden und man muss sich darüber im Klaren sein, dass das Unternehmen davon abhängig ist, dass viele Menschen ihre Initiative einbringen – aus jeder Filiale und von jedem Mitarbeiter.

Sind Vorbilder wichtig?

Es ist wichtig, dass wir den Menschen dazu verhelfen, sich selbst zu finden und nicht ihr Vorbild. Dazu sollte die ganze Gesellschaft die Rahmenbedingungen geben. Dieser Vorbildkult ist etwas Atavistisches aus alten Zeiten.

Was kann man gegen Rassismus tun?

Ich sehe den Menschen und schätze ihn wert, gestehe ihm Freiheit und Gleichheit zu. Ich billige ihm das Gleiche zu, das ich mir zubillige und begegne ihm auf Augenhöhe. Dann gibt es keinen Rassismus, keine unterschiedlichen Kulturen, auch keine Nationen. Das völkische Denken in Nationen war eine Episode in unserer Entwicklung. Jetzt kommt es drauf an, dass jeder Einzelne, dass wir Weltbürger werden.

| Zur Person |

Götz Wolfgang Werner (* 5. Februar 1944) ist Gründer, Gesellschafter und Aufsichtsratsmitglied von dm-drogerie markt. 35 Jahre lang ist er der Geschäftsführer des Unternemens. Für sein gesellschaftliches und unternehmerisches Engagement ist er mehrfach ausgezeichnet worden. Werner ist außerdem Gründer der Initiative »Unternimm die Zukunft«. und Aufsichtsratsmitglied der GLS Gemeinschaftsbank.

Götz W. Werner in der Kunsthalle Mannheim, wo er sich vor dem »Filzanzug«, einem Kunstwerk von Joseph Beuys, fotografieren läßt.

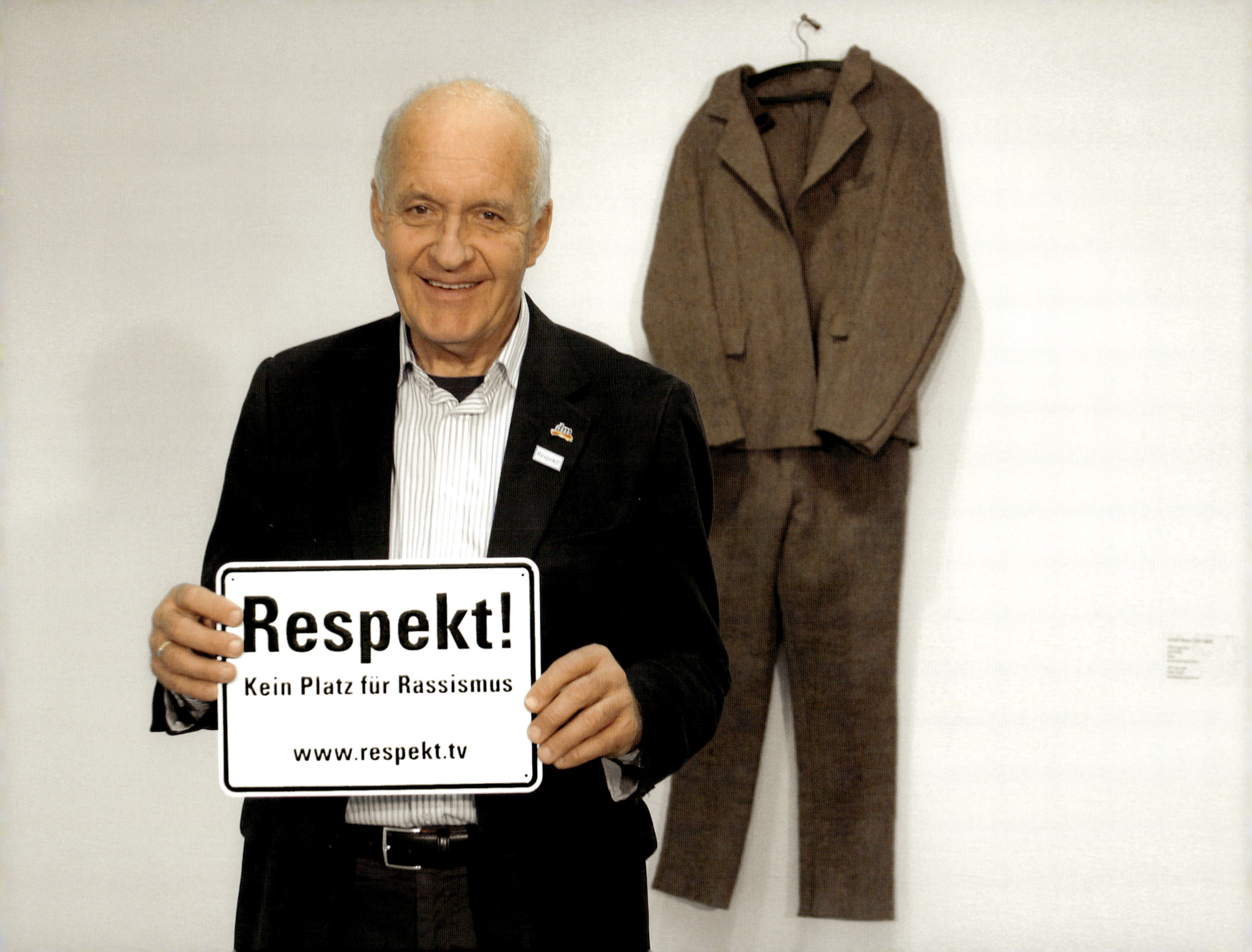
Respekt!
Kein Platz für Rassismus
www.respekt.tv

Sarah Wiener

Wir sind voller Fehler und Makel

Sarah Wiener bekochte früher mit ihrer mobilen Küche Filmcrews

Was bedeutet Respekt für dich?

Als Köchin fällt mir zuerst der Respekt vor Lebensmitteln ein: der Respekt vor Zuchttieren, der immer gern vergessen wird. Nicht der Respekt vor »Fiffi«, der einen Wintermantel kriegt. Es geht darum, wie man Nutztiere hält, was man ihnen zu fressen gibt, wie sie aufwachsen, wie sie transportiert werden, wie sie behandelt werden und so weiter. Respekt betrifft eben die ganze Welt! Ich sollte Respekt haben vor etwas, was ich nicht kenne. Vor dem, was mir ähnlich ist, habe ich sowieso Respekt, denn ich denke, dass ich der Mittelpunkt der Welt bin – aber so ist das nicht. Respekt fängt da an, wo ich etwas nicht kenne. Und im besten Fall gebe ich Respekt, und die anderen verdienen ihn sich dann.

Warum gibt es so wenige weibliche Starköche?

Wir leben in einer Männergesellschaft und da ist es egal, welchen Beruf du als Frau hast. Wir sind zwar im Vergleich zu anderen Ländern mit der Emanzipation ziemlich weit gekommen, aber eine Gleichberechtigung haben wir hier noch lange nicht. Das sieht man an der ungleichen Bezahlung.

Wie hart war es, sich zu etablieren?

Der Weg war hart. Aber nicht, weil ich eine Frau bin, sondern weil mein Weg sowieso hart war. Das hat aber, glaube ich, weniger mit der Frauenrolle zu tun, als vielmehr damit, in was für einem Umfeld du aufgewachsen bist und was du für Erfahrungen gemacht hast. Ich war eben nie die, die mit dem Strom geschwommen ist. Ich war kein wohlerzogenes, adrettes, sauberes Mädchen, welches immer pünktlich in die Schule gegangen ist und Hausaufgaben gemacht hat.

Wie gehst du mit Respekt im Alltag um?

Ich mag es zu denken, dass alte Menschen eine Lebensweisheit haben und eine Erfahrung, von der ich profitieren könnte. Allerdings ist es so, dass viele diesen Respekt sehr schnell zerstören, weil sie sich unmöglich anderen Menschen gegenüber verhalten oder einen Egoismus an den Tag legen, den ich nicht angebracht finde.

Respekt ist der Kitt unserer Gesellschaft. Es sollte etwas sein, was jeder erstmal automatisch vor jemand anderem hat. Und der andere zeigt dann, dass er den Respekt verdient hat. Man sollte den Menschen hinter den Äußerlichkeiten sehen, er ist genauso fremd wie du – und wir sind beide voller Fehler und Makel. Und wir sind uns beide fremd. Aber wir respektieren uns einfach gegenseitig als Menschen – so dumm das klingt! Aber man sollte nicht nur die Menschen respektieren, sondern alles andere um uns herum, zum Beispiel auch die Nutztiere.

| Zur Person |

Sarah Wiener (* 27. August 1962) ist Starköchin und Buchautorin. Die Österreicherin besitzt mehrere Restaurants in Deutschland und engagiert sich seit Jahren für eine artgerechte Tierhaltung und gegen Genfood.

»Als Köchin fällt mir zuerst der Respekt vor Lebensmitteln ein.«

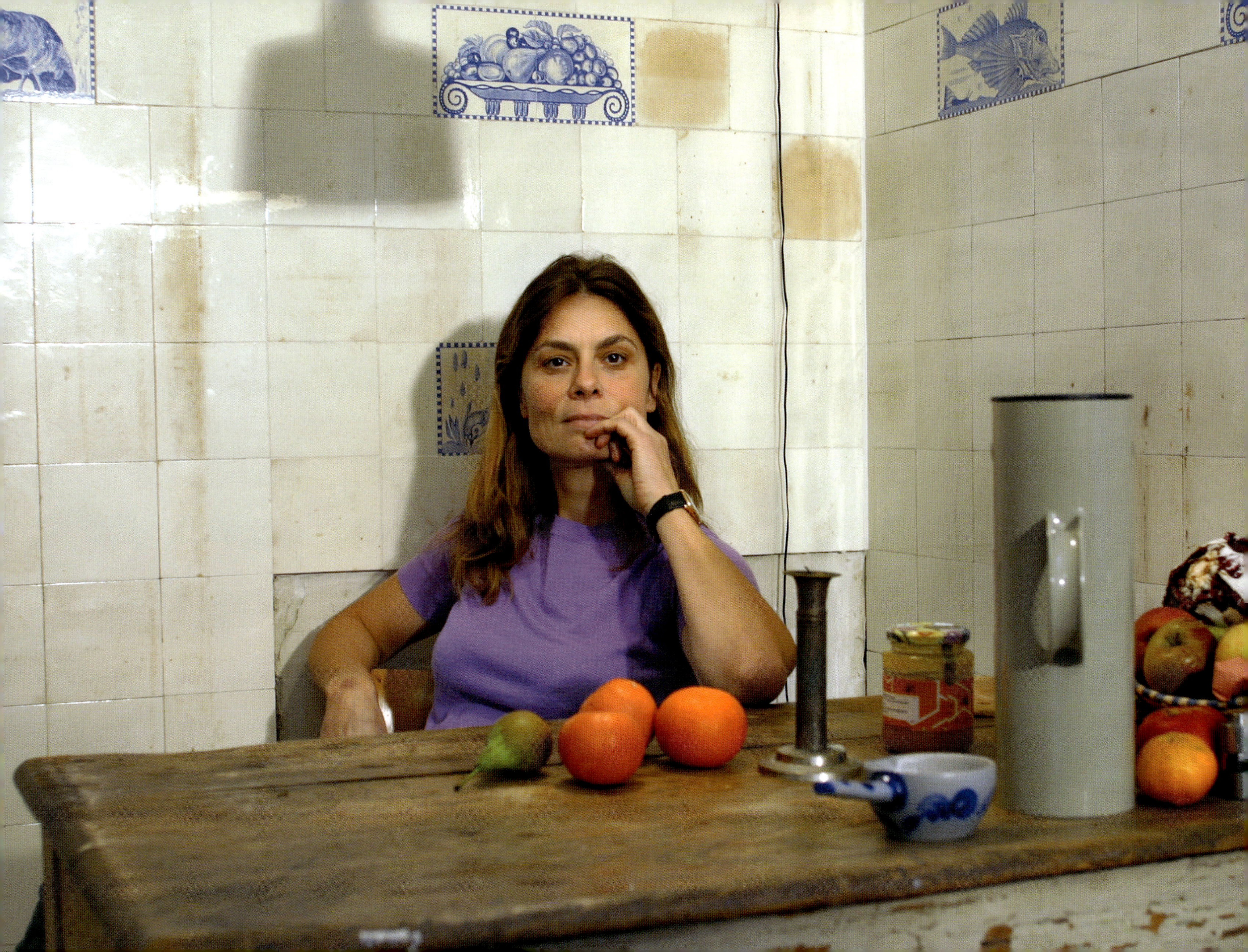

Janina Wissler

Die Sache mit den schönen Bildern

Janina Wissler ist Model, Moderatorin und Grafikerin – und war auch mal Playmate

Was bedeutet Respekt für dich?

Jeder weiß, was Respekt bedeutet, und jeder weiß, dass man alle Mitmenschen respektieren und einfach mal die Vorurteile weglassen sollte. Aber das Thema kommt viel zu kurz – man müsste öfter darüber reden. Das bringt Menschen dazu, darüber nachzudenken, wie wichtig Respekt doch wirklich ist.

Was bedeutet Respekt im Modelbusiness?

Gerade im Modelbusiness ist Respekt ganz wichtig. Aber es hängt von einem selbst ab, wie man sich selbst den Leuten gegenüber gibt – denn das Meiste kriegt man auch so zurück. Wenn man sich selbst respektlos anderen Menschen gegenüber verhält, kann man nicht erwarten, dass man respektiert wird!

Warum werden die Fotos von Frauen in den Medien so stark bearbeitet?

Ich verstehe das auch nicht, denn es wird ein Idealbild verkauft, doch keine normale Frau ist so. Deshalb ist ein total falsches Bild entstanden. Ich weiß als Model, dass niemals ein unbearbeitetes Bild von mir herausgegeben wird. Und genauso wird es bei den anderen gemacht: Jede kriegt die eine oder andere Hautunreinheit oder Falte »weggestempelt« – jeder weiß, dass man mit Photoshop ganz tolle Sachen machen kann. Deshalb wird ein völlig falsches Bild nach außen verkauft, und ich finde das wirklich sehr schade, weil deshalb gerade junge Mädchen gefährdet sind, magersüchtig zu werden.

Ist man dir schon mal respektlos begegnet?

Ja, da fällt mir eine Sache ein: 2005 hat meine Karriere mit einem Playboy-Fotoshooting angefangen. Eigentlich fanden das alle positiv, aber die Leute haben leider auch Vorurteile: Es gibt natürlich Playmates, die nicht studiert oder kein Abitur haben und nicht so intelligent sind wie manch andere. Aber es ist respektlos, dass man dann einfach abgestempelt wird. Wenn mich jetzt jemand sieht und weiß »Ach, die Janina Wissler, die war Playmate. Naja…« – da wird man gleich in eine Schublade gesteckt. Aber ich habe einen Beruf erlernt, ich bin Grafikerin und arbeite auch weiterhin in diesem Beruf. Ich bin seit 2008 selbstständig und kann sehr gut vom Modeln, Moderieren und vom Grafikbereich leben. Ich finde es respektlos, wenn ich, nur weil ich wirklich ästhetische Aktfotos gemacht habe, abgestempelt werde.

Bist du ein Vorbild für Mädchen und junge Frauen?

Nicht wissentlich. Aber meine kleine Schwester erzählt, dass Schulkolleginnen zu ihr kommen und sagen: »Wow, du hast eine Schwester, die im Fernsehen ist und Fotos macht – wie kannst du damit umgehen?« Es wird mir also eher über andere Leute herangetragen. Oder wenn meine Mutter durch die Stadt läuft, dann sagen die Leute: »Wir haben mitgekriegt, dass die Janina nun auch moderiert!« Aber dass Leute selbst zu mir kommen und sagen: »Du machst eine tolle Arbeit!«, das kommt mehr über das Internet als auf persönlichem Wege.

| Zur Person |

Janina Wissler (* 18. November 1983) ist 2005 Playmate der Septemberausgabe des Playboy. Sie arbeitet als Model und freie Grafikerin und moderiert Fernsehbeiträge.

»Abgestempelt wegen Playboy-Fotoshooting – und rein in die Schublade.«

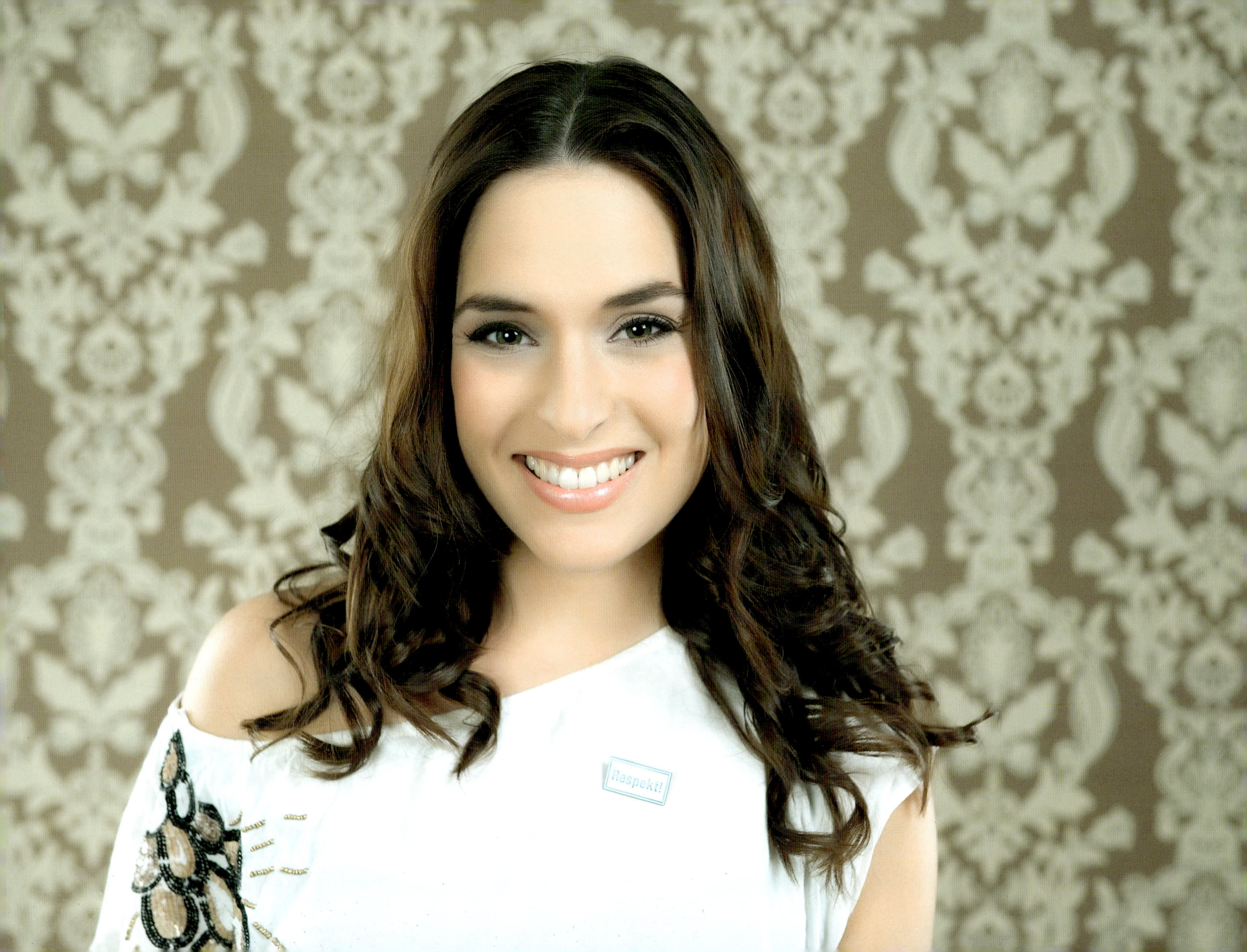
Respekt!

Petra Wlecklik

Vorbilder geben Kraft und Orientierung

Das Wort Solidarität ist kein Garant für eine wirklich gleichberechtigte Teilhabe, aber eine gute Ausgangsposition

Was bedeutet Respekt für dich?

Respekt bedeutet für mich Achtsamkeit, Rücksichtnahme und Anerkennung. Dazu gehört auch der achtsame Umgang mit mir selbst. Denn das ist eine wesentliche Voraussetzung, um auch anderen Menschen mit Respekt zu begegnen..

Gibt es Rassismus und Diskriminierung in Betrieben?

Ja, es gibt einen alltäglichen und strukturellen Rassismus in den Betrieben. Das eine sind Haltungen, Sprüche, Witze, Gepflogenheiten gegenüber Menschen anderer Herkunft, Religion, die scheinbar normal sind. Das andere sind verfestigte Formen wie der fehlende Zugang zur Ausbildung und zur existenzsichernden Arbeit, die Lohnunterschiede oder ungleiche Aufstiegschancen.

Innerhalb der IG Metall gibt es diese Formen auch. Vielfach verdeckt, häufig spürbar und selten offen. Das Wort Solidarität ist zwar kein Garant für eine wirklich gleichberechtigte Teilhabe, aber eine gute Ausgangsposition und ein wunderbares Übungsfeld!

Sind Frauen von Respektlosigkeit und Diskriminierung besonders betroffen?

Wenn jemand Respektlosigkeit oder Diskriminierung erfährt, ist es für die Betroffenen immer eine besondere Erfahrung und damit einzigartig. Wichtig erscheint mir, keinen Tunnelblick für die eigene Betroffenheit zu entwickeln, sondern den Blick zu erweitern. Auch Frauen habe ausgrenzende Haltungen. Ich beschäftige mich viel mit dem Thema »Frauen und rechte Haltungen/Rechtsextremismus«, und da wird es besonders deutlich.

Was können Frauen gegen Diskriminierung tun?

Eine ganze Menge, wie ich finde: Mut haben und das Vorgegebene in Frage stellen. Häufig verhindert ein schlechtes Gewissen oder die persönliche Schuldfrage diesen ersten Schritt. Es geht nicht um Gefühle, sondern um Fakten und darum zu prüfen: Wer bekommt in diesem Betrieb einen Ausbildungsplatz, wer wird die Karriereleiter aufsteigen und wer bekommt welches Gehalt? Dazu können wir das Betriebsverfassungsgesetz nutzen, einen Gleichstellungsbericht erstellen und vieles mehr.

Ist Respekt eine Frage des Elternhauses?

Eine respektvolle Erziehung vermittelt Werte und Ressourcen im Umgang mit anderen. Dennoch geht es auch um die gesellschaftliche Verankerung. Eine Gesellschaft, in der das Kosten-Nutzen-Kalkül über alles gestellt wird, in der zum Beispiel über ältere Menschen nur als Kostenfaktor gesprochen wird, hebelt auch langfristig alle familiären und individuellen Bemühungen aus. Deshalb richte ich meinen Blick auf beides: die gesellschaftlichen Rahmenbedingungen und das tagtägliche Miteinander. Das gehört zusammen.

Hattest du früher ein Vorbild beziehungsweise hast du heute eins?

Ja. Um nur einige zu nennen: Angela Davis, May Ayim, Rosa Luxemburg, aber auch meine Mutter, Freundinnen und Kolleginnen und andere Frauen, die tagtäglich ihren Alltag meistern und nicht berühmt sind. Ich finde es wichtig, Vorbilder zu haben. Sie geben Kraft und Orientierung.

| Zur Person |

Petra Wlecklik (* 18. Mai 1960) ist gelernte Industriekauffrau, Politologin, feministische Bildungsarbeiterin und Gestaltberaterin. Sie arbeitet als Gewerkschaftssekretärin im Bereich Migration und Integration der IG Metall in Frankfurt am Main.

»Achtsamkeit, Rücksichtnahme und Anerkennung – ich orientiere mich an der ursprünglichen Herkunft des Wortes Respekt, weil das zu meinem täglichen Erleben passt.«

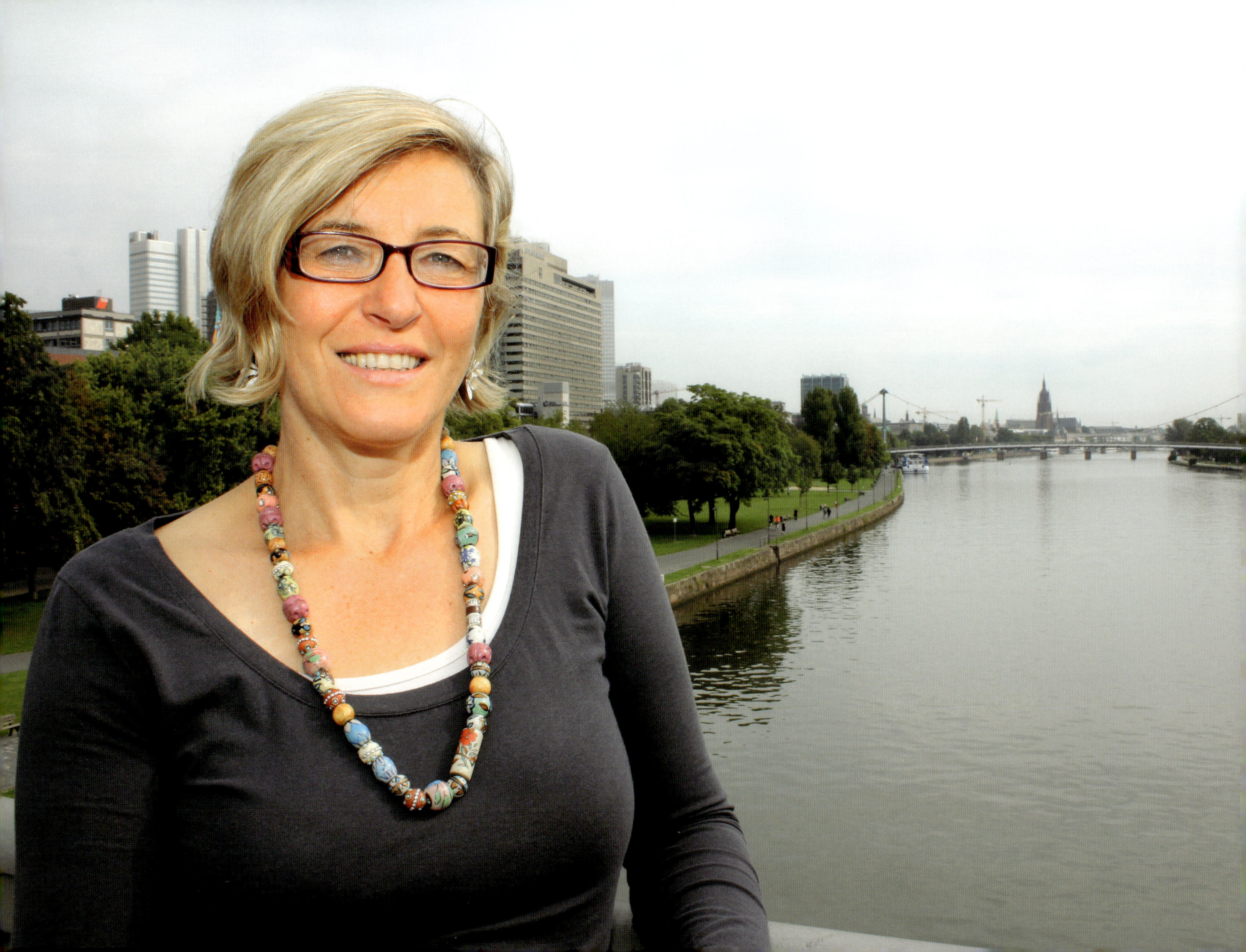

Thomas Zampach

Respekt kann man nicht neu erfinden

Gäbe es einen Respekt-Chip, sollte der in jeden Kopf

Was bedeutet Respekt für dich?

Respekt sollte jeder Mensch haben. Wenn es dafür einen Chip in unserer Cyber-Welt gäbe, sollte der in jeden Schädel rein. Für mich selbst ist das eine logische Sache: Behandele andere so, wie du selbst behandelt werden möchtest; das haben mir meine Eltern so beigebracht. Weihnachten zum Beispiel ist für mich die allergrößte Heuchelei: Alle machen plötzlich auf Friede, Freude, Eierkuchen mit der Familie, und dann wird wenige Tage später alles wieder über den Haufen geworfen. Doch man sollte das ganze Jahr über Respekt haben und nicht nur an Weihnachten. Wenn ich jemandem einen schönen Tag wünsche, dann meine ich das ehrlich, denn Respekt heißt auch, ehrlich zu sich selbst sein.

Hattest du im täglichen Leben mit Rassismus oder Diskriminierung zu tun?

Als ich zehn war, Ende der 70er Jahre war das, bekam ich Lymphdrüsenkrebs. Die ganze Prozedur mit Chemotherapie und Knochenmark-Transplantation ging los. Ich war ungefähr ein Dreivierteljahr weg vom Fenster. Als ich wieder zurück in mein Umfeld kam, kam es schon vor, dass Eltern zu ihren Kindern sagten: »Spiel mit dem nicht«, oder auf die andere Straßenseite gingen. Wenn du mit ausgefallenen Haaren über die Straße gehst, wer weiß, ob das ansteckend ist? Nur zwei Kumpels hatte ich in der Klasse; der eine war ein bisschen dicker, der andere Türke. Und noch einen rumänischen Freund, mit dem auch keiner etwas zu tun haben wollte. So haben wir uns zusammengetan und zusammengehalten. Für mich waren das einfach Menschen wie du und ich – wir haben da keinen Unterschied gemacht. Respekt hat doch nichts mit Hautfarbe oder Nationalität zu tun!

Ist Respekt eine Frage des Elternhauses? Der Bildung? Wie kommt Respekt in die Köpfe?

Nein, Respekt ist keine Frage der Bildung. Meine Mutter hat mir beigebracht, dass ich in der U-Bahn aufstehen muss, wenn Ältere keinen Sitzplatz haben. Das ist in meinem Kopf drin und es ist schlimm, dass man sich darüber überhaupt Gedanken machen muss. Heutzutage legen die Jugendlichen die Füße auf die Sitzbank. Am Anfang sind es also die Eltern, dann ist es der Lehrer, dann der Freundeskreis, der dich beeinflusst – positiv wie negativ. So zieht sich der rote Faden durch. Auch als Fußballprofi sollte man immer Respekt gegenüber den Fans oder kleinen Kindern haben, die Autogramme wollen. Man kann vielleicht nicht alle Wünsche erfüllen, aber kann versuchen, einem Großteil nachzukommen. Man sollte immer an seine Vorbildfunktion denken.

Was kann jeder Einzelne für ein besseres Miteinander tun?

Wenn man so wie ich körperbewusster lebt – ich trinke keinen Alkohol und rauche nicht – wird man gleich in eine Schublade gesteckt. Deshalb versuche ich selbst immer, alle Leute gleich zu behandeln. Mein Bekanntenkreis besteht aus Menschen aller Schichten, und darüber bin ich sehr froh! Wir sollten uns auf die Werte besinnen, die wir früher einmal hatten.

| Zur Person |

Thomas Zampach (* 27. Dezember 1969) wächst im sozialen Brennpunkt Frankfurter Berg auf. Mit zehn Jahren wird er in die Jugendmannschaft von Eintracht Frankfurt aufgenommen, mit 21 spielt er bei Mainz 05 in der 2. Liga. Für die Eintracht ist er drei Jahre als Spieler und anschließend als Scout und Fan-Koordinator tätig; es folgen Stationen bei Wehen-Wiesbaden und Darmstadt 98. Aktuell ist er Trainer des Gruppenligisten SV Zeilsheim und Kicker beim Football-Zweitligisten Frankfurt Universe.

»Respekt heißt auch, ehrlich zu sich selbst zu sein.«

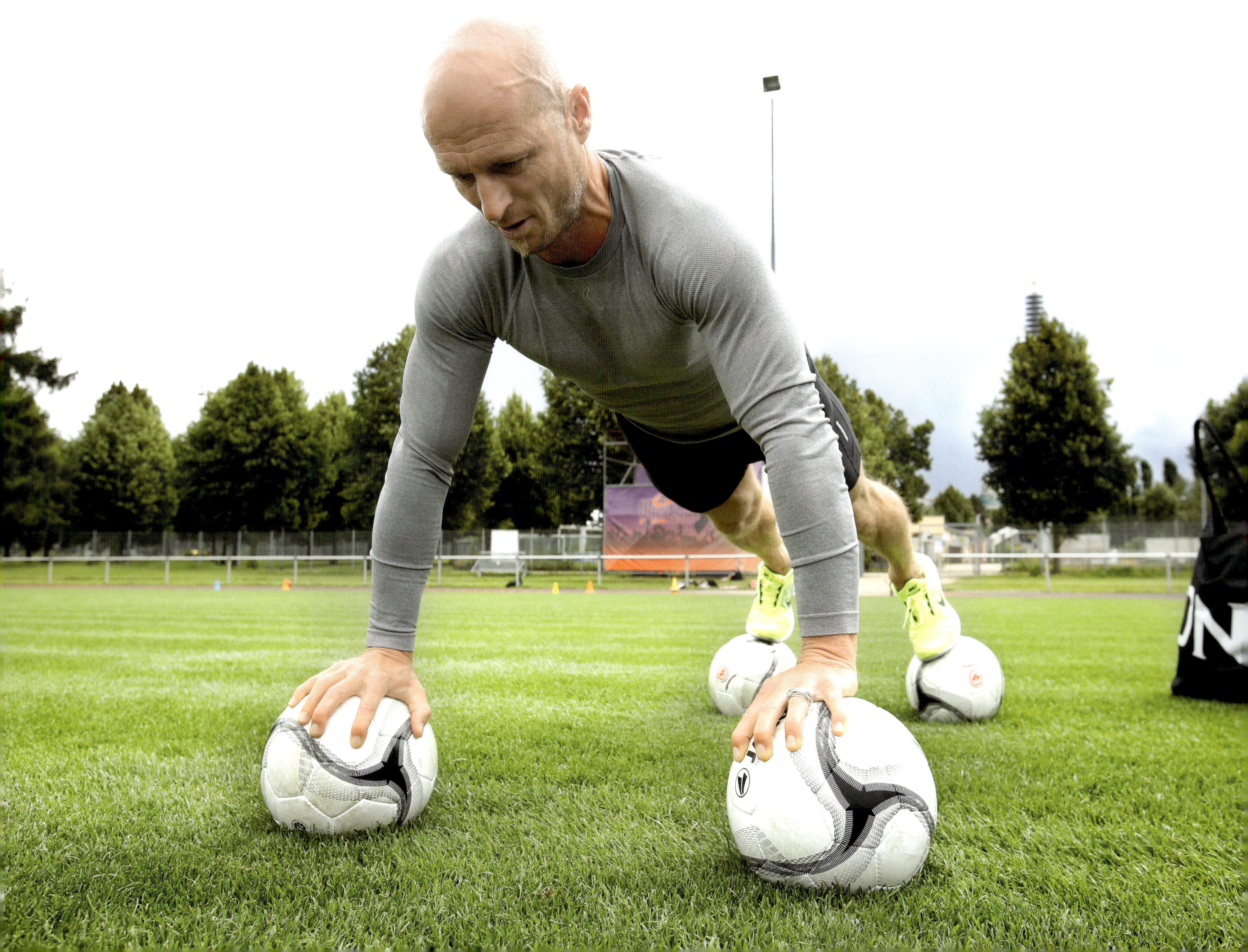

Jeder noch so kleine Tropfen zählt

Das große Rad mit viel Engagement bewegen

Was bedeutet Respekt für dich?

Respekt bedeutet für mich Toleranz und ohne Vorurteile bereit zu sein, zuzuhören, mitzudenken und zu helfen. Respekt heißt für mich auch Liebe, Verständnis und der gute Umgang mit dem Nächsten.

Hattest oder hast du im täglichen Leben mit Rassismus oder Diskriminierung zu tun?

Ich bin gebürtige Libanesin und lebe seit meiner Kindheit in Deutschland. Bevor ich mit meiner Familie nach Deutschland kam, besuchte ich bereits im Libanon die Schule und bekam schon in jungen Jahren die schlechte wirtschaftliche Lage und die großen Unruhen mit. In Deutschland wuchs ich in Niedersachsen auf, dort gab es Nazi-Aufmärsche und rassistische Vorfälle. Durch den Krieg im Libanon habe ich schon in meiner Kindheit gelernt, mit feindseligen Anspielungen umzugehen, diesen aus dem Weg zu gehen und nicht zu provozieren.

Wie entsteht deiner Meinung nach vorurteilbehaftetes Denken?

Durch Antipathie, durch mangelhafte Kommunikation der Mitmenschen und durch mangelhafte Informationsaufnahme. Auch durch Kontaktängste und Intoleranz entsteht vorurteilbehaftetes Denken, zum Beispiel wenn man von einer bestimmten Sache nur 40 Prozent der Informationen kennt und sich die restlichen 60 Prozent selber ausmalt.

Ist Respekt eine Frage der Bildung? Des Elternhauses? Wie kommt Respekt in die Köpfe?

Respekt lernt man auf dem Wege der Erkenntnis. Das kann von elterlicher Seite kommen oder im Alter durch das Erwachsenwerden. Respekt ist vielseitig in Taten umzusetzen: Am besten fängt man bei sich selbst an, Respekt zu entwickeln.

Was kann jeder Einzelne für ein besseres Miteinander tun?

In erster Linie sollte man seine Mitmenschen tolerieren, akzeptieren und vor ihnen Respekt haben. Man kann nicht gleich die ganze Welt bewegen, doch wir haben Möglichkeiten, die viele Menschen nicht haben, um gegen Gewalt vorzugehen und für mehr Toleranz und Respekt zu sorgen. Wir können zum Beispiel mit Projekten an die Öffentlichkeit gehen und unsere Botschaft durch Musik, Workshops oder Konzerte nach außen vermitteln. Wir sind nur ein kleiner Teil des Ganzen, aber wir sind ein Teil – wenn man einen kleinen Tropfen in ein stilles Meer wirft, entsteht bisweilen eine Welle!

| Zur Person |

Zeda (* 27. Februar 1985) ist Female Rap Artist, Sängerin, Songwriterin, Produzentin und Entertainerin. Seit 2005 lebt sie in Frankfurt am Main. Zeda gewinnt 2008 den deutschen Female Rap Contest. Ehrenamtlich arbeitet sie mit Jugendlichen als Hip-Hop Songwriting-Coach, wofür sie die Stadt Frankfurt als »Alltagsheldin« auszeichnet. 2013 vertritt sie Hessen im bundesweiten Projekt »Wir stehen auf gegen Rassismus« und gibt Songwriting/Hip-Hop-Workshops in Schulen in Raum Offenbach.

»Vorurteile entstehen durch Kontaktängste und Intoleranz.«

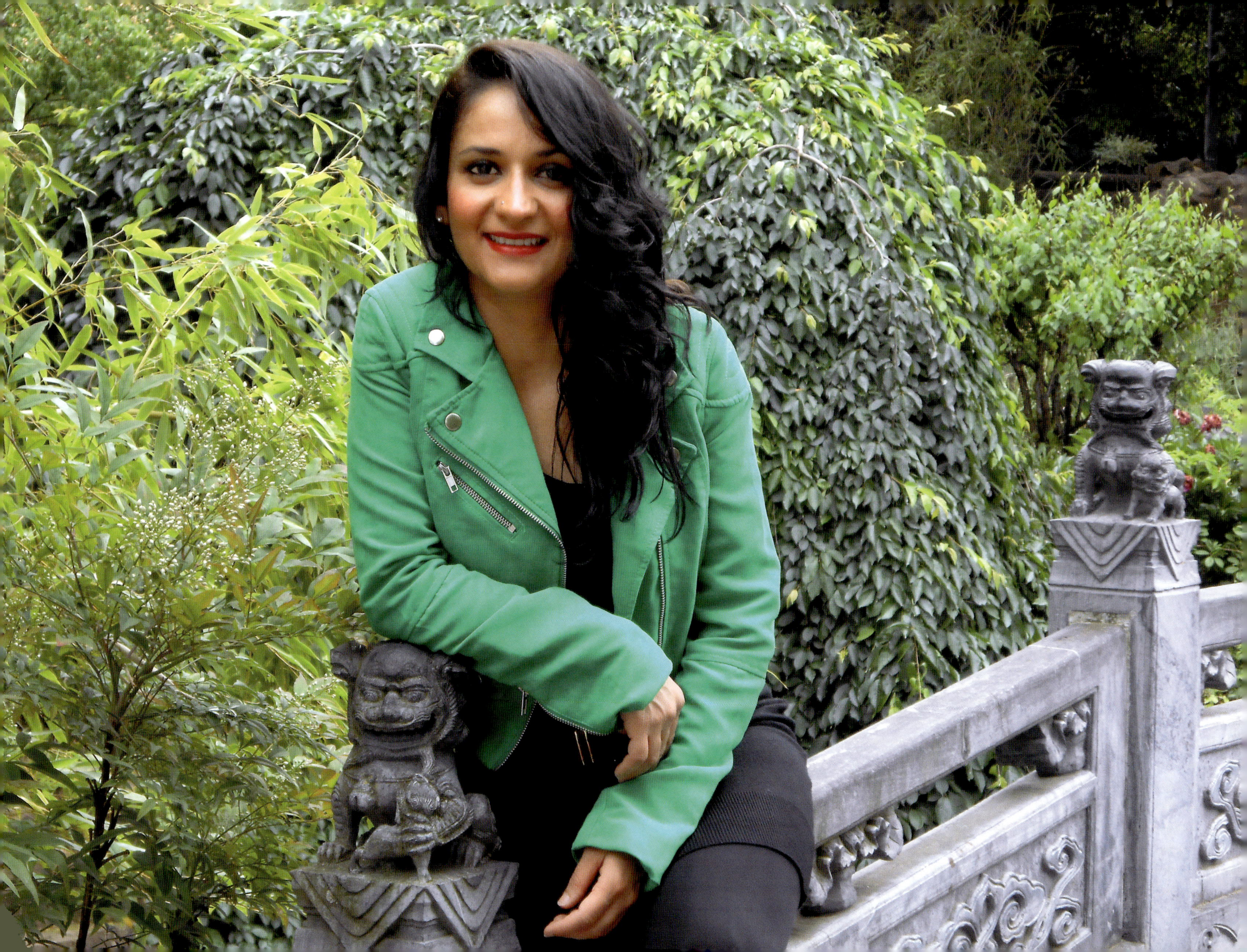

Ela zum Winkel

Augen auf bei Not und Unrecht

Wir brauchen Empathie und ein großes Herz

Was bedeutet Respekt für dich?

Wenn ich Respekt höre, denke ich an Gleichheit, die für mich noch wichtiger ist. Gleichheit ist ein Grundstein für ein funktionierendes und friedliches Miteinander. Dass man nie vergisst, dass jeder Mensch, unabhängig von Sexualität, Herkunft, Berufung, ob arm oder reich, dieselben Rechte hat.

Hattest oder hast du im täglichen Leben mit Rassismus oder Diskriminierung zu tun?

Als Binationale bin immer mal wieder mit Sprüchen und Vorurteilen konfrontiert, die »die Deutschen« oder »die Franzosen« betreffen. Genauer gesagt, mit nationalistischen Klischees, die ja leider weltweit verbreitet sind.

Wie entsteht deiner Meinung nach vorurteilbehaftete Denken?

Vorurteile und Denken – das widerspricht sich meiner Meinung nach. Das Übernehmen von Klischees ist ein Ergebnis mangelhaften Denkens. Vorurteile werden übernommen und haben mit realer Erfahrung nichts zu tun. Denken heißt per Definition »Bewegung«, das bedeutet, man sollte immer neugierig bleiben und bereit sein, seine Meinung zu revidieren. Wer denkt und beobachtet, verhindert also ganz natürlich, sich mit Vorurteilen zufrieden zu geben.

Ist Respekt eine Frage der Bildung? Des Elternhauses? Wie kommt Respekt in die Köpfe?

Bildung im Sinne von Wissen scheint mir nicht sehr ausschlaggebend. Viel bedeutender ist für mich die Bildung des Herzens, die Empathie-Fähigkeit. Und die wird unter anderem durch Erziehung, Familie und Schule gefördert.

Was kann jeder Einzelne für ein besseres Miteinander tun?

Jeder sollte sich dafür mitverantwortlich fühlen, ein besseres Miteinander zu gestalten. Wenn man sich verantwortlich oder mitverantwortlich fühlt, dann schaut man auch bei Unrecht und Not anderer nicht weg. Und so sollte es sein.

| Zur Person |

Ela zum Winkel (* 5. Juni 1990) ist Studentin der Theater- und Filmwissenschaften und Schauspielerin. Sie lebt in Paris und unterstützt die »Respekt!« Initiative als Frankreich-Botschafterin.

»Gleichheit ist ein Grundstein für ein friedliches Miteinander.«

Respekt!
Kein Platz für Rassismus

www.respekt.tv

Theo Zwanziger

Fußball führt die Menschen zusammen

Theo Zwanziger wurde für seinen Einsatz gegen Diskriminierung und Rechtsextremismus ausgezeichnet

Wie definieren Sie Respekt?

Man sollte im Verhältnis zwischen sich selbst und der Gemeinschaft nicht zu egoistisch sein. Und wenn es zu Konflikten kommt, sollte man die Situation des Anderen mit einbeziehen bei all dem, was man zu entscheiden hat.

In Italien gibt es viele Probleme mit Rassismus in den Stadien – wie ist das in Deutschland?

Ich will nicht so tun, als gäbe es diese Vorurteile in Deutschland gar nicht. Aber ich glaube, dass sich unsere klare Haltung in den letzten Jahren sehr positiv bemerkbar gemacht hat. Wir haben in den Bundesligastadien den einen oder anderen Rassismusfall gehabt – wir haben klar reagiert und mit Bestimmungen und Regeln deutlich gemacht, dass Diskriminierung bei uns keinen Platz hat. Wir dürfen nicht gleichgültig sein, wenn rassistische Parolen gerufen werden – hier wird auch die Wider-standsfähigkeit der Fans auf die Probe gestellt. Ich möchte es nicht schönreden, aber wir sind auf einem guten Weg – auch in unserer Konsequenz.

Sie engagieren sich für das Tabuthema Homosexualität. Warum?

Wenn wir die Verpflichtung und die Verantwortung aus der WM 2006, ein offenes und ein tolerantes Land zu sein, ernst nehmen wollen, müssen wir bereit sein, mit einem solchen Tabuthema aufzuräumen: Ich habe als junger Mensch noch erleben müssen, dass Homosexualität strafbar war. Ich habe erlebt, was jungen Leuten, die im Versteck ihrer sexuellen Orientierung nachgehen mussten, angetan worden ist.

Vor einigen Wochen habe ich ein wunderbares Erlebnis in meiner Heimatgemeinde gehabt: Ich wusste, dass in einer Familie ein junger Mann lebt, der homosexuell ist. Er durfte das nie zeigen, weil seine Eltern unglaublich schwer damit umgehen konnten. Es hat mich gefreut, als ich ihn mit seinem Freund vor drei oder vier Wochen offen durch unsere Gemeinde gehen sah. Das ist ein tolles Zeichen, dass wir weiterkommen in unserer Gesellschaft!

Sie sind sehr offen und liberal – woher kommt das?

Das sind Erziehungsprozesse, die man selbst durchmacht als junger Mensch. Ich hatte das Glück, von einer Großmutter und einer Mutter erzogen worden zu sein, die aus den schrecklichen Verlusten – mein Vater und mein Großvater sind im Krieg umgekommen – die richtigen Lehren gezogen haben und die wussten, dass im Rassismus die Ursache für all dieses Unglück lag.

Sie sind Chef der Fußballstars – wie wichtig sind Vorbilder heute?

Man muss anerkennen, dass diese jungen Leute Tolles leisten auf dem Platz. Sie sind Artisten, sie haben Möglichkeiten, die nicht jeder hat. Und sie sind sehr starke Persönlichkeiten. Die haben viel gearbeitet, um das zu werden, was sie sind. Allein das ist schon ein Vorbild für junge Menschen!

| Zur Person |

Dr. Theo Zwanziger (* 6. Juni 1945) ist promovierter Jurist. 1985 bis 1987 gehört er als CDU-Abgeordneter dem rheinland-pfälzischen Landtag an. Von 2006 bis 2012 ist Zwanziger Präsident des Deutschen Fußball-Bundes. 2010 gründet er die Theo-Zwanziger-Stiftung, die sich der Förderung des Sports, insbesondere der Förderung des Mädchen- und Frauenfußballs, widmet.

Sepp Herberger – ein Vorbild.

Sepp Herberger
Bundestrainer

Respekt!
Kein Platz für Rassismus
www.respekt.tv

Respekt!
Schule, Verein und Arbeitsplatz
www.respekt.tv

»Respekt!« in der Schule

Mit Vielfalt die Zukunft gestalten

Oder: Über die verbindende Kraft des sozialen Kitts

Früher lebten Menschen in räumlich relativ begrenzten, stabilen Gemeinschaften und bildeten ihre eigene Identität auf der Grundlage der in diesem Umfeld vorhandenen Wertemuster und Möglichkeiten heraus. Durch die zunehmende globale Vernetzung, Kommunikation und Mobilität sind die Gruppen, denen sich Menschen zugehörig fühlen, jedoch vielschichtiger und abstrakter geworden, sodass sich heutige Identitäten eher über Bezüge auf symbolische Gruppen definieren als über lokale Beziehungen. Wenn nun jeder Mensch nach den Maßstäben, Bedürfnissen und Werten derjenigen Gruppen leben will, über die er sich in seiner Identität definiert, entstehen Konflikte auf verschiedenen Ebenen.

Horizontale Konflikte sind Konflikte zwischen Menschen auf gleicher Ebene. Die zunehmende Vielfalt von Weltanschauungen, Einstellungen und Lebensstilen wirft hier die Frage auf, wie die jeweiligen Konflikte trotz unterschiedlicher Wertehintergründe für beide Seiten gleichsam befriedigend geregelt werden können. Die Art, wie mit solchen Konflikten umgegangen wird, berührt damit immer auch Fragen von Gleichheit und Gerechtigkeit.

Vertikale Konflikte entstehen zwischen Menschen unterschiedlicher Hierarchieebenen. Im Kern geht es bei diesen um die Frage, ob ein Geführtwerden als Zumutung oder als Bereicherung verstanden wird. Diese Art von Konflikt rührt von der zunehmenden Verlagerung des Einflusses positionaler Machtquellen, also Macht qua Amt, hin zu personalen Machtquellen, also Macht qua Expertise und Leistung. Im Sinne effektiver und effizienter Führung muss hier also die Frage beantwortet werden, wie die Legitimationssysteme von denjenigen, die führen wollen, und denjenigen, die geführt werden sollen, miteinander vereinbar sind.

Die Respektforschung unterscheidet zwischen zwei Arten des Respekts, die für sich je wichtige Logiken für einen Umgang mit Konflikten auf beiden Ebenen beinhalten.

Der so genannte »horizontale Respekt« folgt etwa einer wechselseitigen, an keine Bedingungen geknüpften Anerkennungslogik. Er entspricht den Forderungen des kategorischen Imperativs von Kant und basiert auf einer prinzipiellen Anerkennung des gleichen Rechts aller auf freie Entfaltung. Danach gebührt jedem Menschen Respekt, allein weil er ein Mensch ist. Wenn das im Konfliktfall anerkannt wird, bleiben im Prozess und bei der Lösung des Konflikts sowohl Freiheit und Wohl des Einzelnen als auch das Gemeinwohl angemessen berücksichtigt. Der Theorie nach ist der Andere damit nicht mehr Gegner im Konflikt, sondern Partner bei der Suche nach einer gemeinsamen Lösung, was bei eben dieser Suche großes kreatives Potenzial freisetzen kann.

Der »vertikale Respekt« beinhaltet, dass man sich nur dann freiwillig und gerne von jemandem beeinflussen lässt, wenn dieser bestimmte positiv differenzierbare Eigenschaften oder Merkmale besitzt, besondere Leistungen erbracht hat oder sich in anderer Weise von Anderen oder einem selbst positiv unterscheidet.

| Zur Person |

Dr. Niels Van Quaquebeke (* 25. April 1977) ist Professor of Leadership and Organizational Behavior an der Kühne Logistics University und Leiter der RespectResearchGroup in Hamburg. Die von ihm geleitete Forschungsgruppe existiert seit 2003 und wurde bereits 2007 von der Bundesregierung als eines der innovativsten Wissenschaftsprojekte Deutschlands ausgezeichnet. Die Forschungsarbeiten der Gruppe beschäftigen sich mit den Voraussetzungen und Konsequenzen von Respekt in Politik, Wirtschaft und Bildung.

Dieser Respekt stellt also eine Bedingung. Im Gegenzug gesteht man dieser Person dann aber Einfluss zu. Die Logik des vertikalen Respekts hilft somit, dem zunehmenden Auseinanderklaffen von formalen und emergenten (aufstrebenden) Hierarchiestrukturen und der damit einhergehenden Unzufriedenheit entgegenzuwirken.

In der Forschung unserer Forschungsgruppe und ThinkTanks zu Respekt, der RespectResearchGroup, werden wir häufig gefragt, warum das Konzept des Respekts derzeit denn eine solche Renaissance erlebt. Wie hier deutlich geworden sein sollte, beinhaltet Respekt den Schlüssel zum Umgang mit den Konflikten der Moderne. Respekt beantwortet also eine zentrale Frage: Wie können und wollen wir eigentlich miteinander umgehen in einer Zeit, in der ehemals Stabiles zunehmend hinterfragt wird?

Die zunehmende Individualisierung der Menschen und damit die Vielfalt in unserer Gesellschaft birgt eine große Chance in sich – die Chance, als Gruppe anpassungsfähig zu sein und gemeinsam die Herausforderungen unserer heutigen Zeit bewältigen zu können. Denn nur Systeme, sei es der Einzelne, die Familie, Schule, der Betrieb oder die Gesellschaft als Ganze, die intern eine gewisse Vielfalt aufweisen und gelernt haben, mit dieser Vielfalt umzugehen, sind auch anpassungsfähig an sich verändernde Umweltbedingungen und können dementsprechend flexibel auf den Wandel und die Herausforderungen der Zeit reagieren.

Dazu ist es jedoch notwendig, dass der Einzelne die Steuerung von größeren Systemen wieder unterstützt, anstatt gegen diese zu arbeiten oder in Parallelsysteme abzudriften. Denn wenn es keinen »sozialen Kitt« gibt, der die Einzelnen miteinander so zu verbinden vermag, dass diese trotz ihrer Verschiedenheit an einem Strang ziehen, dann zerfällt jedes System mit den allseits bekannten Folgen von Grabenkämpfen, Nischenwirtschaft, Unterdrückung oder Ineffizienz.

Beiden Formen von Respekt kommt in diesen Modellen eine ganz besondere Bedeutung zu. Denn jemanden horizontal zu respektieren bedeutet im Kern, seine Andersartigkeit anzuerkennen und Rücksicht zu nehmen (im Lateinischen übrigens der gleiche Wortstamm wie respektieren, nämlich respicere). Während jemand vertikal zu respektieren im Kern bedeutet, dass man diesen als folgenswert erachtet. Werden beide Formen des Respekts im Miteinander gelebt, wird es möglich, komplexe Systeme zu steuern, ohne dass Einzelne ihre Individualität aufgeben oder unzumutbar beschneiden müssten.

»Respekt spielt bei mir stets die erste Geige.«
Arabella Steinbacher

»Respekt!« in der Schule

Respekt ist jetzt Wahlunterricht

An der Groß-Gerauer Prälat-Diehl-Schule gibt es ab dem Schuljahr 2013/2014 eine Aktionsgruppe »Respekt!«

Dr. Michael Montag

Nach dem ersten Kontakt mit Vertretern von »Respekt! Kein Platz für Rassismus« im vergangenen Schuljahr bildete sich an der Prälat-Diehl-Schule eine Gruppe, die sich für die Ziele der Initiative einsetzen wollte.

Es fanden sich Kolleginnen und Kollegen, die sich so dafür begeisterten, dass sie ein Unterrichtskonzept für einen zweijährigen Wahlunterrichtskurs konzipieren und durchführen wollen. Mit ihrer Idee haben sie ein Thema, das in weiten Teilen der Öffentlichkeit sehr aktuell ist, an unsere Schule geholt und unterrichtlich nutzbar gemacht.

Das Thema Respekt vor dem Anderen und dem Anderssein ist auch in der Schülerschaft aktuell. Es haben viele Schülerinnen und Schüler dieses Wahlunterrichtsthema gewählt, obwohl es auch andere attraktive Angebote gibt.

Beim Betrachten der Homepage von www.respekt.tv wird deutlich, dass es bereits eine Vielzahl von Menschen gibt, die sich hier einsetzen. Das Ziel dieser Initiative, Kampf gegen den Rassismus, möchte ich unterstützen und unseren Schülerinnen und Schülern sowie den beteiligten Lehrkräften nicht nur Erfolg und viel Vergnügen wünschen, sondern vor allem auch Erkenntnisse, die sie als Menschen weiterbringen und so zur Persönlichkeitsbildung beitragen.

Birgit Bertisch

Gegenseitige Rücksichtnahme, Anerkennung beziehungsweise Wertschätzung und Toleranz sind für mich wesentliche Voraussetzungen sich wohlzufühlen und Basis für ein respektvolles Miteinander in Schule, Familie und Gesellschaft.

Respekt geht weit über die häufig hierfür gebrauchten Synonyme wie Höflichkeit und Freundlichkeit hinaus, die erlernbare Umgangsformen und Verhaltensweisen beschreiben, und wird auch nicht durch Hinzunahme der Einhaltung von Verhaltens- und Spielregeln, Akzeptanz und rücksichtsvollem Umgang umfassend beschrieben. Verständnis für Gefühle, andere Meinungen und Bedürfnisse, Achtung und Wahrung der Rechte anderer, Anerkennung von Würde und Freiheit des Einzelnen in der Gemeinschaft, Einfühlungsvermögen im besonderen Umgang zum Beispiel mit Schwächeren kann man nicht lernen wie ein Unterrichtsfach. Man muss es (er-)leben und praktizieren.

Respekt braucht Einsichts- und Erfahrungsprozesse als Basis für eine positive, gesunde persönliche Entwicklung junger Menschen. Respekt braucht auch die Bereitschaft, Ungerechtigkeiten und Missstände wahrzunehmen und Mut sich einzumischen sowie Engagement und Beharrlichkeit, immer wieder dagegen vorzugehen. Ich wünsche den Schülerinnen und Schülern der »Respektgruppe« an der Prälat-Diehl-Schule diese Beharrlichkeit, Erfolg und Freude bei ihrer Arbeit. Ich wünsche mir auch, dass wir alle respektvolles Miteinander aufnehmen und leben.

| Zu den Personen |

Dr. Michael Montag ist Schulleiter an der Prälat-Diehl-Schule in Groß-Gerau, einem Gymnasium mit Mittel- und Oberstufe.

Birgit Bertisch ist an dieser Schule Mittelstufenkoordinatorin.

Ab dem Schuljahr 2013/2014 gibt es an der Prälat-Diehl-Schule eine »Respekt!« Aktionsgruppe.

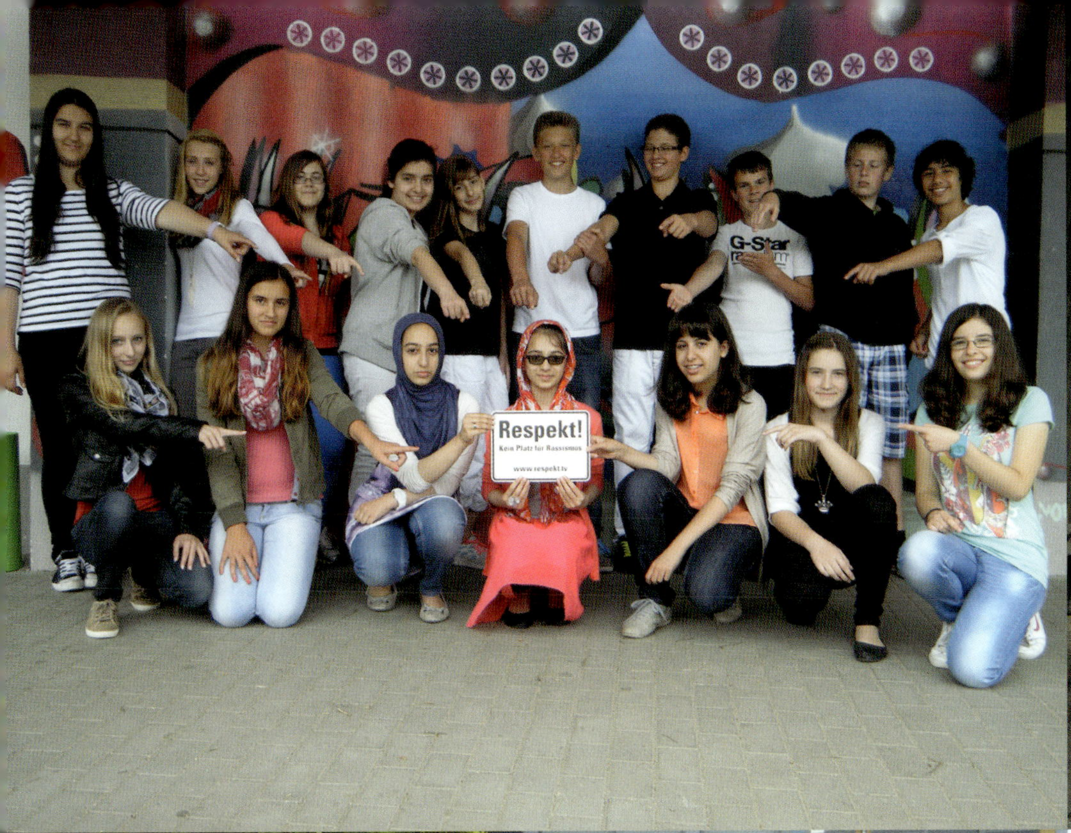
Respekt!

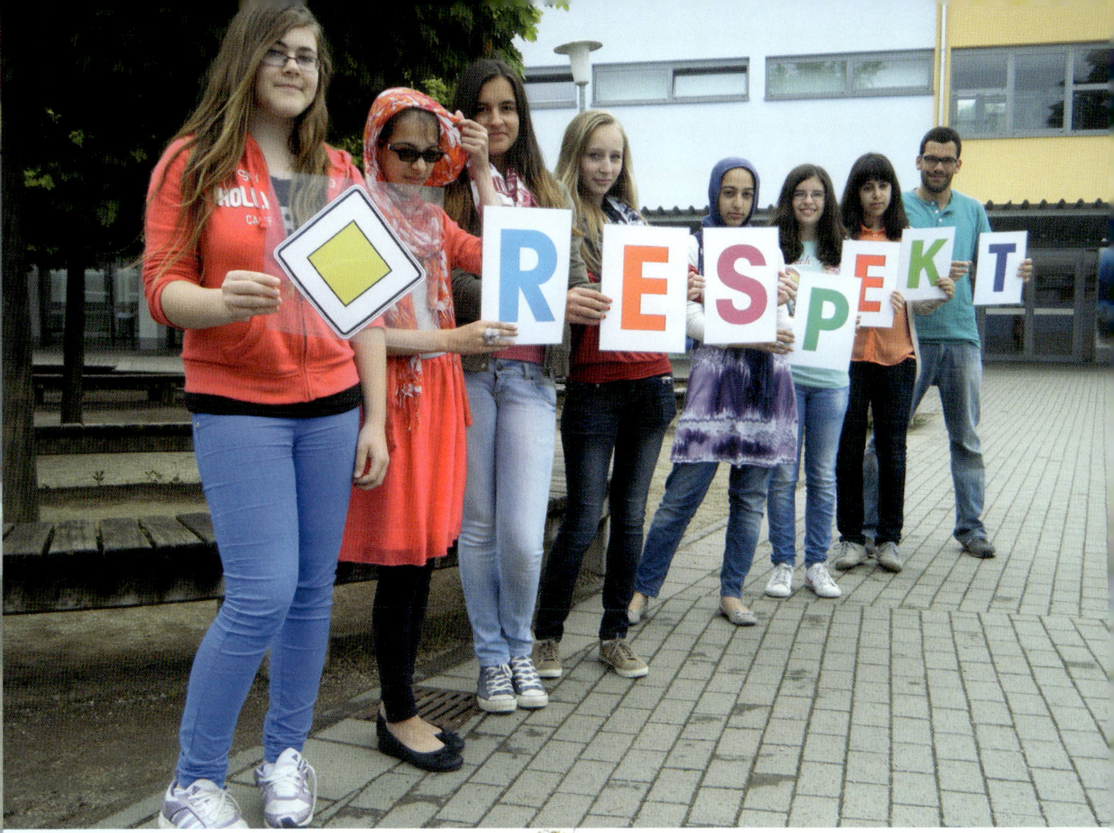
RESPEKT

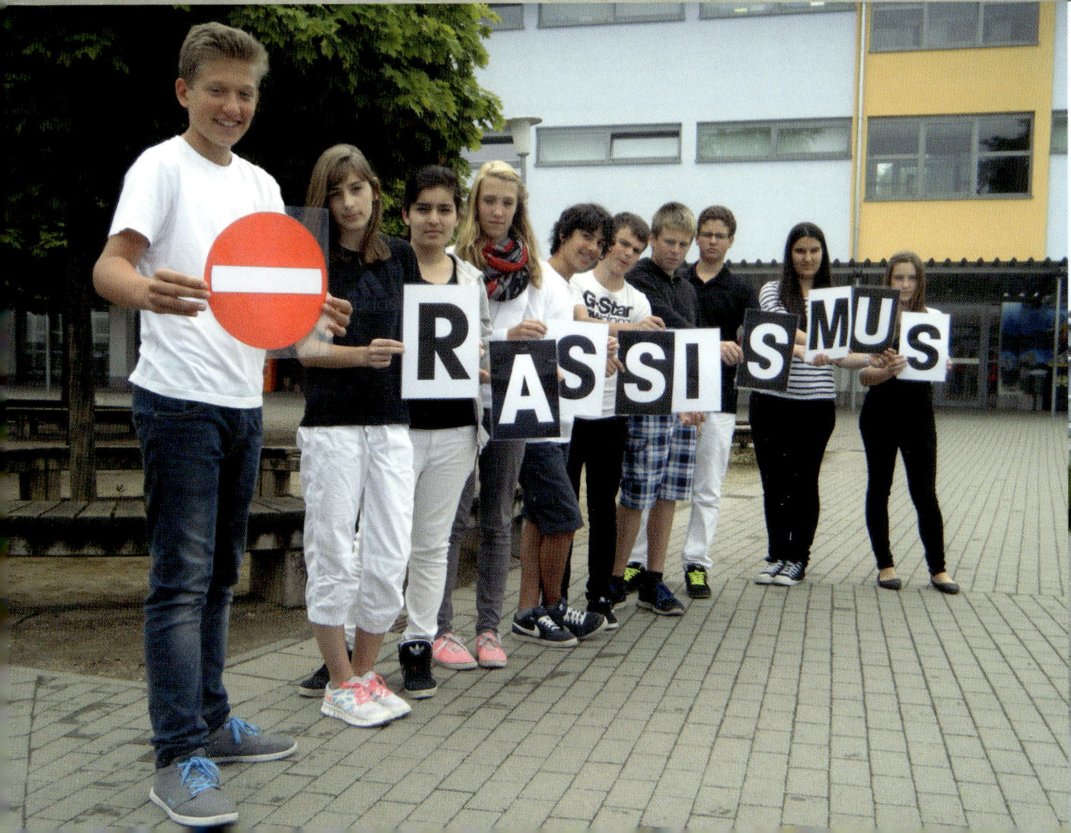
RASSISMUS

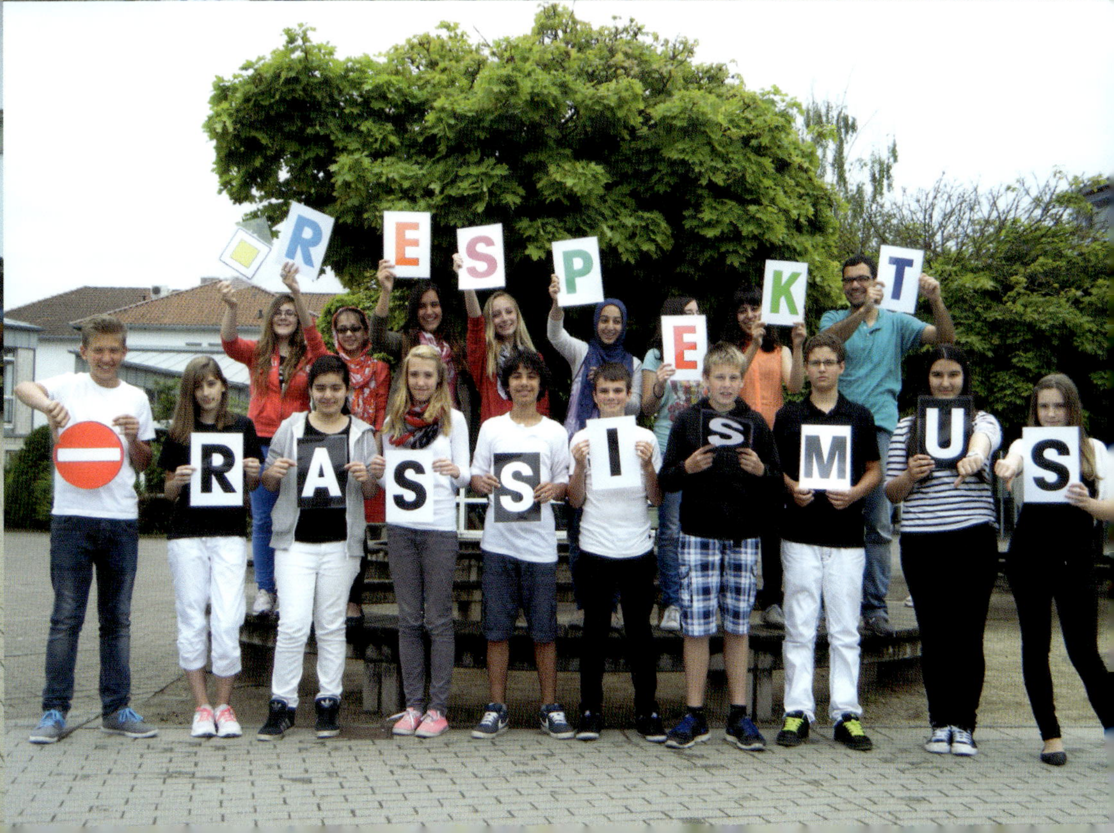
RESPEKT
RASSISMUS

»Respekt!« in der Schule

Christoph Wiesenhütter

Zum Schuljahr 2013/2014 startet der Wahlpflichtunterricht der Jahrgangstufe 8 mit dem Titel »Respekt!«. Die Schülerinnen und Schüler verstehen sich als die Gruppe der Schulgemeinde, die Veranstaltungen, Aktionen und Weiterbildung zum Thema Respekt aktiv gestaltet. Ziel ist es aufzuklären, zu sensibilisieren und Anregungen zu geben, sich mit einem respektvollen Miteinander auseinanderzusetzen und dieses auch aktiv zu leben. Als Start wird ein Schild: »Respekt! Kein Platz für Rassismus« im Rahmen einer größeren Aktion angebracht. Damit starten die eigentliche Arbeit und die Kooperation mit der gleichnamigen Initiative.

Respekt ist vielfältig im Unterricht Thema. Lehrplanbezogen soll es verstärkt Thema im Fach Politik und Wirtschaft in der Jahrgangstufe 7 sowie im Fachbereich Sport und Musik werden. Der »Respekt!«-Fußball als Bestandteil der bewegten Pause, der erst nach einer Schulung ausgegeben wird, die Teilnahme an Videowettbewerben, eine Ausbildung von Schülern zu »Respekt!« Coaches, Schreiben von Songtexten, Aktionen mit Prominenten, die die Initiative unterstützen und vieles mehr sind nur erste Ideen. Als betreuender Lehrer freue ich mich sehr auf die spannende Zusammenarbeit!

Frank Gerhardy

Im Sportunterricht kann man mit verschiedenen Aktionen Kindern das abstrakte Thema Respekt vermitteln, indem man sie entsprechende Erfahrungen machen lässt. Verbindet man einem Kind beispielsweise die Augen und lässt es »blind« einen Parcours bewältigen, wird es erkennen, wie schwer es ist, das Leben als Mensch mit einer Behinderung zu meistern. Sein Respekt vor Menschen mit Behinderung wird steigen. Oder ein Kind, das selbst als Schiedsrichter fungiert, wird merken, wie schwer es ist, immer eine richtige Entscheidung zu treffen, und sich künftig anderen Schiedsrichtern respektvoller gegenüber zeigen.

Persönliche Erfahrungen sind der Schlüssel, um das Verhalten anderen gegenüber zu ändern. Der Sport bietet zahlreiche Möglichkeiten, sich selbst auszuprobieren, die Gemeinschaft mit anderen, auch Menschen, die »anders« sind, zu erleben und positive Erfahrungen zu sammeln.

| Zu den Personen |

Christoph Wiesenhütter (Foto oben) unterrichtet an der Prälat-Diehl-Schule Politik und Wirtschaft sowie Erdkunde. Frank Gerhardy ist als Sportlehrer ebenfalls in den Wahlunterricht involviert.

Die teilnehmenden Schülerinnen und Schüler haben zum Auftakt ihres Wahlunterrichts Plakate zum Thema Respekt erstellt.

Say no to
Racism !
SAY NO TO RACISM!
SCHULE OHNE RASSISMUS
SCHULE MIT COURAGE

Respekt
Vor,noch
ein Tor

Wir sind
alle
und
doch gleich

RESPECT
FUN

»Respekt!« in der Schule

So zeigt ihr Respekt

Das Schulkonzept der »Respekt!« Initiative

Ihr möchtet »Respekt!« Schule werden? Dann meldet euch einfach bei uns (info@respekt.tv) und wir schicken euch kostenlos unser »Respekt! Kein Platz für Rassismus« Schild zu. Wählt einen passenden Ort für das Schild aus und dokumentiert die Schildanbringung mit der Kamera. Ladet das Foto anschließend auf unserer Webseite hoch. Damit ist die Basis geschaffen und ihr könnt das Thema Respekt auf viele verschiedene Arten in eurer Schule verbreiten.

Während des ganzen Schuljahres könnt ihr in eurem Chor, in der Theater AG und während des Unterrichts das Thema immer wieder aufgreifen. Singt über das Thema, spielt ein Stück, in dem Respekt eine wichtige Rolle spielt, redet über aktuelle Nachrichten oder greift die Geschichte verschiedener Kulturen auf. In jedem Unterrichtsfach kann das Thema Respekt besprochen und beleuchtet werden.

Am Ende des Schuljahres kann sich die gesamte Schule während einer Projektwoche mit »Respekt!« beschäftigen. Die Ergebnisse können auf einem Schulfest allen Eltern, Verwandten und Freunden präsentiert werden. Wie wäre es zum Beispiel mit einem Videowettbewerb oder einer Kunstausstellung? Stellt in einem Video oder auf der Leinwand eure Gedanken dar und zeigt diese euren Mitschülerinnen und Mitschülern.

Es gibt viele Möglichkeiten, sich als Schule mit dem Thema Respekt zu beschäftigen.

Vorschläge auf einen Blick:
- veranstaltet einen Video-, Musik- oder Malwettbewerb
- erarbeitet eine »Respekt!« Schülerzeitung
- greift aktuelle Themen im Unterricht auf und sprecht darüber
- spielt ein Theaterstück zum Thema
- singt mit eurem Chor passende Lieder
- organisiert ein Fußballturnier
- präsentiert eure Ergebnisse auf dem Schulfest

| Zur Person |

Cornelia Dewayne (* 15. September 1976) arbeitet als Lehrerin für Mathematik und Französisch (Klassen 5 bis 13) am Georg-Büchner-Gymnasium in Bad Vilbel. Sie ist verheiratet mit dem deutsch-amerikanischen Schauspieler Patrick Dewayne, der viele »Respekt!« Veranstaltungen moderiert. Sie engagiert sich für den interkulturellen Austausch und leitet das Programm des Gymnasiums mit der französischen Partnerschule in Périgueux.

Cornelia Dewayne integriert das Thema Respekt in ihrem Unterricht.

»Respekt!« in der Schule – Schritt für Schritt

Elternabend
- Einführung in das Thema
- Vorstellen der Zielsetzung
- Videovorführung über die »Respekt!« Initiative
- Aufruf zum Mitmachen und Hilfe bei der Vorbereitung des Schulfestes

Über das Schuljahr
- Chor
- Theater
- Musical
- Erarbeiten einer »Respekt!« Schülerzeitung für das Schulfest mit Infos, Berichten und Statements
- Musikunterricht: Musik aus verschiedenen Kulturen
- Geschichtsunterricht: Geschichte einzelner Länder
- PoWi: Aktuelle Themen im Unterricht aufgreifen

Projektwoche zu »Respekt!«
- Im Kunstunterricht: Malwettbewerb
- Im Musikunterricht: Musikwettbewerb
- Videowettbewerb (Kurzfilm, Dokumentation, Nachrichten etc.)
- Individuelle Projekte von Lehrern
- Dokumentation der Projektarbeit
- Präsentation der Ergebnisse auf dem Schulfest

Schulfest
- **Aula Vorraum**: Ausstellen der Bilder, Videos zeigen
- **Aula**: Vorstellen der »Respekt!« Initiative, Ehrung der Gewinner der Wettbewerbe mit Vorführung, Theater AG führt ein Stück zum Thema Respekt auf, Chor singt zum Thema, Musical (Chor & Theater zusammen), Podiumsdiskussion (Schulleiter, Elternvertreter, Schülervertreter)
- **Turnhalle**: Fußballturnier (Schüler gegen Lehrer; verschiedene Schülermannschaften)
- **Schulhof**: Torwandschießen, landestypisches Essen (internationale Küche), Informationsstände über verschiedene Kulturen (Eltern), kleine Spiele, Kinderschminken (für kleinere Geschwister), Betreuen der Klassenzimmer durch die Schüler, Dekoration der Klassenzimmer nach verschiedenen Kulturen
- Musik, Bücher, Fakten über das Land (Zahlen, Geschichte), Vorstellen landestypischer Kleidung, Sprache lernen, T-Shirts bemalen, Kopftücher-Batik, chinesische Fächer basteln, Länderquiz, Schamballa-Armbänder knüpfen, Traumfänger basteln
- Tombola, gemeinsame Schildanbringung, Turnhalle, Eingang, Aula, Cafeteria, Dokumentation des Tages, Videos, Fotos, Einladen der Lokalzeitung

Ein Pilotprojekt: Nuri sagt Danke

Der Fußballspieler Nuri Sahin kehrt für »Respekt!« zurück ins Evangelische Gymnasium Meinerzhagen

Im Mai 2010 besuchte Nuri Sahin für »Respekt!« seine ehemalige Schule in Meinerzhagen und bedankte sich dafür, dass er dort so viel Respekt erlebt und erfahren habe. Heinz-Hermann Haar, der Leiter der Schule, freute sich über den großen Erfolg seines ehemaligen Schülers und lobte Nuri: »Ich habe ihn immer als angenehm und zurückhaltend erlebt. Und wenn er sich nicht für den Profi-Fußball entschieden hätte, hätte er das Abitur bestanden!«

Dann erklärten Thomas Wark und Kwamena Odum den Schülern, Lehrern und Pressevertretern die Initiative »Respekt! Kein Platz für Rassismus« und zeigten deren Entwicklung und Erfolge auf. Unserer Initiative wollte sich nun auch Nuri anschließen. Als er auf die Bühne trat, erntete er stehenden Applaus. Er gestand, dass er sehr aufgeregt, aber auch sehr stolz sei, wieder an seiner alten Schule zu sein.

Seine Lehrerin Ulrike Verhoeven, die eine Dauerkarte für den BVB hat und jedes von Nuris Heimspielen verfolgte, sagte im Scherz zu ihrem ehemaligen Schüler: »Bei mir musstest du Volleyball spielen und auch tanzen. Ich entschuldige mich dafür!« Denn Tanzen war nicht Nuris Stärke. Und seine ehemalige Klassenlehrerin Sabine Hegmann gab zum Besten, dass Nuri oftmals die Hausaufgaben »sparsamer« erledigt hatte als die anderen Schüler. Kein Wunder, denn Nuri musste ja fast täglich nach Dortmund zum Training fahren.

In der anschließenden Fragerunde kannte Nuri keine Tabus. Die Frage, ob er schon mal beim Spicken erwischt worden wäre, beantwortete er ganz offen und ehrlich mit »Ja« – beim Lehrer Martin Hohnberger. Seine schlechteste Note sei eine Sechs gewesen, und er habe auch schon mal eine Entschuldigung gefälscht. Im weiteren Gespräch erklärte er auch, warum er sich für die türkische Nationalmannschaft entschieden hat: »Ich wurde in der türkischen Jugendmannschaft ausgebildet. Zudem fühle ich mich als Türke – auch wenn ich gerne in Deutschland lebe!«

Ein Schüler stellte abschließend fest, dass Nuri trotz seines Erfolges auf dem Boden geblieben sei – worüber Nuri sich freute. Doch natürlich hatte er auch noch einiges im Gepäck für seine ehemalige Schule: So wurden 20 persönliche Fußballtrainings unter den Schülern verlost. Außerdem wurden die besten Torschützen des schulinternen Wettbewerbs geehrt und tolle und detailreiche Aussagen der Schüler zum Thema Respekt vorgelesen. Und es gab weitere Preise zu gewinnen: Der 1. Preis war ein VIP-Paket für das Spiel Bayern gegen Dortmund mit Übernachtung im Mannschaftshotel und Kennenlernen der gesamten Profimannschaft. Der glückliche Gewinner freute sich sehr!

Zum Abschied überreichte Nuri dem überwältigten Schulleiter einen prall gefüllten Umschlag: »Ich habe gehört, dass die Schule eine Mensa baut.« Und von den Schülern wünschte er sich: »Schätzt diese Schule, sie ist etwas Besonderes!« Gemeinsam ging es nach draußen, wo das Schild der Initiative direkt am Haupteingang der Schule befestigt wurde.

| Zur Person |

Einer, der genau weiß, wo er herkommt. Das Wichtigste für Nuri Sahin ist das gute Miteinander der Schüler. Der Fußballstar ist derzeit von Real Madrid an den BVB ausgeliehen.

Rechte Seite: Rund 700 begeisterte Schüler feiern Nuri Sahin beim Einlaufen in die Aula. Nächste Doppelseite: Die Aula platzt aus allen Nähten. Gewinnübergabe mit Lottofee Gizem Sahin (Nuris Cousine). Nuri mit Familie beim Betrachten eines alten Videos. Thomas Wark und Kwamena Odum stellen die »Respekt!« Initative vor.

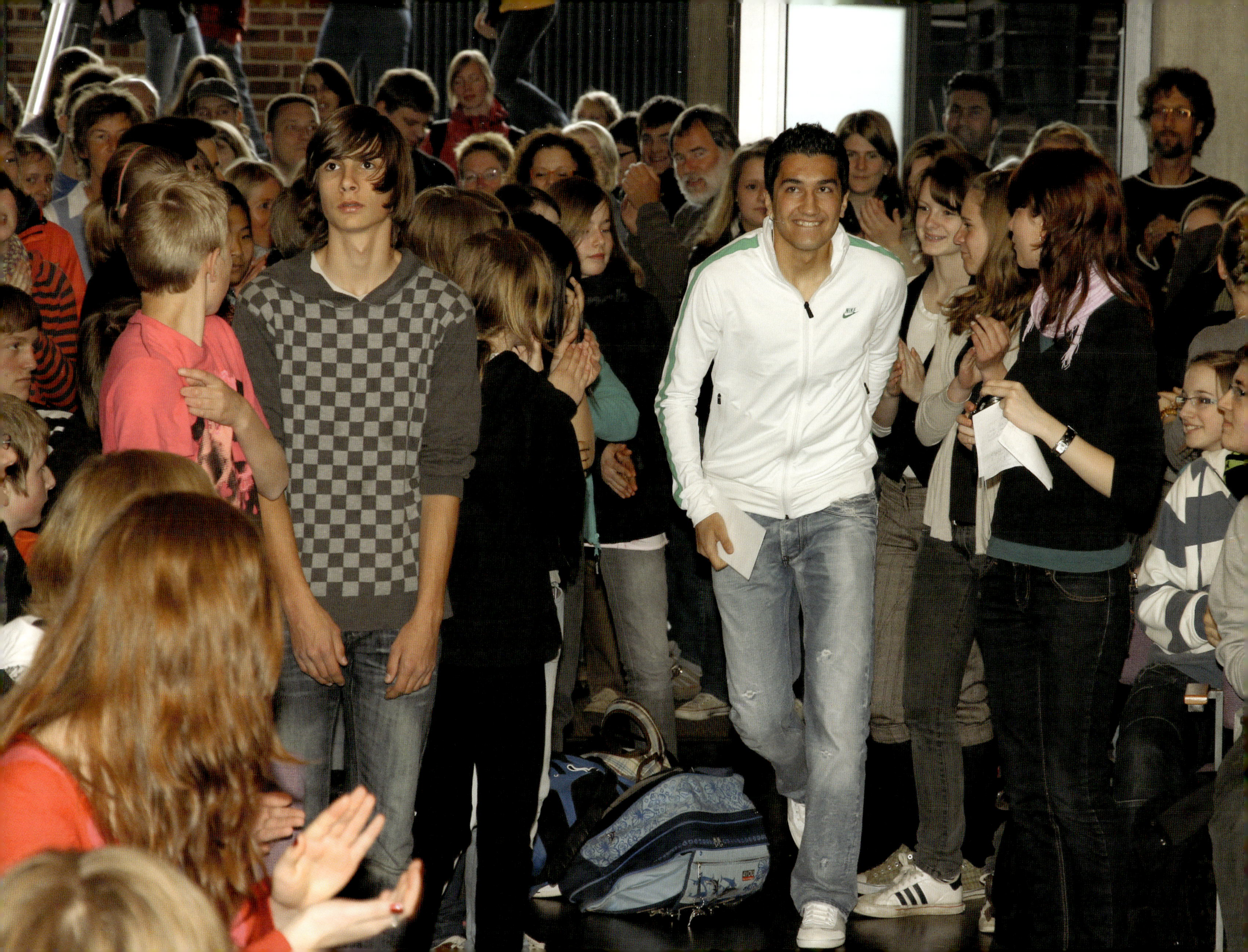

Evangelisches Gymnasium Meinerzhagen
Nuri sagt »Danke!«
Respekt!
Kein Platz für Rassismus
www.respekt.tv

Est.
26

EVONIK

Respekt!
Kein Platz für Rassismus
www.respekt.tv

Auf einmal vier Jahre älter und »Arbeitsjude«

Hans-Christian Rößler erzählt die Geschichte von Berthold Beitz und Jurek Rotenberg

Jurek Rotenberg liebt den weiten Blick über die Bucht von Haifa. Unten im Hafen hat er für eine Reederei gearbeitet und Schiffe auf die Reise um die Welt geschickt. In der Ferne erheben sich im Dunst die Berge, hinter denen Syrien und der Libanon liegen. Statt über sich redet der Israeli mit den munteren Augen lieber über Napoleons vergeblichen Versuch, am gegenüberliegenden Ufer der Bucht die Stadt Akko zu erobern.

Jurek Rotenberg mag es nicht, wenn man viel Aufhebens um ihn macht. Zu dem Treffen in dem Hotel mit der Aussicht über seine Heimatstadt kommt der 84 Jahre alte Mann leger, ganz in Weiß gekleidet, mit einer gelben Baseballkappe auf dem Kopf. »Lassen Sie sich Zeit, ich trinke an der Bar dann noch einen Schnaps«, sagt er scherzend vor dem Termin. Sein Deutsch verrät, dass er im Osten Europas aufgewachsen ist.

»Ein großer deutscher Patriot«

Es klingt nach einer vergangenen Welt, deren Ende er als Junge in der kleinen ostpolnischen Stadt Boryslaw fast nicht überlebt hat. »Mein Leben ist doch nur Standard«, sagt Jurek Rotenberg. Aber dann hört er lange nicht mehr auf zu erzählen. Nicht so viel von sich, dafür von dem Deutschen, dem er und seine Mutter Anna ihr Leben verdanken, wie Hunderte andere Juden auch. »Er ist ein großer deutscher Patriot«, sagt er über Berthold Beitz. Im April hat er den 99 Jahre alten Vorsitzenden der Krupp-Stiftung in Essen wiedergesehen – nach mehr als 70 Jahren. Als er ihn zum ersten Mal sah, war Jurek Rotenberg 14 Jahre alt. Berthold Beitz leitete damals die Ölförderung in Rotenbergs Heimatstadt Boryslaw. Vom Bahnhof her gellten verzweifelte Schreie und barsche Befehle hinauf auf den Dachboden, auf dem er sich im August 1942 mit seiner Mutter versteckt hatte. Anfangs wollte er gar nicht aus dem Fenster blicken. »Du musst dir selbst anschauen, was sie uns antun«, verlangte seine Mutter unnachgiebig, und er sah, wie SS-Männer Hunderte Juden in Viehwaggons pferchten, die sie in die Vernichtungslager bringen sollten.

Dann fuhr auf einmal eine Limousine mit Fahrer vor. Ein hochgewachsener Mann in Anzug und Krawatte stieg aus: Es war Berthold Beitz, »der Direktor« der Firma, deren Öl die Wehrmacht dringend brauchte. Ganz ruhig sei er inmitten von Chaos und Geschrei die Waggons entlanggelaufen, an deren Gitter sich die verzweifelten Menschen klammerten, erinnert sich Jurek Rotenberg. Beitz ließ sich von den schimpfenden und drohenden SS-Leuten nicht einschüchtern. Er ließ die Türen wieder öffnen und holte so viele seiner jüdischen Angestellten heraus, wie er nur konnte.

Arbeitsfähige durften weiterleben

»Er hatte das ganze Großdeutsche Reich gegen sich. Er hätte Tausende andere Arbeiter haben können, aber er bestand auf seinen jüdischen Mitarbeitern aus Boryslaw«, sagt Jurek Rotenberg. Aus einem Plastikordner holt er zwei Stoffstücke hervor. Auf einer Armbinde ist ein großes A in die Mitte eines Judensterns gestickt, darunter steht die Zahl 103626. »Das ist meine Nummer. In Beitz' Büro hat man mich vier Jahre älter und damit zum ,Arbeitsjuden'

| Zur Person |

Berthold Beitz (* 26. September 1913; † 30. Juli 2013) war Generalbevollmächtigter von Alfried Krupp von Bohlen und Halbach und einflussreicher Industrieller in der Montanindustrie des Ruhrgebiets. Während des Zweiten Weltkriegs rettete er im von Deutschen besetzten Galizien mehreren hundert jüdischen Zwangsarbeitern das Leben, indem er sie als unentbehrlich für die Erdölindustrie einstufte und in den von ihm verwalteten Fabriken beschäftigte.

gemacht«, erzählt Rotenberg. Wer arbeitsfähig war, durfte erst einmal weiterleben.

Das andere Abzeichen ist rechteckig und noch kleiner. Darauf steht nur ein großes R. »Es gehörte meiner Mutter, bedeutete ‚Rüstungsindustrie'. Dabei hatte meine Mutter keine Ahnung von Erdöl. Sie war Pianistin und Musikpädagogin«, sagt Jurek Rotenberg. Ohne sie persönlich zu kennen, hatte der junge Berthold Beitz Jurek und Anna Rotenberg nicht nur das Leben gerettet. Die »Karpaten-Öl« war wie eine Insel inmitten des nationalsozialistischen Rassenwahns. Der »Direktor« duldete kein abfälliges Wort über die jüdischen Mitarbeiter. »Wir wollten leben, arbeiten und essen. Er hat unsere menschliche Würde gewahrt«, sagt Rotenberg.

Viel mehr als die beiden Abzeichen ist von der Zeit nicht übrig geblieben. Andere Ausweise und Erinnerungsstücke hat er zerstört: »Ich wollte die vier Jahre annullieren.« Die Nazis hätten ihm seine unbeschwerten Jugendjahre gestohlen, sagt er und klingt auf einmal bitter. Aber diese Traurigkeit verfliegt, kaum kommt er auf das Klavier seiner Mutter zu sprechen. Im vergangenen Sommer ließ er es unten im Hafen von Haifa auf ein Schiff verladen – für die letzte Reise. Seit diesem Frühjahr steht es in der Alten Synagoge in Essen.

Geschenk für Berthold Beitz

»Es hat eine Seele«, davon ist Rotenberg überzeugt. Bis zum vergangenen Jahr hat er selbst darauf gespielt; als er jünger war, klassische deutsche Komponisten, zuletzt meistens Jazz. Aber er wollte Berthold Beitz etwas schenken, »das ein Teil von uns ist«, sagte er über sich und seine »Kollegen«. So nennt er gerne die anderen Überlebenden aus Boryslaw. Deshalb steht das Instrument, das ihm seine Mutter vererbte, jetzt in dem Essener Museum, wo er während der feierlichen Übergabe im April nach 70 Jahren Berthold Beitz wieder gegenüberstand.

Auch das Klavier hat dazu beigetragen, Jurek und Anna Rotenberg zu retten: Seine Mutter gab in Boryslaw darauf Unterricht und bekam dafür Lebensmittel. Schüler und Freunde stellten den Kontakt zur Ölfirma von Beitz her, versteckten später die beiden und das Klavier. Wenn wieder eine der großen »Aktionen« begann, und SS und Polizei Hunderte Juden für den nächsten Transport zusammentrieben, halfen meist auch keine Arbeiterausweise mehr. Im Jahr 1950 kam das Instrument zusammen mit den beiden Rotenbergs im Hafen von Haifa an, als klingendes Überbleibsel einer untergegangenen Welt.

Es ist älter als Jurek Rotenberg. Vor knapp hundert Jahren baute die deutsche Firma C.M. Schroeder in Sankt Petersburg das Klavier. Dort studierte auch Anna Rotenberg. Das Mädchen galt als ein Wunderkind. Die Pianistin nahm das Klavier mit nach Moskau, wo sie am Konservatorium unterrichte, dann nach Boryslaw, wo Jurek Rotenbergs früh verstorbener Vater arbeitete. Von dort aus fuhr sie immer wieder nach Lemberg und Wien, wo sie auch Schüler hatte. Ein Leben ohne Musik und deutsche Kultur kann sich ihr Sohn bis heute nicht vorstellen.

Gegen Kollektivschuld

»Ich bin in dieser Welt aufgewachsen, bin selbst Musiker. Wenn zwei Orchestermitglieder ihren Einsatz verpatzen, sind deshalb doch nicht alle anderen 140 Musiker schlecht«, sagt er auf die Frage, wie er heute über Deutsche denkt. Trotz allem Schrecklichen, was er in Boryslaw erlebte, will er von einer Kollektivschuld nichts wissen: »Jeder Mensch ist eine Welt für

Copyright-Nachweis: »Auf einmal vier Jahre älter und Arbeitsjude«. Autor: Hans-Christian Rößler. In: Frankfurter Allgemeine Zeitung vom 05.06.2013. © Alle Rechte vorbehalten. Frankfurter Allgemeine Zeitung GmbH, Frankfurt. Zur Verfügung gestellt vom Frankfurter Allgemeine Archiv.

»Respekt!« in der Schule

sich. Hass ist nicht meine Kragenweite.« Dass das so geblieben ist, hat für ihn mit Berthold Beitz zu tun.

Jahrelang war es nicht mehr als eine Karte, auf der er jedes Jahr aus Haifa mit knappen Worten »schöne Weihnachten« wünschte. Als Adresse genügte: Berthold Beitz, Essen. Erst vor einigen Jahren folgte ein ausführlicher Brief aus Essen, in dem sich der Vorsitzende der Krupp-Stiftung erkundigte, wer von den ehemaligen Mitarbeitern aus Boryslaw noch am Leben sei. Rotenberg forschte nach und stieß auf Geschichten, die seine oft noch übertrafen. Wenn der damals 28 Jahre alte Beitz um Hilfe gebeten wurde, zögerte er nicht. Am Bahnsteig holte er auch Leute aus den Zügen, die gar nicht für ihn arbeiteten; seine Ehefrau Else versorgte Hungernde mit Lebensmitteln. »Berthold Beitz sah, dass hier etwas nicht stimmte, und handelte entsprechend. Er stand fest wie ein Felsen. Aber dabei hat er mit dem Tod gespielt und nicht nur sich, sondern auch seine Frau und ihre Tochter gefährdet.« Einmal lud ihn die Gestapo vor. Man verstand nicht, weshalb er so sehr darauf bestand, seine jüdischen Arbeiter aus Boryslaw zu behalten. Doch er wurde von einem früheren Schulkameraden vernommen, der ihn einfach wieder gehen ließ. Er habe einfach als Mensch gehandelt, sagt Berthold Beitz, als er jetzt Jurek Rotenberg in Essen traf. Aber ihn schmerzt bis heute, dass er nicht mehr Menschen helfen konnte. Zum Beispiel einer seiner Sekretärinnen. Er konnte sie aus dem Zug holen, doch die SS-Männer wollten ihre 70 Jahre alte Mutter nicht mit ihr kommen lassen: Die Tochter ging zurück zu ihrer Mutter, und beide fuhren gemeinsam in den Tod.

Jurek Rotenberg hat mitbekommen, in welche Schwierigkeiten das Unternehmen seines deutschen Retters geraten ist. Doch er ist zuversichtlich, dass Berthold Beitz auch dieses Mal einen Weg findet. »Er hat eine kristallklare Denkstruktur und einen sehr großen Humor«, sagt er über ihre Begegnung in Essen, zu der auch eine Einladung in die Villa Hügel gehörte. Für den Israeli war es kein Abschiedsbesuch in Deutschland.

Dafür spreche er viel zu gerne Deutsch. Jurek Rotenberg will wiederkommen, auch wenn er jetzt erst einmal nach Amerika fährt. »Ich muss in Bewegung bleiben«, sagt der 84 Jahre Israeli, setzt seine gelbe Baseball-Kappe mit der Aufschrift »Jiddish Book Center« auf und macht sich aus dem Hotel auf den Weg in seine Wohnung in Haifa. Vielleicht spielt er noch ein wenig Jazz auf dem Klavier, das ihm sein Nachbar überlassen hat, seit das Instrument seiner Mutter in Deutschland steht.

In Polen rettete Berthold Beitz auch dem jüdischen Jungen Jurek Rotenberg das Leben. 70 Jahre später trafen sich die beiden Männer in Haifa wieder.

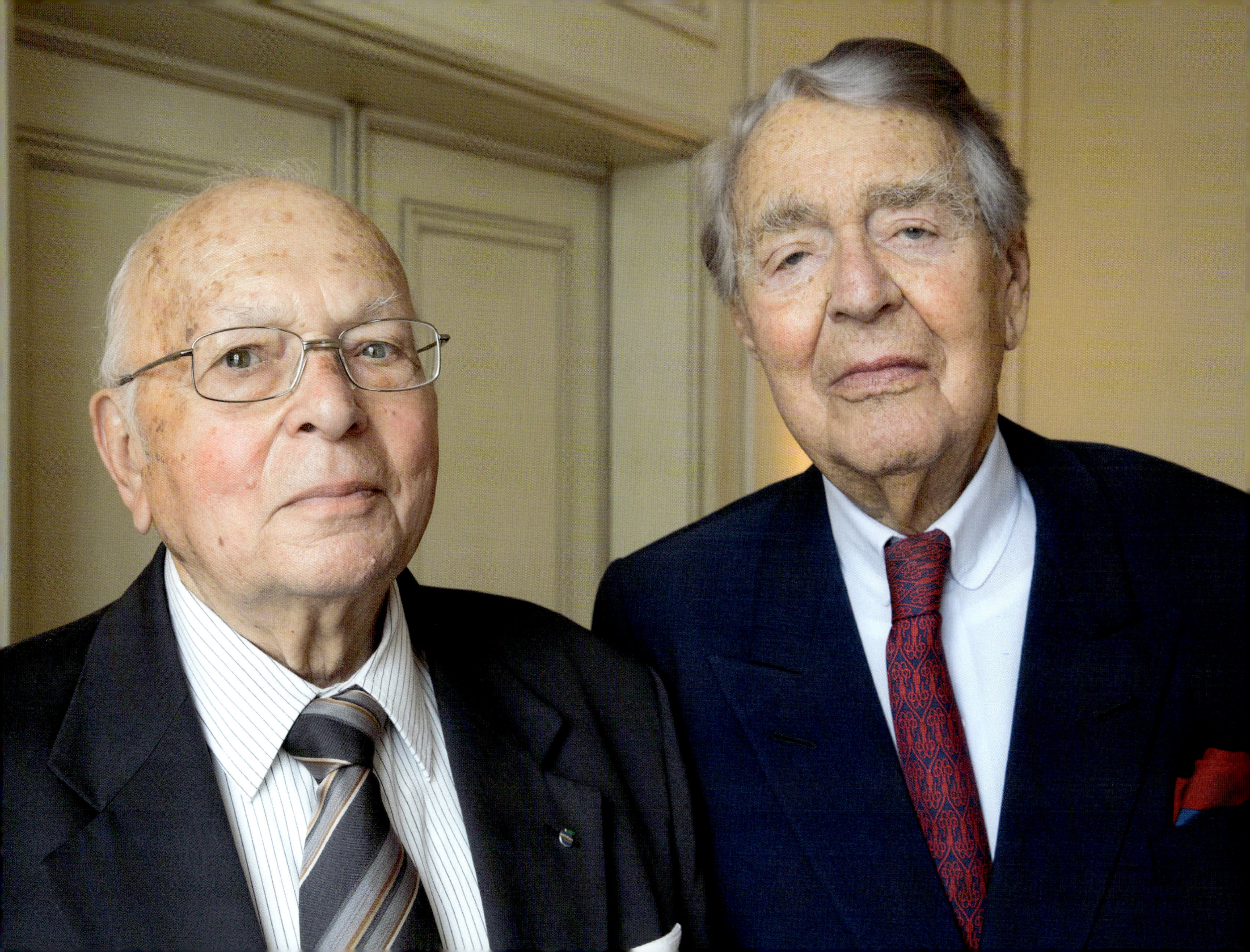

Respekt? Wovor denn?

Michael Schmidt-Salomon hält es für falsch, auf die Befindlichkeiten von Gläubigen groß Rücksicht zu nehmen

Es wirkt wie ein bedingter Reflex: Kaum gehen religiöse Fanatiker auf die Barrikaden, sind westliche Politiker und Journalisten zur Stelle, um Respekt für religiöse Gefühle einzufordern. So war es vor sechs Jahren im Zuge des Karikaturenstreits, so ist es heute bei den Protesten gegen das trashige YouTube-Filmchen Die Unschuld der Muslime. Im ersten Moment mag die Forderung sogar vernünftig erscheinen: Denn wäre es nicht schön, wenn wir alle etwas respektvoller miteinander umgehen würden?

Bei genauerer Betrachtung zeigt sich jedoch, dass diese so freundlich wirkende Haltung diametral gegen die Streitkultur der Aufklärung verstößt, auf der der moderne Rechtsstaat gründet. »Mehr Respekt bitte!« ist ein Totschlagargument, das jede vernünftige Debatte zum Erliegen bringt. »Respekt« (von lateinisch »respectus«: Zurückschauen, Rücksicht) bezeichnet eine Form der Achtung und Ehrerbietung gegenüber einer anderen Person, ihren Handlungen oder Überzeugungen. Keine Frage: Für aufgeklärte Zeitgenossen ist es eine pure Selbstverständlichkeit, Menschen als Menschen wertzuschätzen. Doch gilt dies auch für alle Überzeugungen, die Menschen an den Tag legen? Ganz gewiss nicht. Wie etwa könnten wir aus einer aufklärerischen Perspektive heraus Glaubensüberzeugungen respektieren, die noch immer – im 21. Jahrhundert! – gegen Schwule und Ehebrecherinnen agitieren? Nein, hinter solchem Respekt verbirgt sich meist bloß Ignoranz beziehungsweise Feigheit, die sprichwörtlich geworden ist: Der Klügere gibt nach – was der Dummheit schon häufig zum Sieg verholfen hat.

Die Absurdität der gegenwärtigen Debatte zeigt sich nicht zuletzt darin, dass Respekt ausgerechnet jenen gegenüber eingefordert wird, die hinlänglich bewiesen haben, dass ihnen jeder Respekt gegenüber Andersdenkenden fehlt. Verwunderlich ist dieses Defizit nicht, wenn man die Heiligen Schriften kennt. So erwartet »die Ungläubigen« laut Koran nicht bloß das »ewige Feuer«, sie werden in der »Hölle« mit »Eiterfluss« und »Jauche« getränkt (Suren 14,16 und 78,25), erhalten einen »Trunk aus siedendem Wasser« (Sure 6,70), der ihnen die »Eingeweide zerreißt« (Sure 47,15), werden mit »eisernen Keulen« geschlagen (Sure 22,21), müssen Kleidungsstücke aus flüssigem Kupfer und Teer tragen (Sure 22,19) und vieles andere mehr. Immer wieder wird im Koran betont, wie sehr Allah »die Ungläubigen« hasst – sie gelten ihm gar als die »schlimmsten Tiere« (Sure 8,55) – und dass es für den gläubigen Muslim eine heilige Pflicht sei, den Zorn Gottes an ihnen zu vollstrecken (Suren 8,15-16). Eine gute Grundlage für den respektvollen Umgang mit Andersdenkenden ist dies sicherlich nicht.

Mit Mitgefühl oder gar Respekt dürfen »die Feinde Gottes« aber auch in der Bibel nicht rechnen. Denn es steht geschrieben: »Du wirst alle Völker verzehren, die der Herr, dein Gott, für dich bestimmt. Du sollst in dir kein Mitleid mit ihnen aufsteigen lassen« (Deuteronomium, 7,16-17). Auch im Neuen Testament wird die Bestrafung »der Bösen« immer wieder in schillerndsten Farben ausgemalt. So verkündet das Matthäus-Evangelium, dass

Foto: Jörg Salomon

| Zur Person |

Michael Schmidt-Salomon ist Philosoph und Schriftsteller sowie Vorstandssprecher der Giordano-Bruno-Stiftung. Er ist Autor mehrerer Bücher, u.a. »Manifest des evolutionären Humanismus« (2005), »Jenseits von Gut und Böse – Warum wir ohne Moral die besseren Menschen sind« (2009) und »Keine Macht den Doofen« (2012).

»Hüten wir uns also vor der Ideologie des falschen Respekts!«

der »Menschensohn seine Engel aussenden« wird, die diejenigen, die »Gottes Gesetz übertreten haben, (…) in den Ofen werfen, in dem das Feuer brennt. Dort werden sie heulen und mit den Zähnen knirschen« (Mt. 13,41-43). Nicht besser kommen die Fehl- und Nichtgläubigen bei Paulus weg: Die, die sich weigern, (den christlichen) Gott anzuerkennen, sind, so der Apostel, »voll Ungerechtigkeit, Schlechtigkeit, Habgier und Bosheit, voll Neid, Mord, Streit, List und Tücke, (…) sind überheblich, hochmütig und prahlerisch, erfinderisch im Bösen (…) Wer so handelt, verdient den Tod« (Römer 1,28-32). Führt man sich vor Augen, wie vehement »Ungläubige« in den Grundlagenschriften der Religionen verunglimpft werden, wirken sämtliche Religionssatiren, die in den vergangenen Jahrzehnten veröffentlicht wurden, wie harmlose Späßchen. Bei Licht betrachtet hätten religionsfreie Menschen also weit triftigere Gründe, sich in ihren weltanschaulichen Gefühlen verletzt zu sehen. Offenkundig jedoch sind ihre weltanschaulichen Empfindungen weit weniger verletzungsanfällig als religiöse Gefühle. Sollte man also Rücksicht auf die besondere Befindlichkeit der Gläubigen nehmen? Keineswegs, denn das würde das Krankheitsbild nur noch verschlimmern. Es ist wie bei einer Spinnenphobie: Wer unter der wahnhaften Angst leidet, beim Anblick einer Spinne sterben zu müssen, kann seine Angst nur dadurch überwinden, dass er mit dem Auslöser seiner Angst konfrontiert wird. Ähnlich ist es bei der Kritikphobie der Hardcore-Religiösen, auch hier hilft im Grunde nur systematische Desensibilisierung: Wir sollten sie daher mit so viel Kritik und Satire versorgen, bis sie irgendwann von selbst erkennen, wie irrsinnig es ist, wegen einer harmlosen Zeichnung in die Luft zu gehen oder schlimmer noch: andere in die Luft zu sprengen.

Die Ideologie des falschen Respekts ist, wie ich meine, gleich in mehrfacher Hinsicht schädlich: Erstens verstärkt sie die religiöse Kritikphobie durch das Ausblenden des aversiven Reizes. Zweitens ermutigt sie Fanatiker dazu, noch heftiger zu protestieren, um künftig jede Form von Religionskritik zu unterbinden. Drittens stellt sie weltanschauliche Borniertheit unter Denk-mal-Schutz«, indem sie den Fundamentalisten das »Geschenk der Kritik« vorenthält. Viertens ist sie paradoxerweise besonders respektlos gegenüber den Gläubigen, weil sie diese wie kleine Kinder behandelt, denen man bestimmte Dinge nicht zumuten darf. Fünftens führt sie zu einer Überbetonung der Interessen jener Personenkreise, die in ihrem Denken und Handeln noch nicht im 21. Jahrhundert angekommen sind. Sechstens verführt sie Politiker dazu, das Täter-Opfer-Prinzip umzudrehen, indem sie die Schuld für die Störung des öffentlichen Friedens den betroffenen Künstlern zuweisen – statt den Fanatikern, die nicht angemessen auf Kritik reagieren können. Siebtens hat die Ideologie des falschen Respekts eine Aushöhlung der Meinungs-, Presse-, Kunst- und Forschungsfreiheit zur Folge. Und achtens ist sie mit dem Verrat der Prinzipien der Streitkultur der Aufklärung verbunden, die ja gerade deshalb so produktiv ist, weil sie Debatten fördert, in denen tradierte Sichtweisen schamlos verletzt werden können.

Hüten wir uns also vor der Ideologie des falschen Respekts! Nicht auszudenken, wo wir heute stünden, wenn die Aufklärer der Vergangenheit größere Rücksicht auf religiöse Gefühle genommen hätten: Womöglich würden in Europa noch immer die Scheiterhaufen brennen…

Erstveröffentlichung in Zeit online vom 21.09.2012

Respekt habe ich durch das Schreiben gelernt

Tilman Döring fesselt durch Rhythmus, Worte und klare Kante

Was bedeutet Respekt für dich?

Respekt habe ich durch das Schreiben kennengelernt. Ich habe immer viele Menschen getroffen, die auch schreiben, und jeder macht das anders: Jeder schreibt anders, jeder trägt anders vor, und jeder hat andere Ansichten. Dadurch, dass ich schon relativ lange auf der Bühne stehe und ziemlich viele Leute mit unterschiedlichen Sachen sehe, bedeutet für mich Respekt, dem anderen zuzuhören und den anderen zu akzeptieren. Ob ich den Text und das, was er macht, gut finde oder nicht, ist die andere Sache. Denn es gibt Sachen, die finde ich nicht gut, aber ich hör dem anderen zu und ich störe ihn nicht in seinem Vortrag. Und das lässt sich natürlich anwenden auf ganz viele andere Bereiche im Leben – dem anderen zuzuhören, dem anderen seinen Raum zu geben, so zu sein, wie er ist. Das halte ich für wichtig!

Es ist ein reißender Faden in unserem Band der Geschichte/
Es bleiben unheilbare Narben am Rand der Berichte/
Ich höre es täglich beim Checken der News/
Es heben angeblich noch immer Menschen ihre Hände zum Gruß/
Es ist ein Treten und Schlagen im scheinbar nie endenden Loop/
Vergeblich sind Fragen nach Sinn, Schuld und wer so was tut/
Es geht nicht darum, Täter und Opfer beim Namen zu nennen/
Sondern darum, den Grund für all diese Taten zu kennen/
Der Grund liegt am Grund des Gewässers aus Angst/
Die Vernunft scheint geknebelt durch Messer und Guns/
Ertränkt in dem Sumpf und verendet im Schlamm/
Der schmierig den Schein überdeckt, es herrsche noch Frieden im Land/
Es ist ein bleibender Fleck auf unser'm weißen Trikot/
Aus Hass zu dem Andern doch ich weiß nicht wieso/
Und was soll es bedeuten, dass alles an Bedeutung verlor/
Was einst sie uns lehrten von Gleichheit im einig singenden Chor/
Es steht ein Mann wie Baum in unser'm heiligen Tor/
Und lässt keinen rein, geschweige denn vor/
Und alles, was drin ist, muss raus zu den Andern/
Das Schiff auf das Meer, doch bloß nicht hier ankern/
Es ist leichter, Steine zum Schmeißen zu nehm'/
Als die zweite Seite der Schneide zu seh'n/
Man braucht keine Tafel, um in der Kreide zu steh'n/
Und es braucht kein Geschwafel, um überall Feinde zu seh'n/
Der eine klaut mir das Auto, der andre das Geld und die Frau/
Doch hast du die Frau doch betrogen und das Geld gabst du aus/
Deshalb hast du das Auto verkauft und haust jetzt auf den Anderen drauf/
Es ist ein tägliches Spiel und startet stetig von neu/
Ich höre es täglich beim Checken der News/
Es heben angeblich noch immer Menschen ihre Hände zum Gruß/
Doch mein ich, ich hab es allmählich gecheckt/
Woran es uns offensichtlich mangelt, ist nur der Respekt!

| Zur Person |

Tilman Döring (* 16. August 1989) macht Poetry Slam: In seinen Texten verbindet er Lyrik mit Hip-Hop, Geschichten mit Charme und Tragik mit Komik. Er mischt Rap mit Poesie und was sich sonst noch so aufdrängt.

Poetry Slam, Kabarett und Theater sind Tilman Dörings Welt.

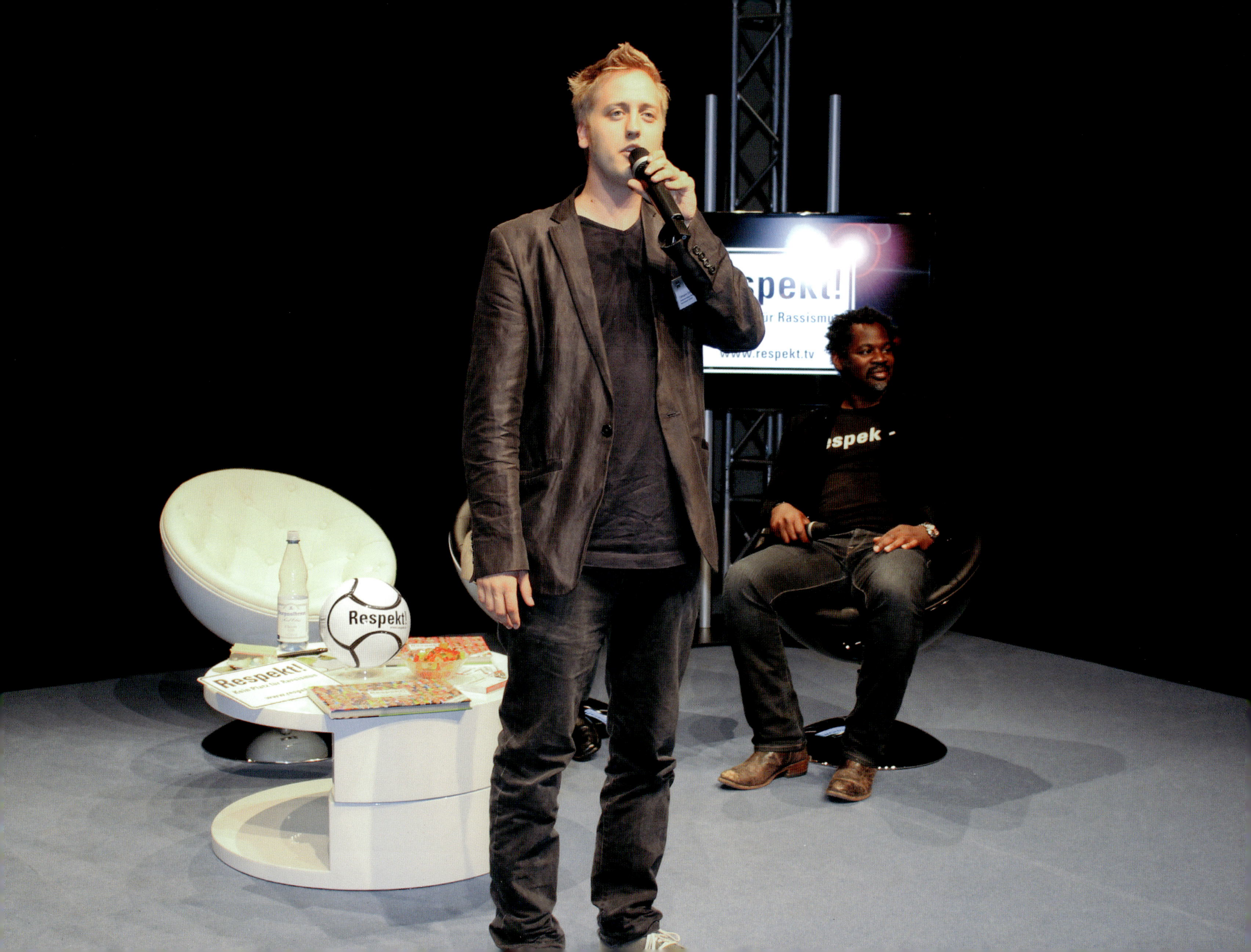

spekt!
ür Rassismu
www.respekt.tv
Respekt!
Respekt!
espek

»Respekt!« im Verein

Sport macht Kinder stark

Unsere Schirmfrau Sandra Minnert über Klischees und Frauenfußball

Respekt bedeutet für mich, mein Gegenüber, egal welchen Alters, welcher Herkunft oder Einstellung, so zu behandeln, wie ich selbst gerne behandelt werden möchte. Ich persönlich habe noch keine schlechten Erfahrungen gemacht mit Rassismus oder Diskriminierung, auch nicht während meiner Profizeit in den USA. Ich habe aber leider schon von vielen Vorfällen gehört und auch gelesen.

Früher gab es die klassische Rollenverteilung: Die Frau gehört an den Herd, kümmert sich um Kind, Mann und Haushalt. Der Mann ist der harte Kerl. Dieses Bild wurde über Generationen weitergereicht, daher gibt es noch heute ein klischeehaftes Denken mit Blick auf Frauen und Fußball. Doch die gesellschaftliche Anerkennung von Frauen im Fußball hat sich in den letzten Jahren vollzogen.

Während Frauen früher wegen ihres »Rumgekickes« belächelt wurden, werden sie heute wegen ihrer Erfolge geschätzt. Doch trotz aller Siege gibt es leider noch immer Menschen, die den Frauenfußball belächeln, ihn nicht ernst nehmen. Das hat sich selbst bei der Frauen-Fußballweltmeisterschaft hier in Deutschland gezeigt.

Meiner Meinung nach ist Respekt keine Frage von Bildung, sondern eine Frage der Erziehung. Zeigen die Eltern den Kindern gegenüber keinen Respekt, wie sollen dann Kinder gegenüber anderen Mitmenschen Respekt haben? Daher finde ich es sehr wichtig, dass Kinder in Sportvereine gehen, denn dort spielt Respekt eine tragende Rolle.

| Zur Person |

Sandra Minnert (* 7. April 1973) spielte 18 Jahre in der Frauenfußball-Bundesliga und 15 Jahre in der Nationalmannschaft. Sie war sechsmal DFB-Pokalsiegerin, fünfmal Deutsche Meisterin, viermal Europa- und zweimal Weltmeisterin (2003 und 2007). Sie gewann zweimal Olympia-Bronze und einmal den Founders-Cup. 2011 zählte sie zu den Botschafterinnen der FIFA Frauen-WM. Als Schirmfrau unserer Initiative spricht sie in Schulen, Unternehmen und bei Vereinen über das Thema Respekt.

»Frauen wurden früher wegen ihres ›Rumgekickes‹ belächelt, heute werden sie aufgrund ihrer Erfolge geschätzt.«

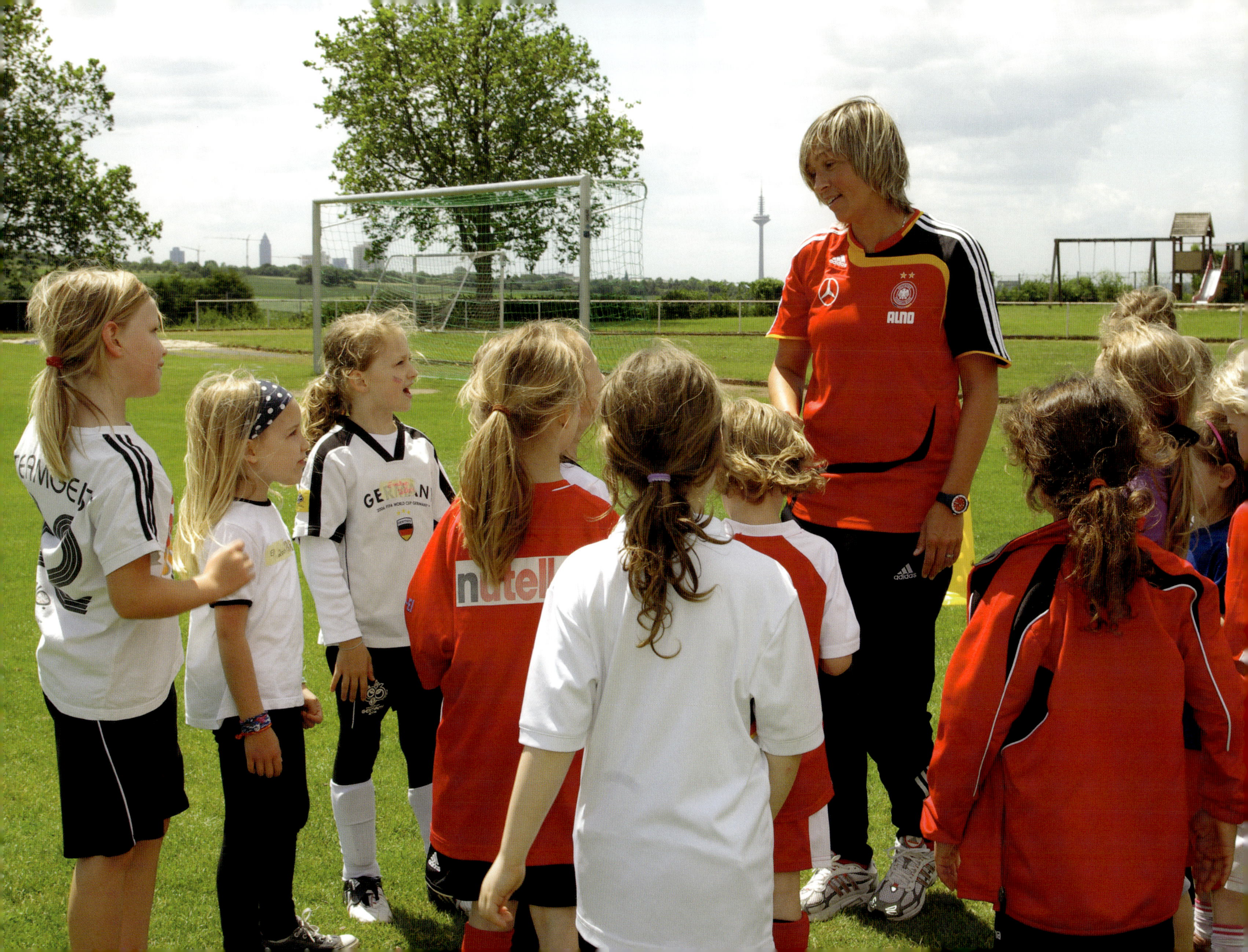
ALNO
nutell
adidas

»Respekt!« im Verein

So heulen die Wölfe

Der Bundesliga-Verein und Volkswagen stellen einen Spieltag unter das Motto unserer Initiative

Februar 2013: Der 20. Spieltag der Bundesliga steht beim VfL Wolfsburg ganz im Zeichen unserer Initiative »Respekt! Kein Platz für Rassismus«. Zusammen mit Volkswagen und dem Konzernbetriebsrat setzt der VfL ein deutliches Zeichen gegen Intoleranz und Fremdenfeindlichkeit. Warum das Motto der Initiative in der Volkswagen Arena perfekt aufgehoben ist, macht Geschäftsführer Klaus Allofs deutlich: In einem Fußballklub wird Respekt sehr stark gelebt. Wo kommen so viele Nationalitäten jeden Tag zusammen, um gemeinsam ein Ziel zu verfolgen?«

Allofs unterstützt die Initiative bereits seit Bremer Zeiten. »Respekt ist Toleranz im Umgang mit Menschen. Im Sport ist es dabei nicht anders als in der Gesellschaft: Ohne Respekt geht es nicht. Mir ist es besonders wichtig, dass wir beim VfL Wolfsburg respektvoll miteinander umgehen. Der VfL Wolfsburg ist ein weltoffener Verein und wird Rassismus nicht dulden – weder auf dem grünen Rasen noch auf der Tribüne«, so der VfL-Geschäftsführer.

Dass das zehnte Heimspiel der Wölfe unter einem besonderen Motto steht, ist dann beim Spiel deutlich sichtbar. Hauptsponsor Volkswagen stellt seine Werbebande am Spielfeldrand dem Slogan »Wir zeigen Respekt!« zur Verfügung. Vor der Arena ist die Initiative mit einer Torwand und dem »Respekt!« Mobil vertreten. Auch im Vorprogramm der Partie hat die Initiative ihren Platz. Die Balljungen befördern Dutzende Bälle auf die Ränge, auf denen ebenso das Logo der »Respekt!« Initiative zu sehen ist wie auf den T-Shirts der Auflaufkinder. Im Eingang zum Spielertunnel sorgen zudem die Spieler Christian Träsch und Makoto Hasebe dafür, dass der Slogan »Respekt! Kein Platz für Rassismus« seine Geltung findet. Die VfL-Profis bringen eigenhändig zwei Schilder der »Respekt!« Initiative an und stellen dabei ihr handwerkliches Geschick unter Beweis. Die Ergebnisse eines Fotoshooting mit Ivan Perišic und den beiden grün-weißen »Handwerkern« sind außerdem in den Service-Bereichen der Volkswagen Arena zu sehen.

Dass die Unterstützung der »Respekt!« Initiative für Volkswagen und den VfL Wolfsburg keine einmalige Aktion ist, stellt Prof. Dr. Martin Winterkorn, Vorstandsvorsitzender der Volkswagen AG, heraus: »Wir bei Volkswagen haben Respekt schon seit Langem als einen Grundwert in unseren Konzernleitlinien verankert. Deshalb unterstützen wir gern die »Respekt!« Initiative.«

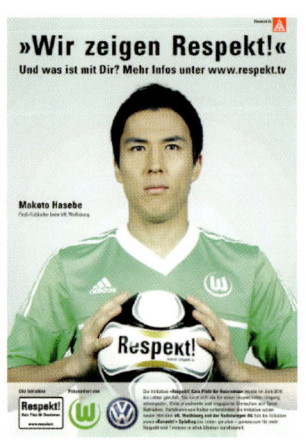

Spieler des VfL Wolfsburg beteiligen sich an der Plakatkampagne »Wir zeigen Respekt!«

Am 2. Februar 2013 steht das Heimspiel des VfL Wolfsburg gegen den FC Augsburg unter dem Motto »Respekt! Kein Platz für Rassismus«. Auf den nächsten Seiten folgen Fotoimpressionen vom Spieltag.

AVISTA OIL AG
HUNGELING
CREDIT SUISSE
DÜRR
GOLF
GOLF
Respekt!
Respekt!
Respekt!
BUNDESLIGA
Panasonic

AUTOSTADT
Volkswagen. Partner des VfL Wolfsburg.
»Wir zeigen Respekt!«
… und was ist mit Dir? Mehr Infos unter www.respekt.tv
Hermes

karoas.com
VOLKSWAGEN ARENA

Respekt!
Kein Platz für Rassismus
www.respekt.tv
Respekt!

Respekt!

Respekt!
Kein Platz für Rassismus
www.respekt.tv
Respekt!

»Respekt!« im Verein

Bitte fair und nicht um jeden Preis

Der Tiroler Cordial Cup ist Kooperationspartner unserer Initiative

Der Cordial Cup ist das größte Fußball-Nachwuchsturnier Europas und ein Traumziel vieler junger Kicker. Er findet seit 2012 in Kooperation mit der Initiative »Respekt! Kein Platz für Rassismus« statt. Die Botschaft der »Respekt!« Initiative wird künftig international auf den Plätzen im Umfeld des Cordial Cups präsentiert.

Der Cordial Cup wird jährlich an Pfingsten in den Kitzbüheler Alpen in Tirol ausgetragen. 160 Mannschaften aus 20 Nationen nehmen am Finalturnier teil. Zusätzlich spielen etwa 650 Mannschaften bei Qualifikationsturnieren in sechs europäischen Ländern um Startplätze beim Finalturnier.

Noch viel wichtiger als der Sieg sind aber die sozialen Komponenten des Cordial Cups. Schließlich ist das Turnier eine tolle Möglichkeit, um Freundschaften zu schließen und Erfahrungen auszutauschen.

Cheforganisator Hans Grübler erzählt von seinen Erfahrungen mit Respekt: »Respekt ist die Basis für ein erfolgreiches Leben und auch für Erfolg im Fußball. Das bedeutet für mich, dass jeder Mensch gleich zu behandeln ist und Toleranz vorhanden sein muss, egal welcher Hautfarbe und Herkömmlichkeit gegenüber. Meine positivste Erfahrung war, als einmal eine E-Jugend Mannschaft aus Japan beim Cordial Cup dabei war und im gleichen Hotel wie die C-Jugend von Dynamo Kiew wohnte. Sprachlich konnten sie sich nicht verständigen, aber der Ball war im Mittelpunkt und der Umgang miteinander sensationell.

Respekt muss meiner Meinung nach von den Erwachsenen vorgelebt werden. Die Kinder orientieren sich in der Regel an den Meinungsvorgaben der Eltern. Wir als Turnierorganisation wollen durch unsere Kooperation mit der Initiative »Respekt!« dazu beitragen, dass die Kinder im Cordial Cup-Alter (11-15 Jahre) den fairen Umgang miteinander pflegen, ohne auf Hautfarbe und dergleichen zu achten. Wichtig ist in erster Linie, den Sieg mit fairen Mitteln zu erringen – und nicht um jeden Preis!«

| Zur Person |

Hans Grübler (* 28. Juni 1956) war 28 Jahre bei einem großen deutschen Logistikunternehmen tätig, unter anderem als Führungskraft mit Personalverantwortung. Er war Manager bei verschiedenen Vereinen der Bayern- und Regionalliga und von 2003 bis 2006 Mitglied im Regionalliga-Ausschuss des DFB. Heute ist Grübler Cheforganisator des internationalen Cordial Cup in Tirol.

Der Cordial Cup ist das größte Fußball-Nachwuchsturnier in Europa.

CORDIAL CUP
TSV Korntal
86
Respekt!
Kein Platz für Rassismus
www.respekt.tv
CORDIAL CUP
SV Bergisch Gladbach
94

CORDIAL HOTELS
CORDIAL HOTELS

CORDIAL CUP
1. FC Nürnberg
3
Respekt!
www.respekt.tv

Respekt!
Kein Platz für Rassismus
www.respekt.tv

Charmanter Export nach Brasilien

Paula Widmer wirbt im Land der WM 2014 für die »Respekt!« Initiative

Bereits zweimal nutzte Paula Widmer einen Aufenthalt in ihrer zweiten Heimat Brasilien, um dort die »Respekt!« Initiative bekannt machen. Die Resonanz war durchweg positiv. Nach dem Erstligisten Cruzeiro Esporte Clube schloss sich mittlerweile auch ein weiterer brasilianischer Erstligist – der Clube Atlético Mineiro – unserer Initiative an.

Paula erzählt von ihrem Aufenthalt bei Cruzeiro in Belo Horizonte: »Nur ein Anruf beim weltweit bekannten brasilianischen Erstligisten genügte, und schon durfte ich am nächsten Tag auf das Trainingsgelände des Weltpokalfinalisten Cruzeiro, genannt Toca da Raposa. 1997 war der Verein Gegner von Borussia Dortmund. Nach einem netten Empfang durch Pressesprecher Guilherme Mendes wartete ich kurz in einem großen Aufenthaltsraum. Sofort fiel mir auf, was für eine angenehme und freundliche Stimmung herrschte. Egal ob Gärtner, Physiotherapeut oder Spieler, alle hatten eine fröhliche Aura um sich und umarmten sich zur Begrüßung. Von den Umkleideräumen im Nebengebäude hörte ich Musik, draußen schien die Sonne und nach einigen Minuten lief ein Spieler nach dem anderen auf den Sportplatz. Jeder grüßte freundlich, kam auf mich zu, ließ sich in unsere »Respekt!« Aktion einweihen und anschließend mit dem Schild fotografieren.

Die Fußballer erzählten über ihre persönlichen Erfahrungen in Brasilien und im Ausland. Ein Spieler hatte vor kurzem die schlimmste rassistische Erfahrung seiner Karriere auf dem Platz gemacht. Der Fall landete bei den Behörden und sorgte für viel Aufsehen. Der Cruzeiro-Spieler war von dem Vorfall noch so mitgenommen, dass er nicht mehr darüber sagen wollte, als: »Es ist endlich vorbei, ich habe es jetzt verdrängt und will mich nicht mehr daran erinnern.«

In Brasilien sind Beschimpfungen im Stadion üblich. Diskriminierungen gibt es dort sowohl wegen der Hautfarbe als auch wegen der sozialen Schicht oder wegen der Region, aus der man kommt. Der größte Teil der brasilianischen Fußballspieler stammt aus ärmeren Verhältnissen und bekommt erst nach erlangtem Erfolg soziale Anerkennung. Die Spieler wünschen sich, dass auch in Brasilien das Thema Rassismus und Diskriminierung stärker behandelt wird. Zu guter Letzt hatte ich insgesamt 16 Spieler fotografiert. Unter ihnen war auch der Nationalspieler Gilberto, der von 2004 bis 2007 bei Hertha in Berlin spielte. Das Interview mit ihm könnt ihr ebenfalls in diesem Bildband lesen. Darin spricht er über seine Erfahrungen, über Respekt und über seine unvergessliche Zeit in Deutschland.«

| Zur Person |

Paula Widmer (* 21. Oktober 1992) hat eine brasilianische Mutter und einen deutschen Vater und ist freie Journalistin. Sie engagiert sich für »Respekt!« und macht unsere Initiative in Brasilien bekannt.

Paula Widmer engagiert sich auch in ihrer zweiten Heimat Brasilien für Respekt und Toleranz.

Respekt!
Kein Platz für Rassismus
www.respekt.tv

Respekt!
Kein Platz für Rassismus
www.respekt.tv

Respekt!
Kein Platz für Rassismus
www.respekt.tv

Respekt!
Kein Platz für Rassismus
www.respekt.tv

»Respekt!« am Arbeitsplatz

Ein Aufruf zum Handeln und Einmischen

Für Schirmherr Bertin Eichler passen Respekt und Solidarität perfekt zusammen

Respekt hat eine sehr tiefe und wichtige Bedeutung für mich. Ich denke dabei an die Würde des Menschen. Respekt gegenüber Andersgläubigen oder einer anderen Kultur ist für mich ein entscheidender Punkt für eine solidarische und demokratische Gesellschaft – oder anders formuliert, bei Gesellschaften ohne Respekt geht es um Ausgrenzung und Vernichtung, im schlimmsten Fall sogar um Krieg. Insofern ist Respekt ein ganz entscheidendes Thema. Es geht dabei nicht nur um Toleranz. Respekt ist für mich ein Aufruf zum Handeln und sich Einmischen, um entsprechend Position zu beziehen.

Der Einsatz gegen Benachteiligung, gegen Rassismus und für ein respektvolles Miteinander im Betrieb gewinnt immer mehr an Bedeutung und ist Teil meiner täglichen Arbeit. Er ist eine Herausforderung für Unternehmensleitungen, aber auch für Betriebsräte. Einer der Grundwerte der IG Metall ist die Solidarität der Beschäftigten untereinander. Ohne Respekt ist Solidarität im Betrieb niemals erreichbar. Wir wollen einen Impuls geben im Betrieb und darauf aufmerksam machen, dass jede und jeder dafür auch eine Verantwortung trägt. Der zweite Punkt ist, dass wir auch Respekt vor der Leistung der Beschäftigten einfordern. Das vermissen wir derzeit in vielen Bereichen – zum Beispiel Respekt vor den Leiharbeitnehmern, die wie Arbeitnehmer zweiter Klasse behandelt werden. Wir wollen, dass für gleiche Arbeit auch gleiches Geld bezahlt wird. Besonders betroffen sind die Jugendlichen: Je jünger die Menschen sind, desto prekärer sind sie beschäftigt.

Rassismus ist ein Thema, das sich nicht nur in Fußballstadien oder am Stammtisch abspielt, sondern auch in den Betrieben. Rassismus eint die Gesellschaft ja nicht, sondern entzweit, treibt auseinander und gegeneinander. Das widerspricht unserem Ansatz von Solidarität und Gerechtigkeit.

Die Initiative leistet viel im Bereich des Fußballs, in den Medien und in der Kultur. Der Initiative fehlten noch die Arbeitswelt und die Schulen. Deswegen engagieren wir uns. Die IG Metall unterstützt die Initiative in der Arbeitswelt, indem sie versucht, ein möglichst breites Bündnis herzustellen. Nirgendwo treffen sich täglich so viele Menschen mit unterschiedlicher Herkunft, Kultur, Religion wie in den Betrieben, und da ist das Thema Respekt sehr angebracht. Es passt auch gut zu unseren Aufgaben als IG Metall. Das respektvolle Miteinander und das Bewusstsein gegen Rassismus müssen noch stärker in den Betrieben verankert werden. Macht mit!

| Zur Person |

Bertin Eichler (* 27. August 1952) ist seit 1968 Mitglied der IG Metall und seit 1996 deren geschäftsführendes Vorstandsmitglied und Hauptkassierer. Seit 2011 unterstützt er unsere Initiative »Respekt! Kein Platz für Rassismus« als Schirmherr.

»Das respektvolle Miteinander und das Bewusstsein gegen Rassismus müssen noch stärker in den Betrieben verankert werden.«

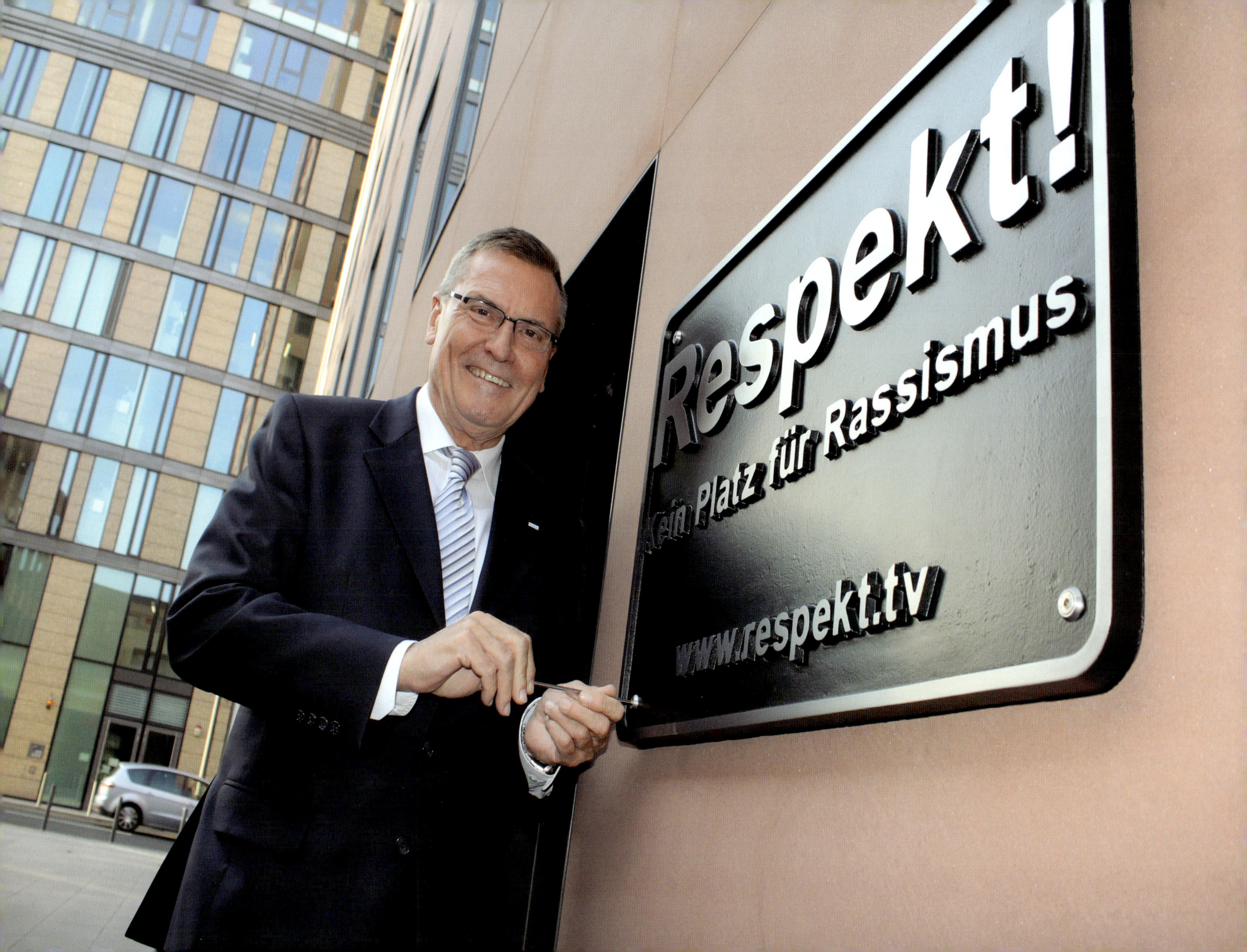
Respekt!
Kein Platz für Rassismus
www.respekt.tv

»Respekt!« am Arbeitsplatz

Die Initiative geht in die Betriebe

Mit buntem Paket und Gebrauchsanweisung

Eine Belegschaft aus mehr als 20 Nationen mit unterschiedlichsten Kulturen, Glaubensrichtungen und Lebensweisen, ein türkischstämmiger Betriebsrat und nicht zuletzt zwei Geschäftsführer mit französischer und deutsch-italienischer Herkunft – wo, wenn nicht hier, wäre der ideale Ort, um die Initiative »Respekt! Kein Platz für Rassismus« in die Betriebe zu tragen und mit Leben zu füllen?

Am 31. März 2011 setzen die Betriebsräte Recep Akbas und Friedrich Barfs sowie Mitarbeiter der Frankfurter Unternehmen AVO Carbon Germany und Mersen Deutschland AG zusammen mit Vertretern der IG Metall und der Unternehmensleitung ein deutliches Zeichen gegen Benachteiligung und Rassismus. Während der Mittagspause und moderiert von ZDF-Sportreporter Thomas Wark, bringen sie am Firmeneingang gemeinsam das Schild der bundesweiten Initiative an, die sich bereits seit einigen Jahren mit Unterstützung prominenter Botschafter aus Sport und Unterhaltung gegen Vorurteile und für ein solidarisches Miteinander einsetzt.

Seit 2011 gibt es eine enge Kooperation mit der IG Metall, die das Thema nun konsequent auf die Arbeitswelt ausdehnt und damit »Respekt vor der Leistung der Beschäftigten einfordert«, so »Respekt!« Schirmherr Bertin Eichler, geschäftsführendes Vorstandsmitglied und Hauptkassierer der IG Metall. Nach einer Auftaktveranstaltung im März 2011 in der IG Metall-Zentrale mit zahlreichen Prominenten und Betriebsräten aus großen Unternehmen wird die Aktion inzwischen bundesweit ausgerollt.

Damit die Idee aktiv in die Betriebe getragen und dort auch ganz praktisch gelebt werden kann, hat die IG Metall ein buntes »Respekt!« Paket geschnürt. Neben dem Schild finden sich darin Anstecker, ein Fußball, der Bildband »Respekt! 100 Menschen – 100 Geschichten«, ein Kinderbuch mit dem Titel »Was ist eigentlich Rassismus?« und eine konkrete Handlungsanleitung mit Hinweisen für die Schildanbringung im Unternehmen. Schritt für Schritt wird darin erläutert, wie auf die Aktion aufmerksam gemacht, Material eingesetzt, die Presse informiert und Schildanbringungen praktisch durchgeführt werden.

Die IG Metall rechnet mit vielen hundert Schilderaktionen noch in diesem Jahr. Gefragt sind jetzt die Betriebsräte vor Ort – ganz gleich ob kleines, mittelständisches oder großes Unternehmen. Die Pakete stehen bereit. Eine gute Gelegenheit also, um sich für ein faires Miteinander im Betrieb zu engagieren. Mehr Informationen dazu unter www.igmetall.de und www.respekt.tv.

| Schildanbringung |

Recep Akbas, Betriebsratsvorsitzender der AVO Carbon Germany, setzt mit seinen Kollegen auf »Respekt!«

Alle Beteiligten eint ein Ziel: die »Respekt!« Botschaft voranzubringen. Mit dabei sind die Macher der Initiative sowie Mitarbeiter und Geschäftsleitung von AVO Carbon und Mersen Deutschland AG.

Respekt!
www.respekt.tv

GEMEINSAM FÜR EIN GUTES LEBEN

Hertz

Respekt!

Respekt

Respekt!
Kein Platz für Rassismus
Respekt

101
Mersenstraße
MERSEN
Respekt!

»Respekt!« am Arbeitsplatz

Feiner Glanz für den Stern

Boxweltmeister Wladimir Klitschko bringt bei Daimler in Möhringen das »Respekt!« Schild an

Internationalität und Vielfalt sind Teil der Unternehmenskultur von Daimler: In Deutschland arbeiten Menschen aus mehr als 120 Ländern zusammen; weltweit beschäftigt Daimler mehr als 140 Nationalitäten. Um ein öffentliches Zeichen für Fairness und Toleranz zu setzen, beteiligt sich neben vielen Werksstandorten auch die Zentrale der Daimler AG an der bundesweiten »Respekt!« Initiative.

Am 23. März 2012 wird das Erkennungszeichen der Initiative, ein Schild mit der Aufschrift: »Respekt! Kein Platz für Rassismus«, am Haupteingang des Standorts Möhringen angebracht. Unterstützt wird die Aktion von Wladimir Klitschko, WBA/IBF/WBO/IBO-Schwergewichts-Weltmeister, Anders Sundt Jensen, Leiter Markenkommunikation Mercedes-Benz Cars, Jörg Spies, Betriebsratsvorsitzender der Daimler Zentrale, sowie Lutz Wittig, Personalleiter der Daimler Zentrale.

Wladimir Klitschko, Markenbotschafter von Mercedes-Benz, unterstützt die Beteiligung der Daimler Zentrale am Standort Stuttgart-Möhringen an der »Respekt!« Initiative. Zum Abschluss einer Betriebsversammlung am Vormittag macht der Schwergewichts-Weltmeister im Dialog mit den Daimler Beschäftigten deutlich, dass Fairness am Arbeitsplatz genau so wichtig ist wie im Sport.

Wladimir Klitschko: »Gegenseitiger Respekt schafft immer auch Fairness. Deshalb ist Respekt im Boxsport eine der wichtigsten Grundregeln«. Er ergänzt: »Respekt vor dem anderen sollte sich aber nicht nur aufs Boxen beschränken, sondern ist natürlich eine allgemein gültige Forderung für ein besseres Miteinander. Deshalb unterstütze ich auch mit großer Freude die »Respekt!« Initiative bei Daimler.«

Anders Sundt Jensen, Leiter Markenkommunikation Mercedes-Benz Cars, sagt anlässlich der Aktion: »Wir schätzen die Vielfalt, die unsere Beschäftigten an persönlichen Eigenschaften, Talenten und Fähigkeiten mitbringen. Diese Vielfalt ist eine unverzichtbare Basis für unseren Unternehmenserfolg und wird vom unternehmensweiten Diversity-Management von Daimler bewusst gefördert.«

Jörg Spies, Betriebsratsvorsitzender der Daimler Zentrale: »Das »Respekt!« Schild ist ein klares Zeichen, dass Intoleranz und Rassismus hier keinen Platz haben. Das Miteinander verschiedener Nationalitäten am Arbeitsplatz und gegenseitiges Verständnis sind bei Daimler gelebter Alltag. Es gibt im Unternehmen viele Beispiele von Familien, die vor über 40 Jahren zu uns gekommen sind, um mit uns gemeinsam den Erfolg von Daimler zu ermöglichen. Ihre Kinder tragen heute in der Führung des Unternehmens an vielen Stellen Verantwortung für die Zukunft, und das ist auch gut so.« (Quelle: Daimler AG)

| Zur Person |

Der in Kasastan geborene Boxer Wladimir Klitschko (* 25. März 1976) trägt den Kampfnamen »Dr. Steelhammer«. Er ist Weltmeister im Schwergewicht nach Version der IBF, WBO, WBA und IBO. Er gilt als die aktuelle Nummer 1 im Schwergewicht.

»Das passt einfach wie die Faust aufs Auge«, sagt Wladimir Klitschko über sein Engagement für die »Respekt!« Initiative.

Respekt!
Kein Platz für Rassismus
www.respekt.tv

»Respekt!« am Arbeitsplatz

Team-Training für sportliche Banker

Mit Hymne, Schirmfrau und Botschafter

Am 8. November 2012 leiteten die ehemaligen Bundesligaprofis Sandra Minnert und Dietmar Roth für die »Respekt!« Initiative ein zweieinhalbstündiges Fußballtraining im Rahmen eines Vorstandsworkshops der dwpbank in Rotenburg an der Fulda.

Die 23 Teilnehmer wurden mit der »Respekt!« Hymne »Es gibt noch viel zu tun« der Band Irie Révoltés empfangen und akustisch auf das bevorstehende Trainingsprogramm eingestimmt.

Minnert und Roth starteten mit einem intensiven Aufwärmprogramm, dem Übungen folgten, die förderlich für die Teambildung sind. Den Abschluss der sportlichen Aktivitäten bildete ein kleines Fußballturnier. Den Abschlus der sportlichen Aktivitäten bildet ein kleines Fußballturnier. Vorstandsmitglied Dr. Christian Tonnesen zeigte sich angesichts der vielen spannenden Spiele und Tore nicht nur von seiner Mannschaft begeistert.

Bevor die sportlichen Banker zum Duschen und Essen entlassen wurden, stellte »Respekt!« Botschafter Kwamena Odum den Aktiven mit Unterstützung von Filmeinspielern die »Respekt!« Initiative vor.

dwpbank-Vorstandsvorsitzender Dr. Markus Walch war vom Auftritt des Duos Minnert/Roth und der »Respekt!« Initiative mehr als begeistert: »Das werden wir auf jeden Fall wiederholen! Das »Respekt!« Fußballtraining hat sehr viel in Hinblick auf den Teamgedanken innerhalb unserer Bank bewirkt. Minnert und Roth waren grandios. Es hat uns allen richtig viel Spaß gemacht!«, so Walch.

| Zur Person |

Dr. Markus Walch (* 31. Dezember 1963) ist seit November 2011 Vorstandsvorsitzender der dwpbank und verantwortlich für die Unternehmenssteuerung und Informationstechnologie. Zuvor war er Vorstandsmitglied der DAB Bank AG.
Privat genießt er Opern, Skifahren und seine Familie.

Fotos links und rechts:
Das »Respekt!« Team trainiert mit den Mitarbeitern der dwpbank.

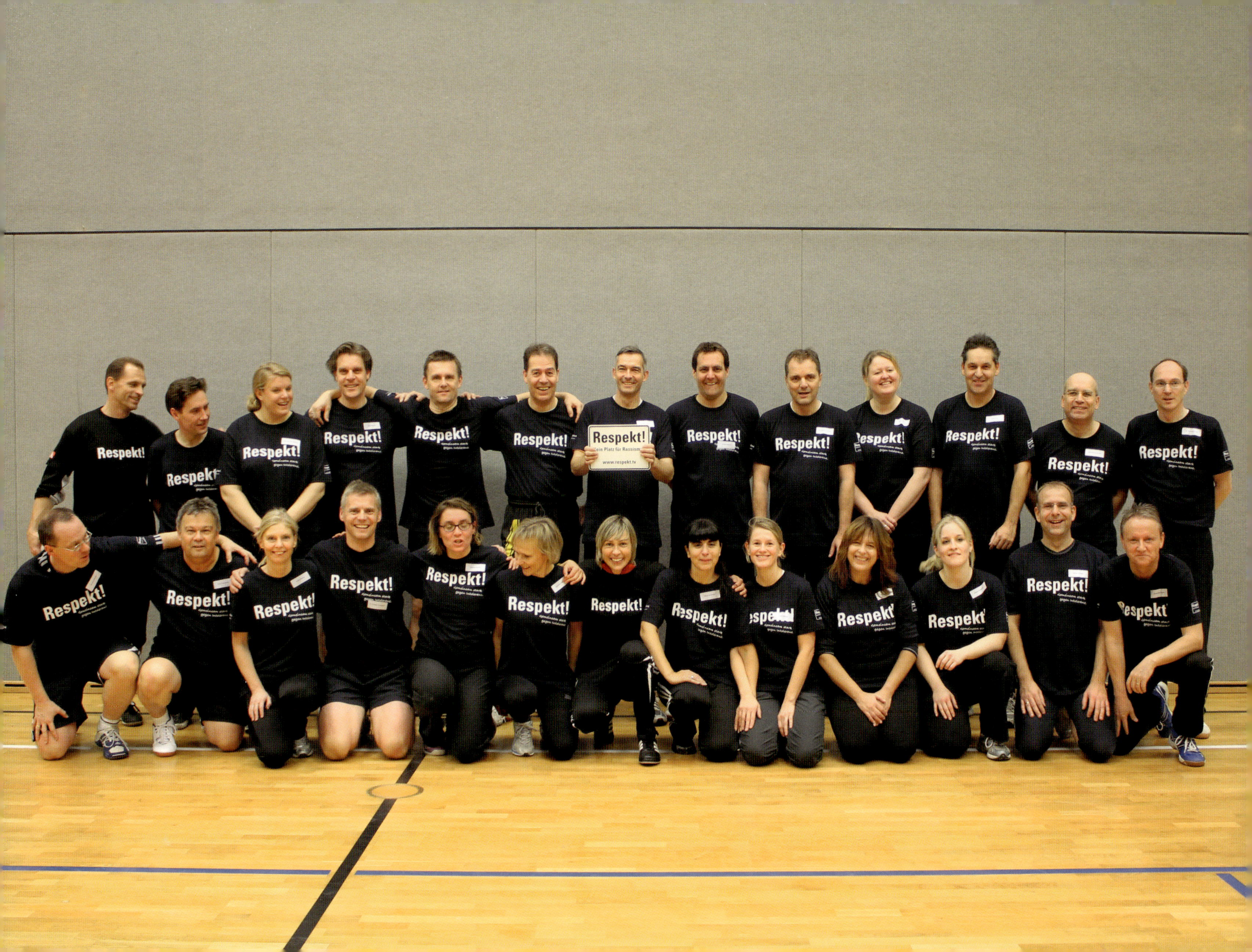
Respekt!
www.respekt.tv

»Respekt!« am Arbeitsplatz

Von Einwanderern und ihren Geschichten

Robert Grashei organisiert eine Vernissage mit Botschaften von Migranten

Am 21. März 2012, dem Internationalen Tag gegen Rassismus, wird die Ausstellung »Einwanderungsgeschichten« im Sitzungszimmer der IG Metall Landshut eröffnet. Initiator ist Robert Grashei, Erster Bevollmächtigter der IG Metall Landshut. Seine Kollegin Rosi Kolbeck hat die Geschichten aufgeschrieben und organisiert die Vernissage.

Ziel der Ausstellung ist es, die Besucher über die Lebenswege der vorgestellten Migranten zu informieren und zu zeigen, wie diese nach Deutschland kamen, was sie erlebten und welche Botschaft sie uns vermitteln möchten. Ein Jahr zuvor waren zum Tag gegen Rassismus 2011 im Migrationsausschuss bereits einige der Einwanderungsgeschichten vorgestellt worden. Da diese so spannend und informativ waren, wurde der Beschluss gefasst, mit ihnen eine komplette Ausstellung zu entwickeln. Nun wurde recherchiert, fotografiert und das Konzept in Verbindung mit unserer Initiative abgestimmt. Die befragten Personen hatten sehr viel zu erzählen und freuten sich, dass man sich für ihre Geschichten interessiert.

Gedruckt auf sogenannte RollUps (ausrollbare Papierbahnen) werden in der Ausstellung die Lebens- und Einwanderungsgeschichten von sechs Menschen vorgestellt. Auf jedem der Exponate ist ein Foto des vorgestellten Menschen zu sehen und ein deutscher sowie ein in der Muttersprache der Person abgefasster Text zu lesen. Jede Geschichte richtet sich mit einer Botschaft an die Besucher. Bei der Ausstellungseröffnung können diese mit den sechs anwesenden Protagonisten reden. Eine 14-köpfige Gruppe aus Landshut trägt einen »Reggae gegen Rassismus« vor, das Ergebnis eines Musikworkshops. In den folgenden Wochen kann die Ausstellung besichtigt werden und wird bei allen Veranstaltungen im Sitzungszimmer vorgestellt. Die Medien greifen sie im Rahmen der Berichterstattung zum Internationalen Tag gegen Rassismus auf. Mit einigen Ausstellungsteilnehmern werden auch Presseinterviews geführt.

Mittlerweile haben mehr als 1.000 Besucher die Ausstellung gesehen. Bewusst wurde diese mobil konzipiert; ihr Aufbau kann in wenigen Minuten erfolgen. Die eingesetzte Technik mit den RollUps ist hervorragend geeignet, um die Exponate zu Aktionen und Veranstaltungen mitzunehmen. Im kommenden Jahr wird die Ausstellung um drei weitere Geschichten von Migrantinnen ergänzt. Anschließend soll sie als Wanderausstellung in den Betriebsrestaurants der Großbetriebe der Verwaltungsstelle Landshut gezeigt werden.

| Zur Person |

Robert Grashei ist 1. Bevollmächtiger und Kassierer der IG Metall Landshut. Er betreut die IG Metall-Nebenstellen Dingolfing und Marklkofen.

»Wir begegnen Migranten mit Respekt und reichen ihnen die Hand. Wir stellen Menschen vor und nicht aus.«

Auf diesen RollUps wurden die Lebens- und Einwanderungsgeschichten von sechs Migranten dargestellt. Alle Texte wurden sowohl in der Muttersprache der vorgestellten Personen als auch in deutscher Sprache abgedruckt.

Rassismus ist kein Randthema

Multinationale Belegschaften – ein Geheimnis des wirtschaftlichen Erfolgs

Seit 2011 nimmt die IG Metall an der Initiative »Respekt! Kein Platz für Rassismus« teil. Sie leistet eine bedeutende Unterstützung und hat Respekt zu einem Thema in den Betrieben gemacht. Das ist sehr ungewöhnlich. Warum tut sie das?

So ungewöhnlich ist das nicht. Wenn die IG Metall ein Anliegen für richtig hält, dann engagiert sie sich auch mit ihrem ganzen Gewicht. Rassismus ist kein Randthema. Wir wären glücklich, wenn es so wäre. Rassismus, nationale Überheblichkeit, religiöser Fanatismus, sexuelle Diskriminierung, das sind soziale Ausgrenzungen, die uns als Gewerkschaft im Kern bedrohen. Wir wissen aus der Geschichte und spüren es auch aktuell, dass die Gewerkschaften ebenso auf der schwarzen Liste dieser Leute stehen, wenn sie nur stark genug werden. Denn die Gewerkschaften bauen auf die Solidarität aller Beschäftigten, verfolgen also genau das entgegengesetzte Ziel.

Was bedeutet Respekt für Sie in diesem Zusammenhang?

Ich will es ganz einfach ausdrücken. Wird jemand Mitglied der IG Metall, weil sie oder er die gleichen Meinungen vertritt wie die anderen 2,3 Millionen Mitglieder? Nein. Man wird Mitglied der IG Metall, weil man erkannt hat, dass man seine Interessen in der Arbeitswelt nur gemeinsam wahrnehmen kann. Ich schätze also die Anderen als Kollegen und Mitstreiter. Das ist der erste Schritt. Damit will ich nicht sagen, dass Respekt eine Selbstverständlichkeit wäre. Aber wir müssen und wollen uns gegenseitig respektieren. Sonst funktioniert das nicht.

Wie gefährlich ist Rassismus heute?

Früher konnte man denken, das Problem komme von den alten Nazis und erledige sich mit der Zeit von selbst. Schon seit langem beweisen sehr gründliche und genaue sozialwissenschaftliche Untersuchungen, dass diese Annahme falsch war. Der Rassismus hat sich erneuert, leider auch verjüngt, und wenn man nichts dagegen tut, nimmt er eher zu als ab.

Was besorgt Sie am meisten?

Alles, was im Zusammenhang mit der rechtsextremen Terrorzelle NSU steht. Dass neue Nazis Morde, Sprengstoffanschläge und Banküberfälle verüben konnten. Dass sie erst nach zehn Jahren dingfest gemacht wurden. Dass diese Verbrechen immer noch nicht vollständig aufgeklärt sind. Und dass ihre Aufklärung den Sicherheitsorganen mehr schadet als den Tätern. Das kommt mir vor wie ein Albtraum. Aber es ist wahr.

Wie werden wir mit diesem Albtraum fertig?

Die Bundeskanzlerin hat den Familien der Opfer persönlich versprochen, dass die Verbrechen vollständig aufgeklärt werden. Diese Verpflichtung ist noch nicht eingelöst. Man gewinnt den Eindruck, dass mehr vertuscht als aufgeklärt wird. Das ist keine Unterstellung von mir, sondern das sagen die Abgeordneten mehrerer parlamentarischer Untersuchungsausschüsse. Was gilt ei-

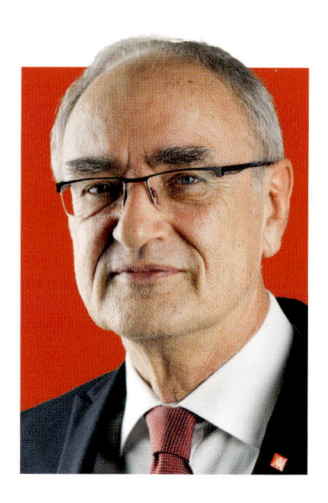

| Zur Person |

Detlef Wetzel (* 27. Dezember 1952) ist seit November 2007 Zweiter Vorsitzender der IG Metall. Vorher war er Bezirksleiter in Nordrhein-Westfalen.

»Der Rassismus hat sich erneuert, leider auch verjüngt, und wenn man nichts dagegen tut, nimmt er eher zu als ab.«

gentlich das Wort der Kanzlerin? Diese Frage müssen die Regierenden im Bund und in den Ländern beantworten, aber auch Frau Merkel selbst. Darüber hinaus ist die Zivilgesellschaft gefordert, sich einzumischen und dem Rassismus die Stirn zu bieten, wo immer er sich zeigt. Darin sind sich heute alle demokratischen Kräfte einig. Eins muss man allerdings auch sagen: Unsere thüringischen und sächsischen Verwaltungsstellen haben schon seit 20 Jahren immer wieder auf die braunen Machenschaften in Jena, Chemnitz, Zwickau und anderswo hingewiesen. Häufig haben sie sich, in dieser Hinsicht, wie einsame Rufer in der Wüste gefühlt.

Welche Konsequenzen ziehen Sie daraus?

Zum Teil machen Politik und Medien ihre frühere Passivität heute durch aufgeregte Aktivitäten wett. Das ist lobenswert, aber es reicht nicht. Es geht um mehr, es geht eigentlich ums Ganze.

Was meinen Sie damit?

Moderne Belegschaften sind multinational. Das gehört zu den Geheimnissen des wirtschaftlichen Erfolgs. Sie brauchen Kollegialität zwischen Menschen verschiedenster Herkunft, ein friedliches Zusammenleben ihrer Familien und Freundschaften zwischen ihren Kindern. So sieht die soziale Grundlage aus, auf der wirtschaftliche Höchstleistungen vollbracht werden. Das ist auch der Kern dessen, was mit Respekt gemeint ist. Es ist eigentlich so selbstverständlich, dass wir mitunter dachten, darüber bräuchte man nicht mehr reden. Aber es gibt Gegenden, in denen das nicht selbstverständlich ist. Dort werden wir das zur Debatte stellen, nicht um die Leute zu ärgern, sondern um sie aufzufordern, etwas zu lernen, was für ihre eigene Zukunft ungeheuer wichtig ist.

Sie haben sich viel vorgenommen!

Wir haben mit »Respekt!« in den Betrieben so viel Zustimmung erhalten, dass wir uns das zutrauen. Wir wollen gemeinsam mit der Initiative insbesondere in Thüringen Aktivitäten durchführen, Schildanbringungen in Gemeinden, Fußball-Turniere unter dem Motto Respekt, Lesungen mit Autoren des »Schwarzbuch Rassismus«. Im Sommer wollen wir auf dem Rennsteig durch den Thüringer Wald wandern. Das wird das Gegenteil jener berüchtigten »Operation Rennsteig«, mit der der Verfassungsschutz die rechte Szene unterwandern wollte und mit der das Unheil möglicherweise seinen Anfang nahm. Dort werden wir reden: mit Kommunalpolitikern, Schulen, Sportvereinen, Gaststätten. Es wird sich zeigen, dass es viele Menschen gibt, die im Grunde das Gleiche wollen wie wir und dass man ihnen nur den Rücken stärken muss. Ich bin zuversichtlich und plädiere an alle Demokraten mitzumachen.

Respekt!
Die Geschichte

www.respekt.tv

Gepudert und gebürstet

Markus Katzenbach über Rassismus im Fussball

Eine gewisse Berühmtheit erlangte Paul Steiner, indem er 1990 Fußball-Weltmeister wurde, ohne ein einziges Mal spielen zu dürfen. Berüchtigt war er dafür, dass seine Worte kaum weniger schmerzten als seine Grätschen. »Ich kann mir nicht vorstellen, dass Schwule Fußball spielen können«, philosophierte der knochenharte Kölner Verteidiger einmal, ein anderes Mal soll er den Wattenscheider Senegalesen Souleyman Sane wie folgt begrüßt haben: »Scheiß Nigger, hau ab! Was willst Du in Deutschland?« Na, was wohl: zeigen, wie man Fußball spielt – so lautet die Antwort, die Christian Eichler in seinem »Lexikon der Fußballmythen« darauf findet. Schwarze Fußballmagie habe sich meist stärker erwiesen denn weißer Rassismus, bemerkt Eichler, und man muss nicht Jay-Jay Okochas Zaubertor gegen die versammelte Karlsruher Abwehr mitsamt Oliver Kahn gesehen haben, um ihm zuzustimmen und mit ihm zu hoffen: »Irgendwann kapiert jeder, wie blass ein rein weißer Fußball wäre.«

Indes ist der fußballerische Rassismus so alt wie das Spiel selbst. In Brasilien etwa, das dank der Ballkünste von Schwarzen und Mulatten so viele Weltmeisterschaften gewonnen hat wie kein anderes Land, war es Anfang des 20. Jahrhunderts noch mit seltenen Ausnahmen Weißen vorbehalten, gegen den Ball zu treten. Arthur Friedenreich, der erste dunkelhäutige Fußballstar, durfte nur seiner deutschen und damit weißen Abstammung wegen für Brasilien auflaufen. Der Sohn eines Hamburger Kaufmannes und einer schwarzen Wäscherin aus Sao Paolo kam stets als letzter auf den Platz. Er brauchte in der Kabine eine halbe Stunde, weil er die krausen Haare glattbürsten musste, um den weißen Mannschaftskameraden ähnlicher zu sehen. Manche Mulatten puderten zu diesem Zweck auch ihr Gesicht mit Reismehl – während sich heute weiße Fußballer bisweilen schwarz schminken, um sich gegenüber unverbesserlichen Rassisten mit afrikanischen Mitspielern solidarisch zu erklären.

Im alten Brasilien blieben Schwarze derweil auch gepudert und gebürstet Fußballer zweiter Klasse, Fouls an ihnen wurden nicht gepfiffen. Friedenreichs Antwort war die Erfindung der Körpertäuschung: Damit seine Gegenspieler ihn nicht erwischten, deutete er eine Bewegung an, um dann in die andere Richtung zu ziehen. Das gelang so gut, dass der Weltfußballverband Fifa Friedenreich als besten Stürmer aller Zeiten verzeichnet. Er schoss 1.329 Tore, mehr als jeder andere Fußballer.

Rassismus rentiert sich nicht, er macht den Fußball ärmer. Das musste der damalige Präsident Brasiliens erst noch lernen. Aus Prestigegründen verfügte er 1921, dass nicht ein einziger Spieler dunkler Hautfarbe zur Copa America entsandt werden sollte. Brasilien verlor zwei von drei Partien, das Volk war empört – worauf Friedenreich in die Landesauswahl zurückkehren durfte und sie im folgenden Jahr zur Südamerikameisterschaft führte. Die krausen Haare musste Arthur Friedenreich freilich auch danach noch glattbürsten.

| Zur Person |

Markus Katzenbach ist Redakteur bei der Frankfurter Neuen Presse. Zu zu seinen liebsten Fußballern aller Zeiten gehören Jay-Jay Okocha und Anthony Yeboah.

Arthur Friedenreich trotzte dem Rassismus in Brasilien mit der Erfindung der Körpertäuschung.

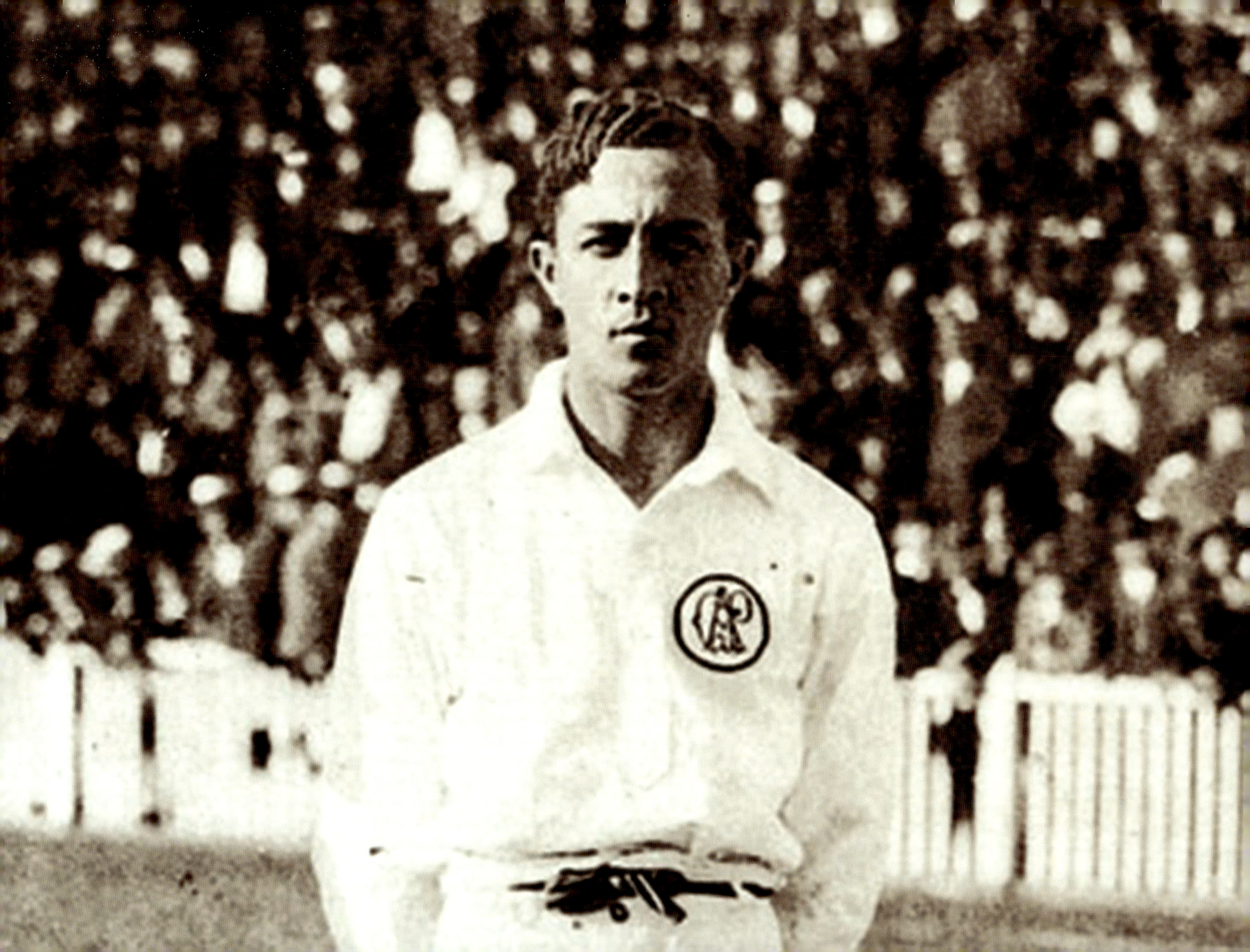

»Respekt!« – die Geschichte

Rassistische Pöbeleien nehmen überhand

Der Fall Adebowale Ogungbure

Nachdem Adebowale Ogungbure vom Oberligisten FC Sachsen Leipzig während der gesamten Saison 2005/06 rassistischen Pöbeleien ausgesetzt war, ließen sich seine Mitspieler unter dem Motto »Wir sind Ade!« schwarz anmalen und fotografieren, um ihre Solidarität mit dem Kollegen zu bekunden. Doch das wirkte längst nicht bei allen. Während der Partie von Sachsen Leipzig beim Halleschen FC am 25. März 2006 stürmten Leute aus dem Halleschen Fanblock auf das Spielfeld und bespuckten und beschimpften Ogungbure als »Drecksnigger«, »Affen« und »Bimbo«. Das ganze Spiel über kamen Affenlaute von der Tribüne. Aus Protest zeigte Ogungbure daraufhin den Hitlergruß und formte zwei Finger zum Hitlerbärtchen. Er wurde danach vom Hallenser Pöbel geschlagen und getreten. Schier unglaublich war, dass nicht die Hallenser, sondern der Nigerianer am darauffolgenden Tag eine Anzeige wegen Zeigens verfassungswidriger Symbole erhielt. Die eigentlichen Täter blieben zunächst unbehelligt, obwohl sie nachweislich rassistische Parolen gerufen hatten und handgreiflich geworden waren. Wegen der öffentlichen Proteste stellte die Staatsanwaltschaft das Verfahren am nächsten Tag ein.

Im Oktober 2006 kam es bei der Partie in Leipzig gegen Halle erneut zu rassistischen Schmährufen des Halleschen Anhangs gegen Ogungbure. Der Verein wurde daraufhin vom Verband zu einem Spiel unter Ausschluss der Öffentlichkeit verurteilt.

Anfang November 2006, am Rande des Oberligaspiels beim VFC Plauen, rastete Ogungbure aus. Nach dem Schlusspfiff versetzte der Mann aus Lagos seinem ukrainischen Gegenspieler Andriy Zapyshnyi einen Fausthieb ins Gesicht. Zapyshnyi soll ihn »Nigger« genannt haben. Ogungbure wurde für vier Spiele gesperrt.

| Zur Person |

Adebowale Ogungbure (* 13. Juli 1981) ist nigerianischer Profifußballer. Nach Stationen beim 1. FC Nürnberg, SSV Reutlingen 05, Energie Cottbus und FC Sachsen Leipzig spielte Ogungbure in der Saison 2007/08 für den Zweitligisten Kickers Offenbach. Er bestritt bereits zwei Länderspiele für Nigeria.

Rechts: 2006 startet die Aktion »Wir sind Ade!«. 2007 entsteht daraus die Initiative »Bunte Kurve«. Links: Das Frankfurter Fußball-Magazin ZICO und die Frankfurter Rundschau veranstalten 2007 gemeinsam mit der Frankfurter Buchmesse eine Podiumsdiskussion mit Ogungbure.

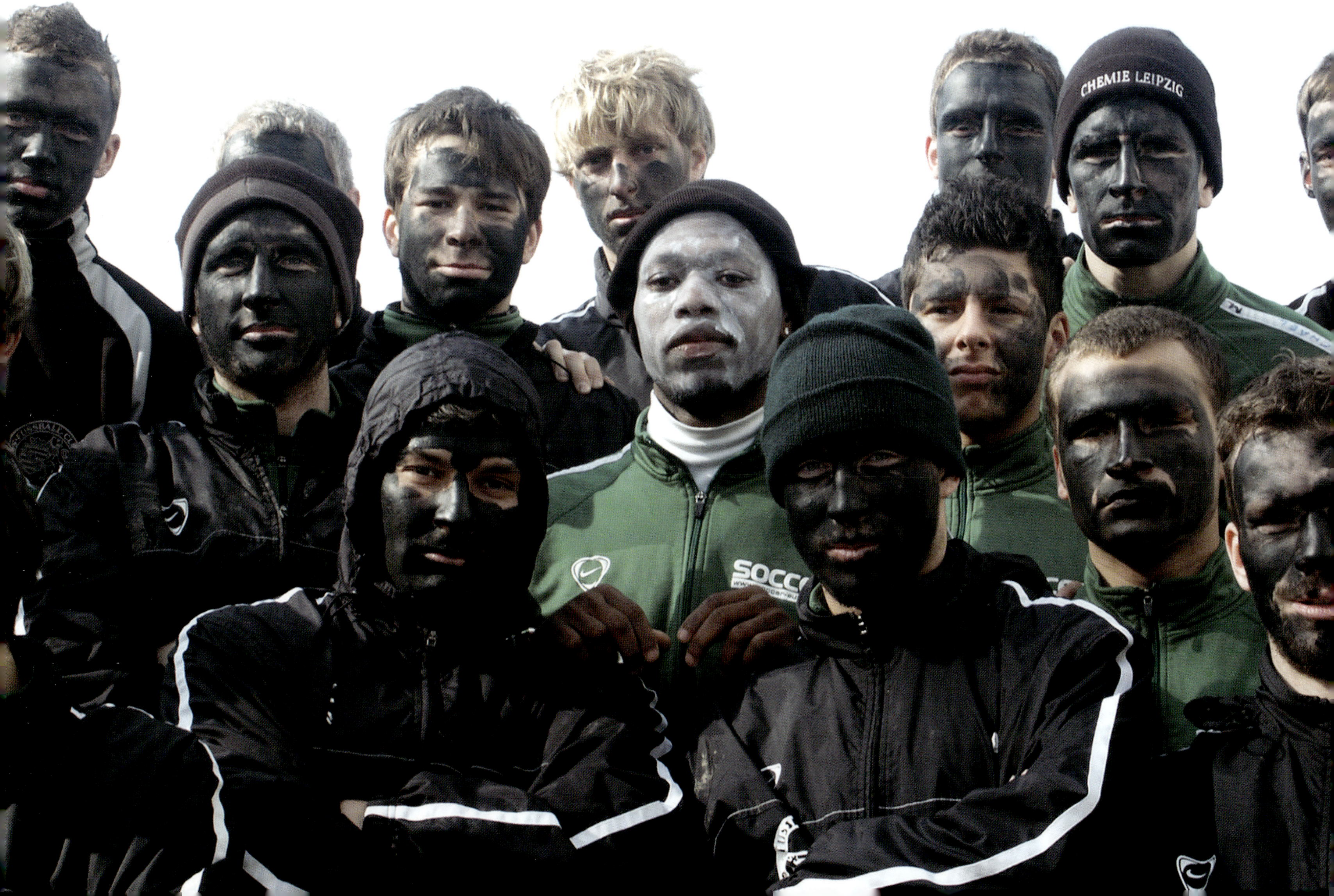
CHEMIE LEIPZIG

»Respekt!« – die Geschichte

Kein Blech: Frankfurt bekennt Farbe

Die Schilderaktion startet bei der Eintracht

Im November 2006 treffen wir uns mit Jermaine Jones und kmen dabei auf die Idee für die Aktion »Kein Platz für Rassismus!«. Der damalige Kapitän des Bundesligateams von Eintracht Frankfurt hatte sich in diesen Tagen vorgenommen, seinen Jugendfreund Daniel Gunkel zu unterstützen, der damals in Cottbus spielte und wiederum etwas für seinen ehemaligen Mitspieler Adebowale Ogungbure tun wollte. Der spielte damals beim Oberligisten Sachsen Leipzig und wurde bekannt, als er auf wiederholte rassistische Schmähungen durch Zuschauer mit dem Zeigen des Hitlergrußes reagierte. Ogungbure wurde daraufhin bespuckt, geschlagen und später wegen Zeigens verfassungsfeindlicher Gesten angezeigt. Für Jermaine Jones gab es mittlerweile zu viele fremdenfeindliche Zwischenfälle, »als dass man jetzt noch schweigen kann.« Jones versprach, unsere Aktion zusammen mit seinen Freunden zu unterstützen.

Gewalt, Fremdenfeindlichkeit und Rassismus haben im Fußball nichts zu suchen. Darüber sind sich das Frankfurter Fußballmagazin ZICO, die Frankfurter Rundschau und die Frankfurter Sparkasse schnell einig und stellen für jeden Frankfurter Fußballplatz ein Schild mit der Aufschrift »Kein Platz für Rassismus!« zur Verfügung, das mit den Verantwortlichen der dort spielenden Vereine angebracht wird.

Das Aufhängen der Schilder wird von ZICO dokumentiert, die Fotos mit den Vereinsvertretern werden jeweils im Heft sowie auf der Internetseite veröffentlicht. Fast alle Frankfurter Fußballplätze können wir erreichen, nur drei Vereine können sich bis heute nicht dazu durchringen, ein »Respekt!« Schild anzubringen. Außerhalb Frankfurts setzen der SV Wehen-Wiesbaden, KSV Klein-Karben, FV Bad Vilbel, SC Dortelweil, SSV Heilsberg, SSG Langen und Roter Stern Hofheim ein Zeichen und bringen das Schild auf ihren Sportplätzen an.

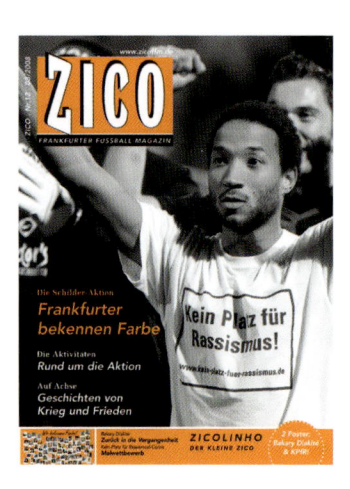

| Zum Magazin |

ZICO, das Frankfurter Fußball-Magazin, bringt zwischen 2005 und 2007 14 Ausgaben über den regionalen Fußball heraus.

Rechte Seite: Das erste Schild wird im November 2007 von Ioannis Amanatidis (Eintracht Frankfurt) und Patrik Meyer (Geschäftsführer der Commerzbank-Arena) angebracht. Fotos links: Die Schilder Nr. 2 und 3 werden beim BSC Frankfurt und im Stadion am Brentanobad in Frankfurt angebracht.

Kein Platz für Rassismus!

Eine Aktion von ZICO,
dem Frankfurter Fußball-Magazin.

»Respekt!« – die Geschichte

Aus einem Verbot wird eine Botschaft

Wie die Initiative »Respekt! Kein Platz für Rassismus« entstanden ist

Im Jahr 2009 entwickeln wir die Idee weiter und rufen eine neue bundesweite Initiative ins Leben: »Respekt! Kein Platz für Rassismus«. »Respekt!« geht über die reine Kernbotschaft »Kein Platz für Rassismus« hinaus – denn »Respekt!« fordert jeden Einzelnen direkt zum Denken und Handeln auf. Diese Botschaft möchten wir in ganz Deutschland verbreiten.

Die Initiative »Respekt!« wird von einer Gruppe von Menschen ins Leben gerufen, die alle eins gemeinsam haben: Sie sind der festen Überzeugung, dass Vorurteile, Rassismus, Homophobie und Sexismus auf dem Fußballplatz nichts zu suchen haben. Und auch an keinem anderen Ort der Welt!

Die Initiative hat eigene Leitlinien und wird über verschiedene Kanäle verbreitet. Augenfällig ist ein Metallschild, das mit einfachen Worten zum Denken und Handeln aufruft. Ziel ist es, die Schilder mit der Botschaft »Respekt! Kein Platz für Rassismus« an möglichst vielen Wänden in Betrieben, Schulen und Sportvereinen anzubringen.

Respekt – nur ein Wort?

Respekt ist die Grundlage unserer Zivilgesellschaft, von allen gefordert – aber längst nicht jedem gezollt. Wer von anderen Menschen Anerkennung und Akzeptanz erwartet, muss selbst Verantwortung übernehmen und klar Position beziehen: gegen Benachteiligung Einzelner, gegen Diskriminierung gesellschaftlicher Gruppen, gegen Ausgrenzung und gegen Fremdenfeindlichkeit. Respekt signalisiert Wertschätzung und Achtung gegenüber anderen Personen und schließt damit von vornherein ausgrenzendes Verhalten aus. Für den Begriff Respekt gibt es zwar eine Wörterbuch-Definition, aber er hat für jeden Menschen auch eine individuelle Bedeutung, die sich aus seiner ganz privaten Lebensgeschichte entwickelt hat.

Sag »Ja« zu Respekt!

Respekt meint nicht Ehrfurcht oder gar Angst, meint keine Machtspiele zwischen Menschen, die Herkunft, Bildung und Lebensumstände trennt. Wir möchten Respekt als etwas verstanden wissen, das uns allen das Zusammenleben erleichtert und die gegenseitige Achtung stärkt – ohne dabei totalitär zu sein oder neue gesellschaftliche Trennlinien zu schaffen.

Gefragt ist in diesen Zeiten ehrliches Engagement, das besonders Jugendlichen vermittelt, wie wichtig das Eintreten für gegenseitigen Respekt und gegenseitige Achtsamkeit ist. Gleichzeitig ist eine Diskussion innerhalb der Gesellschaft nötig: eine Diskussion darüber, wie wir miteinander leben wollen und wie wir uns die Gesellschaft der Zukunft vorstellen.

| Zur Person |

Das »Respekt!« Magazin ist deutschlandweit einzigartig. Da Respekt nahezu alle Lebensbereiche berührt, ist die Bandbreite der Berichte, Artikel und Interviews groß und der Mix abwechslungsreich. Das Magazin ist immer anders, aber immer frech, witzig und hintergründig.

Mach mit bei der bundesweiten »Respekt!« Schildanbringung! Weitere Infos unter www.respekt.tv

Respekt!
Kein Platz für Rassismus

www.respekt.tv

»Respekt!« – die Geschichte

Gemeinsam für eine gute Sache

Die fünf Leitlinien unserer Initiative

Wir wollen weitere »Respekt!« Personen, die nicht nur reden, sondern auch handeln, für unsere Initiative begeistern. Wir freuen uns über jeden, der mitmacht. Ihr findet alles, was ihr über »Respekt! – Kein Platz für Rassismus« wissen wollt, auf www.respekt.tv.

Aber nicht nur Mitmacher sind herzlich willkommen, sondern auch weitere Partner, Sponsoren und Geldgeber.

Zur Info: Wir sind eine gemeinnützige GmbH, und also solche dürfen wir unsere Erlöse nur zum Bestehen und Weiterentwickeln unserer Initiative verwenden.

Die fünf »Respekt!« Leitlinien

Die Aktion »Respekt!« möchte über das pure antirassistische Statement hinausgehen. Deshalb haben wir die folgenden Leitlinien entwickelt:

1. RESPEKT ist die Basis unseres Handelns. Denn nur Respekt und Toleranz ermöglichen uns ein friedliches Zusammenleben. Respekt ist nie ein einseitiges Handeln, sondern setzt immer Gegenseitigkeit voraus.

2. RESPEKT ist unser Auftrag. Wir sind hohen, moralischen Standards verpflichtet und möchten dazu beitragen, dass Menschen friedlich über die Grenzen von Kulturen, Religionen und Traditionen zusammenleben.

3. RESPEKT ist gewaltlos. Denn Respekt kann nicht erzwungen werden. Respekt wächst mit dem Wissen über andere Kulturen, Religionen und Traditionen und aus dem daraus resultierenden Verständnis.

4. RESPEKT ist Arbeit. Grenzen überwinden und Toleranz üben, verlangt Arbeit. Eine Arbeit, die wir gerne leisten. Denn sie bereichert unser Leben, macht es bunter und fröhlicher.

5. RESPEKT stärkt. Gegenseitiger Respekt macht uns selbstbewusster und stärkt unsere eigene Identität. Mit einem gestärkten Selbstbewusstsein können wir mit Konflikten besser umgehen und neue Wege beschreiten.

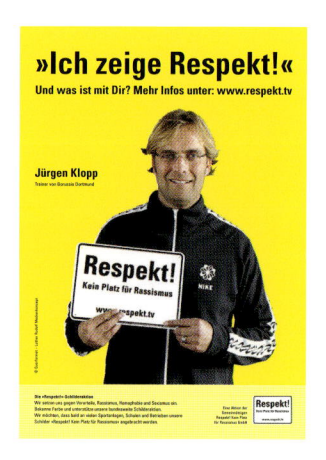

Prominente und engagierte Botschafter geben der Anzeigenkampagne ihr Gesicht.

In mehreren Städten haben sich Menschen zum »Respekt!« Schriftzug formiert.

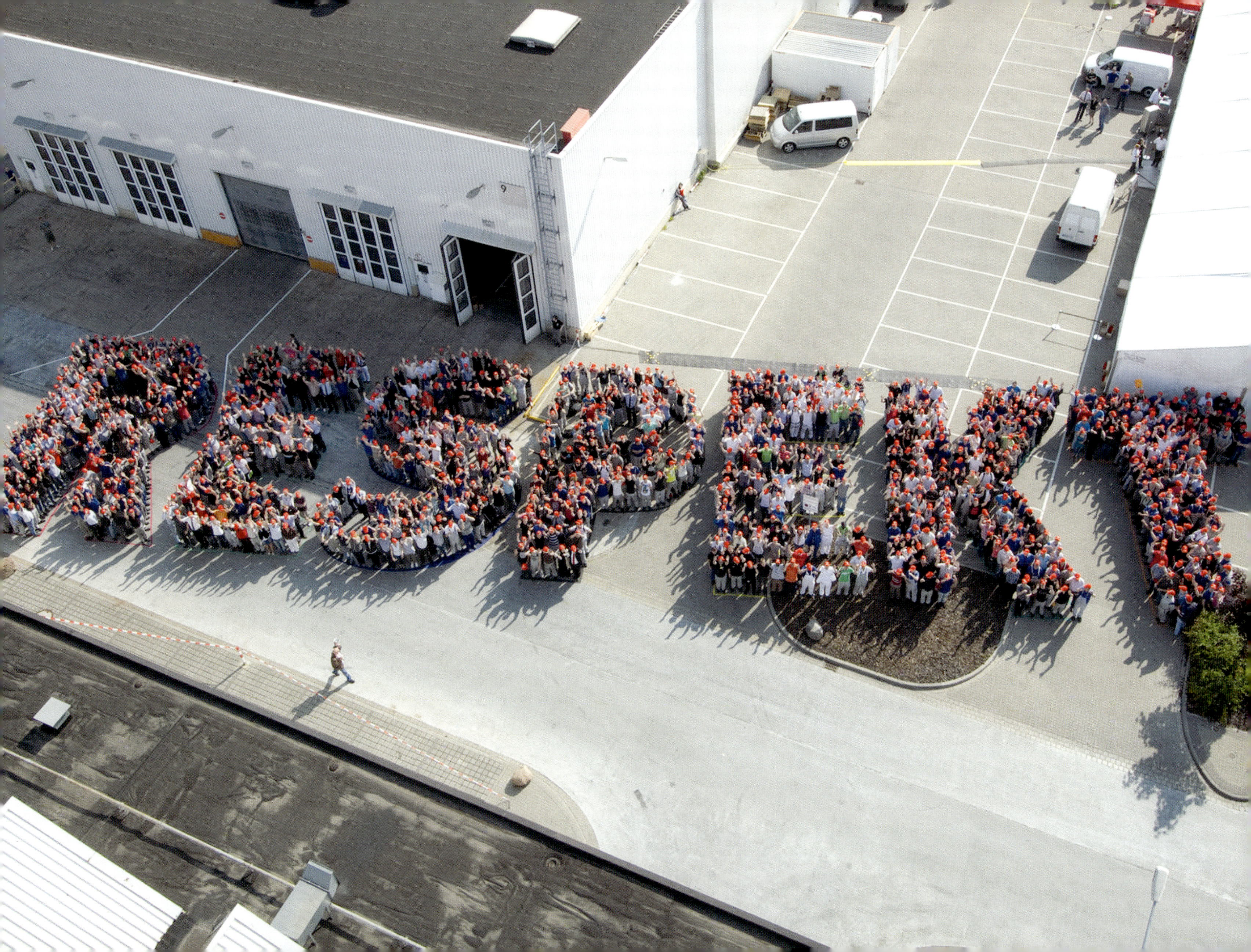

Intoleranz steckt in zu vielen Köpfen

Die »Respekt!« Hymne der Band Irie Révoltés

Der Song »Viel zu tun!«, den die Band Irie Révoltés unserer Initiative »Respekt!« auf dem Leib geschneidert hat, wurde auf Youtube fast 250.000 Mal angeklickt. Ein echter Ohrwurm zum Mitsingen! Die Heidelberger waren von Anfang an dabei und unterstützten »Respekt!« auch mit einem Interview. Weitere Informationen zur Band unter www.irie-revoltes.com.

Was bedeutet Respekt für euch?

»Respekt bedeutet für uns, Leute so zu sehen, wie sie sind – und nicht nach irgendwelchen Kriterien zu beurteilen oder nach ihrem Aussehen oder ihrer Herkunft. Wir möchten Leute einfach so akzeptieren, wie sie sind und nach dem beurteilen, was sie tun.

Für uns als Band ist klar, dass man es nicht dulden muss, wenn jemand andere nicht akzeptiert und dass man etwas dagegen tun kann. Respekt bedeutet aus diesem Grund für uns auch, für Leute einzustehen, die von anderen ohne Respekt behandelt werden.

Jeder muss für sich Grenzen ziehen, wo Toleranz aufhört und Intoleranz beginnt; zumindest machen wir das. Da, wo Leute andere nicht tolerieren, dagegen muss man antreten und ankämpfen. Menschen, die andere ausgrenzen oder unterdrücken, verdienen keinen Respekt. Wir finden es wichtig, einen Menschen erstmal so unvoreingenommen wie möglich kennenzulernen. Dann kann jeder für sich selbst entscheiden, ob diese Person Respekt verdient oder nicht.«

»Wir sind so eingespielt wie eine gute Fußballmannschaft.«

Der Song »Viel zu tun«

Kein Platz für Rassismus!

Es gibt noch viel zu tun!
Intoleranz steckt in zu vielen Köpfen!
Komm her, steh auf, hör zu!
Wir machen den Schritt und wir ändern die Richtung!

Es gibt noch viel zu tun!
Die Tendenz geht nach rechts in unsrer Gesellschaft!
Komm her, steh auf, hör zu!
Wir machen den Schritt und wir ändern die Richtung!

Hinsehen!
Nicht gleich die Augen wegdrehn!
Dann wird es schnell klar,
Die Gefahr ist nicht mehr zu übersehn!

Eure Vibrations sind nur Frust und Hass!
Ihr fühlt nichts Schönes, nicht einmal den Bass!
Wenn ich euch seh, dann vergeht mir der Spaß!
Mir wird kotzübel, darum werd ich blass!

Ich sag: Krass ja, kaum pass ich nicht in euer Raster,
bin ich auf heißem Pflaster unterwegs,
und der Stress ist schon fast da!

Denn leider gibt es rechten Dreck überall!
Auch die Regierung ist gern mit am Ball!
Mit Propaganda, Abschiebung global!
Ich bleib dabei: Kein Mensch ist illegal!

[Refrain …]

Ici, il n'y a pas de place pour les racistes,
C'est un endroit interdit aux fascistes,
Nous sommes le front antinationaliste,
Faisons du bruit, soyons activistes !

Je me défends contre l'extrême-droite et tous les débiles,
Dans tous les pays, sur chaque continent, dans toutes les villes,
On se lève, on ne baisse pas la garde, on ne reste pas tranquille,
On est là, on ne recule pas, on se bat comme Dan Evil,

Je ne pige pas comment on peut être une nation,
C'est que des frontières, ce n'est que notre imagination,
De se sentir mieux que les autres, il n'y a aucune raison,
Nous sommes tous de la race humaine, et le monde est notre maison.

[Refrain …]

Platz da!
Wir haben die Schnauze voll von eurem Spuk!
Platz da!
Wir sind laut, wir sind stark, wir sind genug!

Basta!

Denn für Rassismus ist kein Platz da!
Ey, weder hier, noch sonst wo, seid wachsam!

To the left! Not right!
Turn left! Not right!
To the left! Not right!
Turn, turn, turn, turn, turn left!

Say: What's wrong with you? What's in your brain?
Fascist man, we're not afraid, we sing, scream and say:
Don't like your thinkin', dont like your style, eh!
What's wrong with you? Just go away!

What's wrong with you? What's in your brain?
Fascist man, we're not afraid, we fight back today!
Don't like your thinkin', don't like your style, eh!
Go away! Go away!

[Refrain …]

Es gibt noch viel zu tun!
Es liegt an dir und mir!
Komm her, steh auf, hör zu! (Steh auf!)
Wir machen den Schritt und wir ändern die Richtung!
Kein Platz für Rassismus!
Wir machen den Schritt und wir ändern die Richtung!
Wir gehen voran mit viel Optimismus!
Wir machen den Schritt und wir ändern die Richtung,
ändern die Richtung, ändern die Richtung, ändern die Richtung…

| Der Song |

»Viel zu tun« gibt's
auf www.musicload.de
zum Download

Dieses Video findet ihr auf unserer Homepage unter www.respekt.tv

»Respekt!« – die Geschichte

Bundesweit angeschraubt: Mach mit!

Warum wir wollen, dass ihr ein »Respekt!« Schild aufhängt

Die Schilderaktion »Respekt! Kein Platz für Rassismus!« ist deutschlandweit ausgerichtet: Ziel ist es, die Schilder an möglichst vielen Plätzen, in Betrieben, in Schulen und bei Sportvereinen anzubringen. Wenn beispielsweise Schüler oder Mitarbeiter eines Betriebes dieses Schild aufhängen, ist dies eine Folge davon, dass sie sich mit der Thematik befasst haben und entsprechend Haltung zeigen wollen. Auf diese Weise ist die Schildanbringung eine offensichtliche und öffentliche Stellungnahme.

Bisher haben sich zahlreiche Unterstützer der Initiative mit dem Schild fotografieren und filmen lassen, wie zum Beispiel Liz Baffoe. Unsere Unterstützer nennen wir »Respekt!« Botschafter.

Mach mit – so funktioniert's:

Dein Verein, deine Schule oder dein Betrieb möchten auch Respekt zeigen? Dann bestell das Schild auf www.respekt.tv. Häng das Schild auf und mach ein Foto von der Schildanbringung mit allen Beteiligten. Lade anschließend das Foto unter www.respekt.tv hoch.

Tipp: Aus der Schildanbringung kannst du ein richtiges Event machen und sie damit öffentlichkeitswirksam nutzen.

»Es geht darum, jemanden zu achten!«
Liz Baffoe, Schauspielerin

Das Schild ist aus Aluminium und 21 x 30 cm groß. Vier Löcher für Schrauben oder Nägel sind vorgestanzt. Weitere Infos zur Schildanbringung unter: www.respekt.tv

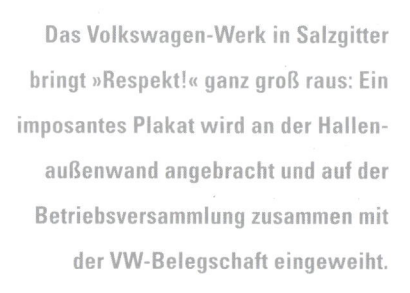

Das Volkswagen-Werk in Salzgitter bringt »Respekt!« ganz groß raus: Ein imposantes Plakat wird an der Hallenaußenwand angebracht und auf der Betriebsversammlung zusammen mit der VW-Belegschaft eingeweiht.

Respekt!

Kein Platz für Rassismus

www.respekt.tv

»Respekt!« – die Geschichte

Schild anbringen in drei Schritten

Du willst ein »Respekt!« Schild anbringen? So geht's!

1. Ort auswählen und »Respekt!« Schild anbringen

Das »Respekt!« Schild gut sichtbar an einem Ort deiner Wahl anbringen. Vier Löcher an den Außenkanten des Schildes sind bereits vorgestanzt (für Nägel oder Schrauben). Das Schild besitzt eine hohe Langlebigkeit und kann sowohl im Innen- als auch im Außenbereich angebracht werden.

Du benötigst:
- 1 x »Respekt!« Schild*
- 4 x Schrauben*, 4 x Dübel*
- 1 x Bohrmaschine
- 1 x Schraubenzieher

* im Paket enthalten

2. Foto machen

Mach ein Foto von der »Respekt!« Schildanbringung. Idealerweise sind auf dem Foto, gut erkennbar, das befestigte »Respekt!« Schild und die Personen, die an der Aktion teilgenommen haben, zu sehen. Tipp: Nutze die »Respekt!« Schildanbringung als öffentlichkeitswirksame Aktion, um möglichst viele Menschen mit dem Thema zu erreichen.

Du benötigst:
- 1 x digitale Fotokamera

3. Foto in der Schildergalerie hochladen (online)

Lade dein Foto auf www.respekt.tv hoch. Unter dem Menüpunkt »Die Schilderaktion« findest du die Schildergalerie, die bereits zahlreiche Fotos von Schildanbringungen zeigt. Bitte gib an, welche Personen auf deinem Foto zu sehen sind (Vor- und Nachnamen).

Du benötigst:
- 1 x Internetanschluss
- 1 x Übertragungskabel (Fotokamera/Computer)

Doch zuvor das Schild bestellen auf: www.respekt.tv

www.respekt.tv

| Das Schild |

Das »Respekt!« Schild ist ganz einfach anzubringen!

Badesalz zeigt dir, wie es geht.
Weitere Infos unter www.respekt.tv

Respekt!

Kein Platz für Rassismus

www.respekt.tv

Antiidiotikum®

Respekt!
Team und Shop
www.respekt.tv

»Respekt!« – Team und Shop

Läuft und läuft mit Freude am Fahren

VW und BMW sponsern die Fahrzeuge unserer Initiative

Als es im Frühjahr 2011 richtig los geht mit unserer Initiative »Respekt!«, wird schnell klar, dass wir dringend einen fahrbaren Untersatz brauchen. Die Frankfurter Werbeagentur Querformat Medienkonzept GmbH, der Servicepartner unserer Initiative in Sachen TV-Produktion und graphische Gestaltung, stellt uns netterweise unser erstes Gefährt zur Verfügung: einen anthrazitgrauen und geräumigen Dacia, der uns zuverlässig zu unseren vielen Veranstaltungen bringt.

Ende Juli 2011 bekommt die »Respekt!« Initiative kraftvollen Zuwachs: Unser zweites »Respekt!« Mobil, ein Volkswagen Caravelle mit langem Radstand, bringt unser Team seither ausgeruht an jedes Ziel. Der Transporter ist 2.100 Kilo schwer, etwas über fünf Meter lang, knapp zwei Meter hoch, schwarz, schick und komfortabel. Dieses Fahrzeug hat uns freundlicherweise die Volkswagen AG zur Verfügung gestellt. Jetzt kann das Team, wenn es sein muss, auch achtköpfig samt Gepäck plus Foto- und Filmausrüstung bequem quer durch Deutschland fahren.

Minni ist der Spitzname unserer Schirmfrau Sandra Minnert, die für »Respekt! Kein Platz für Rassismus« fast täglich in Deutschland unterwegs ist. Wie super wäre es dann, wenn wir als fahrbaren Untersatz für sie einen Mini hätten, dachten wir uns. Den könnten wir dann prima für viele kleinere »Respekt!« Veranstaltungen nutzen. Beim Familienfest des BMW Werkes Dingolfing im Oktober 2011 hat unser Schirmherr Bertin Eichler erstmals die Idee, dass BMW der »Respekt!« Initiative doch einen Mini sponsern könne. Ein knappes dreiviertel Jahr später wird aus unserem Wunsch dann tatsächlich Wirklichkeit. BMW stellt uns auf Initiative ihres Betriebsratsvorsitzenden Stefan Schmid einen wunderschönen schwarzen Mini zur Verfügung, der mit Schiebedach und Sportsitzen hochwertig ausgestattet ist. Beim BMW-Familientag in München am 1. Juli 2012 fahren wir das erste Mal stolz mit unserem neuen Gefährt vor. Kurz darauf bringen wir an der Fahrer- und Beifahrertür unseren »Respekt!« Schriftzug an. Und unsere Minni nutzt den Mini seither bei vielen Veranstaltungsterminen. Wir sind begeistert und bedanken uns herzlich bei allen Beteiligten für unsere tollen »Respekt!« Mobile!

| Das »Respekt!« Team |

Unser Team nimmt jedes Jahr an zahlreichen Veranstaltungen zum Thema Respekt teil. Ohne unsere fahrbaren Untersätze wäre das nicht zu schaffen.

Foto rechts: Der »Respekt!« Fuhrpark besteht aus einem Volkswagen Caravelle, einem Dacia und einem Mini.
Foto links: Unser Studioteam ist bei den Veranstaltungen meistens mit dabei.

www.respekt.tv
»Respekt!« Mobil
www.respekt
»Respekt!« Mobil powered by MINI
www.respekt.tv
M TZ 7498

»Respekt!« – Team und Shop

Das Wundermittel ist da

Das Antiidiotikum® ist eines von vielen originellen »Respekt!« Produkten

Was ist das Antiidiotikum® und wofür wird es angewendet?

Das Antiidiotikum® ist ein probates Hilfsmittel gegen Intoleranz, Respektlosigkeit, Rassismus, Homophobie, Sexismus, Antisemitismus und Xenophobie. Außerdem hilft es gegen rechtsextreme Denkschablonen und Vorurteile.

Was muss bei der Einnahme beachtet werden?

Nichts. Das Antiidiotikum® ist ein Placebo. Aber wenn ihr euer Hirn einsetzt und anfangt zu denken, braucht ihr dieses Produkt ohnehin nicht mehr!

Wie muss das Antiidiotikum® eingenommen werden?

Im Bedarfsfall könnt ihr morgens, mittags und abends den Inhalt von bis zu einer Schachtel Antiidiotikum® einnehmen.

Wie lange muss das Antiidiotikum® eingenommen werden?

Ihr solltet das Antiidiotikum® so lange einnehmen, bis ihr keine intoleranten, rassistischen, antisemitischen, homophoben, sexistischen oder xenophoben Verhaltensweisen mehr aufweist. Wenn ihr einmal die Einnahme vergessen habt, macht das nichts – setzt einfach die Dauermedikation mit Antiidiotikum® fort. Es kann jedem geholfen werden! Auch Nachdenken über ausgrenzende Denkschablonen kann in einigen Fällen direkte Abhilfe schaffen.

Das Antiidiotikum® muss nicht eingesetzt werden, wenn:

du ohnehin ein denkender, toleranter und offener Mensch bist. Bleib einfach so, wie du bist! Aber du kennst bestimmt Menschen in deinem Umfeld, die eine Packung Antiidiotikum® gut gebrauchen können – verschenke diese Packung einfach!

Wie ist das Antiidiotikum® aufzubewahren?

Leere Packung: an einem gut sichtbaren Ort – denn mit der Präsenz des Antiidiotikums® signalisierst du deinen Mitmenschen, dass du ein denkender und toleranter Mensch bist. Mit Inhalt: trocken und im Dunkeln lagern.

Weitere Informationen zum Antiidiotikum®?

Klicke auf www.respekt.tv. Das Antiidiotikum® ist ein Produkt unserer Initiative »Respekt! Kein Platz für Rassismus«. Auf unserer Website findest du noch viele weitere Produkte, die dabei helfen, die Welt ein bisschen toleranter und respektvoller zu machen.

| Jetzt bestellen! |

Gegen Intoleranz, Respektlosigkeit und Rassismus – das Antiidiotikum® hilft (100 Filmtabletten IQ130).
€ 3,90/Stk. (inkl. MwSt.)
Gibt's in unserem Online-Shop unter www.respekt.tv

Bülent Ceylan hat für die »Respekt!« Initiative einen Antiidiotikum®-Spot gedreht, in welchem er die überaus positive Wirkung des Präparats demonstriert.

Rassismus? Da habe ich was für Sie!

Bülent Ceylan, Comedian und »Respekt!« Botschafter, empfiehlt das Antiidiotikum®

*Zur Steigerung des Intelligenzquotienten. Gibt es weder beim Arzt noch beim Apotheker.

Achtung: Lesen gefährdet die Dummheit. **Antiidiotikum®** ist ein probates Hilfsmittel gegen niedrigen Intelligenzquotienten. Mit diesem erfundenen »Medikament« möchten wir darauf aufmerksam machen, dass Vorurteile und Rassismus heilbar sind. Denn Denken hilft! Garantiert! **Inhalt:** 10 Pfefferminz-Blister IQ130. **Zutaten:** Zucker, getrockneter Glukosesirup (Weizen), modifiziertes Stärkemehl, Magnesiumstearat E470b (Trennmittel), Pfefferminzöl. **Erhältlich unter www.antiidiotikum.de**

Respekt!
Kein Platz für Rassismus
www.respekt.tv

»Respekt!« – Team und Shop

Das alles gibt's bei www.respekt.tv

Im »Respekt!« Shop kannst du einkaufen

Mit dem Kauf unserer Produkte unterstützt du die Gemeinnützige Respekt! Kein Platz für Rassismus GmbH.
Jeder Einkauf im Shop unterstützt die »Respekt!« Initiative und hilft, ihr Weiterbestehen zu sichern! Drum alle Hemmungen ablegen und sich dem Kaufrausch hingeben. Wer könnte schon den hochwertigen und geistreichen »Respekt!« Artikeln widerstehen? Jetzt einkaufen unter: www.respekt.tv/shop.

»Respekt! 100 Menschen – 100 Geschichten«
100 Menschen erzählen ihre Geschichte zum Thema Respekt. Stets gespickt mit persönlich Erlebtem, teils verblüffenden Biografien und einem klaren Aufruf zur Toleranz. Einblicke mit Herz und Verstand geben: Jürgen Klopp, Waris Dirie, Bodo Bach, Bülent Ceylan, Lisa Fitz, Dunja Hayali, Steffi Jones, Katrin Müller-Hohenstein, Barbara Rütting, Nuri Sahin, Lilian Thuram, Jane Goodall, Olivia Jones, Bernd Osterloh, Horst Eckel, Hannelore Kraft, Klaus Allofs, Henni Nachtsheim, Hubert von Goisern und viele mehr. Erhältlich auch im gut sortierten Buchhandel.

€ 29,90,– je Exemplar

»Mach mit bei der bundesweiten Schilderaktion und werde Teil dieser Initiative! Denn es ist immer ein Wir.«

Steffi Jones, Direktorin für Frauen-/Mädchen- und Schulfußball im DFB, war die erste Schirmfrau von »Respekt! Kein Platz für Rassismus«.

Mitmachen bei der bundesweiten Schilderaktion.

Das »Respekt!« Schild ist aus Aluminium und 21 x 30 cm groß. Es hat vier Löcher für vier Schrauben oder Nägel.

€ 20,–/Stk. (inkl. MwSt.)

Den »Respekt!« Matchball könnt ihr treten:

Top-Wettspielball, hochwertiges Cordley-PU-Kunstleder in Hochglanzoptik, handgenäht, 4-fache Cross-Laminierung, Latexblase mit Luftkontrollventil und Gegengewicht, »FIFA Approved«-Qualität nach »International Matchball Standard« gem. FIFA-Quality Concept, Gr. 5

€ 49,90 (inkl. MwSt.)

Das Antiidiotikum® – schnelle Hilfe bei niedrigem Intelligenzquotienten.

Das »Antiidiotikum®« bringt schnelle Hilfe bei niedrigem Intelligenzquotienten. Mit diesem »Medikament« möchten wir auf humorige Weise darauf aufmerksam machen, dass Vorurteile und Rassismus heilbar sind. Denn Denken hilft! Garantiert!

€ 3,90/Stk. (inkl. MwSt.)

Der Pin ist ansteckend.

Aus Emaille und 16 x 8 mm groß mit einer Nadel zum Anstecken. Damit verankern wir die Botschaft noch stärker.

€ 2,–/Stk. (inkl. MwSt.)

Das Kinderbuch: »Was ist eigentlich Rassismus?«

Emil und Malte sind Freunde. Sie gehen zusammen in eine Klasse, spielen Fußball und erleben Geschichten, die Kindern in einer Großstadt passieren können. Sie lernen Zusammenhalt und echte Freundschaft kennen, aber auch Ausgrenzung und Vorurteile. Doch Emil und Malte meistern gemeinsam alle Herausforderungen und sind einfach ein tolles Team! Das Vorwort zum Kinderbuch hat unsere Schirmfrau Sandra Minnert geschrieben. Im Anhang gibt es Verhaltenstipps, wie sich Kinder bei Übergriffen verhalten und Vorurteilen begegnen können.

€ 9,90,–/Stk. (inkl. MwSt.)

Durch den Kauf unterstützt du die Gemeinnützige Respekt! Kein Platz für Rassismus GmbH. Alle Preise sind zuzüglich Versandkosten.

Das »Respekt!« Aktionspaket

- 1 Schild »Respekt! Kein Platz für Rassismus«
- + 1 Bildband »Respekt! 100 Menschen – 100 Geschichten«
- + 1 Kinderbuch »Was ist eigentlich Rassismus?«
- + 1 Ball mit »Respekt!« Aufdruck
- + 1 Schwarzbuch Rassismus
- + 5 Packungen Antiidiotikum®
- + 10 Emaille-Pins »Respekt!«
- + 10 »Respekt!« Magazine

~~€ 150,–~~
€ 100,–
inkl. MwSt. zzgl. Porto und Versand

Jetzt bestellen! Schicke deine Bestellung einfach per E-Mail an: bestellung@respekt.tv

Respekt!
Partner und Sponsoren

www.respekt.tv

Die Macherinnen & Macher

Projektleitung

| Lothar Rudolf | Inhaber Querformat Medienkonzept GmbH
| Kris-Patrick Rudolf | Organisation / Layout / DTP

Produktion

| Kurt Baumgärtner | Layout / DTP
| Mia Beck | Text
| Benjamin Behnk | Layout / DTP
| Fabio Cammarata | Fotografie / Interviews
| Christa Goede | Text
| Selina Grebe | Layout / DTP
| Rainer Jöde | Lektorat
| Niko Miosga | Organisation
| Kwamena Obu Mensa Odum | Interviews / Text
| Jan Alexander Rabe | Fotografie
| Maik Rudolf | Administration / Interviews
| Ulrike Schneider | Layout / DTP
| Jörg Schmidt | Layout / DTP
| Karin Wagner | Organisation / Text
| Tini Wark | Administration
| Thomas Wark | Kontakt / Interviews / Text
| Bettina Wolf-Lenz | Text

Danke

| Tilmann Döring |
| Wilhelm Heitmeyer |
| Markus Katzenbach |
| Sandra Minnert |
| Michael Schmidt-Salomon |
| Dr. Niels Van Quaquebeke |
| Thomas Wark |
| Detlef zum Winkel |

Partner & Sponsoren

Powered by IG M

BUND VERLAG — CineStar Metropolis — COMMERZBANK ARENA Frankfurt am Main — GEW — dwp bank Deutsche WertpapierService Bank AG

Frankfurter Sparkasse 1822 — Frankfurter Rundschau — rheinmaintv — 1·4 BALL YOU ONEBALLFORYOU.COM

PORSCHE — Volkswagen — QUERFORMAT Medienkonzept GmbH — VISIO.7

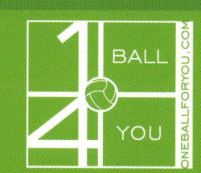

| Weitere Partner & Sponsoren |

dialogstudio, media print, R.P.M., Bunte Kurve, KOS, Kairosagentur, Rootknox, Hotel AMANO, Cordial Cup, AFC Universe Frankfurt, Grätsche gegen Rechtsaußen e.V., Hip-Hop macht Schule, Datajockey: social Research & Dialogue, Netzwerk für Demokratie und Courage e.V., Augen auf e.V. Oberlausitz, Mach meinen Kumpel nicht an! e.V., Interkultureller Rat in Deutschland e.V., Aktion Courage e.V., Schule ohne Rassismus – Schule mit Courage, Bollwerk gegen Nazis, Respekt – Aktion gewaltfreie Schulen

Interesse, uns zu unterstützen? Wir freuen uns! Informationen bekommt ihr unter info@respekt.tv

Wir zeigen Respekt!

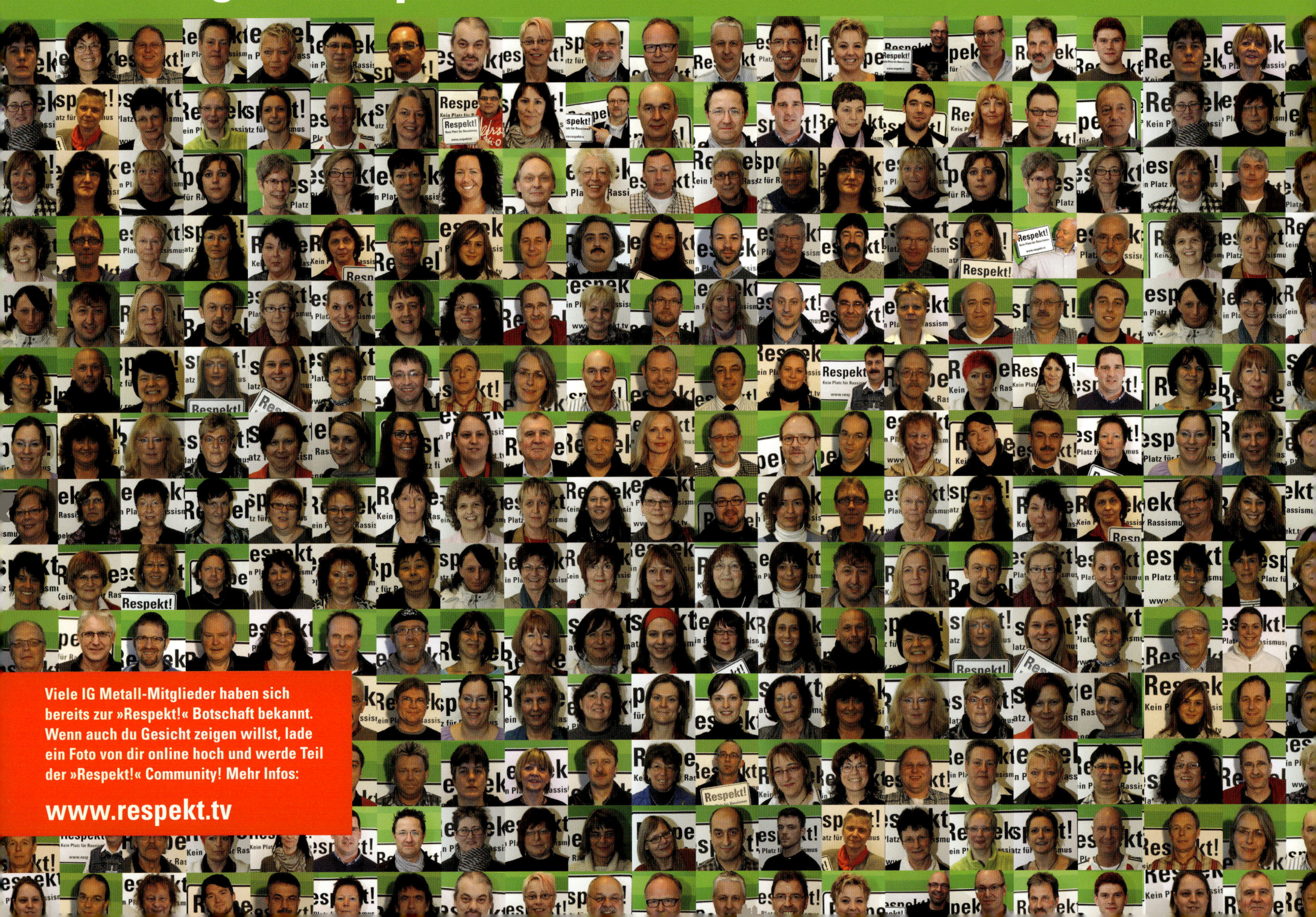

Viele IG Metall-Mitglieder haben sich bereits zur »Respekt!« Botschaft bekannt. Wenn auch du Gesicht zeigen willst, lade ein Foto von dir online hoch und werde Teil der »Respekt!« Community! Mehr Infos:

www.respekt.tv

Und du?

Powered by **IG Metall**

Katrin Müller-Hohenstein
ZDF-Sportmoderatorin

Respekt!
Kein Platz für Rassismus

www.respekt.tv